소통학: 학문, 문화, 응용

이광석 · 이병탁 · 이미향 · 박범준 · 이기상
이구슬 · 이상규 · 김영필 · 임기대 · 안효성
이상형 · 천민경 · 이성우 · 은재호

도서출판 대영문화사

머리말

사람이 어떻게 해야 행복한 삶을 살 수 있는가? 이에 대한 답변은 사람마다 다르다. 사람마다 좋아하는 것이 다르고, 주관적인 효용이 다르기 때문에 정확한 답은 없다. 하지만, 이것은 분명할 것이다. 사람이 사람으로 인식될 때가 사람이 숫자로 인식되는 것보다는 행복할 것이다. 사람이 사람으로 인식되는 때는 서로 소통이 될 때이다. 소통이 된다는 것은 사람들끼리 사람으로서 인정받고 인정한다는 의미이다.

사람은 혼자가 아니라고 느낄 때 행복한 감정을 느낀다. '인간(人間)'이라는 말을 풀어서 말해보면 '사람과 사람 사이'라는 말이 된다. 인간이라는 그 말 속에 소통이라는 말이 들어가 있는 것이다. 혼자가 아니라고 느끼는 감정은 함께한다는 느낌이다. 함께한다는 느낌은 표현을 해야 알 수 있고, 관심을 가져야 알 수 있는 것이다. 서로에 대한 관심을 가져야 인간으로서 '간(間)'이라는 단어가 빛을 발할 수 있는 것이다. 이 방향의 접근을 통해 사람이 행복한 삶을 만들어 갈 수 있다.

하버마스(Jürgen Habermas)는 대화의 이상적 상황을 설정하면서 거기에서는 네 가지의 타당성에 대한 요구주장이 채워져야 한다고 주장한다. 첫 번째는 우리가 언어로 표현하는 것은 모두 우리에게 이해될 수 있는 말 또는 단어로써 들어와야 한다는 것이다. 언어가 그 형태상의 차원, 기호론적인 차원, 문법상의 차원에서 언어로서 이해될 수 있는 것이어야 한다는 말이다. 두 번째는 언어가 말하는 것, 예를 들어 "백조는 희다"라고 말했을 때, 그 말의 내용이 그것에 대해 이야기하고 있는 사태와 일치해야 한다는 말이다. "백조는 희다"라고 말할 때 백조가 실제로 희어야만 한다. 그래야만 그 말이 참이라고 할 수 있다. 세 번째는 말하는 사람의 진실성이 전제되어야 한다. 이를테면, 남을 속이기 위해서 전체의 맥락을 숨긴 채 부분적 진리만을 이야기할 수도 있는데, 이 경우 올바른 의사소통이라고 할 수 없다. 네 번째는 명제의 정당성(올바름)에 대한 것이다. 이것은 사회성과 관련이 있는데, 예를 들어 "백조는 희다"라는 명제는 문맥에 맞아야 하고 이 문맥은 전체 텍스트에 맞아야 하며, 전체 텍스트는 그것이 지시하고 있는 실제 상황인 삶의 맥락에 맞아야 한다. 정당성에서는 현재의 사회만이 문제되는 것이 아니라 사회의 정체성, 즉 역사도 문제가 된다. 다시 말해, 거기에는 역사와 문화가 그 밑바탕에 깔려 있게 된다. 이렇게 소통에는 여러 다양한 관계들이 서로서로 복잡하게 얽혀 있다.

사람 사이에서 소통이 이뤄지고 있는 가장 흔한 방식은 대화이다. 대화에서 중요한 것은 그것이 쌍방향이며 서로서로 동시에 두 역할을 다 한다는 말이다. 말하면서 듣고 들으면서 말하는 방식으로 말이다. 이 말은 또한 대화에 참여한 모두가 대화의 주체로서 다 평등하다는 뜻이기도 하다. 한편, 대화는 공감으로 이끈다. 공감을 강조하는 소통에서는 대화의 상대방에 대한 열린 마음이 중요하다. 아무런 선입견 없이 상대방을 동등한 대화의 상대로서 인격체로서 대하는 자세가 중요하다. 상대방의 눈높이에 맞추어 상대방의 관심과 이해(理解)를 헤아리고 상대방의 입장에서 대화의 내용을 알아들으려는 노력이 필요하다. 서로 생각과 신념이 다르고 사태에 대한 시각이 다르다 해도 상대방의 다름을 인정하고 수용하려는 열린 자세가 필요하다. 대화를 통해 합의와 일치에 이르게 되면 서로 사이에 신뢰감을 얻게 되어 친해지게 되고 사회적 결속감이 한결 더 강해질 것이다.

한국 사회에서는 이러한 대화의 태도가 결여되어 있고, 바람직한 소통이 부족함은 수없이 지적되었다. 그럼에도 이에 대한 연구는 나아가지 못하고 있는 것이 현실이다. 이를 아쉬워하면서, 소통학을 정립하려고 애쓰고, 후학들에게는 이 분야에 대한 연구를 수행하도록 자극한 분이 이기상 교수이다. 이 책은 이기상 교수의 이러한 노력과 헌신에 대한 결실이라고 할 수 있다.

이 책은 학문적 관점에서 본 소통, 문화적 관점에서 본 소통, 소통학의 응용과 탐사의 3부로 이루어져 있다. 제1부인 학문적 관점에서 본 소통은 4개의 장으로 구성되어 있는데, 제1장 '진정 자유로운 의사소통의 조건: 아도르노와 하버마스'는 이병탁 선생(경북대)이 집필하였고, 제2장 '언어학에서 본 범세계적 소통: 너와 나, 바벨탑의 꼭대기에서 마주하다'는 이미향 교수(영남대)가 집필하였다. 제3장 '소통의 문화콘텐츠학의 학문적 기반'은 박범준 선생(외국어대)이 집필하였다. 제4장 '커뮤니케이션학을 넘어 글로벌 소통학으로: 동서 문화맥락 속의 소통에 대한 이해를 바탕으로 한 통합적 연구의 필요성'은 이기상 교수(외국어대)가 집필하였다.

제2부는 문화적 관점에서 본 소통으로 5개의 장으로 구성되었다. 제5장은 '프로이트 정신분석에서의 대화와 소통'은 이구슬 선생(경성대)이 집필하였고, 제6장 '언어 소통과 문화'는 이상규 교수(경북대)의 글이다. 제7장 '하버마스 의사소통행위이론의 상호문화주의적 함의'는 김영필 선생(대구교육대)이 집필하였고, 제8장 '이문화간 소통지역 '마그레브', 어떻게 볼 것인가?'는 임기대 선생(외국어대)의 글이다. 제9장 '역사 속에서 배우는 소통의 지혜: 정조의 탕평과 소통의 리더십'은 안효성 선생(외국어대)이 집필한 글이다.

제3부는 소통학의 응용과 탐사로 4개의 장으로 구성되었다. 제10장은 '소통, 정의, 그리고 연대'는 이상형 선생(경북대)의 글이며, 제11장 '소통과 분배적 정의: 분배정의에 대한 시민 선호와 한국복지제도의 실증적 평가'는 천민경 선생과 이성우 교수(한성대)가 집필하였고, 제12장 '소통의 방법과 전략: 한국 행정의 주민참여 실태와 활성화를 위한 제언'은 은재호 선생(한국행정연구원)이 집필하였고, 제13장 '시장에서의 의사소통에 관한 고찰: 해석적 방법론의 원용을 통하여'는 이광석 교수(경북대)의 글이다.

이 책을 펴내는 데 많은 이들의 헌신이 있다. 특히, 세세한 일들을 돌보아 준 신정아 선생께 고마움의 뜻을 드리고 출판을 맡아준 대영문화사에게도 감사의 말씀을 드린다.

크게 번성할 일의 처음이라는 뜻을 지닌 남상(濫觴)이라는 낱말이 있다. 이 책도 그 낱말의 뜻에 알맞게, 지금은 자그마한 시작이지만 앞으로는 크게 뻗어갈 학문이 되기를 빌면서 머리말에 갈음한다.

2016년 5월

집필진을 대표하여 이광석 사룀

차 례

제 2 부 문화적 관점에서 본 소통

제 3 부 소통학의 응용과 탐사

제 1 부

학문적 관점에서 본 소통

제 1 장 진정 자유로운 의사소통의 조건: 아도르노와 하버마스

이 병 탁

제 1 절 들어가는 말

“세계를 낯선 것으로 지각하지 못하는 자는 세계를 전혀 지각하지 못한다.”[1] 만일 인간이 모든 것을 파악할 수 있고 이를 다른 사람에게 완전하게 전달할 수 있는 존재라면, 도대체 철학과 예술이 필요할까? 철학이 단순히 세계를 기술하고 설명하는 것이 아니라면, 역설적이게도 설명하고 기술할 수 없는 것과 그러한 것에 대한 경험이 철학의 가능성 조건이다. 왜냐하면, 적어도 논리적으로는 모든 것이 완전히 인식될 수 있고 설명될 수 있다면, 그래서 더 이상 새로운 것과 그러한 것에 대한 경험이 가능하지 않다면, 새로운 것을 이해하기 위해 분석하고 해석하며 고뇌하는 사유는 더 이상 불필요하기 때문이다. 그러나 살아 있는 것을 위한 생산이 아니라 생산을 위한 생산, 즉 생산 자체가 목적이 된 오늘날에, 모든 것은 시장에서 거래되고 시장에서 팔리지 않는 것은 어떤 가치도 가지지 않는다. 따라서 시장에서 교환되지 않는 것은 더 이상 사람들의 관심의 대상이 되지 않는 무의미하고 무가치한 것이 되었다. 그러한 정도로 ‘새롭고 그렇기 때문에 낯선 것’은 추방된

---

1) Th. W. Adorno, *Ästhetische Theorie*, Gesammelte Schriften Bd. 7(Ffm.: Suhrkamp, 1972, 이하=ÄsT), p. 274.

다. 왜냐하면, 새로운 것을 무가치하고 무의미한 것으로 추방하면 할수록, 모든 것을 교환 가치로 환원하는 교환적 합리성은 정당화되기 때문이다. 근대 인식론은 이러한 교환적 합리성을 정당화하려는 기획에 착수한다. 즉, 교환 원리의 동일성 원리에 따라 세계를 파악하는 인식방법을 만들고 이를 통해 새로운 것과 그것에 대한 경험을 추방함으로써 교환적 합리성에 기초한 시장원리를 정당화한다. 마치 자본주의 사회에서 교환가치가 상품가치를 규정함으로써 상품의 질적 가치를 추상시켜버리는 것처럼, 개념이라는 범주의 규정에 의해 동일화될 수 없고 소통될 수 없는 것은 추상화됨으로써 동일화된다. 따라서 교환적 합리성이 지배하는 오늘날 더 이상 새롭고 그렇기 때문에 낯선 것은 존재하지 않거나, 존재한다 하더라도 무의미하고 무가치한 것이 되었다. "주관 정신과 다른 것을 범주적 그물망으로 촘촘하게 얽어매면 맬수록 인간은 타자에 대한 경외심을 철저하게 떨쳐버리게 되었으며, 점차 낯선 것을 생각하지 않는 일에 익숙하게 된다."[2] 결국, 새로운 것을 꿈꾸고 이야기할 수 있는 상상력의 빈곤은 어떤 활력도 없는 동어반복적인 삶과 사회를 만들 것이다.

이러한 의미에서 이 글은 교환적 합리성을 정당화하려는 근대 계몽주의적 기획에 도전하는 가장 뛰어난 비판이론의 두 사상가들, 아도르노(Th. W. Adorno)와 하버마스(J. Habermas)의 사유모델을 비판적으로 비교·분석함으로써, 현대 사회가 직면한 문제를 해결하기 위해 어느 모델이 더 적합한지를 검토해보자 한다.

아도르노는 철학의 임무가 교환가치로 환원되지 않는 경험을 구제하는 것이라 생각한다. 왜냐하면, 교환적 동일성 원리는 경험을 정신 내적 현상으로 환원하고 이를 통해 모든 것을 인식 가능한 것으로 환원하기 때문이다. 교환가치로 분류될 수 없고 따라서 개념이라는 범주로 규정될 수 없는 것에 대한 경험을 구제하기 위해 동일성 원리가 전제하고 있는 주체와 객체의 이분법을 비판하고, 주체와 객체의 상호성에 기초한 비판적 사유모델을 제시한다. 반면에, 하버마스는 전통적인 의식철학은 인식 중심이었으며, 그 때문에 아도르노와 같은 인식비판을 통한 모델은 전통 철학이 빠질 수밖에 없는 아포리(Aporie)를 벗어날 수 없다고 주장한다. 결국, 주체와 객체의 이분법에 기초한 동일성 논리를 벗어나기 위해서는 의식철학의 패

---

2) Th. W. Adorno, ÄsT, p. 191.

러다임(paradigm)으로부터 언어를 매개로 이루어지는 의사소통 중심의 언어사용의 우선성으로 패러다임 전환을 해야 한다는 것이다. 즉, 상호 이해와 동의를 목적으로 하는 언어의 화용론적 실행 속에 상호 주관성이 선험적으로 전제될 수밖에 없으며, 이러한 상호 주관적으로 이루어지는 언어 행위는 의식철학의 도구적 합리성을 극복할 수 있는 세계에 대한 이해와 인간 행위를 조절하는 의사소통적 합리성을 가능하게 한다는 것이다.

제 2 절 인식론에 중심을 둔 언어사용의 우선성으로의 전환

다른 사회학자들과 달리 하버마스는 생활세계에서의 사회통합과 관련하여 언어적으로 매개된 의사소통이 인간에게 고유한 것이며, 이러한 언어사용의 우선성으로의 패러다임 이동을 통해 관념론과 실재론의 대립을 우회하려 한다.[3] 그러나 하버마스의 의식철학 패러다임으로부터 언어사용의 우선성으로의 전환은 어떤 의미에서는 전적으로 새로운 것은 아니다. 왜냐하면, 플라톤(Platon) 이래로 서양철학은 언어를 세계를 이해하기 위한 도구로 간주하고, 언어의 논리적 사용을 통해 보편적 인식이 가능하다고 생각하기 때문이다. 그럼에도 그들 사이의 차이는 전통철학은 인식 중심이었으며, 하버마스는 엄밀한 의미에서 화용론 중심이다. 플라톤은 "형상들 상호간의 엮임을 통해 우리에게 말이 생겨났다."[4]고 생각하기 때문에 언어는 형상들과 유사성을 가지고 형상을 분유하는 사물은 그것을 규정하는 이름으로 불릴 수 있으며, 따라서 언어를 통해 사물들뿐만 아니라 형상들을 파악할 수 있다고 주장한다. 더 나아가 아리스토텔레스(Aristoteles)는 언어가 세계를 인식하기 위한 수단이라고 생각했으며, 인식이 술어로 사용되는 범주의 분류를 통해 이루어지는 명제형식이고, 이러한 명제들의 논리적 관계를 통해 항상 참인 결론을 이끌어 낼 수 있는 추론이 가능하다는 것을 정당화하는, 아마도 오늘날 논증 중심의 서구

3) Martin Moris, *Rethinking the Communicative Turn*(State University of New York Press, 2001), p. 96 참조.

4) Platon(이창우 옮김), 『소피스트』, 이제이북스, 2012, pp. 137, 259e.

사유전통을 이끌었던, 논리학을 정초한다. 그러나 뛰어난 아리스토텔레스는 언어 사용을 단순히 언어의 논리적 관계를 통해 세계를 분석하고 인식하는 데 제한한 것은 아니었다.

아렌트(H. Arendt)에 따르면, 인간이 동료와 함께 산다는 것이 인간의 삶과 동물의 삶의 공통점이고 이러한 이유 때문에 이것이 인간에게 근본적이 아니며, 오히려 인간의 고유한 특징은 언어 행위를 하는 '정치적 삶'이라고 주장한다.[5] 그녀는 이러한 생각의 근거를 아리스토텔레스의 정치적 동물(zoon politikon)에서 찾는다. "정치적이라는 것, 즉 폴리스에서 생활한다는 것은 힘과 폭력이 아니라 말과 설득을 통하여 모든 것을 결정함을 의미한다. 그리스인들은 폭력으로 사람을 강제하며, 설득하기보다 명령하는 것을 정치 이전의 사람 다루는 방식이라고 생각한다."[6] 이러한 의미의 '정치적(politikon)'이라는 개념은 전제들의 논리적 관계를 통해 상대를 설득하고, 혹은 설득되는 대화를 의미하며 사적 영역인 경제적 유용함이나 효용성과는 관계없는 것이었다. 그러나 이후에 사적 영역에 속하는 경제가 공적인 것이 되었으며, 거꾸로 정치를 침해하고 지배하여 시민들의 정치적 행위를 타락시켰다. 즉, 자기보존의 원리로부터 독립적이라는 의미에서 자율적 행위를 침해했다. 따라서 정치적 공동체를 의미하는 '폴리스'의 경제적 결사체를 의미하는 '사회'로의 변화는 단적으로 사적 영역에 의한 공적 영역인 정치적 행위의 침해를 보여주는 것이라고 주장한다.[7] 여기서 분명한 것은 아리스토텔레스는 언어 행위를 단순히 인식 활동에 제한한 것이 아니라 사람들이 서로 관계 맺는 가장 인간적인 방식이라고 생각했으며, 아마도 이러한 의미에서 상대를 설득하고 다른 사람의 주장을 받아들일지 받아들이지 않을지를 결정하는 기술인 논증방법을 체계화했다는 것이다. 이런 측면에서 본다면, 하버마스의 의사소통이론은 아리스토텔레스의 논증을 통해 설득하는 정치적 행위를 더욱 강조하고 발전시켰다고 볼 수 있다.

---

5) H. Arendt(이진우 · 태정호 옮김), 『인간의 조건』, 한길사, 1996, pp. 76-77 참조.

6) 위의 책, p. 78.

7) "하버마스에 따르면, 폴리스적 동물(zoon politikon)이라는 인간에 대한 정의가 사회적 동물(animal sociale)로 변화된 것은 토마스 아퀴나스에 의해 이루어졌다. 고대사회에서 공동체는 오직 정치적인 것과 사적인 것의 구분만 있었으며, 폴리스가 전자와 관련된다면 오이코스(oikos)는 후자와 관련된다. 그런데 토마스 아퀴나스는 공동체를 정치적일 뿐만 아니라 사회적인 것으로 이해하기 시작했다." 박구용, 『우리안의 타자』, 철학과 현실사, 2003, p. 27.

그러나 그리스에서 발달한 언어의 논리적 관계를 통해 세계를 인식하고 논증하는 언어사용의 우선성은 근대에 와서 협소하게 인식 중심으로 제한된다. 언어사용을 인간의 고유한 특징이라고 생각한 전통을 편협하게 수용하지만, 더욱 정교하고 체계적으로 정립한 근대 의식철학은 언어, 특히 개념이라는 도구를 통해 보편적 인식의 가능성을 정당화하고자 한다. 칸트(I. Kant)는 인간인식이 언어를 매개로 이루어지며 이러한 매개 수단으로서 언어가 가지는 특징 때문에 인간인식은 보편적일 수 있다고 생각한다. “비록 우리의 모든 인식이 경험과 더불어 일어나기는 하지만 그렇다고 인식이 모두 경험에서 나오는 것은 아니다.”[8] 즉, 인식은 지각이라는 경험을 통해 시작되지만 경험적 지각 자체가 인식은 아니며, 인식은 지각된 것을 개념을 통해 분류함으로써 이루어진다. 지각된 자료에 개념을 부여하는 능력이 판단력이며,[9] 따라서 판단력을 가능하게 하는 것은 지각된 경험적 내용을 분류하는 것을 가능하게 하는 개념이다. 감각적으로 지각된 것은 보편적일 수 없다. 왜냐하면, 경험적인 것에서 우연적 성격을 완전히 배제할 수 없기 때문이다. 따라서 보편적 인식은 판단력을 가능하게 하는 개념에서 찾을 수밖에 없다. 우리가 감각적으로 수용하는 것은 경험적이라 하더라도, 그것을 분류하여 규정하는 개념은 순수 주관적이며, 순수 주관적 형식으로서 선험적이다. 이러한 주관의 순수 형식인 개념을 통해 칸트는 경험적 내용을 가지면서도 보편적일 수 있는 선험적 종합판단이 가능하게 된다고 생각한다. 그러나 순수한 개념은 순수하지 않은 대상에 직접적으로 적용될 수 없다. 왜냐하면, 전적으로 다른 것은 관계할 수 없기 때문이다. 인식의 보편성을 위해 개념의 순수성을 포기할 수 없는 칸트는 개념이 적용될 수 있는 정신 내적 현상과 개념이 적용될 수 없는 정신 외적 현상하는 것의 분리를 통해 모순을 해결하고자 한다. 즉, 인식할 수 있는 영역과 인식할 수 없는 영역의 분리, 따라서 인간인식은 정신 내적인 현상에 제한되고 현상하는 것으로서의 물자체는 개념이 적용될 수 없는 인식의 한계가 된다. 이러한 의미에서 현상에 한에서는 보편적 인식이 가능하게 되지만 그럼에도 칸트도 인정했듯이, 인간인식은 물자체를 인식할 수

8) I. Kant(김석수 옮김), 『순수이성비판 서문』, 책세상, 2002, p. 81.

9) “판단력 일반은 특수한 것을 보편적인 것 아래에 함유되어 있는 것으로 사고하는 능력이다.” I. Kant, *Kritik der Urteilskraft*, hrg. von Wilhelm Weischedel(Ffm: Suhrkamp. Bd. 10, 1974), p. 87. 번역본으로는 백종현 옮김, 『판단력비판』(아카넷, 2009)을 사용했으며, 필요한 경우를 제외하고는 번역본을 따랐다.

없는 불충분하고 불완전한 인식이 될 수밖에 없다.

이러한 인식의 불완전성에 만족할 수 없는 헤겔(G. W. Hegel)은 인식할 수 있는 영역과 인식할 수 없는 영역의 철저한 분리를 부정함으로써 인식의 불완전성을 극복하려 한다. "존재하는 것은 존재하는 그대로 개념으로 나타난다는 본성을 지니는 까닭에 논리적 필연성이 존재를 꿰뚫고 있다고 할 수 있다."[10] 헤겔은 개념을 통한 정신 내적 현상에 대한 인식이 정신 외적 현상하는 것에 대한 완전한 인식이라는 것을 정당화하기 위해 다음과 같은 방식으로 논증한다. 먼저, 인간인식이 언어를 매개로 이루어지는 판단이고, 이러한 판단은 개념에 의존하지만 칸트처럼 개념이 순수한 선험적인 것이 아니라 경험을 통해 발생한 것이기 때문에, 개념이 감각 현상에 적용되는 데 따르는 어떠한 모순도 없다고 생각한다. 그러나 개념이 발생적이라면 개념을 통한 인식은 보편적일 수 없다. 여기서 헤겔은 칸트의 인식판단을 뒤튼다. 즉, 개념은 경험세계의 현상에 대한 경험을 통해 형성된 것이지만, 정신 내적 현상과 경험세계 자체는 칸트처럼 철저히 분리될 수 없다는 것이다. 현상과 현상하는 것의 분리를 부정함으로써 현상에 대한 인식은 현상하는 것에 대한 인식일 수 있다. 그리고 개념 형성이 이루어지는 경험세계는 단순히 우연성이 지배하는 영역이 아니라 절대정신의 자기표현인 세계이며, 그렇기 때문에 경험세계는 정신적이며 그런 의미에서 논리적인 세계이다. 따라서 경험세계에 대한 경험을 통해 형성된 개념도 선험적이고 불변적이다. 마지막으로, 유한한 주관정신이 형성한 개념이 선험적일 수 있으려면 주관정신과 절대정신의 절대적 분리가 부정되어야 한다. 왜냐하면, 경험세계가 절대정신의 자기표현이라 하더라도, 주관정신이 제한된 유한한 정신이라면, 혹은 절대정신과 전적으로 다르다면 경험세계에 대한 완전한 인식은 불가능하기 때문이다. "주관정신과 절대정신은 정신의 측면에서 동일하다. 그렇기 때문에 주관정신은 사유를 통해서 원리적으로 존재의 진리를 남김없이 파악할 수 있다. 이런 의미에서 절대정신은 주관정신에 현재한다."[11] 따라서 헤겔은 경험세계를 절대정신의 자기표현으로서 정신적이고 논리적인 것으로 전환하고, 이를 통해 세계경험을 통해 형성된 개념을 절대화하며 이러한 절대적 개념을 통한 인식도 절대적이고 완전한 인식이라고 주장한다. 칸트가 현상하는 것으로서의 물자체

---

10) G. W. Hegel(임석진 옮김), 『정신현상학』, 한길사, 2005, p. 95.
11) 강순전, 「헤겔의 주관정신론에서 인식론」, 『철학연구』, 대한철학회, 제121집, 2012, p. 16.

와 현상을 철저히 분리시키고 인식을 주관 내적 현상에 제한함으로써 보편적 인식을 정당화했다면, 반면에 헤겔은 절대정신을 통해 현상하는 것으로서의 물자체와 현상의 분리를 부정함으로써 보편적 인식을 정신 외적인 것에까지 확대했다. 결국, 인식의 보편성은 인식대상으로서의 객체를 인식주체의 정신적 현상으로 환원함으로써만 정당화된다. 그렇지만 이러한 환원주의에 기초한 동일성 논리는 정신의 현상으로 환원될 수 없는 것, 따라서 개념으로 동일화될 수 없는 것을 배제하고 제거하기 때문에 폭력적이다. 제2차 세계대전은 이러한 배타적 동일성 논리에 기초한 세계이해방식의 폭력성을 극단적으로 보여주는 사건이다.

제 3 절 주체와 객체의 상호성과 상호 주관성

아도르노와 하버마스 모두 현상하는 것으로서의 객체와 인식하기 위해 주관 내적 현상을 분류하고 규정하는 주체의 철저한 분리를 통해 보편적 인식을 정당화하는 논리와, 이러한 객체와 주체의 분리를 부정하고 인식하는 주체의 인식판단을 통해 객관적인 모든 것을 인식 가능한 것으로 환원하는 주체와 객체의 동일성 논리를 비판한다. 아도르노는 의식철학의 동일성 논리가 배타성과 폭력성을 내포하고 있으며, 이러한 동일성 논리는 단순히 인식이론에만 머무는 것이 아니라 현실 사회관계를 지배하며 현실 사회를 살아가는 개인들의 의식도 물화시킨다고 생각한다. 하버마스도 이러한 아도르노의 분석을 전면적으로 부정하지 않으며 아도르노 사상의 가장 긍정적인 공헌이라 생각한다. 그러나 하버마스는 아도르노가 시대착오적인 의식철학의 패러다임에 집착한 나머지 상호 주관적 의사소통이 그 자체 합리성을 띠고 있다는 역동적 의미를 이해하는 데 실패했다고 주장한다. "하버마스가 아도르노의 가장 명백한 결점이라고 생각한 것은 미적 미메시스(mimesis)에 부적절하게 호소하는 것을 제외하고는 주체 중심의 이성의 한계를 넘어설 수 없는 아도르노의 무능력이다."[12] 따라서 그는 객체를 표상하고 객체와 분투하는 의식철학의

12) Martin Moris, *Rethinking the Communicative Turn*(State University of New York Press, 2001), p. 9.

패러다임을 포기하고 상호 이해를 목적으로 하는 의사소통 패러다임으로 전환함으로써,[13] 의식철학의 동일성 논리를 극복할 수 있다고 생각한다. 반면에, 아도르노는 근대 의식철학이 인식론 중심의 언어사용을 지나치게 강조함으로써, 언어를 통해 세계를 규정하는 작용인으로서 인간주체를 모든 인식과 행위의 토대로 정립하려는 주체 중심주의로 귀결될 수밖에 없으며, 오히려 동일성 원리와 이러한 원리의 전제가 되는 주체와 객체의 이분법을 비판함으로써 언어 중심의 인식론에 의해 배제된 환원되지 않은 미메시스적 경험의 가치와 중요성을 강조하고, 이를 통해 주체와 객체의 상호성에 기초한 타자를 배제하지 않는 사유 모델과 의사소통 모델을 모색하고자 한다.

여기서 분명해지는 이들 두 사람의 근본적인 차이는 아도르노는 동일성 원리의 전제가 되는 주체와 객체의 이분법을 비판하지만, 놀랍게도 주체와 객체의 이분법을 폐기하지 않고 오히려 인식과 행위는 주체와 객체의 상호성에 기초해야 한다고 주장하는 반면에, 하버마스는 마찬가지로 의식철학의 패러다임이 사로잡혀 있는 주체와 객체 이분법을 비판하지만, 이를 극복하기 위해 주체들 간의 상호성에 기초한 의사소통적 합리성으로 전환해야 한다고 주장한다. 즉, 그러한 언어적으로 매개된 상호 주관적 의사소통행위 속에 주체들 간의 배타적이지 않은 합리성이 작동한다는 것이다. 따라서 두 사람의 핵심 쟁점은 아도르노는 주체와 객체의 상호성을 주장하며, 반면에 하버마스는 상호 주관성을 역설한다.

아도르노가 주체와 객체의 상호성에 기초한 인식과 소통을 강조하는 것은 첫째, 주체와 객체, 인간과 자연의 화해의 잠재적 가능성을 포기하지 않기 때문이며, 둘째, 의식철학의 동일성 원리와 그것의 전제가 되는 주체와 객체의 이분법은 자연지배 모델에 기초한 인간에 의한 인간지배를 정당화하는 논리이며, 이러한 도구적 합리성의 비합리성에 대한 규정된 비판을 통해서만 주체들 간의 지배 없는 자유로운 소통도 가능하다고 생각하기 때문이다.

> 화해의 상태에 대한 사변이 허용된다면, 그 상태에서는 주체와 객체의 무차별적인 통일도, 그것들의 적대적 대립도 표상되지 않을 것이다. 오히려 구별된

---

13) Jürgen Habermas, *The Theory of Communicative Action vol 1*, tr. by Thomas McCarthy(Beacon Press, 1984), pp. 389-390 참조.

> 것들의 의사소통이 있을 것이다. 그때야 비로소 의사소통 개념은 객관적인 것으로 자리잡게 될 것이다. 현재의 의사소통 개념은 굴욕적이다. 그것은 인간과 사물들의 동의의 잠재적 가능성인 최선의 것을 주관적 이성의 요구에 따라 주체들 간의 상호작용에 팔아버리기 때문이다.[14)]

아도르노에 따르면, 주체를 실체화함으로써 주체와 객체의 무차별적인 통일을 정당화하는 의식철학 만큼이나 언어를 매개로 이루어지는 주체들 간의 상호작용에 기초한 소통이론은 본질적으로 언어적이지 않은 객체를 주체들 간의 언어적 행위를 통한 보편적 동의의 대상으로 전락시킨다. 왜냐하면, 주체들 간의 언어적 소통 속에 본질적으로 언어적이지 않은 객체가 들어설 여지가 없기 때문이다. 이러한 의미에서 아도르노는 인식과 사유가 주체와 객체 어느 것도 실체화하지 않는 주체와 객체의 상호성에 기초할 때만 적대적이지 않은 관계 속에서 인간과 인간, 인간과 자연의 자유로운 소통도 가능할 것이라고 생각한다. 역으로, 현실의 적대주의를 비판하는 것 없이 상호성을 주장하는 것은 적대적 현실을 긍정하는 이데올로기로 머물 것이다. 다음에서는 이들 두 사람의 차이를 이해하기 위해 언어 사용에 관한 두 사람의 핵심적인 주장을 살펴보도록 할 것이다.

인식론 중심의 언어사용의 우선성을 주장하는 동일성 원리를 비판하고 주체와 객체의 상호성을 정당화하기 위한 아도르노의 전략은 첫째, 인식하는 주체를 절대화하는 의식철학이 의존하는 언어가 의식철학자들이 가정하는 만큼 완전한 도구가 아니라는 것이다. 앞에서 살펴본 것처럼 칸트는 인식의 보편성을 위해 언어 가운데 가장 추상적인 개념을 순수한 것으로 따라서 선험적인 것으로 가정했다. 헤겔은 개념이 발생한 것으로 가정하지만 유한한 인간정신은 의식이 성장함에 따라 개념이 대상을 수용하도록 하는 자기의식의 통일, 즉 자기의식의 본성임을 깨닫게 된다고 주장한다. 이런 측면에서 본다면, 하버마스도 자신의 생각 이상으로 헤겔적이다. 헤겔이 이성적으로 사유할 수 있는 의식의 성숙과 발전을 요구했다면, 하버마스는 합리적으로 타당성 요구를 제기하고 이를 해소할 수 있는 의사소통능력을 요구한다. 왜냐하면, 하버마스가 주장하는 의사소통행위는 단순히 의사소통의 언어적 형식을 가리키는 것이 아니라 충분히 발전된 언어에 의해 수반된 종류의 행위를 가

14) Th. W. Adorno, "*Subjekt und Objekt*" Gesammelte Schriften Bd. 10 · 2(Suhrkamp, 1977), p. 743.

리키기 때문이다.15) 즉, 보편적 동의에 이르기 위한 과정이 의사소통행위이며, 이러한 언어적 행위는 타당성 요구를 제기하고 해소하는 능력이 충분히 발전된 상태에서만 가능하다. 반대로, 아도르노는 인식을 구성하는 개념은 객체에 대한 경험을 통해 발생했고, 발생했기 때문에 개념을 통한 인식은 불완전할 수밖에 없다고 주장한다. 이것이 의미하는 것은 우선 객체에 대한 경험을 통해 형성된 개념은 경험의 객체를 규정하는 데 따르는 어떠한 모순도 일어나지 않는다는 것이다. 왜냐하면, 발생한 것은 발생이 이루어진 영역과 전적으로 분리될 수 없기 때문이다. 그리고 완전한 인식이 불가능하다는 것은 역으로 인간인식이 새로운 것과 새로운 것의 경험 가능성에 열려 있다는 것을 의미한다. 완전하다는 것은 완결된 것이고 닫혀 있다는 것을 의미하기 때문에 더 이상 새로운 것이 들어설 여지가 없다. 따라서 언어를 통한 동일성 인식의 구성적 불완전성을 증명하는 것은 새로운 것에 대한 경험의 여지를 마련하는 것이며, 그런 의미에서 인식과 사유가 운동할 공간을 만들어내는 것이다.

둘째, 본질적으로 '언어가 아닌 것'을 언어로 규정하는 것은 불가피하게 언어가 아닌 것을 추상화하고 배제함으로써 언어를 언어로 만들어주는 '언어가 아닌 것'을 제거할 수밖에 없다는 것이다. 이것은 왜 근대 인식론에 중심을 둔 언어사용의 우선성을 주장하는 의식철학이 환원주의로 귀결될 수밖에 없는지의 이유이다. 적어도 논리적으로는 그 자체 언어가 아닌 것을 언어로 규정하는 것은 규정되는 것과의 차이가 날 수밖에 없으며, 이러한 차이를 배제하지 않고는 완전한 동일성 인식을 주장할 수 없게 된다. 따라서 헤겔은 본질적으로 언어가 아닌 것을 절대정신 아래에서 정신적이고 언어적이며, 그런 의미에서 논리적인 것으로 전환함으로써만 절대적 인식을 정당화할 수 있었다. 따라서 아도르노는 언어가 아닌 것을 언어적인 것으로 환원하는 동일성 논리에 기초한 도구적 이성을 비판하고, 오히려 이러한 비판을 통해 언어를 언어로 만들어주는 객체와 객체에 대한 환원되지 않은 미메시스 경험의 의미와 중요성을 강조한다. "모든 인식과 실천 속에 지울 수 없는 미메시스적 계기가 있다."16) 개념적 인식으로 완전히 환원될 수 없는 경험으로서 미메시스

15) Martin Moris, *Rethinking the Communicative Turn*(State University of New York Press, 2001), p. 105 참조.

16) Th. W. Adorno, *Negaive Dialektik*, Gesammelte Schriften Bd. 6(Ffm.: Suhrkamp, 1977, 이하=ND),

적 계기가 존재하는 한에서 개념을 통한 인식은 완전한 인식일 수 없다. 따라서 인간인식은 추상적 개념을 통한 인식과 개념으로 환원될 수 없는 객체에 대한 경험의 상호작용 속에서 끊임없이 교정되어야 하며, 이러한 의미에서 인식하는 주체와 인식되는 객체는 상호작용한다. "미메시스와 합리성은 서로를 필요로 하며, 합리성이 미메시스 속에서 작동하는 만큼이나 미메시스가 합리성 속에서 작동하는 경우에 비로소 적절한 인식이 나타날 것이다."[17] 이러한 의미에서 아도르노는 사유와 사유 대상, 정신과 자연, 주체와 객체의 철저한 분리를 정당화하는 이분법을 비판하지만, 이러한 분리를 폐기하지 않으면서 이들이 서로 의존하고 서로 작용하는 상호성을 주장한다. 이러한 상호성이 인정될 때만 인간과 인간, 인간과 자연의 화해의 상태가 이념적으로라도 가능하기 때문이다.

반면에, 하버마스는 의식철학의 주체와 객체의 이분법이 빠질 수밖에 없는 배타적 동일성 논리와 도구적 이성의 지배로부터 벗어나기 위해 상호 주관성에 기초한 언어적 전환을 해야 한다고 주장한다. 그의 언어적 전환은 엄밀한 의미에서 인식론 중심의 언어사용으로부터 언어의 화용론적 사용으로의 전환이다. 이러한 언어적 전환의 핵심은 진리에 대한 관점의 전환이다. 소크라테스(Socrates) 이래로 진리는 보편적이어야 한다는 생각이 서양 주류철학을 지배해왔으며 하버마스 또한 이를 수용한다. 그러나 의식철학과 하버마스의 근본적 차이는 진리의 보편성을 정당화하는 방법에 있다. 의식철학은 진리의 보편성을 정당화하기 위해 인식판단을 가능하게 하는 조건인 개념의 보편성을 주장하고, 개념의 보편성을 정당화하기 위해 개념을 선험적인 것으로 상정한다. 반면에, 하버마스는 진리의 보편성을 언어 자체의 보편성보다는 차라리 언어의 화용론적 사용 속에 전제되어 있는 보편적 동의를 받을 수 있는 방식에서 정립하고자 한다. "우리가 어떤 언어체계를 선택하든, 우리는 항상 불가피하게 진리는 보편적인 타당성 주장이라는 전제로부터 출발한다. 만약 진술이 참이라면 그것은 어떤 언어로 형성되었든 보편적 동의를 받을 만하다."[18] 따라서 현대의 계몽된 사회에서 보편적 동의를 가능하게 하는 것은 판단

---

p. 253.

17) Norbert Zimmermann, *Der ästhetische Augenblick: Theodor W. Adornos Theorie der Zeitstruktur von Kunst und ästhetischer Erfahrung*(Peterlang, 1989), p. 29.

18) Jürgen Habermas, *The Theory of Communicative Action vol 1*, tr. by Thomas McCarthy(Beacon Press, 1984), p. 58.

의 선험적 구조가 아니라 타당성 주장이다.

우리가 대화에서 어떤 것을 말한다는 것은 단순히 아무런 목적 없이 무의미하게 내던지는 말이 아니라 듣는 사람이 어떤 것을 하거나 하지 않도록 하기 위해, 혹은 듣는 사람에게 어떤 영향을 미치기 위한 것이다. 그렇기 때문에 의사소통적으로 말을 한다는 것은 타당성 주장을 수반한다. 이러한 의미에서 하버마스에게 언어를 매개로 이루어지는 의사소통행위를 한다는 것은 상호 이해와 동의에 도달하는 것을 목적으로 이루어지는 행위이며, 이러한 행위를 하는 화자는 자신의 판단을 타당하게 주장하고, 청자는 그러한 주장을 수용하거나 거부하기 위해 타당성 문제를 제기할 수 있으며, 화자는 이러한 비판을 해소할 준비가 되어 있어야 한다.

> 우리는 이제 화자는 청자가 자신의 화행 제안을 수용하도록 합리적으로 동기부여할 수 있다고 말할 수 있는 위치에 있다. 왜냐하면, 타당성, 타당성 요구, 타당성 요구의 해소 사이의 내적 결합의 토대 위에서 그는 필요할 경우, 타당성 요구를 하는 청자의 비판에 맞설 설득력 있는 근거를 제공하겠다는 보증을 가정할 수 있기 때문이다. 따라서 화자의 발화 수반적 행위의 구속력은 말해진 것의 타당성에서가 아니라, 그가 제공하는 보증의 조정효과, 즉 필요할 경우 그가 말한 것에 제기된 타당성 요구를 해소하는 것에 빚지고 있다.[19]

하버마스에게 현대 사회에서 합리적인 사회적 상호작용을 보장하는 것은 어떤 형이상학적 전제가 아니라, 상호 이해와 동의에 도달하기 위해 이루어지는 타당성 요구와 이를 해소하는 상호 주관적 논증과정과 절차이다. 이러한 절차를 통해 동의가 성취된다면 그러한 동의는 합리적으로 성취되었다고 말할 수 있다. 이러한 의미에서 하버마스는 근대 의식철학의 주체 중심의 합리성으로부터 타당성 요구를 제기하고 해소하는 의사소통적 합리성으로 이동시킨다. 결국, 하버마스가 주장하는 도구적 합리성으로부터 의사소통적 합리성으로의 패러다임 전환은 논증 중심의 형식적 합리성이며,[20] 그렇기 때문에 그것이 과연 패러다임 전환이라는 야심찬 이름

19) 위의 책, p. 302.
20) "하버마스는 진리를 수행적 행위로부터 추상될 수 없는 합의를 지향하는 논증적 과정의 역사적 성취로 파악한다." Martin Moris, *Rethinking the Communicative Turn*(State University of New York Press, 2001), p. 104.

을 붙일 만한 것인지의 의구심을 불러일으킨다. 왜냐하면, 플라톤과 아리스토텔레스 이래로 서양 사상은 논증 중심이었기 때문이며, 논증 중심의 사유는 단순히 전제로부터 타당한 논증을 구성하는 데 그치는 것이 아니라 언제든지 그 논증의 타당성이 비판받을 수 있고, 또한 이러한 비판으로부터 타당하게 방어할 준비가 되어 있다는 것을 의미하기 때문이다. 그럼에도 전통철학이 명제의 판단형식을 통해 명제의 보편성을 정당화하려한 이유는 아무리 연역적으로 타당한 논증이라 하더라도 그 전제가 보편적으로 수용될 수 없다면 논증 자체도 보편적으로 수용될 수 없기 때문이다. 아리스토텔레스가 정치적 행위를 전제를 통해 설득하는 행위로 정의할 만큼 논증적 사고를 강조하고, 더 나아가 항상 참인 결론에 이르는 논증형식을 구성하였지만, 그럼에도 형이상학으로 넘어갈 수밖에 없었던 것도 결국 항상 참인 전제를 어떻게 정당화할 수 있는가의 문제였다. 형이상학에 의존할 수 없는 하버마스는 논증의 근거인 전제 또한 타당성 요구와 이를 해소하는 동의절차에 의존해서 정당화할 수밖에 없다. 그렇다면 전제의 수용 여부를 결정하는 것은 보편적 동의를 위한 의사소통 과정으로 무한소급될 수밖에 없을 것이다. 하버마스 말대로 논증을 통한 의사소통이 인간들 사이의 가장 효과적인 관계방식이며, 특히 현대 사회에서 자유롭고 민주적인 정치적 행위를 위해 너무도 중요한 것이라는 것은 부인될 수 없다. 아마도 그렇기 때문에 현대 사회에서 비판적 사고와 논증적 글쓰기가 민주시민의 기본소양으로 강조되기는 하지만, 논증의 형식적 타당성이 보편적 동의를 가능하게 하는지는 의심스럽다. 그 때문에 하버마스도 규제적 이념으로서 '이상적 담화상황'을 끌어들이지만, 오히려 그것이 하버마스의 지나치게 야심찬 기획의 성공을 더욱 의심스럽게 만든다. 그러나 다음에서는 하머마스의 의사소통적 합리성에 대해 제기된 많은 반론들을 제쳐두고, 타당성 주장에 기초한 논증적 합리성의 불완전성을 아도르노 입장에서 논의할 것이다. 이러한 비판적 성찰은 하버마스가 성취한 의사소통에 관한 담론을 단순히 반박하고 폐기하려는 의도가 아니라, 논증 중심의 의사소통에서 배제된 것들의 의미와 중요성을 일깨움으로써 의사소통이론을 보완할 수 있다는 믿음에서 출발한다.

제 4 절 언어의 이중적 성격

상호 이해와 동의를 목적으로 하는 대화는 논증 중심일 수밖에 없다. 의사소통이 논증 중심일 수밖에 없다면, 의사소통은 그 전제로 사용된 명제들의 논리적 관계를 통해 청자를 설득하거나 청자의 타당성 요구를 해소할 수밖에 없기 때문에 명제에 의존할 수밖에 없다. "하버마스 언어개념의 기본 요소들은 개별적인 기호나 말들이라기보다는 차라리 명제 형식으로 추상될 수 있는 문장이다."[21] 그렇다면 하버마스의 의사소통은 소통될 수 없는 것을 배제하거나 소통될 수 있는 것으로 환원하는 동일성 원리에 기초할 수밖에 없다. 왜냐하면, 논증이 의존하는 명제는 개념적 분류에 기초하기 때문이다. 역으로, 소통될 수 없는 것을 명제로 그래서 논증으로 환원하지 않는다면 대화를 통한 합의는 그 자체로 불충분하고 불완전할 수밖에 없다. 따라서 의사소통적 합리성을 주장하는 하버마스는 명제적 언어로 규정될 수 없고, 그래서 소통될 수 없는 미메시스적 요소를 소통 가능한 명제로 환원한다. "우리가 언어철학적 패러다임, 즉 상호 이해나 의사소통을 위해 객체를 표상하고 객체와 분투하는 주체를 가정하는 의식철학의 패러다임을 포기하고, 그리고 더욱 포괄적인 의사소통적 합리성의 부분으로서 고유한 장소 속에 이성의 인식적이고 도구적인 측면을 포함한다면, 미메시스적 실행의 합리적 핵심이 드러날 것이다."[22] 그는 언어의 토대 속에 미메시스적 요소와 합리적 요소가 통일을 이룬다고 생각한다. "미메시스적 요소들이 이미 언어적 상호 이해의 일상적 실천 속에 들어 있으며, 예술에서 비로소 찾을 수 있는 것이 아니다."[23] 모든 것을 소통 가능한 것으로 환원함으로써 논증적 합리성을 절대화하지만 논증적 대화가 지배적인 사회는 어떤 사회일까? 더 이상 '새롭고 그렇기 때문에 낯선 것'이 들어설 여지가 없는 사회는 새로운 이야기도 새로운 꿈도 없는 무미건조한 사회가 아닐까? 소통될 수 없는 것이 "타당성 주장과 합리성 영역으로 흡수될 때, 엄밀하게 생활세계는 철학

---

21) Martin Moris, *Rethinking the Communicative Turn*(State University of New York Press, 2001), p. 98.

22) Jürgen Habermas, *The Theory of Communicative Action vol 1*, tr. by Thomas McCarthy(Beacon Press, 1984), p. 390.

23) Jürgen Habermas(이진우 · 박미애 옮김), 『새로운 불투명성』, 문예출판사, 1995, p. 253.

적 매개를 위한 자원일 수 있는 그것의 능력을 상실한다."[24)]

개념적 분류에 의존하는 동일성 논리라는 점에서 모든 것을 소통 가능한 것으로 환원하는 언어적 전환에 기초한 의사소통이론은 주체와 객체의 이분법을 전제하는 동일성 논리를 극복한 것이 아니라 오히려 회피하고 위장하고 있는 것이다. 즉, 의사소통이론은 분류적 개념으로 증류될 수 없는 비개념적이고 비동일적인 것을 배제하는 위장된 주관주의이다.

> 진리의 기준은 모든 사람에 대한 진리의 직접적 소통 가능성이 아니다. 인식된 것의 의사소통을 인식된 것과 혼동하고 아마도 더 높이 위치 지우려는 보편적 강제에 저항해야 한다. 반면에, 현재 의사소통을 향한 모든 단계는 진리를 팔아먹고 왜곡한다.[25)]

결국, 의사소통이론은 진리의 기준을 대화를 통한 합의에 둠으로써[26)] 다른 사람을 설득하기 위해 논리적 근거를 제시하는 논증에 의존하며, 그 때문에 개념으로 분류될 수 없는 비동일적이고 비개념적인 것을 배제하는 분류적 합리성에 기초하고 이를 정당화한다. 그러므로 분류적 합리성에 기초한 의사소통이론은 분류적 합리성의 현실적 모델인 교환 원리에 의존하는 동시에 이를 정당화한다. 이런 의미에서 비판적 사유의 뇌관을 제거한 의사소통이론은 교환적 합리성이 지배하는 현실사회의 현재 상태를 긍정하는 이데올로기가 된다.[27)] 왜냐하면, 비판적 사유의 가능성은 모든 것을 언어로 분류하고 교환할 수 있다는 긍정성에 있는 것이 아니라 모

---

24) Fred Dallmayr, *Between Freiburg and Frankfurt: Toward a Critical Ontology*(The University of Massachusetts Press, 1991), p. 147.

25) Th. W. Adorno, ND. pp. 51–52.

26) 합의를 대화의 목적으로 상정하는 의사소통이론은 불가피하게 논증 중심적일 수밖에 없다. 왜냐하면, 논증의 목적은 상대를 설득하는 것이기 때문이다. 오히려 합의라는 강제로부터 대화를 해방시킬 때 의사소통은 논증적 차원에 제한되는 것 없이 진리와 관계할 것이다.

27) "하버마스는 『사실과 규범 사이』에서 사람들의 의사소통적 힘이 정치체계에 대한 단순한 영향력에 제한된다고 주장할 때 이성의 범위를 심각하게 제한한다. 시민들이 (예를 들어, 시민사회 속에 있는 몇몇 새로운 운동과 활동 속에서) 의사소통적 힘을 생산하는 데 성공할 때조차, 의사소통적 힘은 의회와 법정보다 낮은 자리를 감수해야 한다." 결국 "의사소통적 힘의 실행은 전적으로 정치적 결정과정과 절차에 종속된다." Deborah Cook, *Adorno, Habermas, and the Search for a Rational Society*(Routledge, 2004), p. 95.

든 것이 분류되고 교환될 수 있는 것이 아니라는 부정성에 있기 때문이다. 그러나 의사소통적 합리성을 실체화하는 것을 비판한다 하더라도, 의사소통이 폐기될 수 있는 것은 아니다. 만일 논증 중심의 의사소통을 통한 합의가 배타적 성격을 가진다고 해서 폐기한다면, 인간과 인간이 맺는 관계방식은 합리적 대화보다는 맹목적 폭력에 의존하게 될 것이다. 따라서 인간이 협력해서 노동하고 서로 관계해야 하는 사회적 존재인 의미에서 대화를 통한 소통은 인간에게 불가피하다. 그렇지만 자유로운 의사소통을 위해 요구되는 것은 단순히 합의와 이를 성취하기 위한 합리적 절차가 아니라 타자를 배제하지 않는 비판적 태도이다. "대화는 어떤 것에 대한 합의, 특히 가치에 대한 합의에 도달해야만 하는 것은 아니다. 대화는 서로에게 익숙해지도록 도움을 주는 것으로도 충분하다."[28]

하버마스와 달리 소통을 위해 논증적 언어가 불가피한 것만큼이나, 개념을 통해 규정될 수 없고, 그래서 소통될 수 없는 것과의 닮음으로 인해서 언어의 미메시스적 계기도 불가피하다. 즉, 언어는 소통 가능하도록 규정하고 이를 설득하는 논증적 기능만 하는 것이 아니라 마치 시와 소설에서처럼 규정할 수 없고, 그래서 소통할 수 없는 미메시스적 경험을 표현하고자 한다. 이러한 언어의 이중적 성격 때문에 언어를 통한 세계인식은 곤경(Aporie)에 처하며, 언어를 통해 경험을 분류하고 규정하는 인식은 불가피하게 고정되고 불변적일 수 없다.

> 사태의 표현으로서의 언어는 다른 사람들과의 의사소통으로 완전히 환원될 수 없다. 그러나 또한 아무리 …… 하더라도, 그것은 단순히 의사소통과 독립하지 않는다. 그렇지 않을 경우, 그것은 가까이 있는 질료와 관계할 때조차도 모든 비판을 벗어나고 그러한 관련성을 임의적 가정으로 환원시킬 것이다. 사태 자체의 표현으로서의 언어와 전달로서의 언어는 상호 얽혀 있다. 사태를 이름 붙일 수 있는 능력은 그것을 소통시키려는 강제 아래에서 전개되며, 그러한 강제의 요소는 그 속에 보존된다. 역으로, 그것은 그 자체의 의도로 가지지 않았던 어떤 것을, 다른 고려들로부터 미혹하지 않은 채, 전달할 수 없다.[29]

---

28) K. W, Appiah(김민영 외 옮김), 『세계시민주의』, 바이북스, 2008, p. 166.

29) Th. W. Adorno, *Drei Studien zu Hegel*, Gesammelte Schriften Bd. 5(Ffm.: Suhrkamp, 1975). p. 339.

언어가 경험을 통해 형성되었기 때문에 언어는 경험을 분류하여 규정하고 소통될 수 있도록 한다. 그러나 언어의 이러한 경험적 성격은 언어적 규정을 불완전한 것으로 만들지만, 오히려 그 때문에 언어는 단순히 규정하고 기술하며 설명하는 것이 아니라 언어로 규정될 수 없는 것을 표현하도록 강제된다. "비트겐슈타인(L. Wittgenstein)에 반대하여 말할 수 없는 것을 말해야 할 것이다."[30] 진정한 진리의 경험은 논증적 사유가 그 한계에 부딪치는 순간이다. 그러한 순간의 언어는 논증적 언어에 머무를 수 없다. 왜냐하면, 어떤 것도 긍정적인 것으로 고정될 수 없기 때문이다. '난점'이나 '당혹' 혹은 '곤경'을 의미하는 아포리(Aporie)라는 개념은 그리스어 아포로스(aporos)에서 나왔다. 아포로스는 통과할 수 없거나 통과하기 어려운, 글자 그대로 통로가 없음을 의미한다.[31] 자연연관으로부터 해방되기 위해서는 합리성을 포기할 수 없으며, 그럼에도 이러한 합리적 사고를 통해 경험의 미메시스적 차원을 배제할 수 없는 한, 철학은 끊임없이 아포리에 맞닥뜨리고 이러한 아포리가 철학을 변증법으로 강제한다. 철학에 당혹스러운 것은 규정할 수 없고, 그래서 말로 완전히 표현할 수 없는 것을, 그럼에도 말로 규정하고 표현해야 하는 역설적 상황이다. 그러므로 모든 것을 언어로 완전히 전환하고 표현할 수 있는 그러한 완전한 언어를 가지지 않은 인간의 사유는 변증법적일 수밖에 없다.

제 5 절 주체와 객체의 상호성의 조건으로서 육체적 계기

의사소통적 논증의 형식적 절차를 모든 진리와 행위의 기준이자 평가기준인 합리성으로 정립하려는 하버마스는 주체와 객체의 상호성의 조건이면서, 낯선 것에 대한 닮음으로서 미메시스적 계기의 조건인 육체와 육체적 계기도 의사소통의 언어적 실행 속에 통합하려 한다. 아니 오히려 의사소통적 합리성을 정당화하기 위해서는 통합해야 한다. 의사소통이론은 의식철학이 의식의 사실로 전환하려는 내적

30) Th. W. Adorno, ND. p. 21.

31) Martin Moris, *Rethinking the Communicative Turn*(State University of New York Press, 2001), p. 132 참조.

자연인 욕망이나 충동을 언어로 규정할 수 있는 것으로 전환해야 한다. "이성의 바람직함은 욕망의 합리성을 수반한다."[32] 만일 욕망이 합리화되지 않는다면 의사소통은 행복이나 자아실현과 아무런 상관없는 무미건조한 대화가 될 것이며,[33] 욕망을 완전히 지배할 수 없는 의사소통적 합리성은 불충분한 것으로 머물 것이다. 반면에, 욕망이 합리적인 것으로 될 경우에만 이성은 욕망과 충동, 그리고 이러한 내적 자연과 닮은 외적 자연을 합리적으로 관리하고 통제할 수 있을 것이며, 이러한 이성의 통제와 지배는 정당화될 수 있을 것이다. 따라서 하버마스는 주관적 세계에 속할 뿐만 아니라 객관적 세계와 관계하는 인식, 신념, 의도들과는 달리, 욕망과 감정을 실재, 즉 객관적 세계의 요소들로 동화될 수 없는 주관적인 어떤 것이라고 주장한다.[34] 그렇기 때문에 "욕망과 감정은 주관적으로만 표현될 수 있을 뿐이며 다른 식으로 표현될 수 없고, 객관적이든 사회적이든 간에 객관적 세계와 관계할 수 없다."[35] 욕망과 감정을 자연적 · 사회적 객체와의 관계를 결여한 주관적 표현으로 환원함으로써, 그는 "내적 자연을 주관화하고 언어화하며, 이를 통해 내적 자연인 욕망과 충동은 이성에 복종한다고 주장한다."[36] 욕망과 감정을 언어화함으로써 욕망과 같은 육체적 계기를 봉인한 하버마스는 이제 언어를 통해 전달 불가능한 어떤 것도 없으며, 따라서 모든 것은 의사소통 속에서 합리적으로 평가되고 측정될 수 있다고 생각한다.[37] 이러한 의미에서 실증주의만큼이나 순수 언어적 사실을 가정하는 하버마스는 비판이론의 뇌관인 비판을 제거함으로써 현실을 긍정하는 이데올로기를 만든다. 왜냐하면, 의사소통적 합리성을 위해 소통하는 언어가 언어로 표현되는 순수 언어적 사실에 기초할 때, 아무리 상호 주관성을 외치더라도 그러한 논리는 주관성에서 주관화되지 않는 것을 배제하거나 주관화함으로써, 결국에는

32) Seyla Benhabbib, *Critique, Norm, and Utopia: A Study of the Foundations of Critical Theory*, (Columbia, 1986), p. 324.
33) 위의 책, p. 324 참조.
34) Jürgen Habermas(tr. by Thomas McCarthy), *The Theory of Communicative Action vol 1*(Beacon Press, 1984), p. 91 참조.
35) 위의 책, p. 92.
36) Deborah Cook, *Adorno, Habermas, and the Search for a Rational Society*(Routledge, 2004), p. 85.
37) "하버마스는 미메시스나 미메시스적 사유마저도 비합리적인 신비화로 불공정하게, 그리고 시기상조적으로 해소해버린다." Fred Dallmayr, *Between Freiburg and Frankfurt: Toward a Critical Ontology*(The University of Massachusetts Press, 1991), p. 152 참조.

주관주의로 머무르기 때문이다. 언어적 순수 사실에 기초한 상호 주관성은 그가 비판하고자 했던 주체와 객체의 이분법에 기초한 의식철학만큼이나 비판적 사유와 실천을 정지시켜버린다. 이러한 의미에서 하버마스의 상호 주관성은 자연지배를 정당화하는 위장된 주관주의이다. 왜냐하면, "자연 그 자체에 대한 지배를 전제하는 이론만이 상호 주관성을 어쨌든 자연적인 것으로부터 분리된 영역으로 간주할 수 있기"38) 때문이다. "그러나 실천은 의식으로 소진되지 않은 것, 육체적인 것, 이성과 매개되어 있지만 이성과 질적으로 다른 것인 타자를 필요로 한다. 그 두 계기들은 결코 분리되어 경험되지 않는다."39) 이성은 타자와 비동일성의 긴장이 없다면 더 이상 작동되지 않을 것이며, 극단적으로는 어떤 사유도 없을 뿐만 아니라 실천은 맹목적인 행위로 변질될 것이다.

결국, 하버마스가 인간은 자연과 단절되었다고 생각할 뿐만 아니라 이러한 단절을 해방적이고 그 자체 긍정적인 것으로 보는 반면에,40) 아도르노는 인간이 자연과 완전히 단절할 수 있다는 것을 거부한다. 그는 언어에 의해 그렇게 하려는 시도를 억압적이고 스스로를 손상시키는 것이라고 비난한다.41) 이론을 심미화시켰다고 비판하는 하버마스와는 달리 아도르노는 충동과 욕망이 한갓 정신적인 것이 아니라 육체적이며, 육체적 계기를 환원하여 감각적 인상이라는 의식의 사실이나 언어적 사실로 전환할 수 없다고 생각한다.

> 사물 세계의 주체 내재적 재구성은 그것의 위계구조의 토대를 가진다. 이러한 토대가 바로 감각이다. 자족적 인식론이 감각 위에 위계구조를 세우고 싶어하지만, 감각도 육체 없이는 없을 것이다. 인식에서 순수 지각적이지 않은 것으로서 육체적 계기는 환원불가능하다.42)

---

38) Simon Jarvis, Adorno: A Critical Introduction(Polity Press, 1998), p. 35.

39) Th. W. Adorno, ND. p. 228.

40) "오직 호모사피엔스의 문턱에서 이와 같이 혼합된 진화의 유기적-문화적 형식은 배타적으로 사회적 진화로 넘어갔다. 진화의 자연적 메커니즘이 중단되었다." Jürgen Habermas, *Communication and Evolution of Society*, tr. by Thomas McCarthy(Beacon Press, 1979), p. 133.

41) Deborah Cook, Adorno, *Habermas, and the Search for a Rational Society*(Routledge, 2004), p. 80 참조.

42) Th. W. Adorno, ND. p. 194.

육체적 계기를 추상적 감각으로 환원하고 이를 통해 언어적 사실로 환원하는 것은 결국 사유하는 주체를 선험적 주체와 같은 보편자로 만들지만 선험적이라는 글자 그대로의 의미에서 자신 바깥의 경험적인 어떤 것과도 관계할 수 없고 어떤 행위도 할 수 없는 주체로 전락시키며, 현실의 지배적 논리를 수동적으로 따르는 현실적으로 무기력한 수동적 인간을 정당화한다. 정신 내적이면서 그럼에도 순수 정신적인 것이 아닌 육체적 계기는 의식의 사실로 전적으로 환원될 수 없고, 이러한 육체적 계기를 통해 정신은 정신 외적인 것과의 유사성을 단절할 수 없으며, 정신 외적인 것과 유사성을 가지는 한에서 주체와 객체는 서로 관계한다. 그 때문에 정신은 순수 정신적인 것으로 환원될 수 없는 것에 대한 경험을 통해 자신의 인식수단의 불충분성을 비판적으로 의식한다. 그러므로 자신의 불충분성을 비판적으로 의식하는 정신은 그 자체로 무기력하게 되거나 공허하게 될 수 없다.

"정신 내적이면서 동시에 육체적인 충동은 그것이 속한 의식영역을 넘어선다."[43] 그렇기 때문에 내적으로 단절할 수 없는 자연적 계기를 가지는 정신은, 오히려 그러한 자연적 계기를 가지는 한에서, 외적인 것과 관계하고 어떤 행위를 할 수 있으며, 이러한 계기의 억압과 배제를 비판적으로 의식할 수 있다. 따라서 "이성은 그 자체의 자연적 본질을 이해해야만 한다."[44] 이성이 자신의 자연적 본질을 망각하고 자연적인 것과의 단절을 통해 자기 충족적인 것으로 고양되자마자, 그러한 이성은 어떠한 외적인 것과도 관계할 수 없는 절대적 이성이 된다. 절대적 이성은 '절대'라는 말의 글자 그대로의 의미에서, 즉 상대를 끊어버린다는 의미에서 어떤 것과도 관계할 수 없고 어떤 것도 할 수 없는 무기력하고 고독한 이성이다. 그러므로 이성을 이성적이게 하기 위해서는 구성적으로 이성의 타자가 필요하다. 인간주체의 고유한 본질인 이성이 이성의 타자를 필요로 하는 정도로, 주체와 객체는 철저히 분리된 것이 아니라 서로 관계한다. 이러한 주체와 객체의 상호성이 인정될 때, 주체와 객체 가운데 어느 것도 배제되는 것 없이 적대적이지 않은 관계 속에서 서로 구별되는 것들이 제목소리를 낼 수 있을 것이다. 서로 구별되는 것들의 목소리가 억압되지 않는 조건 속에서만 주체와 객체, 주체와 주체 간의 의사소통은 진정

---

43) Th. W. Adorno, ND. p. 228.

44) Th. W. Adorno, "*Vernunft und Offenbarung*", *Kulturkritik und Gesellschaft*, Gesammelte Schriften Bd. 10 · 2(Ffm: Suhrkamp, 1977), p. 611.

자유로운 소통이 될 것이다.

참고문헌

강순전(2012). 「헤겔의 주관정신론에서 인식론」. 『철학연구』. 대한철학회, 제121집.

박구용(2003). 『우리안의 타자』. 철학과 현실사.

이병탁(2013). 『아도르노의 경험의 반란』. 북코리아.

G. W. Hegel(임석진 옮김)(2005). 『정신현상학』. 한길사.

H. Arendt(이진우 · 태정호 옮김)(1996). 『인간의 조건』. 한길사.

I. Kant(김석수 옮김)(2002). 『순수이성비판 서문』. 책세상.

______(백종현 옮김)(2009). 『판단력비판』. 아카넷.

Jürgen Habermas(이진우 · 박미애 옮김)(1995). 『새로운 불투명성』. 문예출판사.

K. W, Appiah(김민영 외 옮김)(2008). 『세계시민주의』. 바이북스.

Platon(이창우 옮김)(2012). 『소피스트』. 이제이북스.

Adorno, Th. W.(1975). *Drei Studien zu Hegel*. Gesammelte Schriften Bd. 5(Ffm.: Suhr-kamp).

______(1972). *Ästhetische Theorie*. Gesammelte Schriften Bd. 7(Ffm.: Suhrkamp).

______(1977). *Negaive Dialektik*. Gesammelte Schriften Bd. 6(Ffm.: Suhrkamp).

______(1977). "*Subjekt und Objekt*". Gesammelte Schriften Band 10 · 2. Suhrkamp.

Benhabbib, Seyla(1986). *Critique, Norm, and Utopia: A Study of the Foundations of Critical Theory*. Columbia.

Cook, Deborah(2004). *Adorno, Habermas, and the Search for a Rational Society*. Routledge.

Dallmayr, Fred(1991). *Between Freiburg and Frankfurt: Toward a Critical Ontology*. The University of Massachusetts Press.

Habermas, Jürgen(1984). *The Theory of Communicative Action vol 1*. tr. by Thomas McCarthy. Beacon Press.

Jarvis, Simon(1998). *Adorno: A Critical Introduction*. Polity Press.

Kant, I.(1974). *Kritik der Urteilskraft*. hrg. von Wilhelm Weischedel(Ffm: Suhrkamp. Bd. 10).

Moris, Martin(2001). *Rethinking the Communicative Turn*. State University of New York Press.

Zimmermann, Norbert(1989). *Der ästhetische Augenblick: Theodor W. Adornos Theorie der Zeitstruktur von Kunst und ästhetischer Erfahrung*. Peterlang.

제 2 장 언어학에서 본 범세계적 소통: 너와 나, 바벨탑의 꼭대기에서 마주하다

이 미 향

제 1 절 사람과 삶, 그리고 언어

1 인간의 언어? 언어적 인간!

"말과 함께 태어나 말과 함께 살다가 말과 함께 죽는다."라는 말이 있다. 바로 인간의 삶을 두고 하는 말이다. 언어 사용은 인간이 가진 큰 특징이므로, 어떤 언어권에서는 이로써 사람과 사물을 구별하기도 한다. 아프리카 남동부의 언어인 스와힐리어(Swahili language)에서는 사람을 [mtu], 사물을 [kitu]로 받는데, 말을 하지 못하는 아기를 사물과 같이 [kitu]로 부른다. 이와 같이 언어적 인간(Homo-Lopuens), 곧 언어는 인간의 고유한 특징으로 인식된다.

인간의 언어능력(linguistic competence)은 보편적이고 선천적인 능력이다. 인간이 할 수 있는 일 중에는 자전거 타기나 운전하기와 같이 학습과 훈련을 통해 습득하는 것이 대부분이다. 이런 행위와 달리, 말하기는 부모와 책상머리에서 수업을 통해 배워내는 것이 아니다. 불행히 말을 못하게 되는 사고를 당한 경우가 아니라면 사람은 누구나 능력의 차이는 있더라도 말을 할 수 있다. 인간은 생활환경 속에서 자연스럽게 언어를 습득하고, 습득한 언어를 혹독한 훈련이 없이도 자유롭게 구사할 수 있는 능력을 가지고 태어난다. 개인별로 능력의 차이가 있을지언정, 그 차이가 자전거 운행이나 자동차 운행처럼 크지 않는 것이 놀라울 따름이다.

현재 지구상에는 대략 6,000종의 언어가 있다고 한다. 그 가운데 사용 인구가 일정한 규모 이상인 언어는 약 3,000종류에 달한다. 집단생활에서 언어는 살아가는 데 필수적이며 기초적인 도구이다. 인간이 살아가기 위해 무엇보다도 의·식·주 문제를 해결해야 할 터인데, 집단생활을 하는 구성원들이 의·식·주를 얻을 수 있는 강력한 도구가 곧 언어이다. 그런데 언어 습득은 생존의 문제만이 아니다. 어떤 규모의 집단에서든 한 개체가 성인이 되기 전에 '소통의 도구'인 언어를 얻지 못한다면 그 사회에서 일정한 구실을 하기 힘들다. 그 사회에서 쓰는 언어를 성인이 되기 전에 능숙하게 사용하지 못하면 이것은 '사회적 죽음'과 같다.

언어를 습득하는 과정은 언어의 속성을 보여주는 과정이기도 하다. 언어는 상징으로 된 기호의 일종이다. 언어의 기호로는 말[音聲言語]과 글[文字言語]이 있다. 음성언어는 '소리'와 '의미'로 이루어진 기호의 체계이며, 문자언어는 '시각적 기호'와 '의미'로 구성된 기호의 체계이다.

(1) ⏱ ☎ ♬

위 (1)에 그림 3개가 있다. 각각의 그림에서 독자들은 어떤 대상을 연상하게 된다. 한편으로 위의 시각적 기호는 각각 청각적 기호인 음성으로 들어서 알 수도 있다. 그것이 시각과 청각 중 어떠한 방법으로 전달되든지, 각 기호에는 의미가 결합되어 있어, 어떠한 대상을 연상하게 되는 것이다. 우리의 삶은 이러한 기호로 둘러싸여 있다고 해도 과언이 아니다. 길거리에서 의미를 약속한 여러 부호(약호, 略號)들을 볼 수 있다. 기차역의 초록 깃발, 축구장의 빨간 카드와 같이, 약호는 색깔과 형태를 모두 동원하여 고유한 의미를 드러낸다. 이러한 기호에 따라, 인간은 타인의 생각을 이해하고 자신의 생각을 표현하며 살아왔다.

한편, 동물의 의사소통이 세간의 관심을 받아왔다. 이미 꿀벌의 춤이나 돌고래의 소리, 그리고 침팬지의 어휘 습득은 동물의 의사소통으로 유명한 사례이다. 그러나 이러한 사례에 대한 더욱 면밀한 연구는 대체적으로 인간의 언어와 동물의 신호 체계가 다른 것이라는 것을 알려주고 있다. 동물도 언어가 있을 수 있지만, 인간 언어는 동물 언어와 차별적 특성을 가지고 있다는 것이다. 인간 언어의 특수성을 동물 언어와 대비하며 알아보자.

(2) • 이원성: 인간 언어는 소리와 의미로 분리된 기호의 합이다.
• 자의성: 인간 언어의 소리와 의미는 임의적으로 결합된 것이다.

첫돌이 된 아기를 생각해 보자. 지난 일 년 간 아기는 부모가 자신에게 하는 어떤 말을 들어왔다. 엄마가 하는 '예쁘다'의 소리와 의미를 각각 식별하고, 이 둘을 결합하기 시작한다. 소리로서 [ㅖ ㅃ ㅡ ㄷ ㅏ]를 듣고 말해보는 연습은 물론이고 상황에 맞게 이 소리를 내 보면서, 언젠가는 의사소통에 성공하는 경험을 하게 될 것이다. 인간 언어의 기호는 이처럼 체계가 분리된 소리와 의미의 합으로 되어 있다. 이것을 언어의 이원성이라고 한다. 때마침 아기 옆에 있는 고양이가 곁을 맴도는 파리에게 /야옹/이라 했더라도, 그 소리는 의미와 한 덩이로 되어 있어 분리될 수 없다. 고양이는 소리의 체계를 따로 연습하거나, 그 소리를 '귀찮다'는 의미와 결합하며 말하지 않는다. 이와 같이 동물 언어는 일원성을 기본 속성으로 한다.

그런데 아기는 어떤 발음이 왜 그 상황에서 적합한 의미가 되는 것인지 이유를 알 수 없다. 다만, 소리와 의미를 한 쌍으로 결합하며 언어를 배울 뿐이다. '예쁘다'를 '나쁘다'로 잘못 듣거나 잘못 발음하는 경우는 부지기수일 것이다. 예쁜 상태가 [예쁘다]란 발음과 필연적으로 유사한 것이 아니기 때문이다. 이에 반해, 곁에 있던 고양이가 귀찮을 때 내는 소리 /야옹/과 아플 때 내는 소리 /야옹/은 본능적인 것으로, 해당 상황과 필연적으로 유관한 것이다. 사람으로 태어난 아기는 어떤 소리와 어떤 뜻이 우연하게 결합한 것을 학습으로 익혀야 하는 숙명을 타고 났다. 만약 인간의 어떤 소리와 뜻이 필연적으로 결합된 것이라면, 인간 세계에서 외국어는 존재하지 않을 것이며 외국어 학습으로 인해 힘겨워 하는 이도 없을 것이다. 어떤 언어든지 특정한 소리에는 필연적으로 유관한 어떠한 내용이 결합되었을 것이기 때문이다. 소리와 의미가 비교적 본능에 충실하고 유관하다는 의성어조차도 언어별로 다르다. /꿀꿀/과 /oink/의 대역에서와 같이 동물의 소리를 인간의 발음으로 옮긴 어휘도 그러하다. 소리와 의미의 임의적이고 우연한 결합, 언어의 이런 특성을 인간 언어의 자의성이라고 한다.

(3) • 분절성: 인간 언어의 소리는 각 요소로 나눌 수 있다.
• 체계성: 인간 언어는 각 요소가 일정한 원리에 따라 조직적으로 이루어져 있다.

아기는 말을 배워가면서 '예쁘다'를 'ㅖ/ㅃ/ㅡ/ㄷ/ㅏ'와 같이 세 개의 자음과 두 개의 모음으로 나누어 인식해야 한다. 그리하여야 자음과 모음을 교체하면서 '나쁘다'나 '아프다'도 말할 수 있다. 이에 비해, 고양이의 /야옹/은 인간의 소리와 같이 자음과 모음으로 쪼개지지 않는다. 비록 고양이의 울음을 글자로 적어 보았지만, 사실 울음소리를 [ㅑ/ㅗ/ㅇ]과 같이 끊어지는 소리로 인식할 수도 없다. 동물의 소리는 연속되고 엉킨 소리의 복합체로, 처음부터 한 덩어리일 뿐이다. 언어의 분절성은 인간 언어의 큰 특징이다. 표음문자인 한글이 단지 수십 개의 자모로 10,000가지 이상의 소리를 만들어 적을 수 있는 효율성도 바로 여기서 나온다.

또한 사람의 말은 하위 요소들이 일정한 원리에 따라 조직적으로 결합하며 큰 단위를 이루어간다. 그러므로 아기는 언어 습득 단계에서 각각의 소리와 문법 요소가 결합하는 원리를 이해해야만 한다. 어떤 소리든지 모음을 포함해야 소리마디를 형성할 수 있다든지, 문장에서 '-다'는 그런 상태를 나타내는 말로 문장의 마지막에 온다든지 하는 문장을 이루는 체계적인 지식을 익혀갈 것이다. 인간 언어의 이러한 특징을 언어의 체계성이라고 한다. 꼬리를 밟힌 고양이의 비명은 이런 복잡한 원리를 갖추지 않으므로, 인간 언어와 다르다.

(4) • 창의성: 제한적인 단지 몇 개의 소리로 무수히 많은 단어를 생성할 수 있다. 또한 제한적인 단어를 결합하여 무수히 많은 새 문장을 생성할 수 있다.
• 교환성: 의사소통에서 표현하는 이와 이해하는 이는 언제든지 바뀔 수 있다.

말을 배우기 시작한 아기는 알고 있는 몇 개의 모음과 자음으로 다양한 말을 할 수 있다. '예쁘다'는 한두 개의 모음과 자음을 바꾸면 다른 의미를 지닌 '아프다'나 '고프다'로 바뀐다. '안 고프다'는 말을 들어본 적이 있다면, 곧 '안 아프다'나 '안 예쁘다'를 만들어 쓸 수 있다. 설령, 부모가 아이에게 늘 예쁘다는 말만 했더라도 아이는 어느 날 자신이 필요한 순간에 '안 예쁘다'를 창조하여 말할 것이다. 이와 같은 창의성은 인간 언어의 큰 특징이다. 이에 비해, 고양이는 유전적으로 전해 받은 소리만 계속 낼 것이다. 고양이는 몇 세기를 지나도 강아지와 같은 소리를 내지 않을 것이며, 아무리 똑똑한 고양이라 할지라도 새로운 어휘를 고양이의 어휘 목록에 추가할 수 없을 것이다.

또한 아기는 '안 예쁘다'라 말한 후에는 부모의 답을 들을 청자가 되고, 부모의 답에 따라 다시 다른 표현을 하는 화자가 될 것이다. 독백을 하는 경우를 제외하면, 사람은 소통 상황에서 언제나 화자와 청자의 경계를 넘나든다. 엄밀히 보면 독백도 사실 동일한 인물로 화자와 청자를 삼는 것이다. 인간 언어는 이처럼 교환성을 특징으로 한다. 한편, 고양이는 파리에게 귀찮다는 자신의 의사를 전달할 뿐 다시 청자가 되거나 적절한 대답을 하는 과정을 겪지 않을 것이다.

(5) • 전위성: 인간의 언어는 현재만이 아니라 과거와 미래를 말할 수 있다. 또한 지금 있는 곳뿐만 아니라 자신이 존재하지 않는 먼 곳에 대한 것을 표현할 수 있다.
• 문화적 전달: 인간은 언어 환경에 따라 해당 언어를 습득한다.

아기가 표현력이 좀 더 좋아지면, 지난주에 부모가 약속한 사실을 기억하게 하거나 내일 그 약속을 지킬 것에 대한 확언을 받아낼 것이다. 약속을 이행할 장소가 집 안의 어느 장소가 아니라 할지라도, 부모와 그 이야기를 계속할 수 있다. 발화주체가 존재하는 실제 시간과 장소를 넘나들며 화제를 이어나갈 수 있는 인간 언어의 특성을 전위성이라고 한다. 반면에, 고양이는 현재 화난 상태를 자신이 있는 곳에서 표현할 수 있을 뿐이다. 설령, 고양이가 과거를 회고하거나 미래를 약속하는 생각을 했을지라도 고양이의 언어로 그것을 표현하는 것은 불가능하다.

사람은 언어를 삶의 일부로 받아들인다. 자신이 처한 환경에서 그 언어를 숙명처럼 습득한다. 부모가 쓰는 언어와 그 사회의 언어가 다른 경우에는 두 가지를 동시에 습득하기도 한다. 심지어 부모가 이중언어 화자거나, 양친이 쓰는 언어가 다를 경우에는 아기가 여러 언어를 습득할 수도 있다. 문화 습득 과정과 같이, 인간은 자신이 처한 환경에서 사용되는 언어를 습득하게 된다. 문화적으로 전달되는 인간 언어와 달리, 고양이는 살아가는 환경이나 국적과 무관하게 유전적으로 물려받은 언어만을 후대에 물려주게 될 것이다.

이와 같이 인간의 언어는 동물의 의사소통과 양적·질적으로 다른 것이다. 언어는 인간을 말해주는 중요한 특징이다. 그러하니 인간은 언어를 쓸 줄 아는 존재, 즉 언어적 인간(Homo-Lopuens)이다. 공기, 물, 옷가지와 집 등은 인간 삶을 유지하는 필수 조건이지만, 이에 비해 언어는 인간으로 인정받기 위한 필수적 요건이라는 점에서 그 의미가 특별하다.

2 언어를 객관적으로 바라보기

인간은 언어를 사용한다. 언어를 습득하여 인간은 사회에서 타인과 더불어 의사소통을 하는데, 언어는 한 개인의 생각과 감정을 드러내는 수단으로 쓰인다. 그 도구로 크게 두 가지가 있다.

지금 막 머릿속에 아름다운 곡조를 떠올린 한 작곡가가 있다고 생각해 보자. 작곡가에게는 그 음을 드러내는 데 두 가지의 방법이 있다. 우선, 상대방에게 그것을 목소리로 들려주는 방법이 있다. 그리고 다른 하나로, 악보를 그려서 보여줄 수 있다. 만약 사랑을 고백하는 청년이 있다면, 그 마음을 사랑을 말로 전달하거나 사랑의 편지를 쓸 것이다. 이처럼 청각적 소리인 음성언어[말]와, 시각적 문자인 문자언어[글]는 의사소통의 주요한 두 방법이다.

의사소통의 두 언어 중에서 인간에게 더욱 본연적인 것은 음성언어이다. 언어 사용 상황에서 듣기의 비중이 40%에 달한다는 연구 결과와 같이, 보편적인 인간의 삶에서는 읽고 쓰는 것보다 듣고 말하는 시간이 더 많다. 이것은 사람이 일상생활에서 음성언어에 더 많이 노출된다는 것을 의미하는 동시에, 음성언어와 관련된 지식은 비공식적 상황을 통해 잠재적으로 학습할 가능성이 크다는 것을 알려준다. 음성언어는 문자언어에 비해 자연스럽고 비의도적으로 배우게 되는 것이므로, 음성언어를 가진 사람들이 음성과 문자 둘 다를 가진 사람들보다 더 많은 것은 자연스러운 일이다. 지금도 6,000종의 언어 가운데, 말은 있어도 자신들의 문자를 가지지 못한 언어가 상당히 많은 것이 그 증거다.

그러나 비록 문자가 말보다 인위적인 도구라 할지라도 정보의 교환이 많은 현대 사회에서 문자의 중요성은 매우 크다. 인터넷 세상을 두고 정보의 바다라 한다. 그런데 글을 읽지 못하는 사람에게 인터넷은 정보의 사막이다. 이것은 현대 사회에서 문자언어의 기능이 커졌음을 보여주는 단적인 실례이다.

그러면 언어는 인간의 삶에서 어떤 역할을 하는가? 언어의 기능에 대해 여러 연구가 있으나, 널리 알려진 야콥슨(R. Jacobson)의 이론으로 언어의 기능을 알아보자. 특히, 야콥슨이 밝힌 언어의 유형 6가지는 흥미롭게도 언어 사용 실태를 보여주는 의사소통의 요소와도 긴밀하여, 의사소통 과정을 이해하는 데 큰 도움이 된다.

의사소통이 이루어지기 위해 몇 가지 요소가 필요하다. 기본적으로 메시지와, 메시지를 전달하는 자와 받는 자가 필요하다. 이 메시지는 특정 사회에서 용인되는 기호로 전달되고, 메시지 전달에 참여하는 이들이 접촉하는 방법과 상황에 따라 이것은 달리 해석된다. 이에 기호, 접촉 방법, 상황 맥락이 의사소통 과정을 이해하는 주요 요소가 된다.

야콥슨은 이 같은 핵심 요소에 따라 다음 [그림 2-1]의 도식을 산출하였다. 즉, 의사소통을 위해 참여자로서 발신자(addresser, ㉮)와 수신자(addressee, ㉯)가 요구된다. 그리고 참여자들이 전달하고자 하는 메시지의 대상(context, ㉰)과 이를 전달

그림 2-1 의사소통의 모형(R. Jacobson)

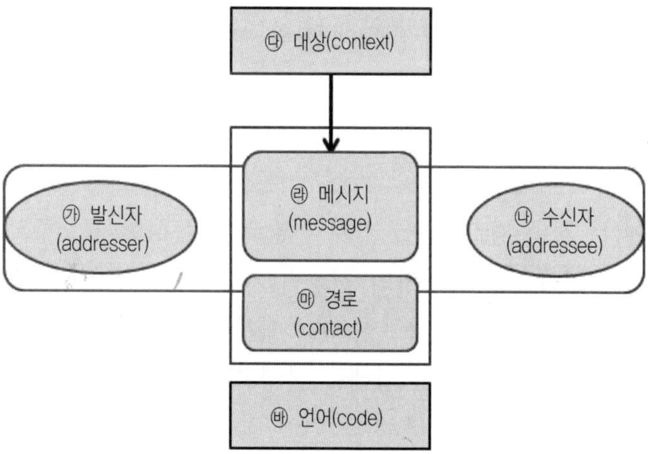

하는 메시지(message, ㉣)가 의사소통의 내용으로 요구된다. 한편, 메시지의 전달 방식은 접촉 경로(contact, ㉤)에 따라 다르다. 메시지를 전달하는 도구는 각 사회에서 용인되는 상징 기호로서의 언어(code, ㉥)이다.

의사소통의 상황을 도식화한 [그림 2-1]을 통해 언어의 기능을 알 수 있다.

첫째, 발신자(㉮)는 기호의 일종인 언어로써 메시지를 표현할 수 있다. 생각이나 느낌을 드러내는 행위인 표현은 언어나 몸짓 등의 도구를 필요로 한다. 발신자는 생각과 느낌을 메시지로 부호화하여 상대방에게 전달한다. 이때 발신자는 언어적 내용뿐만이 아니라 정서와 태도도 전달할 수 있다. 이를 언어의 표현적 기능(expressive function)이라고 한다.

둘째, 부호화한 메시지가 수신자에게 전달되면 수신자는 기호의 의미를 해독한다. 해독된 내용은 수신자(㉯)의 사고나 행동에 변화를 일으킨다. 발신자에게서 나올 대부분의 메시지는 언어 행위를 통해 수신자의 행동과 사고에 변화를 유발한다. 이를 두고 언어는 능동적 기능(conative function)을 갖는다고 한다.

셋째, 언어는 어떠한 대상(㉰)을 지시할 수 있다. 전달할 대상은 그것이 개념이든 실체든 특정한 내용을 담고 있는데, 언어가 그 내용을 지시하는 것이다. 이에 언어는 지시적 기능(referential function)을 갖는다고 한다. 언어의 지시물은 비록 실재하는 것이라 해도 맥락에 따라 상황의존적으로 해석할 수 있다. 전쟁 중의 '평화'와 평화로울 때의 '평화'가 다르고, 금성이 보는 이의 수면 습관에 따라 '저녁별'과 '새벽별'로 각각 해석되는 바와 같다.

넷째, 메시지(㉣)는 발신자의 의도에 따라 여러 형태로 가공될 수 있다. 같은 대상을 표현하더라도 어떤 형태의 메시지로 상황을 설명하느냐에 따라 언어전달력이 달라지므로 더욱 그러하다. 이에 언어는 미학적 기능(poetic function)을 갖는다고 한다.

다섯째, 언어는 접촉 경로(㉤)를 거쳐 전달된다. 음성언어는 주로 직접 만나 교환되므로, 언어는 의사소통 참여자의 친교적 기능(phatic function)을 위해 존재한다. 접촉 경로로는 면 대 면 상황도 있으나, 매개체를 통한 원거리 소통 상황도 있다. 길에서 만난 사람에게 안녕한 상태를 물어보는 행위도, 대답하는 이가 사실과 상관없이 그렇다고 답하는 언어 행위도 언어 접촉 상황을 전제할 때 의미가 이해된다. 연구자인 야콥슨의 시대에는 기계의 도움을 받는 원거리 의사소통에 대해 더 깊이 생각해 보지 못한 단점도 보인다. 그러나 사회적 소통에서 친교적 기능이 정보전달에 못지않게 중요한 기능임을 인식하였다는 점에서 그 의미가 크다. 수신자가 발신자의 친교적 의도를 무시한다면 참여자들은 의사소통의 목적을 성공하지 못할 것이므로, 친교적 기능에 관여하는 언어는 비교적 공손함을 특징으로 한다.

여섯째, 기호인 언어(㉯)는 상위언어적 기능(metalanguage function)을 가진다. 메시지는 음성화와 문자화를 통해 약호화하며, '언어'는 '언어'로써 설명할 수 있다. 발신자의 태도를 나타내는 '행복하다'와, 영어 단어를 풀이하는 '행복하다'는 그것이 함의하는 바가 다르다. 사람이 자신의 생각을 남에게 풀이할 수 있거나, 사전을 통해 언어의 의미를 습득할 수 있는 것도 이 기능에 준하는 것이다. 이 기능과 관련된 언어는 정확성을 특징으로 한다. 다음 [그림 2-2]는 야콥슨의 의사소통 모형과 언어의 6대 기능을 결합한 것이다.

지금까지 언어의 대표적인 기능을 살펴보았다. 언어의 기능을 통해 인간이 언어로 다양한 의사소통에 참여하고 있음을 알 수 있다. 언어란 인간의 삶을 유지하는 도구의 일종으로, 생활과 불가분의 관계에 있다. 이에 일반인이 언어를 대상화

그림 2-2 언어의 기능(R. Jacobson)

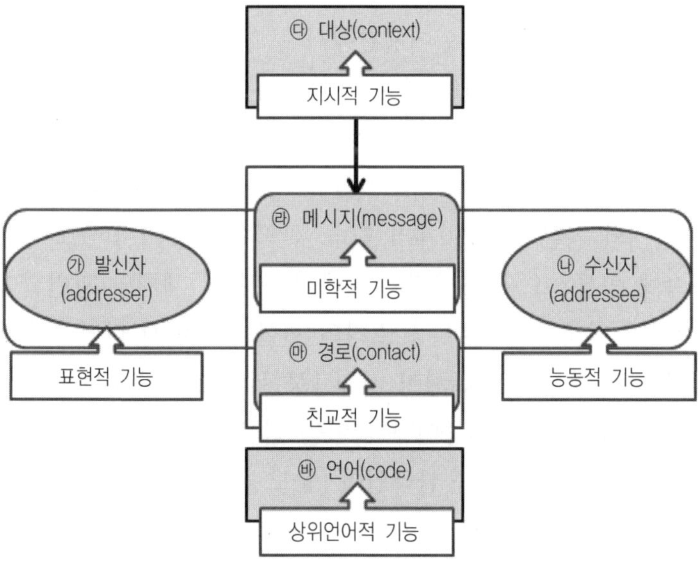

하여 보기는 어렵다. 이러한 언어를 객관화하여 과학적으로 연구하는 학문이 있다. 이것을 언어학(linguistics)이라고 한다. 과학적 사고, 과학적 설명, 과학적 탐구와 같은 표현에서 보는 바와 같이, 과학적이라는 것은 정확하고 타당성이 있는 것에 대해 쓸 수 있는 말이다. 그러므로 우선 언어를 과학적으로 연구한다는 것이 어떤 의미인지 생각해 보아야 한다.

언어학은 일상생활에서 누구나 사용하는 언어를 학문의 대상으로 본 것으로, 이 말은 19세기 중엽에 등장하였다. 언어가 인류 역사와 함께 시작된 것이라는 점을 상기해 보면, 언어학이란 용어가 상당히 늦게 등장한 편이다. 인간의 삶과 직결된 연유로, 언어가 학문의 객관적인 대상으로 보이지 않았던 것이다.

모든 언어는 인간 언어로서의 보편성과 함께, 개별 언어로서의 특수성을 가진다. 언어의 한 종류인 한국어는 언어로서의 보편성과 함께 한국어로서의 특수성을 가지고 있다. 언어학의 단위로 소리, 어휘, 문장, 의미 등이 있으므로 한국어의 특수성을 언어학의 단위에 따라 간략히 소개한다.

사람이 언어생활에 사용하고 있는 유의미한 말소리는 100여 개이다. 국제 음성 협회(IPA)에서 제공하는 국제 음성 기호(The International Phonetic Alphabet)를 보면, 폐에서 나온 소리로만 자음 58개와 기본 모음 28개를 찾을 수 있다. 이 많은 소리 가운데 한국 사람이 발음하거나 구별하여 인식할 수 있는 소리는 제한되어 있다. 말소리 가운데 한국 사람의 언어생활에서 구별되어 들리는 소리를 음운이라고 하는데, 음운은 말의 뜻을 구별해 줄 수 있는 가장 작은 소리이다. '달, 딸, 탈'과 '달, 덜, 돌', 그리고 '달, 담, 답'은 각각 의미가 다르다. 이들 어휘의 의미가 다르다는 것을 알게 하는 소리가 'ㄷ/ㄸ/ㅌ, ㅏ/ㅓ/ㅗ' 등이며, 이들이 바로 음운이다. 한국어에는 자음 19개와 기본 모음 10개가 있다. 한국어의 유의미한 소리는 한국어 화자들의 머릿속에 공통적으로 용인되는 자음과 모음의 체계와 관련된다.

그뿐만 아니라 한국어 소리는 각 소리의 결합 과정에서 나타나는 음운 규칙과 관련되어 있다. 즉, '북문'을 [북문]이 아닌 [붕문]으로 발음하는 것으로 기억하고 또한 실행한다. 음운 규칙은 언중이 모국어를 발음할 때만 적용되는 것이 아니다. 심지어 외국어 'Good morning'을 한국인이 [군모닝]으로 발음하는 것과 같다. 이러한 음운 규칙은 언어별로 달라서, 'milk'가 하나의 소리마디라는 영어권 화자와 달리, 한국인은 [밀크]의 두 마디로 인지한다. 심지어 일본인은 세 마디로 인식된다고 할 것이다.

다음으로 한국어의 어휘와 문법적인 특성을 살펴보자. 한국어는 조사와 어미가 다양하다. 한국어는 언어유형론적(typological classification) 관점에서 형태적 특성으로 교착어(agglutinative language)에 속한다. 언어유형론이란 각 언어의 특징 중에서 공통적인 특성을 중심으로 언어의 유형을 분류하여 인류 언어 전체에 대한 일반적인 유형을 파악하기 위한 학문이다. 교착어는 첨가어라고도 하는데 국어의 경우 단어에 조사가 붙거나 용언의 어미가 실현되어, 문장 속에서 각 어휘의 기능과 시제, 화자의 인식 태도 등을 나타낸다. '지금쯤 아버지/께서/는 서울에 도착하/-시-/-었-/-겠-/-습니다.'와 같이, 조사와 어미가 발달한 교착어에서는 이들이 연속적으로 결합하여 쓰이는 경우가 많다. 한편, 어순으로 보면 한국어는 SOV형(주어-목적어-서술어) 언어에 속한다. 문장의 핵이 뒤에 위치하는 SOV형 언어는 조사가 체언의 뒤에 결합하고 수식어가 피수식어 앞에 놓이는 특성이 있다.

또한 한국어는 명·개·병·마리 등의 분류사를 포함한 의존명사가 발달하였고 '나폴나폴/너풀너풀'의 상징어가 발달하였다. 그러나 대명사는 상대적으로 덜 사용되며, 문법적으로 관계대명사는 존재하지 않는다. 한국어는 과거 한자문화권의 영향을 받아 한자어와 고유어의 이중체계를 가지고 있다. 고유어는 일상생활을 보여줄 어휘들의 의미를 한자어는 전문 분야의 의미를 담당한다.

이처럼 언어학에서는 언어를 대상화하여 그 특징을 면밀히 기술한다. 언어학이란 말은 원래, 당시 새로이 등장한 언어 연구 방법을 기존의 전통적 연구 방법과 다른 것임을 부각시키기 위해 사용된 것이다. 당시에는 문헌 자료에 나타난 언어의 역사적 변천 과정에 관심을 두었다. 이를 역사 비교 언어학 혹은 문헌학이라 부른다. 이에 대해 유럽에서 발달한 구조주의 언어학은 현재 사용 중인 언어를 정밀하게 분석하는 방법을 택하였다. 초기의 언어학은 언어의 구조와 형태에 주목하여, 언어 학습이란 소리[音韻], 어휘, 문법에 대한 지식을 습득하는 것이 중요하다고 보았다. 이들 연구 분야를 음운론, 형태론, 통사론, 의미론으로 부른다. 이처럼 언어 체계에서 위치와 분포에 관심을 가지고 형태 지식을 중요시하는 초기 언어학은 형식 언어학이었다. 혁신적인 연구 방법과 과학적인 근거로 정확성과 타당성을 확보한 언어학은 1950년대 미국에서 시작된 생성 언어학의 발달과 함께 더욱 발전하였다.

언어학은 크게 다음과 같이 하위분류된다. 언어학은 언어 사용 시점에 따라 공시언어학과 통시언어학, 언어 연구의 내용에 따라 이론언어학과 응용언어학, 연구 범위에 따라 미시언어학과 거시언어학으로 나눈다. 이러한 하위분류는 각각 대립적인 관계에 놓여 있다.

첫째, 공시언어학은 일정한 시기의 언어 구조를 기술한다. 이에 대해 통시언어학은 언어의 역사적 발달 및 구조적 변화를 기술한다.

둘째, 이론언어학은 소리, 단어 형태와 문법, 의미와 화용 등 언어의 구조를 층위별로 살피거나 언어 기술을 위한 이론적 틀을 구성하고자 한다. 이에 대해 응용언어학은 언어학에서 발견한 내용과 분석 방법을 실제 삶에서 과제를 해결하는 데 적용하려고 한다. 언어 교육의 개선 방안 및 언어 정책에 응용하고자 하는 것이 가장 큰 예이다.

셋째, 미시언어학은 언어 자체의 분석에 집중한다. 연구의 범위를 언어로 제한하는 것이다. 이에 대해 거시언어학은 언어가 기능하는 다양한 면을 모두 포함한다. 인류 역사에서 '언어'의 본질은 언어학뿐만 아니라 철학과 심리학 분야에서도 오랫동안 논의되어 왔던 주제이다. 이에 언어의 기원, 언어와 사고 등에 대한 논의가 폭넓게 이루어졌다. 거시언어학은 언어의 사회적 기능, 표현과 이해의 기초를 포함한 의사소통 기능, 언어의 미적 기능 등 모든 분야에 관심을 둔다. 이에 거시언어학을 분야 간 언어학이라고도 한다. 여기에는 심리언어학, 사회언어학, 방언학, 문체론을 포함하여, 전산 및 수리언어학도 포함된다.

위의 분류들 가운데 언어학의 주류는 이론·공시·미시 언어학이었다. 이를 흔히 이론언어학이라고 한다. 그러나 언어가 인간 삶에 밀접한 만큼, 응용언어학과 거시언어학의 중요성에 공감대가 확대되고 있다.

제 2 절 언어의 범세계적 소통

그림 2-3 '사랑의 벽'(프랑스, 파리)

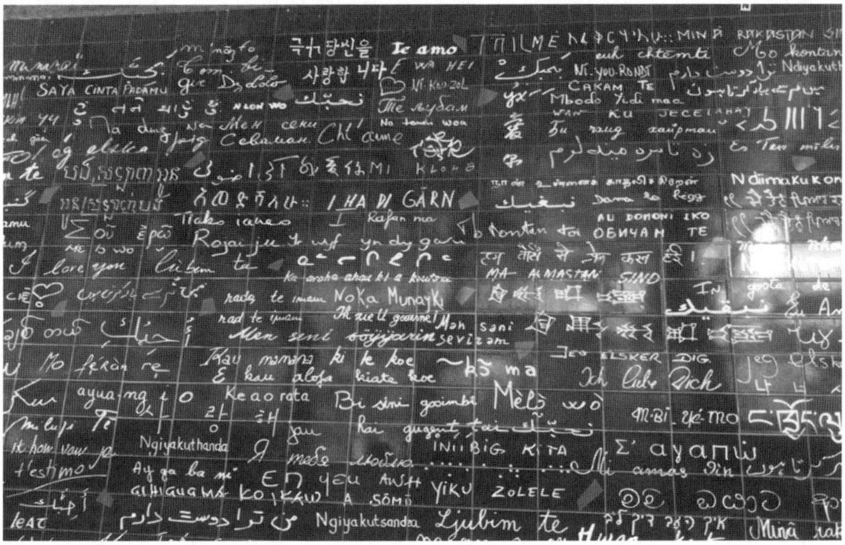

'사랑'은 세상 어느 나라 말에도 있는 표현일 것이다. 여러 나라의 말로 사랑을 적은 '사랑의 벽'이다. 과연 언어가 달라도 사랑은 전달될까? 언어의 범세계적 소통이란 가능한 과제일까?

1 언어와 문화

현대인을 두고 1인 다언어 시대를 사는 사람들이라고 한다. 현대인은 공부와 일, 여행, 결혼 등 여러 가지 이유로 적어도 하나 이상의 외국어를 학습한 경험이 있다. 이미 다양한 언어를 구사하고 있기도 한다. 이런 연유로 외국어 학습은 현대인에게 등장한 새로운 숙제라 해도 과언이 아니다. 그러나 여러 경험에 미루어, 언어를 아는 것만으로 소통을 원활히 하지 못한다는 것도 알고 있다. 이미 알고 있는 바와 같이, 특정한 언어로 소통한다는 것은 그 사회의 문화와 언어문화도 함께 안다는 것을 의미한다.

사람의 소통 방식에 영향을 주는 일상의 모습에 대해 생각해 보자. 지금 막 외출했다가 돌아온 한 여자가 있다. 여자가 사는 곳의 겨울은 내내 맑고 차가운 하늘에 강한 바람이 분다. 여자는 이른 아침의 찬 공기를 뚫고 집 안에 들어와서 옷을 걸어두고, 햇살이 들어오는 남쪽 창 앞에 앉아 유자차를 마시며 언 볼을 녹인다. 한편, 지구의 다른 편에 사는 한 남자가 있다. 남자가 사는 이곳도 지금 겨울이지만, 이곳은 겨울 내내 비가 내린다. 외출했다가 돌아오는 이 남자는 비에 젖은 외투를 현관에서 벗어 걸고 젖은 신발을 말리는 건조용 난방기를 켜둔다. 곧 따뜻한 홍차 한 잔을 들고 습한 유리창과 멀리 떨어진 벽난로 앞에 앉는다.

만약 이 여자와 남자가 편지를 주고받는다면, 같은 '겨울'을 말하더라도 다르게 이해될 것이다. 생활환경은 같은 어휘에도 다른 뜻을 내포하게 한다. 그뿐만 아니라 이들은 다른 기후 탓에 다른 음식을 먹을 것이며, 다른 생활 습관을 가지고 있다. 기후로 인해 그들은 선호하는 선물이 다르고, 옷의 양식이 다르다. 기후는 문화의 내용이 될 삶의 방식을 결정짓는 것뿐만 아니라, 삶의 소통 방식을 달리할 수 있다.

환경이 사람의 말소리와 실제 발음에 영향을 미치는 또 다른 사례를 보자. 언어는 환경, 기후 등의 외부 요인에 과연 어느 정도로 영향을 받을 것인가? 지금까지 언어와 사용 지역의 기후가 큰 관계가 없는 것으로 알려진 바와 달리, 최근 미국, 독일, 네덜란드 공동 연구팀(Everett et al., 2015)은 기후 조건이 언어의 말소리를 형성하는 데 영향을 미쳤다고 밝혔다.[1) 『미국국립과학원회보(*PNAS*)』에 실린 바에 따르면, 연구팀은 언어의 소리 3,756개를 대상으로 그 지역의 기후 조건과 함께 살폈다고 한다. 그 결과, 고온 다습한 지역 — 동남아시아와 중서부 아프리카 지역 — 에 사는 사람들의 말소리가 건조한 지역 — 사하라 사막이나 호주 사막, 고비 사막 — 의 말소리보다 상대적으로 음색이 풍부한 것으로 나타났다. 습한 지역에 사는 사람들은 표현 과정에 다양한 주파수로 구성된 복합음(複合音, complex tone)을 사용하는 반면에, 건조한 지역에 사는 사람들은 비교적 단순한 주파수를 사용했다는 것이다. 이것은 언어별로 음색의 차이, 높낮이, 강약과 속도에 차이를 줄 수 있다. 연구팀의 분석 결과와 같이, 습도가 언어의 소리 형성에 영향을 미친 것이다.

---

1) http://media.daum.net/series/112285//newsview?seriesId=112285&newsId=20150201113905378

말소리의 음색과 강약, 속도와 높낮이 등을 의사소통의 반언어적 요소라고 하는데, 이것이 다르다는 것은 의사소통의 방식이 다를 수 있다는 것을 의미한다. 다른 환경에서 사는 이들이 소통을 하는 데 언어의 문제만 있는 것이 아니다. 생활양식인 문화의 문제가 걸려 있다. 이문화간 의사소통(異文化間 意思疏通, intercultural communication)이 쉽지 않은 이유가 여기에 있다.

문화란 일정한 목적을 달성하거나 생활을 영위하기 위해 사회 구성원들이 인위적으로 습득하거나 공유하는 행동 양식이나 생활양식을 이른다. 또한 그 과정에서 이룩한 물질적 · 정신적 소산을 모두 아우른다. 이는 삶을 위한 의 · 식 · 주를 비롯하여 언어, 종교, 예술, 제도 등을 모두 포함한다. 특히, 문화적 내용은 그 사회에서 가치 있는 것으로 인정받으며 후대에 전달된다. 그러므로 문화란 공동체 사회에서 성립된 인위적 상태로서, 그 사회의 구성원이 가치 있는 것으로 공유하는 삶의 양식 전반을 말한다.

문화(文化, culture)는 '경작, 훈련, 수양'에 그 어원을 두고 있다. 문화의 사전적 의미는, 앞에서 본 바와 같이, 인간 공동 사회가 이룩하여 그 구성원이 함께 누리는 가치 있는 삶의 양식이자 표현 체계이다. 이 정의에는 문화를 성립시키기 위한 몇 가지 조건이 들어 있다. 첫째, 문화는 개인이 아닌 공동체의 산물이다. 문화를 정신문화 · 민족문화나 가치문화 · 성취문화 등으로 유형화하는 것은 문화가 그 공동체의 오랜 생활양식을 압축적으로 보일 수 있기에 가능한 것이다. 둘째, 문화는 삶을 유지하고 보존하는 방식이다. 언어, 예술, 종교, 지식, 도덕, 풍속, 제도 등은 바로 그 사회 구성원들이 사는 방식이다. 셋째, 문화는 후손에게 물려줄 만한 가치가 있는 것을 구별하여 정한 것이다. 이에 '문화생활, 문화수준'과 같은 말을 할 수 있는 것이다. 언어문화, 예술문화, 제도문화 등은 한 개인이 태어나기 전에 공동체에 의해 이미 그 사회에 형성되어 있으며, 사회 구성원들은 삶 속에서 후천적인 경험으로 이것을 습득한다. 곧 문화란 유전적, 선천적인 것이 아니라 후천적인 것이다.

그런데 문화에 대한 정의는 흥미롭게도 나라마다 다르다. 바이램(Byram)에 따르면 독일, 프랑스, 미국, 영국에서 문화에 대한 해석이 다르다고 한다.

(6) 문화의 뜻

- 독일: 문화란 그 나라에 대한 지식이다.
- 프랑스: 문화란 어떤 특정 국가의 생활양식과 제도이다.
- 미국: 문화란 언어 학습과 연관된 관습과 행동에 대한 학습이다.
- 영국: 문화란 관습이나 일상생활에 대한 지식에 크게 중점을 두는, 언어 학습을 보충해 주는 지식이다.

문화는 특정 사회의 생활양식과 제도를 아는 지식이다. 또한 문화가 구성원들이 배울 언어를 포함하고 있다는 데 인식을 같이한다. 그러나 문화의 국가별 정의에서 핵심으로 보는 사실은 다르다. 지식, 생활양식과 제도, 언어 학습, 관습 등 문화를 보는 다양한 관점은 다양한 문화 속에서 사는 구성원들의 다양한 생각을 보여준다.

특히, 문화는 그 사회 구성원이 평생 사용하는 것은 물론 후대에도 전수해야 할 언어와 직접적으로 관련된다. 문화가 언어로 구체화하기 때문이다. 문화는 특정 사회에서 인정받는 가치, 종교, 풍속과 제도 등 구성원 삶의 모습 전반은 물론, 그 삶을 표현한 언어 및 예술 등 구체적인 모습을 포함한다. 한 인간이 특정 사회에 귀속되면서 그 사회의 문화를 후천적으로 습득한다. 그런데 이 과정에서 문화를 이해하는 도구이자 표현 수단이 되는 것이 바로 언어이다. 이와 같이 문화는 언어로 형상화되고, 언어를 통해 선대에서 후대로 전달되며, 언어가 구현하는 모양대로 보이게 된다. 언어와 문화의 관계는 상당히 긴밀하다.

2 소통의 힘, 언어문화

언어문화(言語文化, language-culture)란 문화의 한 유형이다. 언어문화는 언어와 문화의 합을 의미하는 것이 아니다. 언어문화의 개념과 범위를 정하기 위해 '언어와 문화의 합'과 다른, '언어문화'를 살펴보고자 한다. 그리고 언어와 문화의 관계에서 언어문화의 존재 의의를 찾아보자.

(7) 한국을 대표하는 말

- 기생, 김치, 막걸리, 불고기, 비빔밥, 시조, 양반, 온돌, 재벌, 태권도, 한글, 화병, K-POP

위의 (7)은 모두 『옥스포드 사전』에 등재된, 한국을 대표하는 것으로 알려진 어휘들이다. 이 어휘들의 특징은 특정 대역어로 번역할 수 없다는 데 있다. 만약 한국어 학습자가 위의 어휘를 배운다면 단지 고유명사로 기억해야 할 것이며, 그 내용을 긴 형태의 풀이말로 제공받을 것이다. 그리고 구체적인 경험과 함께 한국문화의 일부분으로 체화할 것이다.

문화의 정의에서 본 바와 같이, 언어는 사회 구성원들이 인위적으로 영위하고 후대에 전달한 문화의 한 부분이다. 특정 언어는 특정 문화를 담아 전달하는 것뿐만 아니라, 문화 생성에 참여하는 역할을 한다. 그 과정에서 문화의 한 유형으로 언어문화가 출현한다. 언어문화는 언어와 문화(language and culture)의 나열된 합이거나, 문화 속의 언어(language in culture)가 아니다. 언어문화(language-culture)란 문화가 투영된 언어로서, 특정 사회에서 '그들'만의 삶을 보여 주는 언어의 모습이다. 곧 특정 언어 사용자들의 '생활양식을 이해하는 지식'인 동시에, 그 지식을 생활 속에서 실현하는 '수행 도구'이다. 그리고 지식을 형성할 뿐만 아니라, 지식을 고착화하는 역할도 한다.

(8) 먹거리와 가축의 명명법으로 보는 한국 언어문화

- 감과 땅감(= 일년감)
- 호박과 수박, 오이(= 외)와 참외
- 소와 염소, 양(羊)과 산양(山羊)

한국 사람의 삶 속에서 생성된 언어문화의 사례를 보자. 먼저, 토마토를 감과 같이 인식한 사례이다. 한국인은 토마토를 생물 시간에 배운 지식과 상관없이 과일로 인식하는 경향이 있다. 토마토가 한국에 처음 들어왔을 때 한국인은 당시 한국인의 음식 문화와 토종감에 대한 한국인의 인식을 반영하여 이를 '땅에서 나는 감' 혹은 '한해살이 감'으로 불렀다고 한다. 땅감, 일년감은 지금도 토마토의 방언으로 쓰인다. 그리고 땅감, 일년감이라는 표현은 그 후 한국인이 토마토를 과일로 분류하는 데 지속적으로 영향을 끼친 것으로 보인다.

위 예에서 호박, 수박, 오이, 참외도 과일명에 대한 한국인의 인식을 보여준다. 이 네 가지는 중국어에서 각각 '南瓜, 西瓜, 黃瓜, 甛瓜'로 명명법상으로는 한 부류에 속한다. 그러나 한국인의 분류법은 이와 다르다. 우선, 외모에 대해 핀잔하며 쓰는, '호박에 줄 그어도 수박 안된다.'는 말을 통해 이들의 관계를 볼 수 있다. 이는 호박과 수박을 한 부류로 볼 때 생성되는 표현이다. 한편, 참외는 오이(외)와 변별적인 '참 오이(외)'로 해석된다. '품질이 우수한'의 뜻을 가진 접두사 '참-'과 오이가 결합한 말이다. 이렇게 보면 한국인의 언어문화에서는 호박과 수박을, 그리고 참외와 외를 한 부류로 인식하고 있는 것이 드러난다. 또한 한국말에서 염소는 양보다 소의 부류에 가깝다. 그런데 염소를 '山羊'으로 부르는 중국 사람들은 염소를 양의 부류에 더 가깝게 볼 것이다.

한국인의 사고가 투영된 과일과 동물의 이름은, 일정 부류를 생성한 후에도 사람들이 그 관련성을 계속 생각하도록 영향을 주었다. 이처럼 언어가 문화를 표현하는 수단으로 선·후대를 이어주는 동시에, 그 언어의 내용을 고착화하는 데 영향을 주고 있다.

(9) 동요에 담긴 언어문화

• 까치 까치 설날은 어저께고요, 우리 우리 설날은 오늘이래요.

이 노래는 한국인이 어린 시절에 한 번쯤은 다 들어 본 노래이다. 그런데 이 노랫말이 궁금한 적이 있었던가? 까치도 설날이 있는지, 까치의 설날은 왜 인간 설의 하루 전날인지, 왜 하필이면 다른 새가 아닌 까치인지 하는 이런 구체적인 의문점 말이다.

그런 의문에 대한 답을 찾아보자. 까치설은 까치의 설이란 뜻은 아닐 것이다. 까치설의 어원은 '아찬설'에서 온 것으로 본다. '아찬-'이란 강아지, 망아지, 송아지 등의 '-아지/아치' 등의 접사와 같은 계열의 것으로, 작은 것을 이르는 어휘 구성소이다. 그러므로 아찬설이란 '작은 설'이란 뜻이다. 그런데 '아치/아지'라는 어휘 구성소가 생산성을 잃은 어느 때쯤엔 언중들이 이 말의 본 형태를 유추해 내지 못했을 것이다. 그런 이유로 당대 언중이 인지하고 있는 어휘 '까치'로 바뀌었다. 이로써 이 동요를 부르는 요즘 아이들은 까치에게도 설이 있는 것처럼 생각하게 되었다. 이것은 마치 '아아, 으악새 슬피 우니'란 노랫말 때문에, 대중가요에 노출되었던 많은 사람들이 으악새가 실재하는 것처럼 여기고 있는 것과 같다.

그런데 쉽게 넘기지 못할 사실이 하나 더 있다. 하필이면 왜 그것이 까치로 대체되었던 것일까? 한국말에서 '아찬-/아치-'가 더 이상 생산적으로 쓰이지 않게 되었을 때, 이를 대체한 어휘는 까치였다. 시대를 초월하여 한국인에게 까치는 길조이다. 길조인 다른 새가 노랫말에 들어갈 수도 있었겠지만, 한국인의 의식에서 까마귀는 세대가 거듭 바뀌어도 설날의 주인공이 될 수 없을 것이다. 노랫말에 녹아 있는 의식, 언어문화란 바로 삶의 주인공들의 머릿속을 보는 것과 같다.

(10) 가족 구성원을 일컫는 말
- 형/오빠, 누나/언니, 남동생/여동생
- 우리 엄마, 우리 집사람

한국인이 가족 구성원을 부르거나 일컫는 말에는 한국인의 사고방식이 들어 있다. 'brother/sister'로 나뉜 영어에서는 형제의 성에 대한 정보만을 준다. 영어권에서는 일반적으로 형제 간의 대화에서 서로의 이름을 부른다. 이에 비해, 상하 관계에 민감한 아시아에서는 조금 더 복잡한 양상을 보인다. 예를 들어, 중국과 일본에서는 형제의 성을 남녀로 구분하고서 다시 손위와 손아래를 구분한다. 그런데 한국어에서는 화자의 성별이라는 기준이 하나 더 추가되어 위 (10)과 같은 결과가 도출된다. 한국의 가정과 사회에서 성별에 따라 쓸 수 있는 말을 엄격하게 구분한 것은, 그렇지 않은 언어권에 비해 성별로 요구되는 사회적 질서가 따로 있다는 것을 의미한다. 그리고 호칭과 지칭에 내재된 태도는 이러한 사회적 인식을 고착화한다.

간혹 외국인들이 한국말 중에서 해석하고도 이해할 수 없는 표현에 대해 물어온다. 뜨겁고 매운 찌개에다가 '시원하다'라고 하는 표현이나, 모순된 표현 '미운정 고운정'이라는 말, 일처다부제로 오해되는 '우리 마누라'란 말 등이 그것이다. '우리'는 대가족 제도에서 생성된 공유적(共有的) 표현으로, 개인의 소유물을 복수의 소유물로 표현한다. 초등학교 국어 교과서에 등장하는 기초 어휘들을 정리한 연구(임지룡, 1990)에서는 어휘 고빈도순에서 '우리'가 '나'보다 높다는 것을 보여주었다.

영어나 일본어, 중국어 등에서 '나'는 평균 고빈도 순위 5위이고 '우리'는 12~15위에 머무른 것과 대조적이다. 그리고 이것은 '사돈의 팔촌'이라는 표현처럼 가족주의 폐단과 함께 한국어에 깊이 뿌리내리고 있다.

이처럼 언어문화란 특정 사회에서 '그들'만의 문화를 보여준다. 언어문화는 인간 생활 전반에 걸쳐 있는 문화의 다양성 가운데 언어와 관련을 가지는 것에 초점을 두는 말이다. 비록 사전의 정의에서는 문화가 언어의 상위 개념으로 정의되지만, 언어문화의 개념에서 언어와 문화는 분리되지 않는다. 닭과 달걀, 꽃과 꽃씨의 관계와 같이 무엇이 먼저인지 말하기 어렵기 때문이다. 이러한 언어문화를 모른다면 외국어를 아무리 능통하게 해도 그들과 소통할 힘이 약할 수밖에 없다.

언어문화는 문화의 하위 유형이나 하위 개념은 아니다. 언어는 그 사회의 문화를 투영하여 문화를 담아내고, 그 과정에서 생성된 언어는 다시 새로운 문화적 인식을 생성한다. 언어문화는 나열된 언어와 문화의 '합'도, '문화가 투영된 결과로서의 언어'도 아니다. 한국인이 간주하는 한국의 언어문화는 외국인이 본 한국의 언어문화와 다른 것과 같이, 언어문화는 자문화권 구성원에게는 자연스러운 반면에, 타문화권 구성원에게는 오히려 주목되는 것이 그 특징이다. 언어문화가 낯설 때 의사소통의 동기와 힘이 약해지는 것은 자명하다.

언어 사용자가 언어문화에 공감할 때 참여자로서 진정한 일원이 된다. 한국인에게는 익숙한 한국말 '까치밥'의 속뜻을 생각해 본 적이 있는가? 까치밥이란 감을 수확하면서 까치 같은 날짐승이 먹으라고 감나무 꼭대기에 한두 개 남겨 둔 감을 이른다. 예전엔 길 가던 나그네가 하룻밤을 청할 때, 까치밥은 집주인의 인성을 평가하는 잣대가 되기도 했다고 한다. 까치밥조차 남기지 않고 다 수확해 버리는 집주인은 인정이 없다는 것이다. 늦가을 파란 하늘을 배경으로 까치가 여유롭게 감을 쪼아 먹던 모습을 그림처럼 기억한다. 어느 한국어 학습자는 '까치밥'이라는 말에서 자연 생태계의 동물을 배려하는 한국인의 마음을 읽었다고 고백하였다. 이방인이었던 그는 그러한 공감대를 얻은 후에야 비로소 한국에 애정을 가지기 시작했다고 한다. 이처럼 의사소통이란 메시지를 전하는 이와 받는 이가 상호작용하면서 이해해 가는 것이다. 언어문화는 소통 과정에서 발신자와 수신자의 상호작용성을 기반으로 한다. 특히, 외국어를 구사하는 문화 간 의사소통에서는 언어문화를 이해하는 과정이 더욱 필요하다.

제 3 절 소통을 바로 보기

1 소통의 시대

바벨탑은 언어 분화의 상징물이다. 인간들이 하늘을 찌를 듯이 바벨탑을 쌓을 때, 신은 바벨탑이 자신의 권위에 대한 도전이라 여겼다고 한다. 이에 신은 인간들이 더 이상 협력하지 못하도록 그들의 말을 흩어 놓았다고 한다. 이 이야기는 언어가 곧 인간의 소통과 결합의 도구라는 점을 알려준다.

그런데 이러한 옛 이야기와 달리, 만약 언어가 흩어지지 않았더라면 그 탑이 완성되었을까? 혹은 언어가 흩어졌더라도 소통의 외연과 내면이 바람직했더라면 탑을 완성할 수 있지 않았을까? 단지 언어가 같다고 하여 소통에 문제가 없는 것이 아니며, 언어가 다르다고 하여 소통이 불가능한 것은 아니다. 언어 자체보다 중요한 것은 소통의 외연과 내면의 진정성이다.

고대인은 바벨탑을 통해 수직 상승을 갈구한 것인지도 모르겠지만, 이와 달리 현대인은 국경을 넘나들며 수평 이동을 하고 있다. 국제이주기구(International Organization for Migration)에 따르면, 21세기 현재, 전 세계에서 국제 이주 인구는 약 2억 명이 넘는데, 이는 세계 인구의 3%에 달하는 수치이다. 현대인은 삶의 행복과 즐거움을 위해 국경을 넘는 것이 낯설지 않은 시대에 살고 있다.

이와 같이 일과 학업, 결혼과 이민 등의 개인적 이유로, 세계 곳곳에서 단일 언어보다는 '1인 다언어'를 희망하는 이들이 늘었다. 이에 따라 언어교육 정책과 현장의 성격도 '1국가 다언어'로 바뀌고 있다. 현재 세계에는 소수언어를 포함하여 약 6천 종의 언어가 있는 것으로 알려져 있다. 이를 대상으로 콜롬비아대학 가르시아(Garcia) 교수는 제1언어로 사용되고 있는 언어 수와 사용 인구를 조사하였는데 그 결과는 <표 2-1>과 같았다.

<표 2-1>에서 보는 바, 언어의 수는 아시아가 전체의 2,269개(32%), 아프리카가 2,092개(30.3%)로 두 대륙이 비슷한 분포를 보인다. 그러나 언어 사용 인구의 측면에서는 아시아가 61%로 현저하게 많다. 아랍어, 중국어, 힌두어, 벵골어, 말레

표 2-1 제1언어로 사용되고 있는 세계의 언어 수

지 역	언 어		사용 인구	
	수	%	수	%
아프리카	2,092	30.3	675,887,158	11.8
미 국	1,002	14.5	47,559,381	0.8
아시아	2,269	32.8	3,489,897,147	61
유 럽	239	3.5	1,504,393,183	26.3
오세아니아	1,310	19.	6,124,341	0.1
계	6,912	100	5,723,861,210	100

출처: www.ethologue.com.

이시아어 등은 사용 인구 면에서 세계 10대 언어에 들어간다. 언어의 수와 사용 인구의 비율로 보면, 아프리카에 소수 언어가 많은 것을 알 수 있다. 아프리카 1언어당 사용 인구수는 평균 323,082명이다. 이에 비해, 아시아 1언어당 평균 인구수는 1,538,077명으로 이는 아프리카 경우의 약 5배에 달한다.

이와 반대로 유럽의 언어는 그 수가 239개(3.5%)에 불과하지만, 사용 인구 비율은 26.3%이다. 그런데 전체 사용 비율보다 놀라운 일은 1언어당 평균 인구수가 6,294,532명으로 아프리카의 경우와 비교할 때 20배에 달한다는 점이다. 또한 전체 언어 사용 인구의 61%를 차지하는 아시아와 비교해도, 1언어당 평균적 사용 인구수가 4배에 이른다. 단순한 수치로는 아시아가 언어의 수 및 언어 사용 인구수에서 우위를 점령하고 있는 것으로 보이나, 1언어당 평균 사용 인구수를 보면 유럽의 언어가 세계를 주도하고 있는 것으로 판단된다. 세계인의 의사소통에 널리 사용되고 있는 10대 어휘 가운데, 유럽의 언어는 영어, 스페인어, 프랑스어, 포르투갈어 등이다. 이 언어들은 수적 우위를 점령하고 있는 자국민들의 모국어이기도 하지만, 정치·경제·문화 등의 이유로 다른 나라에서 제2·제3의 언어로 선택되는 것이라는 데 공통점이 있다.

현대는 이미 다언어(multilingual) 시대이다. 조사된 바에 따르면, 세계의 약 200여 국가 중 약 25%가 둘 이상의 언어를 공용어로 사용하고 있다. 이에 따라 단일언어(monolingual)를 사용하는 사람보다 두 개 이상의 언어를 구사하는 사람이 많은 것이 세계적 추세이다. 또한 제1언어로 일관된 교육을 받을 수 있는 학습자보다 제2언어를 비롯한 다른 언어로 일시적 혹은 지속적인 교육을 받는 학습자들이 훨씬 많다. 즉, 세계 각지에서 2개 혹은 그 이상의 언어 사용 현상을 말하는 이중 언어 교육, 다언어의 교육이 일상적으로 이루어지고 있다. 이것은 다언어 시대에 범언어적 소통이 늘었다는 것을 뜻한다.

이러한 시대적 추이에 따라 언어교육 정책과 교육 현장은 '1국가 1언어'가 '1국가 다언어'로, '1인 1언어'가 '1인 다언어'로 옮겨 가는 추세이다. 단일 언어를 당연하게 여기던 사회도 세계화, 국제화가 진행되는 21세기에 문화 간 이동이 잦아지면서, 이중 언어(bilingual), 삼중 언어(trilingual), 다언어를 받아들이고 있다. 가정에서 사용하는 언어와, 주제에 대한 전문적인 언어가 다른 형편에 처한 사람도 많다. 또한 전문인의 국가 간 교류와 이동으로 인해 국외에서 성장하다가 부모의 나라로 귀국한 자녀 교육은 학교와 사회에서 새로운 문제로 부각되었다. 이러한 때에 단일 언어를 공용하고 있는 사회라 하여 학교언어(LE, Language of Eduction)나 수업언어(LI, Language of Instruction)로 단일 언어를 주장하는 것은 소수 언어자를 배제한 정책이 아닐 수 없다. 이와 같은 사회적 요청에 따라 다언어 교육은 언어교육 정책의 새로운 목표로 부상하였다.

한편, 이중・삼중 언어 구사자가 늘어나는 것은 소통의 방법에만 영향을 미치는 것이 아니다. 이로 인해 개인이 속한 문화 정체성에 대한 혼란도 커졌다. 다중 언어를 쓰는 화자가 자신의 근거지로 하나의 문화 혹은 하나의 집단을 정하려고 하면 문제가 발생한다. 한국계 미국인이 영어와 한국어로 각각 '밥을 먹다'를 말하고 있다고 생각해 보자. 한국어를 쓰는 상황에서는 먹는 주체와 듣는 사람에 따라 '밥'과 '먹다'를 수십 가지로 변형하여 말해야 한다. 한국어에서 경어법이 적용되는 언어 사용 상황은 소통의 결과가 개인적 취향과 선택으로 평가받는 것으로 그치지 않는다. 발화가 잘못되었을 때 소통의 결과에 따라 사회적 비난을 받을 수 있는 상황이다. 한 개인에게 이것은 문화충격을 줄 수 있는 것으로, 사회통합의 관점에서 이를 작은 문제라고 할 수 없다. 이처럼 다언어에는 다문화적 속성이 있어 언어 사용자에게 정체성 혼란을 겪게 한다. 이를 초문화적 정체성(transcultural identity), 다문화적 정체성(multicultural identity), 복수 정체성(multiple identity) 등으로 말한다.

글로벌 경제 시대를 살면서 비록 몇몇 강대국의 언어가 세계를 주도하고 있다고 하여, 하나의 언어가 모든 언어를 대표할 수 없다. 어떤 언어도 정치・경제・문화 영역을 아울러 영원한 대표가 될 수 없다는 것을 우리는 역사를 통해 알고 있다. 그러므로 현대인이 현재 힘 있는 외국어 하나를 충분히 섭렵하는 노력을 했다고 하여 범세계적으로 소통할 수 있는 것은 아니다. 한 외국어에 대한 몰입과, 다언어 시대의 범세계적 소통은 본질적으로 다른 문제이다.

2 소통의 의미와 의의

흔히 '소통'을 두고 의사소통의 줄임말 정도로 여기는 경향이 있다. 소통은 오히려 의사소통의 구체적 행위보다 큰 의미를 가지고 있다. 한자 '疏通'의 의미는 막히지 아니하고 잘 통한다는 것, 다시 말해 인간 삶에서 '뜻이 서로 통하여 오해가 없음'에 해당한다. 이것은 언어적·비언어적 소통과, 소통의 과정과 결과를 포함한다.

의사소통이라는 communication의 어원은 communicare(공통적인 것을 만들다)에 있다. 어원에서 알 수 있는 것처럼 의사소통은 상호작용과 메시지 공유를 강조하는 개념이다. 그러나 '의미 공유, 상징, 과정, 체계' 등이 처음부터 핵심 개념으로 인식된 것은 아니었다. 의사소통에 상호작용의 개념이 도입된 것은 1970년대 후반 이후의 일이다. 초기에 의사소통은 '발신자 → 메시지 → 수신자'로 의미가 일방적으로 전달되는 과정으로 보았다. 그러나 상호작용의 개념이 도입된 이후 발신자가 수신자와 메시지를 공유하는 과정으로 이해되기 시작하였다. 의사소통이 정보 발신자의 단순한 메시지 전달을 뜻하는 것이 아니라, 수용자의 관점을 고려하는 구조로 이해되기 시작한 것이다.

의사소통은 기본적으로 일종의 과정적 개념으로, 음성적·비음성적 메시지로 표현된 사상과 감정을 주고받는 과정의 총체이다. '발신자 → 메시지 → 수신자'로 의미를 전달하는 과정이기도 하고, 전화번호 2424번이 이삿짐센터로 해석되는 것에서 볼 수 있듯이 '부호화 → 해독화'와 같이 의미를 공유하는 과정이기도 하다.

이와 같이 신호를 통해 의미를 재생산하는 과정을 연구하는 학문이 기호학이다. 발신자가 의미를 암호화하고, 수신자가 의미를 해독하는 과정에서, 기호에 의미를 담는 과정을 살피는 것이다. 언어는 상징물의 일종이므로, 언어도 기호의 일종이다. 기호는 일정한 형식에 내용인 의미를 담는 이원성을 보이며, 소리나 문자로 된 형식에 내용이 자의적으로 결합되어, 사회적 약속에 따라 의미를 재생산한다.

(11) 노란 카드 → 빨간 카드 → (?)

연속된 카드가 위와 같은 순서로 등장한다고 보자. 어떤 장면이 연상되는가? 그리고 위의 차례로 색깔이 등장하면 그 다음에는 어떤 결과가 예상되는가? 언어가 다른 사람들끼리 경기 중에 규칙을 공유하기란 여간 힘든 일이 아니었다. 특히, 개별 언어 중 특정한 하나로써 규칙을 공유하는 것은 다른 한 편에서 수용할 수 없는 방식이다. 이에 국제축구연맹(FIFA)의 관련자는 운전을 하다가 신호등의 색깔이 이동되는 것을 보고 이를 축구경기 운영에 적용하게 되었다고 한다. 신호등의 노란 불과 빨간 불, 축구 경기에서 노란 카드와 빨간 카드도 경기를 진행하는 상징물, 곧 언어이다.

상징은 송신자와 수신자가 공존하는 자리에서 직접 교환될 수도 있고, 라디오나 텔레비전과 같은 매개체가 필요할 수도 있다. 의사소통은 이러한 접촉 경로별로 수준이 나뉜다. 먼저, 가장 단순한 수준인 '대내적 커뮤니케이션'이 있다. 독백, 생각하기 등이 그 예이다. 다음으로, 개인과 개인의 대화로 대표되는 '대인적 커뮤니케이션', 그리고 개인과 단체 차원의 연설과 같은 '집단적 커뮤니케이션'이 있다. 이 세 가지 수준은 '면 대 면'으로 의사소통이 가능한 차원에서 이루어진다. 그러나 공동체의 범위가 확장되면서 의사소통의 차원은 공간의 경계를 넘어서야 했다. 이러한 시·공간의 확장은 기계의 도움으로 가능하게 되었다. 이로써 대량 의사소통의 차원이 열렸다. 이 수준의 의사소통을 대중매체를 통한 의사소통(mass communication)이라고 한다.

의사소통이 대면 상황을 넘어 시·공간적으로 확장하게 되면서 의사소통의 상황이 다양해지고, 언어의 사용 측면에 관심이 커지면서 의사소통력의 중요성에 크게 공감하게 되었다. 이에 직면한 언어 사용 상황에서 표현과 이해를 원활히 하여 문제를 해결할 수 있는 능력, 즉 의사소통능력을 기르는 것이 언어교육의 새로운 목표가 되었다. 의사소통능력은 상호작용으로 의사소통을 성공적으로 수행하는 능력을 말한다. 이것은 발신자와 수신자가 언어 지식만으로 메시지를 공유할 수 없다는 것을 인식하면서 시작되었다. 하임즈(Hymes, 1972) 이래 의사소통능력은 '언어 자체에 대한 지식과 그 지식을 사용할 수 있는 능력을 합한 개념'으로 파악되었다. 의사소통능력은 커넬과 스웨인(Canale & Swain, 1980; Berns, 2012에서 재인용)의 이후에 '문법적 능력, 사회언어학적 능력, 담화구성 능력, 전략적 능력'을 포함하는 개념이 되었다. 의사소통을 수행하는 데는 적절한 문법과 많은 어휘를 정확하게 아는 것 외에도 그것을 사용하는 능력, 사회언어와 담화에 대한 지식과 사용, 전략의 적절한 적용 등이 함께 요구된다.

이후 사회의 이질성이 증대되고 다양한 문화권에서 소통의 참여자들이 늘어나면서, 다양한 문화를 가진 사람들 간에 이루어지는 의사소통에 주목하기 시작하였다. 언어사용 능력을 중시하는 의사소통능력에 '문화 간 의사소통능력'이 추가된 것이다. 다중 언어 간의 의사소통에는 언어 지식과 함께 문화별 행동 방식 및 그 행동에 작용하는 사회적 인식 등이 모두 작용한다. 언어는 문화적 가치를 반영하고 있을 뿐만 아니라 언어 사용 환경이 문화와 분리되지 않는다. 다른 문화권에서 온 사람들끼리 의사소통을 원활히 하는 것은 상당히 어려운 일이다. 한 집단의 내부에서 보편타당한 문화가 다른 집단에서 공유되기는 어렵기 때문이다. 원래 이문화, 다문화는 같은 언어를 쓰는 집단에도 존재하는 것이다. 나이별, 성별, 종교별, 직업별로 사람들의 언어는 다르다. 언어 사용을 목표로 의사소통능력을 익혀 가는 외국어 학습에서는 더욱 그러하다. 외국어 의사소통 상황은 곧 문화 간에 이루어지는 의사소통이라는 뜻이다.

언어를 객관적 대상으로 두기 시작한 19세기 초기 언어학과 달리, 소통의 의의가 중요시되고 있는 현대에 언어학의 의의는 많이 달라졌다. 초기 언어학은 형태 지식을 중요시한 형식 언어학이었다. 현재는 언어의 형식보다는 내용, 즉 의미가 중요시되고 있다. 언어의 체계보다는 언어 사용의 측면, 즉 언어의 기능과 의미에 주목한다. 이를 기능 언어학이라고 하는데, 기능 언어학에서는 언어의 의미와 문화, 그리고 언어 운용에 관심을 둔다.

소통의 의미는 역으로 소통되지 않는 경우에서 찾는다면 더욱 명료해진다. 간혹 발신자가 수신자에게 메시지를 표현하고 전달하였으나 수신자가 이를 이해하지 못한 경우가 있다. 이때 수신자는 발신자에게 되묻기와 같은 피드백을 주는 방식으로 소통에 성공하게 된다. 성공적인 소통을 위해서는 참여자의 상호작용이 가장 중요하다. 상호작용으로써 상징으로 이루어진 메시지가 성공적으로 교환되는 것이다. 이처럼 의사소통은 두 사람 혹은 그 이상의 사람들이 상호작용을 통해 의미를 공유해 나가는 과정이다. 이것을 성공적으로 수행하기 위해 소통의 참여자들에게 소통의 목적을 상기하는 노력이 요구된다. 소통의 열쇠는 소통의 자세에 있다고 해도 과언이 아니다.

3 진정한 소통

누군가를 저녁식사에 초대한다고 생각해 보자. '저녁 초대 시간'이란 과연 몇 시인가? 저녁식사의 개념과, 그 언어권의 실제 일몰 시간, 그 사회에서 저녁식사에 매겨진 중요성에 따라 저녁 초대 시간은 달라진다. 한국 사회에서 저녁식사는 오후 5~7시 전후에 수행되는 생활 습관으로 보나, 아랍권에서는 오후 8~10시를 적절한 시간으로 본다. 미국과 유럽의 저녁식사도 한 시간 가량 차이가 있어, 실제로 두 대륙에서 저녁 뉴스의 방송시간이 한 시간 차이가 나기도 한다. 심지어 같은 한국인들이라 할지라도 연령과 사는 곳의 특성에 따라 저녁식사를 하는 시간은 다르다. 그러므로 저녁 초대라는 의사소통에 성공하려면 상대방의 문화로 시간을 해석하고, 적극적 상호작용으로 이를 확인해야 한다.

언어는 기호의 일종이므로, 내용과 형식의 두 차원을 갖는다. 내용은 언어 기호가 내포하고 있을 특정한 의미를 말하며, 형식은 언어 기호의 소리나 시각적 기호를 이른다. 내용과 형식으로 나뉘는 언어의 이원성은 인간 언어의 본질적 속성이다.

기호의 전달로 성립되는 소통에도 내용과 형식의 두 차원이 있다. 의사소통의 가장 큰 특징 두 가지는 메시지 '공유'와 소통의 '과정'이라 하였다. 메시지 공유는 의사소통의 내용 측면으로, 메시지 표현과 이해 과정은 의사소통의 형식 측면으로

그림 2-4 소통의 핵심

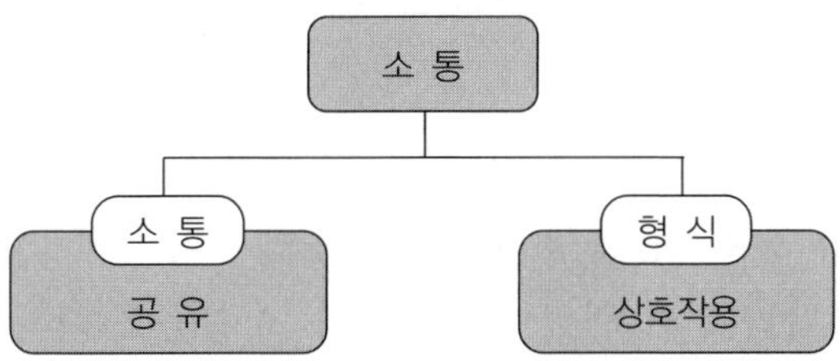

둘 수 있다. 소통을 내용과 형식의 두 가지 차원에서 살펴보자.

첫째, 소통의 내용은 메시지를 공유하는 것이다. 소통은 화자가 메시지를 청자에게 전달하는 데서 완성되는 것이 아니라, 화자와 청자가 상황과 맥락에 맞게 내용을 이해하는 것이다. 이를 성공하기 위해서 청자의 지적수준과 가치관, 청자의 관심분야를 고려하는 것이 문제 해결의 열쇠가 된다. 오전 2시에 뜬 금성이 '새벽별'일지 '저녁별'일지와 같이, 맥락 속에서 대상에 대해 청자가 해석하는 방법이 다를 것이며, 화자와 청자의 친밀도와 관계성에 따라 사회적 상호작용의 정도도 다를 것이다.

소통이 화두가 되는 상황은 소통이 잘 안되는 경우일 때가 많다. 소통이 원활할 때 소통을 언급하지 않는다. 소통의 의미는 오히려 소통 불가인 반대 상황에서 이해된다. 길에서의 소통으로 비유해 보자. 소통이 원활하지 않는 것은 길에서 '일방통행'이나 '교통 정체'의 상황과 같다. 양방향 소통이 이루어져야 할 길에 주차된 차들이 많아, 한 방향의 차들만이 조금씩 움직인 경험이 있을 것이다. 참 답답한 상황이지만 그래도 차례대로 차가 조금씩 움직인다면 운전자들이 이 상황을 참고 기다릴 것이다. 만약 수적 우위인 한쪽만이 밀고 들어오고 다른 한쪽은 움직일 기회마저 없다면 누구나 이를 기다리기가 힘들다. 정체되거나 한 방향의 일방통행으로 바뀐 길을 소통된다고 보지 않는다.

의사소통의 상황에서 '전달'은 길에서의 일방통행과 같다. 표현과 이해 과정에서 흔히 쓰는 메시지 '전달'이란 말은 오히려 소통의 반대말이 될 수 있다. 언어의 두 차원, 즉 내용과 형식은 자의적으로 결합되어 있으므로, 양자는 학습에 의해 의미와 대상을 공유하는 것이다. 언어의 의미를 사전에서 찾을 수 있는 것도 언어가 해당 사회의 공유된 지식을 풀이하는 상위언어적 기능을 갖고, 대상을 지시하는 지시적 기능을 가지고 있기 때문이다. 언어의 이원성, 자의성, 지시성, 상위언어적 속성으로 인해, 발신자는 수신자와 메시지와 대상 및 접촉 경로에 대한 정보를 공유한다. 소통의 내면은 '공유'이다.

둘째, 소통의 형식은 소통하는 자세, 즉 상호작용이다. 의사소통은 일방통행과 같은 전달이 아니라 상호작용을 공유하는 과정에서 나온다. 소통의 과정에서 개인은 경험(스키마)에 따라 언어 의미를 조정한다. 소통을 방해하는 것은 소통에 대해 각기 다른, 임의적이고 개인적인 정의이다. 소통이 부재(不在)하는 것이 아니라, 소통하려는 노력이 부재하는 것이다.

선물을 받고서 감사한 마음을 어떻게 전하면 가장 좋을까? 선물에 대한 한국인의 인사법으로 '뭘 이런 것을…'이나 '이런 것 안 주셔도 되는데…'라는 것이 있다. 이와 달리 '감사합니다.'라고 말하면서 그 자리에서 선물을 열어보고 감탄하는 모습을 보여주는 다른 문화권의 예법도 있다. 극단적으로 다른 이 두 가지 방법 중에서 더 맞는 것이 무엇인지를 말하기는 어렵다. 가장 좋은 방법은 선물을 준 사람의 문화에 따라 인사하는 것이다. 더불어 자국의 인사법을 알려 줄, 문화 교환의 기회를 열 수 있다면 더욱 좋을 것이다. 최상의 소통법이 있는 것이 아니라 최선의 소통법이 있는 것이다.

(12) 인사말
- 만남: 밥 먹었어요?/ 밤새 안녕하십니까?/ 요즘 어때? 살만해?/
- 헤어짐: 언제 한 번 밥 같이 먹어요./ 그럼 수고들 해!/ 욕보세요!
- 선물, 대접: 이거 별 거 아니예요/ 보잘 것 없는 거예요. 차린 것도 없어요.

한국인의 인사법을 외국인은 어떻게 인식할까? 점심시간에 오가며 만난 이에게 종종 "밥 먹었어요?" 하고 묻는다. 이것을 하나의 인사말로 알고 있는 한국인은 부담 없이 "네." 하고 답한다. 그렇지만 "밥 먹었어요?" 하는 질문에 외국인은 자신이 무엇을 먹었는지 한 번 되새겨 보고 그것이 '밥'이 아니었다면 "아뇨, 오늘은 빵을 먹었습니다." 하며 정중하게 고쳐 말한다. 한국어의 인사말은 서구어의 기준에서 이해되지 않는다. 한국인이 준비한 선물은 늘 '아무 것도 아닌 것'이고, 그들이 차린 먹음직스러운 상은 '차린 것이 없는 조촐한 것'이다. 외국어를 학습한다는 것은 바로 그 나라의 문화를 배우는 증거라고 한다. 프란치스꼬 수도회 신부인 Rafael Abasolo(한국 이름: 서정천)는 『서양인이 본 한국어 경어법』에서 다음과 같이 말했다.

(13) 일반적으로 사람들은 자기가 무엇을 못 알아들으면 그것을 웃음거리로 만드는 경향이 있다. 아마도 이해하지 못하는 답답한 마음을 스스로 풀기 위하여 그러는 것 같다. 하여튼 서양 사람들이 중국과 동아시아를 알게 되었을 때 거기서 쓰이는 대우법이나 경어법을 이상히 여기고 웃음거리로 만들었다. 예를 들면, 만화책에 나

오는 동양인들은 대개 중국인들이었는데, 서양인에게 인사를 하고 대접을 할 때 엉뚱한 말을 하는 것이었다. 물론, 그 만화는 우습게 하기 위한 것으로서 과장된 이야기이다. 예를 들면, 동양인은 스스로 말하기를 자기 집은 '더러운 곳'이고 그의 부인은 '멍청한 여자'이며 자녀들은 '무식한 놈들'일 뿐만 아니라 서양인에게 대접하기 위하여 고심하여 만든 음식은 '맛없는 먹이'라고도 했다. 이렇게 함으로써 서양인들은 자기네가 모르는 경어법을 동양인을 비웃는 특징으로 삼았다.

언어의 기능적인 측면이 강조되고 의사소통능력이 부각되면서 언어교육의 개념도 전환되고 있다. 언어교육을 언어문화교육으로 보는 것이 언어교육의 본질에 더 가깝다는 인식이 확산되고 있다. 언어문화교육에서는 그 사회의 문화에 따라 언어 표현이 다르고, 언어는 문화 속에서 이해되는 것이라는 점을 강조한다. 문화교육과 언어문화교육에서 문화 상대주의와 다문화주의를 중요시하는 배경도 이와 같다. 박갑수(2013)에서 든 문화교육의 교수-학습의 태도도 이에 기반을 두고 있다. 문화교육 시간에 문화는 서로 비교되어야 한다는 것, 자문화 중심주의에서 벗어나야 한다는 것, 인류보편적 가치로 문화를 판단하는 공생적 분위기를 형성해야 한다는 것이다. 학습자가 목표로 하는 언어는 목표문화와 함께 제공된다. 이를 자국어 및 자문화와 비교하며 양자의 차이점을 식별하여 문화적 정체성을 확인하게 된다. 그리고 인류 보편적인 가치를 추구하는 것은 공생 공영하는 삶의 방향을 제안하는 것으로 외국어 학습의 궁극적 목표로서 의미가 있다.

진정한 소통을 정의하기 위해, 소통을 글의 첫 부분에서 짚어나갔던 인간 언어의 특성과 관련하여 짚어보자. 먼저, 인간 언어에는 자의성이 있다고 하였다. 언어의 형식과 내용이 자의적으로 결합된 것이므로, 그 결합 관계는 후천적 학습으로 가능하다. 인간은 언어능력을 선천적으로 타고 나지만, 언어는 자연적으로 습득되는 것이 아니라 후천적으로 노력하면서 습득해 가는 기본적 속성을 지닌다. 소통도 발신자와 수신자의 후천적 노력이 요구된다. 발신자와 수신자의 지시 대상이 같고 메시지가 같아도, 접촉 시간과 경로에 따라 해석이 달리되는 상황은 허다하다. 언어 사용의 맥락을 더하면 더욱 다양한 상황이 출현한다. 이렇게 보면 진정한 소통을 위해 이해와 표현에 노력하는 것은 언어의 본질적 속성인 자의성에서 비롯된 바이다.

또한 인간 언어에는 창의성이 있다고 하였다. 사람은 제한된 몇 개의 말소리로 무수한 어휘를 만들어 내고, 제한된 몇몇 어휘로 무수한 문장을 만든다. 심지어 못 들어본 표현도 필요하다면 만들어 낼 수 있다. 그러므로 진정한 소통은 발신자와 수신자의 상호작용으로 협상을 통해 새로운 해석이 이루어질 수 있는 상태이다.

그리고 인간의 언어에는 교환성이 있다고 하였다. 인간의 의사소통에서 표현하는 이와 이해하는 이는 언제든지 바뀔 수 있다. 소통에서도 발신자와 수신자는 메시지 공유 단계에서 바뀌는 존재이다. 이를 언어 참여자 간의 상호작용이라고 하였다. 일방통행이 아닌 상호작용은 소통의 가장 기본적인 특성이다.

소통력은 언어의 제 기능을 더욱 충실히 수행할 수 있게 해 준다. 언어는 친교적 기능, 표현적 기능, 지령적 기능, 미학적 기능에 관여한다. 이러한 언어의 제 기능은 소통의 과정에서 구현된다. 메시지를 통한 미학적 표현의 전달력 여부, 메시지 전달 과정에서 상황 맥락적 해석 여부 등, 의사소통은 전달 자체이거나 전달의 결과가 아니라 과정이다.

불과 몇 달 전에 있었던 일이다. 프랑스 리옹에서 박물관을 관람하면서 소통의 의미를 되새길 기회를 얻었다. 박물관의 2층에 올라가니 나이가 지긋한 프랑스인 안내원이 우리에게 어디서 왔냐고 서툰 영어로 물었다. 한국에서 왔다고 했더니, 자신의 휴대전화에서 자동번역기 기능을 켜고 프랑스어로 나지막하게 말한 후, 우리에게 번역 결과를 문자로 보여주었다. 휴대전화의 화면에는 '나는 당신을 안내해야'라고 적혀 있었다. 그는 자신의 나이와 달리 최신 기계를 적절히 사용했다는 듯한 자랑스러운 표정을 짓고 있었지만, 번역의 결과는 프랑스어와 한국어의 언어적 거리감이 상당히 큰 것을 증명하는 사례였다. 그의 표정과 번역물의 괴리는 마치 재미있는 상황을 연출하는 희극과 같았다. 위층을 관람하고 다시 내려오면서 그 안내원을 또 만났다. 멀리 동양에서 온 손님에게 다시 한 번 번역기를 써 볼 작정으로 오히려 그가 우리를 기다린 듯 보였다. 그의 표정과 손짓은 이제 아래층으로 내려가면 된다는 의미로 보였지만, 그가 휴대전화에 프랑스어로 말한 후 우리에게 보여준 화면에는 한국어로 '당신은 여전히 이 바닥을'이라고 적혀 있었다. 언어 단위 차원에서 하는 번역은 소통이 아니었다. 단지 그의 친절한 마음과 우리의 감사하는 마음을 공유할 수 있을 뿐이었다.

소통은 언어의 단위인 음운, 어휘와 문장의 이해를 넘어서야 가능한 것이다. 만약 소통의 내면과 외연이 바람직하였다면, 수천 년 전에 바벨탑에서 비록 언어가 달라졌더라도 바벨탑은 완성되어 갔을 것이다. 현대인은 국경을 넘는 수평적 소통 행위를 하고 있다. 그것이 수직 이동이든 수평 이동이든 진정한 소통의 형식과 자세를 안다면, 소통의 끝자락에서 마주한 그와 나는 바벨탑의 꼭대기와 같은 곳에서도 소통을 할 수 있을 것이다.

참고문헌

강범모(2005). 『언어: 풀어쓴 언어학 개론』. 한국문화사.

경북대학교 한국의 언어와 문화 편집 위원회(2002). 『한국의 언어와 문화』. 경북대학교 출판부.

김진우(2004). 『언어 – 이론과 그 응용』. 탑출판사.

나카지마 카즈코 편저(2012). 『이중 언어와 다언어의 교육』. 한국문화사.

박갑수(2013). 『한국어교육과 언어문화 교육』. 한국어교육학 총서2. 역락.

백두현 · 이미향 · 안미애(2013). 『한국어음운론』. 태학사.

이미향(2010). 학습자의 문화간 의사소통능력 향상을 위한 한국어 교재 고찰. 『이중언어학』, 42. 이중언어학회.

______(2011). 한국어 교수 설계를 위한 상호작용적 관점에서의 언어문화 考 – 외국인 저술 초기 한국어 교재를 중심으로 –. 『한국언어문화학』, 8(2). 국제한국언어문화학회.

이미향 외(2013). 『한국어교육과 매체언어』. 역락.

이태영 외(2000). 『언어와 대중매체』. 신아출판사.

임지룡(1991). 국어의 기초어휘에 대한 연구. 『국어교육연구』, 23. 국어교육학회.

Berns, Margie(1990). *Contexts of Competence*. Plenum Press. 전한성(옮김)(2012). 『의사소통능력과 맥락』. 서울: 한국문화사.

Canales, M. & M. Swain(1980). Theoretical bases of Communicative approaches to second language teaching and testing. *Journal of Applied Linguistics*(1), 1–47.

Hymes, Dell(1972). Editorial Introduction. *Language in Society*(1), 1–14.

제 3 장 소통의 문화콘텐츠학의 학문적 기반*

박 범 준

학문은 학문적 연구로 정립되는 과정에서 학문하는 학문주체가 어떠한 연구 대상을 정하고 그것에 논리적으로 접근하는 방법을 어떻게 정초할 것인가 하는 문제에 서게 된다. 연구자는 스스로 어떠한 대상을 왜 연구해야 하는지, 그래서 그것에 어떻게 접근하고 풀어낼 것인지, 그 과정과 결과가 과연 어떠한 지향성을 갖고 의미 있는 내용들을 드러낼 수 있을지 물음을 던지고 정리하게 된다. 학문은 내부적인 논리구조와 외부적인 유용성을 두루 갖추려는 일련의 연구를 통해 학문적 위상을 정립해 갈 수 있다.

문화콘텐츠학의 학문적 체계를 정립하기 위해서는 학문으로서 문화콘텐츠학이 '왜 필요한 것인지', '무엇을 다루어야 하는지', '어떻게 다루어야 하는지'에 대한 논의가 필요하다. 학문적 정체성이 제대로 확립되는 가운데 학문적 위상도 얻을 수 있기 때문이다. 그런데 이것은 여러 관련 연구들을 그대로 가져와 모으는 것으로는 불가능하다. 이것이 그대로 학문으로서 총체성과 맥락성을 담보하는 것은 결코 아니기 때문이다. 따라서 먼저 학적 연구로서 문화콘텐츠학의 목적론, 대상론, 방법론을 전개해 본다. 그리고 학문적 구조를 검토해 보고 연구 분류, 범주들도 설정해 본다.

---

* 이 글은 본인의 박사학위 논문인 소통의 '문화콘텐츠학 학문적 체계 연구(한국외국어대학교 대학원 글로벌문화콘텐츠학과, 2014)'를 바탕으로 정리 · 작성되었다.

제 1 절 목적론: 학문적 필요성과 문화적 실천

1 소통의 문화콘텐츠학의 학문적 필요성

목적론은 왜 학문이 필요한 것인가에 대한 물음이다. 따라서 소통의 문화콘텐츠학의 목적론은 학문으로서 문화콘텐츠학이 '왜 필요한 것인가'에 대한 물음이고 학문이 추구해야 할 방향에 대한 탐색이다. 먼저, 여기에 대한 물음은 학문적 문제와 현실적 문제에서 다양하게 제기되는 상황들을 구분하여 접근할 수 있다. 소통의 문화콘텐츠학의 학문적 체계에 대한 학문적 요구와 현실적 요구를 충족할 수 있도록 목적론을 전개한다.

먼저, 소통의 문화콘텐츠학의 학문적 필요성부터 생각해 볼 때, 근대 학문 체계가 가지고 있는 취약성과 한계에 대한 반성으로부터 출발할 수 있을 것이다. 근대 학문의 체계는 세계를 쪼개고 쪼개면서 미시적으로 연구 대상에 접근해 간다. 문화도 마찬가지다. 문화를 세계적인 범위에서 총괄하여 논의하지 않고 분할하고, 차등화하고, 대립되게 만들어 접근한다.

조동일(1997: 84)은 문화 연구와 관련하여 대학이 문화를 세부영역으로 나누고 다시 국적에 따라 갈라 놓고, 문화에 대한 총체적이고 거시적인 이해는 학문의 소관이 아닌 것으로 여겨 그저 기본적인 상식 수준에서만 논의하고, 대중적인 관심사로만 삼고 있다고 비판한다. 특히, 선진국이라고 하는 나라들도 그들의 문화가 세계적인 가치를 가지고 세계에 널리 받아들여져 세계를 단일화해야 한다고 믿어서 그들의 문화학을 넘어선 세계의 문화학을 만들어야 할 필요가 없다고 여겼다. 따라서 학문적으로 문화에 대한 이해가 근대적 사고의 틀, 즉 유럽 선진국 중심의 제국주의적 발상으로 인해 학문적 방법과 개념을 빌려다 그대로 쓸 수 없는 상황이다.

이제는 또 다른 여러 지역의 다양한 문화를 아울러서 논의하는 학문적 체계가 필요하다. 한국 문화는 물론, 동아시아 문화, 아프리카 문화, 유럽 문화, 남미 문화 등을 포괄하는 새로운 문화학이 마련되어야 한다. 근대적 학문 체계가 가지고 있는 대안으로 포괄적이고 수평적이고 조화를 이루는 문화를 위한 새로운 기본 원리들이 제시되어야 한다.

소통의 문화콘텐츠학은 특히 문화와 밀접하다. 문화에 관한, 문화를 위한 학문적 성격을 갖는다. 따라서 소통의 문화콘텐츠학 방법론은 근대 학문의 방법론적 한계와 문화제국주의적 발상의 한계를 뛰어넘을 수 있는 논리를 바탕으로 그 체계를 구성해야 한다. 소통의 문화콘텐츠학 연구는 새로운 시대에 희망을 주는 학문의 패러다임(paradigm)을 제시하면서 기존의 학문이 가지고 있는 한계를 극복해야 한다. 이를 위해서는 소통의 문화콘텐츠학을 이루는 이념과 방향이라고 할 수 있는 소통에 대한 학문적 의미가 분명해져야 한다.

소통의 문화콘텐츠학과 커뮤니케이션학의 차이를 비교하여 소통의 문화콘텐츠학의 학문적 의미를 살펴볼 필요가 있다. 왜냐하면, 이미 커뮤니케이션학(science of communication)이 이미 '소통(communication)'에 관한 학문적 사유와 실천을 제공하고 있기 때문에 소통의 문화콘텐츠학이 또다시 소통(疏通)을 연구해야 한다는 주장에 반론이 제기될 수도 있기 때문이다.

소통의 문화콘텐츠학과 커뮤니케이션학은 유사한 학문으로 보일 수 있다. 그러나 이것은 커뮤니케이션학에서 연구하는 'communication'과 문화콘텐츠학에 연구하는 '소통(疏通)'을 동일하게 보는 것에 기인한다. 'communication'과 '소통(疏通)'이 모두 사전적으로 '막힘없이 통함'이라는 뜻을 가지고 있기 때문에 의미가 동일한 것으로 볼 수도 있다. 용어에 대한 사전 풀이를 통해서 본다면 'communication'을 연구하는 커뮤니케이션학과 '소통(疏通)'을 연구하는 소통의 문화콘텐츠학이 같은 학문이 아니냐고 반문할 수도 있다. 그러나 학문의 이념, 방향, 대상, 방법, 체계 등 학문의 사유와 실천의 목적, 대상, 방법이 전혀 다르다면 동일한 학문이라고 말할 수는 없을 것이다.

커뮤니케이션학과 문화콘텐츠학에서 쓰고 있는 'communication'과 '소통'은 본질적으로 구분된다. 이것은 커뮤니케이션학이 전개되어 온 맥락 속에서 학문을 이루는 관점과 기능을 자세히 살펴보면서 확인할 수 있다. John Fiske(2001: 23)는 커뮤니케이션을 문화 생존의 핵심이라고 말하면서 서구 커뮤니케이션학의 역사가 크게 두 가지 흐름으로 전개되었다고 주장한다. 우선, 첫 번째 연구 흐름의 커뮤니케이션학에서는 'communication'을 '메시지의 전달(transmission of messages)'이라고 인식한다. 이 입장은 송신자와 수신자가 어떠한 방식으로 메시지를 부호화하고 해독하는지, 또 전달자는 커뮤니케이션의 채널 및 미디어를 어떠한 방식으로 이용하는지에 관심을 갖는다. 여기에서는 주로 커뮤니케이션의 효율성과 정확성의 문제에 관심이 있다. 이러한 입장은 커뮤니케이션을 어떤 사람이 다른 사람의 행동이나 정신에 영향을 미치는 하나의 과정으로 정의한다. 송신자가 의도한 것과 다른 효과가 나타났거나 의도한 만큼의 효과를 얻지 못했을 때 커뮤니케이션이 실패한 것으로 표현한다. 실패가 일어난 이유를 분석하기 위해 커뮤니케이션 과정의 각 단계를 고찰하게 된다. 그는 이러한 연구 경향을 갖는 입장을 '과정학파(process school)'라고 불렀다.

존 피스크(John Fiske)는 또 다른 연구 흐름의 커뮤니케이션학은 커뮤니케이션을 의미의 생산과 교환(production and exchange of meanings)이라고 본다. 이 입장은 메시지, 혹은 텍스트가 의미를 만들어내기 위해서 어떻게 사람들과 상호 작용하는지에 주목한다. 즉, 우리 문화 안에서 커뮤니케이션 텍스트가 어떤 역할을 하는지에 관심을 갖는다. 이 입장은 의미 작용(signification)과 같은 용어를 사용하며, 오해가 발생한 상황을 반드시 커뮤니케이션 실패로 간주하지 않는다고 한다. 이유는 그 오해가 송신자와 수신자 사이의 문화적 차이에 기인할 수도 있기 때문이다. 여기에서 커뮤니케이션은 텍스트 연구와 문화 연구를 의미한다. 여기에서 주요한 연구방법은 기호학이다. 그는 이러한 연구 경향을 '기호학파(semiotics school)'라고 불렀다. John Fiske(2001: 24)는 이러한 커뮤니케이션 연구의 두 가지 경향에서 과정학파는 사회과학, 특히 심리학과 사회학에서 체계화되었고, 커뮤니케이션 행위(act)를 중점적으로 연구하는 경향이 있다. 기호학파는 언어학과 예술 분야에서 체계화되었고, 커뮤니케이션의 결과물(work)을 중점적으로 연구한다.

이와 같이 피스크가 설명한 커뮤니케이션학의 연구 흐름을 Em Griffin(2009: 31-39)은 보다 세분화된 연구 지형으로 설명한다. 그가 연구한 커뮤니케이션 이론의 지형을 보면 커뮤니케이션 연구는 사회심리학적 연구 전통, 사이버네틱스 연구 전통, 수사학적 연구 전통, 기호학적 연구 전통, 사회문화적 연구 전통, 비판적 연구 전통, 현상학적 연구 전통으로 구분될 수 있다.

사회심리학적 연구 전통은 '어떤 사람을 변화시키기 위해 우리가 무엇을 할 수 있는가?'라는 물음을 통해 타인에 대한 영향으로서 커뮤니케이션에 접근하는 연구 전통이다. 그리고 사이버네틱스 연구 전통은 '어떻게 하면 원래의 정보를 수신자에게 잡음의 의한 손상을 받지 않고 그대로 전달할 수 있을까?'라는 물음을 통해 '정보' 그 자체를 궁극의 가치로 보고 정보처리 과정으로서 커뮤니케이션에 접근하는 전통이다. 수사학적 연구 전통은 발화자가 '어떻게 하면 자신의 의도대로 공중의 행위를 이끌어낼 수 있을까?'라는 물음을 통해 상대의 감정을 움직여 설득할 수 있는 방법을 모색한다. 기교 있는 공중 연설로서의 커뮤니케이션에 접근한다. 기호학적 연구 전통은 비언어적 표상과 이미지에 관심을 갖고 '어떤 이데올로기적 의미를 내포하고 있을까?'라는 물음을 통해 기호가 의미를 매개하고 더 나아가 창출하는 방식에 관심을 갖는다. 사회문화적 연구 전통은 언어의 상대성에 기반을 두고 커뮤니케이션 과정을 통해 문화가 생산하거나 재생산한다고 본다. 사회적 실재를 창조하는 커뮤니케이션을 통해 '어떻게 문화적 격차가 생산되는가?'에 관심을 갖는다. 비판적 연구 전통은 이전의 모든 역사가 고통의 불공평한 분배로 특징지어졌다고 보고, 커뮤니케이션을 통해 '어떻게 커뮤니케이션은 억압에 대한 민감성을 둔화시키면서 계급 간 불평등한 현실을 재생산하는가?'에 관심을 가지고 있다. 불공정한 담론에 대한 성찰적 기능으로서 커뮤니케이션에 접근하는 것이다. 마지막으로, 현상적 연구 전통이 있다. 자신의 주관적 경험에 관한 사람들의 해석을 강조하면서 상대가 '진정 원하는 것은 무엇인가?'라는 물음을 통해 조건 없이 타인에게 다가가 진정으로 이해하고자 한다. 커뮤니케이션을 자아와 타자에 대한 경험으로 이해한다.

이러한 내용을 보면 커뮤니케이션학의 연구 전통은 연구자들의 관점과 접근 방식에 따라 여러 흐름으로 전개되고 있음을 알 수 있다. 근본적으로 커뮤니케이션의 본질을 무엇으로 보는가에 따라서 연구 경향이 다르게 형성되는 것이다. 이렇게 커뮤니케이션의 본질을 다양하게 파악할 수 있는 것은 그만큼 커뮤니케이션이라고 하는 과정을 통해서 우리가 다양한 활동을 하기 때문이다.

그럼에도 불구하고 피스크와 그리핀의 내용을 종합해 보면 커뮤니케이션학은 다음과 같은 특징을 가지고 있다. 우선, 커뮤니케이션학은 메시지를 통한 상호 작용을 연구하는 학문이다. 여기에서는 '메시지'와 '커뮤니케이션'이 어떻게 규정되느냐가 학문의 성격을 규정한다. 따라서 메시지와 커뮤니케이션을 어떻게 인식하고 있는가에 대해서 파악하는 것이 필요하다.

서구의 커뮤니케이션학에서 인식하고 있는 'communication'은 '의견(message)'의 전달과 이것에 관련된 활동으로서의 의사소통(意思疏通)을 말한다.

> 커뮤니케이션(communication)은 한국 사회에서 이미 외래어로 정착된 단어이다. 다른 나라말이었던 것이 국어처럼 쓰인다는 뜻으로, 그만큼 일상화된 표현이라 할 수 있다. 이를 달리 부를 만한 용어를 찾기 어려울 정도다. 하지만, 이를 풀어 설명하다 보면, '의사소통(意思疏通)'이라는 간단한 대체 어구로 귀착된다. … 현대 커뮤니케이션 학문 분야를 이끌고 있는 학자 중 대표적 주자인 맥퀘일(D. McQuail)은 커뮤니케이션을 '의미의 주고받음', 또는 '메시지의 전달과 수용'이라고 풀이한다. 발화자(發話者), 발화자가 생성한 정보, 정보가 이동하는 통로, 통로를 통해 발화자의 정보를 받아들이는 수신자(受信者)가 커뮤니케이션을 구성하는 주요 인자가 된다. … 국립국어원 『표준어사전』에서도 커뮤니케이션을 '사람들끼리 서로 생각, 느낌 따위의 정보를 주고받는 일로써 말이나 글, 그 밖의 소리, 표정, 몸짓 따위를 이루어진다'고 설명하고 있다. 『표준어사전』은 이를 '의사소통' 등으로 순화할 수 있다고 덧붙인다(이건호 · 최윤정, 2013: 17-18).

의견이 메시지이고 의견을 주고받는 것이 커뮤니케이션이다. 의견을 주고받는 과정과 결과를 연구하는 것이 서구의 커뮤니케이션학(science of communication)의 지적체계의 전통이다. 여기에서 의견은 논리적인 견해, 제안, 관점, 생각 등을 이성적으로 구성한 내용을 말한다. 내용이 논리적이어야만 더욱 설득력이 있게 상대방을 이해시켜서 행동에 변화를 줄 수 있기 때문이다(이상훈 · 김요한, 2013: 15-17).[1] 그렇다면 왜 소통에서 이성을 강조하는가? 하버마스(Jürgen Habermas)는 소통에서 이성을 강조하는 것은 서구의 근대성과 깊은 관계가 있다고 본다. 여기에서 근대성은 소통을 관리 · 통제하여 완전한 관리사회를 구현할 수 있다는 생각이다. 의사소통의 이성적 판단이 의견통합(consensus) 쪽으로 가야만 사회가 안정될 수 있기 때문이다. 그러나 반대로 이것이 이데올로기적으로 무장된 체계적 판단에 대한 대화를 위축시킨다는 문제가 있다. 그도 인정하고 있듯이 미디어 현실에서 체계에 의존한 소통은 개인과 사회의 가치를 축소시킬 수 있다. 따라서 체계에 대한 무리한 의존보다는 내향적 심성의 발견과 잘 알려진 전통과 문화를 찾아내 개인은 물

---

1) 커뮤니케이션학에서는 'communication'을 '누군가가 다른 사람에게 의견이나 생각을 전달하는 것'이라고 말한다. 그렇기 때문에 해럴드 라스웰(Harold Lasswell)은 커뮤니케이션을 통해 메시지를 전달하는 송신자가 효과적으로 수신자의 반응과 행동을 이끌어 내는 것에 주목했다. 커뮤니케이션학에서는 타인을 '나'의 의도와 목적을 위해서 이끌고 오는 것에 관심을 갖는다.

론 소수가 생활세계에 함께 공존할 수 있는 지혜를 모색해야 한다(조맹기, 2009: 141-143). 이성에만 권위를 부여하여 이성을 도구로 무엇인가를 포섭하려고 한다면 이것은 21세기가 원하는 소통이 아니다. 도구적 이성을 추종하는 커뮤니케이션학에 대안이 될 수 있는 새로운 방법이 마련되어야 한다(최봉영, 2012; 구연상, 2008).

그러나 앞에서도 정리했듯이 소통의 문화콘텐츠는 의견을 전달하는 기능만 가지고 있는 것은 아니다. 논리에 근거한 의견은 견해, 제안, 관점, 생각 등을 이성적으로 정확히 표현하여 상대방을 이해시키고 설득하여 행동에 변화를 주는 것에 목적을 두고 있다고 한다면, 소통의 문화콘텐츠는 의견을 포함한 여러 의미들을 경험하는 가운데 상호 공감하는 것에 목적이 있다. 소통이 이성으로만 가능한 것도 아니고 이성이 소통을 보장하는 것도 아니다. 오늘날 인류가 이성은 물론 감성, 지성, 영성과 같이 상호 공감의 배경이 되는 모든 소통의 차원들을 통해 관계를 맺고 있고, 맺을 수 있다면 소통은 커뮤니케이션학에서 말하는 메시지의 전달동기와 효력성을 넘어서서 사고하는 것을 필요로 한다.

소통의 문화콘텐츠학은 소통을, 나의 의견(message)을 먼저 갖추고 나서 타인을 나에게 불러와 그 내용을 전달하는 것이 아니라, 먼저 타인에게 다가가서 그의 처지와 나의 입장을 함께 고려하면서 공유할 내용을 만들고 이를 통해 교감하기 위한 목적을 갖는다. 소통의 문화콘텐츠학은 소통은 도구로 보지 않고 목표로 본다. 인간과 인간이 몸, 마음, 정신, 얼이 서로 원만히 소통할 수 있을 때 제대로 관계를 맺고 행복을 느끼게 된다면 소통은 그 자체가 목적이 될 수 있다. 따라서 문화적 삶의 현실에서의 소통은 의견을 포함하여 더 넓은 차원의 소통을 가능하게 열어 놓는 것에 관심을 기울일 수 있다. 이것이 소통을 화두로 삼는 문화콘텐츠학과 의사소통을 연구하는 커뮤니케이션학의 차이라고 말할 수 있다.

소통의 문화콘텐츠학은 문화콘텐츠를 경험의 인식과정에서 분석한 것과 같이, 이것은 몸, 마음, 정신, 얼이 복합적으로 작용하는 가운데 감성, 지성, 이성, 영성의 차원까지 고려한다. 우리가 콘텐츠를 통해 몸으로 재미와 흥을 느끼고, 마음으로 울고 웃으며, 정신과 얼로 그동안 생각하지 못했던 것에 사무치고 때때로 깨우칠 수 있는 것이 바로 소통의 문화콘텐츠 경험의 인식과정이 이미 다양한 차원의 소통에 걸쳐져 있다는 점을 보여준다. 소통의 문화콘텐츠학은 몸, 마음, 정신, 얼은 물론 그 밖에 인간이 관계맺고 소통할 때 고려되어야 할 다양한 차원에 관심을 기울인다.

그동안 서양의 커뮤니케이션학에서 고려하지 않았던 감성, 지성, 영성의 영역까지 소통의 문화콘텐츠를 통해 분석하고 실천적으로 구성할 수 있는 방법을 탐색해 보자는 것이 소통의 문화콘텐츠학에서 추구하는 하나의 목표다.

현재 서양의 사상에 뿌리를 둔 커뮤니케이션학은 다른 문화권의 사람들이 왜 한류에 반응하고 호응하는지 그 현상을 제대로 설명하지 못한다. 그러나 더 중요한 문제는 커뮤니케이션학이 문화적 다양성을 유지하고 확대하기 위한 문화디자인의 방법을 제시하지 못하고 있다는 것이다. 인류는 문화를 디자인하는 방식에 따라 삶의 방향이 달라진다. 따라서 문화적인 반성과 성찰에 기초하여 자연과 문화, 인간과 생명, 몸과 마음 등이 상호 조화와 공존할 수 있도록 새로운 학문을 현실에 맞게 마련해야 한다(최봉영, 2000: 44-46).

그러나 앞에서 소통의 문화콘텐츠학의 학문적 의미를 커뮤니케이션학과 비교하여 설명했지만, 그렇다고 이것의 의의가 타 학문들과 구별되는 변별점으로만 획득되는 것은 아니다. 지금까지 커뮤니케이션학이 역사적 변천 과정 속에서도 문화적 실천의 가능성을 모색하기 위해 방법론적인 노력을 기울이고 있는 것과 같이 소통의 문화콘텐츠학의 학문적 의의도 방법으로서의 연구, 역사로서의 연구, 실천으로서의 연구를 지속적으로 수행하는 것으로부터 얻어질 수 있다. 이와 같이 소통의 문화콘텐츠학 연구도 그 체계에 적절한 학문적인 접근 방법이 필요하다.

2 소통의 문화콘텐츠학의 문화적 실천

학문이 펼쳐지는 삶의 문화는 더 이상 어떠한 산물도 결과도 아니다. 소통의 문화콘텐츠학에서의 문화는 실천의 공간이다. 공존이 인류의 생존 조건이 된 지구촌 시대에는 문화적 실천을 뒷받침할 수 있는 학문이 절실히 필요하다. 문화콘텐츠학은 소통을 학문의 이념으로 삼아 학문과 학문, 학문과 실천의 사이를 매개하고 통합할 수 있는 학문적 수단이다. 실제적으로는 공간적 거리가 점점 무색해지는 세계를 소통의 관점에서 총괄하여 논의하는 것이 소통의 문화콘텐츠학이다. 이미 인문학, 사회과학, 기술공학, 예술학의 각 학문 영역들이 문화콘텐츠에 대한 관련 연구들을 진행하고 있다. 뿐만 아니라 문화콘텐츠를 매개로 지구적 차원에서 수많은 행위들이 벌어지고 있다. 문화를 총체적이고 거시적으로 이해하고 실천할 수 있는 학문이 요구될 수밖에 없다.

소통의 문화콘텐츠학은 문화적인 실천으로 문화적인 어울림을 만들기 위한 소통의 논리와 방법을 갖추고 인류의 공존에 도움을 준다. 그런데 이것은 우리의 문화를 깊이 이해하는 데서 시작할 수 있다. 소통의 출발은 나를 먼저 알아야 가능하기 때문이다. 그 다음으로 동아시아 문화, 아시아 문화, 그 밖의 제3세계 문화, 유럽 문화로 넓혀가면서 관계가 확장될 수 있다.

그런데 소통은 근본적으로 미디어를 통한 소통이다. 특히, 디지털미디어를 통한 소통은 그 과정에서 주고받는 내용이 참인지, 거짓인지 먼저 따지기보다는 그 과정 자체에서 느끼는 만족과 행복을 더 중시하는 경향이 있다. 문화콘텐츠가 지시하는 사물, 사건, 사태가 무엇인가에 대한 내용보다는 얼마나 빨리 필요한 내용을 얻을 수 있는가를 더 중시한다(Carr, 2011).[2] 그러나 우리는 더 잘 이해하고, 생각하고, 깨닫기 위해서는 소통의 내용이 맥락적 상황 속에서 지시하고 있는 사물, 사건, 사태가 무엇인지 제대로 알아야만 한다. 소통의 오해와 왜곡으로 인한 불통은 문화콘텐츠가 지시하고 있는 사물, 사건, 사태에 대한 몰이해, 또는 그것에 대한 앎의 차이에서 오기 때문이다.

이와 같이 우선적으로 소통의 문화콘텐츠학의 목적은 막힘없이 인간, 문화, 미디어를 두루 통하게 하여 모든 것과 서로 상통(相通)하는 데 있다. 이를 통해 소통은 복잡한 사회에서 자신의 정체성을 만들어가며 다양한 존재들과 어울려 문화적 공존을 이루는 데 목적이 있다. 오늘날 인간의 정체성은 역사적으로 전승된 것으로만 고정되어 있는 것이 아니다. 다양한 대상과 관계맺음을 통해 과정적으로 만들어지게 된다. 소통의 문화콘텐츠학은 다양한 존재의 소리에 귀를 기울여 그들과 함께 삶의 의미와 방향을 찾는 데 도움을 줄 수 있어야 한다. 사람과 사람의 소통만을

2) 니콜라스 카(Nicholas Carr)는 특히 웹에서 인간은 정보를 수집하는 데만 급급한 나머지 그 정보에 정신을 집중하고 새로운 창의력을 발휘할 여지가 없다고 주장한다. 인터넷에서 글 읽는 방식에 대한 연구가 진행됐는데, 그 결과 사람들은 'F' 패턴으로 읽는 경향이 드러났다는 것이다. 즉, 화면에 새로운 정보가 뜨면 첫 두어 줄만 읽고 아래로 내려와 중간을 대충 훑고 페이지 밑바닥까지 내려온다는 것이다.

문제로 보는 것이 아니라, 사람과 자연의 소통에도 관심을 갖고 접근할 필요가 있다. 관계가 날로 중요해지는 현실에서 이제는 거의 모든 요소가 인간의 문화와 분리하여 생각할 수 없게 되었기 때문이다.

문화콘텐츠가 물리적 · 인지적 · 언표적 · 직관적 소통으로 경험된다고 보면 소통의 의도는 직접적으로 드러나 있지 않은, 보이지 않는 차원으로 감추어져 있다. 정보의 소통이 속도, 양, 정확성에 기준을 두는 것에 비해, 문화콘텐츠의 소통은 경험, 이해, 관계의 확장에 기준을 둔다. 따라서 문화콘텐츠의 의도는 보이지 않는 차원에서 경험하고, 이해하고, 공유하고, 공감하고, 공존하기 위한 삶의 실천이다.

소통의 목적은 삶의 문제를 직시하고 해결하려는 대안적인 행동이다. 임대근(2012: 18－23)은 21세기의 문제들이 환경－문화－기술의 관계에서 벌어진다고 보았다. '문화'는 목적으로서의 '환경'과 수단으로서의 '기술' 사이에 위치하여, 환경적인 인간(homo－oecologicus)과 기술적인 인간(technicus)의 이중적인 속성을 내포한다. 그러나 이 관계가 전도되어 목적으로서의 환경이 수단으로서의 환경이 되고, 수단으로서의 기술이 목적으로서의 기술이 되는 가치 전도의 사태가 나타나면서 사회는 갈등과 충돌이 빚어진다. 경상남도 양산시 일대에서 벌어진 '천성산 도롱뇽 사건'과 제주도 강정마을의 해군기지 건설을 위한 '구럼비바위 폭파 사건'이 여기에 해당한다는 것이다.

이러한 문제는 인간과 사회, 세계를 규정하고 유지하는 가장 기본적인 틀로서 제도(system), 관습(custom), 이념(ideology), 정서(emotion)적으로 접근하면서 해결을 도모할 수 있다. 우리의 문화, 기술, 환경은 제도, 관습, 이념, 정서가 역사적이며, 현상적이고, 가변적이고, 구성적으로 얽혀 있기 때문이다(임대근, 2012: 18－23). 만약 문화콘텐츠가 학문과 현실 사이에서 새로운 의미작용을 파악하고 구성할 수 있다면 시간, 공간, 사람의 사이에서 벌어지는 소통의 수많은 문제에 긍정적인 대답이 될 수 있을 것이다.

소통의 문화콘텐츠학의 문화적인 실천은 문화적인 어울림을 통해 문화의 다양성을 유지하고 확대하는 데 목적이 있다. 생물종의 다양성이 생태계 유지에 필수조건이듯이 문화의 다양성은 인간의 생존에 필수조건이다. 그러나 이렇게 문화의 다양성을 살리려면 각각의 문화 그대로 아름다움을 멋으로 표현할 수 있어야 한다. 소통의 멋은 그동안 소외되고, 핍박받고, 차별받았던 민중의 삶에 희망을 주는 것과 같다. 소통은 일방적인 강요가 아니기 때문이다. 오늘날 문화는 삶을 살아가는 사람들이 스스로 변화의 가능성을 만들어낼 때 더욱 풍성해질 수 있다. 문화적 실천과 문화적 어울림은 인류의 더 나은 미래를 위한 적극적인 행동이다.

우리는 소통의 문화콘텐츠학을 통해 문화콘텐츠와 관련된 제반 문제들을 이해하고 대응해 나갈 수 있다. 문화콘텐츠학은 소통을 통해 인간의 본래적인 정체성을 잃지 않고 유지하면서 공감의 그물망(Rifkin, 2011: 735)[3]을 조직할 수 있다. 이러한 공감의 그물망은 유희 요소로 뒤섞인 엔터테인먼트의 산업적 그물망이 아니다. 이것은 본래적 존재들이 자신들의 의미를 발산하는 '존재－의미의 그물망(Onto－Semantical matrix)'이다(박이문, 2010: 77－100). 정치·경제·사회가 구성하는 각각의 제도, 관습, 이념, 정서들에 둘러싸여 자신을 버리고 타인의 시선으로 구성된 그물망이 아니라, 존재의 의미를 인식하고 성찰하면서 새로운 문화적 논리와 실천을 모색하는 관계의 그물망이다.

소통의 문화콘텐츠학이 추구하는 지향은 문화적 어울림 속에서 체계의 문제를 극복하는 것이다. 체계가 문화를 결정하는 것이 아니라 문화가 체계에 의미 있는 방향을 제시해줄 때 문화콘텐츠학은 하나의 문화적 기획이 될 수 있다. 구체적으로 문화를 이루는 다양한 체계들은 인간의 삶에 결정적인 영향을 주기 때문에 그 안에서 억압, 갈등, 폭력, 소외, 무관심, 희생 등이 불통의 문제로 야기된다. 따라서 우리는 소통의 반대편에 있는 비소통, 불통의 모든 현상을 문제시하고 대응해 나가는 것이 필요하다.

---

3) 제러미 리프킨(Jeremy Rifkin)은 공감적인 소통의 본능을 가지고 태어나는 인간의 소통 연결망이 증가하는 것은 복잡하고 다양한 세계를 구성하는 모든 관계에 대한 사람들의 인식이 향상되는 것이라고 본다. 특히, 그에 의하면 오늘날의 젊은 세대들은 세상을 소유하고 쟁취하기 위한 창고가 아니라 접속해야 할 관계의 미로로 생각하기 시작했다. 그렇다고 한다면, 바야흐로 인류는 앞으로 관계 속에서의 소통과 공감을 더욱 본질적인 삶의 문제로 인식하고 다룰 수밖에 없다.

제 2 절 대상론: 문화콘텐츠

1 경험주체와 그 대상

대상론은 학문적 체계에서 무엇을 연구할 것인가에 대한 문제를 다루는 것이다. 소통의 문화콘텐츠학의 학문적 체계를 정립하기 위해서는 무엇을 연구해야 하는가에 대한 논의가 이루어져야 한다. 학문에서 다루는 문화콘텐츠는 일종의 의미와 가치의 언어라고 생각해 볼 수 있다. 소통의 문화콘텐츠학은 소통의 관점에서 문화콘텐츠를 의미와 가치의 언어로 다루는 지적체계이며 지적활동이라고 말할 수 있다. 그렇다면 학문의 언어로서 문화콘텐츠가 여느 다른 학문의 언어와 어떻게 다른지 규명될 필요가 있다.

과학의 언어는 수학이다. 수학은 숫자 체계로 구성된다. 이러한 숫자 체계는 엄밀성을 바탕으로 한 계수화, 정량화를 지향한다. 과학의 논리는 귀납논리다. 다음으로 인문학의 언어는 텍스트(문자), 즉 일상 언어다. 일상 언어는 문자 체계로 구성된다. 문자 체계는 논리성을 바탕으로 이해가능성으로서의 의미화를 지향한다. 인문학의 논리는 연역논리, 유비논리, 변증논리, 실천논리, 귀추논리 등이 있다. 문화콘텐츠 언어는 인간의 오감(청각, 시각, 후각, 미각, 촉각)에 해당하는 몸의 감각기관이 수용할 수 있도록 구성한 물질적 요소이며, 동시에 이를 토대로 마음, 정신, 얼이 작용할 수 있는 내용적 요소가 가미된 의미적 언어다. 문화콘텐츠는 감각 체계와 내용 체계가 서로 결합된 형태라고 할 수 있다. 뿐만 아니라 이것은 문화를 이루는 다양한 가치 요소들이 얽혀 있는 문화적 구성물이다. 사회적 체계를 이루는 제도, 관습, 이념, 정서 등의 복합체라고 볼 수도 있다. 문화콘텐츠는 문화 안에 존재하고, 더불어 문화콘텐츠는 문화를 만든다. 이러한 점에는 문화콘텐츠는 인간이 삶을 이루는 문화와 불가분의 관계에 있다.

그런데 이와 같이 여느 다른 학문에서 다루는 언어와 구분되는 문화콘텐츠가 고유한 학문적 체계에서 다루어지기 위해서는 그것을 보는 철학적인 토대가 필요하다. 특히, 문화콘텐츠를 경험하는 인간을 어떻게 인식하고 규정할 것인지 연구하는 것은 학문적 토대를 위해서 매우 중요하다.

학문을 통한 시대적 의미의 실천은 구체적인 행위와 결과로 이어질 수 있는 철학적 토대가 있어야 한다. 학문적 체계에 맞는 인간의 '자기이해'가 새롭게 해명되어야 하는 것이다. 따라서 문화콘텐츠학의 정립은 인간의 자아관, 존재관, 인간관을 시대에 맞게 고찰해 보는 것을 수반한다. 문화콘텐츠학이 소통을 지향하고자 한다면, 소통을 형성하고 결정하는 강력한 힘은 문화 안에서의 '자아개념'과 '관계에 대한 이해'에 달려 있다는 점은 분명하기 때문이다. 따라서 문화적 배경 속에서 우리가 인간을 어떻게 해석하는지가 중요하다. 왜냐하면, 이것을 토대로 개인의 심리적 성향이 나타나고 이것으로 소통의 방식(style)이 결정되기 때문이다. 만약 한 개인이 독립적이고 개인주의적인 자아관을 가지고 있다면, 이러한 자기이해가 심리에 반영되어 그 사람의 커뮤니케이션 상황과 목적을 결정한다. 그리고 이러한 커뮤니케이션이 결과적으로 한 개인의 자아정체성에 영향을 주게 된다. 다시 말해, 자신과 타인을 어떻게 이해하고 행동하는지가 소통의 실제적인 상황을 만든다(김민선, 2009: 35-36).

오늘날 인류가 '문화'에 거는 희망과 기대를 생각한다면 거기에 맞는 문화콘텐츠학의 철학적 토대로서 새로운 인간관이 필요하다. 인간이 자신을 어떻게 이해하고 규정하느냐가 문화콘텐츠의 의미와 가치를 결정하고 더 나아가 학문의 이념과 방향도 결정하기 때문이다. 그렇다면 우리는 문화의 시대에 인간을 어떻게 이해하고 규정해야 하는가. 소통의 문화콘텐츠학 정립에 이기상이 제시하는 인간관을 살펴볼 수 있다.

이기상(2008: 223-227)은 문화의 시대에 필요한 인간관으로 '관계론적', '그물망적' 모델로서 '사이-존재'의 인간관을 제시한다. 그에 의하면, 동양과 특히 우리나라는 인간을 홀로 독립된 존재로 인식한 것이 아니라 세계를 형성하는 다양한 존재와 관계를 맺으면서 세계를 가꾸고, 보듬으며 변형시켜온 우리만의 철학과 문법을 가지고 있다. 그가 말하는 '사이'는 '빔-사이에-있음', '사람-사이에-있음', '때-사이에-있음', '하늘땅-사이에-있음'을 말한다.

여기에서는 '사이에 들어서 있음'이라고 하는 정적인 상태와 '사이에 있으면서 관계를 맺고 연결'하려는 움직임의 동적인 상태가 함께 나타나 있다. 그저 '사이에 있음'을 강조하는 것이 아니라 사이에 있음으로 해서 그 사이에서 관계를 맺어주며 소통하는 운동성이 '사이'의 의미에 담겨 있다.[4] 이렇게 다양한 사이에서 소통하는 인간은 '생물학적(몸) 눈'으로만 세계를 보는 것이 아니다. 때 사이를 잇는 '정신의 눈', 물건과 사람 사이를 잇는 '마음의 눈', 보이지 않으면서도 존재하는 것들을 잇는 '얼의 눈'을 통해 상상하며 소통하도록 이끈다(이기상, 2008: 332－336).

이러한 관계론적 인간관은 소통을 강조하는 문화콘텐츠학의 철학적 기반으로 다루어질 수 있다. 다양한 관계를 아울러야 하는 시대적 상황 속에서 한국인의 인간관에 바탕을 둔 사상이 학문적 실천에 근본 토대가 될 수 있다.

학문적 체계를 마련하기 위해서는 자주적인 입장을 가지고 우리의 생활세계에 결과 무늬로 새겨져 있는 삶의 지혜를 학문의 사상으로 길어 올려야 한다. 따라서 문화콘텐츠학의 학문적 체계에 대한 연구에서 주체성을 잃지 않는 것은 무엇보다도 중요하다. 주체성 없이 서양의 이론을 그대로 가져와 적용하려 하거나 사상을 빌려와 학문적 체계로 구현하려 한다면 문화콘텐츠학의 학문하기는 시작부터 삶의 연유를 잃어버리게 된다.

문화콘텐츠는 학문적 체계에서 다루어지는 연구 대상으로서 실재적인 존재양식이 고찰될 필요가 있다. 문화콘텐츠의 실재성을 어떻게 규명하는지에 따라 그것의 의미와 접근 방법이 다양해질 수 있다. 여기에서의 실재성은 존재양식의 하나이다. 구연상(2004: 36－37)은 정보를 실재성으로 규정하였다. "하이데거(M. Heideger)에 따르자면, 인간은 실존(Existenz)하고, 도구는 손안에 있으며(Zuhandensein), 사물은 눈앞에 있고(Vorhandensein), 이념이나 가치는 타당하며(Geltung), 작품은 진리의 발생사건(das Geschenis der Wahrheit)으로서 있다. 이와 같이 존재자의 존재방식은 상이하게 규정된다." 문화콘텐츠 또한 정보와 마찬가지로 미디어를 통해 현실에 실재하는 것으로 규정할 수 있다.

서양에서는 실재성을 눈앞의 사물이 존재하는 방식을 기준으로 파악했다. 존재해석의 하나로 눈앞에 있는 것의 실재성으로 어떤 것의 존재를 규정한 것이다. 그러나 문화는 눈앞에 보이지 않는 비가시적은 차원까지 염두에 두면서 그것의 실재성을 파악해야 한다. 문화콘텐츠 역시 그것이 어떤 대상으로 사람들에게 만나지는

4) 이기상은 '있음'을 두 가지로 설명한다. 하나는 드러나는 것으로 '나타나 있음'이다. 누구에게 ~로서 나타나는 경우가 그것이다. 그리고 다른 하나는 자신을 사르며 '되고 있음'이다. 어떠한 지향과 과정을 통해 지속적으로 현재 상태를 넘어 다른 무엇으로 되어 가고 있는 상태를 가리킨다.

것인지 눈앞에 보이는 차원과 보이지 않는 차원이 동시에 해명될 수 있어야 한다(Baldwin, 2008; 박치완 외 2011; 박치완 외, 2009). 이것은 문화콘텐츠가 자신을 통해 무엇인가 다른 것을 드러내 보이는 차원이 있기 때문이다.

문화콘텐츠를 통해 감각을 느끼고, 뜻을 이해하고, 마음을 나누고, 보이지 않는 차원까지 도달할 수 있는 것은 바로 소통의 문화콘텐츠가 몸, 마음, 정신, 얼을 움직이는 무엇인가의 배경을 가지고 있으면서 사람에게 이르러 그 내용을 드러내기 때문이다. 이점이 문화콘텐츠를 '부호 · 문자 · 도형 · 색채 · 음성 · 음향 · 이미지 및 영상 등(이들의 복합체를 포함한다)의 자료, 또는 정보'로만, 즉 물질성으로만 파악할 수 없는 이유다. 문화콘텐츠에는 물질적인 차원과 함께 맥락성(상황성)이 함께 포함되어 있다. 눈에 드러난 그대로 이것을 문화콘텐츠의 전부라고 생각하고 객관적인 조건이라고 보아서는 안된다. 물질적으로 존재하는 것의 이면에 물질적 차원까지도 궁극적으로 형성하고, 결정하고, 변화시키는 맥락적인 상황도 고려해야 한다.

2 문화콘텐츠와 정보-지식-지혜

여기에서 우리는 정보, 지식, 지혜의 서로 다른 실재성을 고찰해 볼 수 있다. 이들 각각은 물질성에는 차이가 없다. 이들 모두 부호 · 문자 · 도형 · 색채 · 음성 · 음향 · 이미지 및 영상 등으로 복합적으로 구성되어 있다. 그리고 이것들이 모두 미디어를 통해 전달되고 그것을 우리가 감각기관을 통해 수용한다. 즉, 물질성으로 정보, 지식, 지혜를 구분하는 것은 큰 의미가 없다. 따라서 각각의 맥락성(상황성)에 주목해 볼 필요가 있다.

문화콘텐츠의 맥락성을 이해하기 위해 Nathan Shedroff(2001)의 논의를 참고할 수 있다. 그는 지식정보의 생산과 소비를 데이터 – 정보 – 지식 – 지혜의 관계 모형으로 설명한다(experience design, 2013). 여기에서 주목할 수 있는 것은 데이터 – 정보 – 지식 – 지혜로 이어지는 맥락적인 관계다.

김상헌(2012: 212 – 213)은 네이단 셔드로프(Nathan Shedroff)의 모형을 문화콘텐츠 산업과 접목하여 분석을 시도한다. 그에 의하면, 자료(Data)는 가장 아래 단계로서 정보의 전단계이다. 자료는 의미상 재료, 또는 자료, 논거를 의미하고 결론을 내리는 근거가 되는 사실이나 참고 자료를 말한다. 문화산업의 관점에서는 문화콘텐츠로 활용하기 위한 재료를 자료라고 할 수 있다. 문화유산에 담긴 원형적이고 활용성을 잠재한 역사·학문·문화적 요소들이 문화콘텐츠를 활용하기 위한 자료가 된다. 이것은 하나의 기초자료이다. 문화콘텐츠로 활용하기 위한 원자재라고 볼 수 있는 것이다. 다음으로 정보는 자료에 의미와 가치를 부여해 조직화하고 변화시킨 것으로써 형태와 형식을 지닌 것이다. 자료와 다르게 그 자체로 의미가 있고, 생산자와 소비자의 관점에 따라 다르게 전달될 수 있다. 둘의 차이는 자료는 가공되지 않은 것이고, 정보는 가공, 재생산, 파생, 확장된 것이다. 문화콘텐츠의 입장에서 본다면 정보는 활용성과 잠재성이 있는 문화적 요소들을 1차 가공한 형태로서 자료에 의미와 가치를 부여한 것이다. 다음으로 그에 의하면, 지식은 모든 경험의 복합적 산물이다. 즉, 정보가 쌓여서 엮여진 형태와 형식이라고 할 수 있다. 문화콘텐츠가 바로 여기에서 지식과 같다고 할 수 있다. 수용자의 경험적 측면을 고려하여 정보를 엮어 지식으로 수용할 수 있도록 재가공한 것이라고 할 수 있다. 문화콘텐츠는 정보를 활용하여 산업화한 것이다. 자료－정보－지식－지혜의 관계가 생산자와 소비자의 관계에서 구조적으로 설명된다.

Nathan Shedroff는 생산자(Producers)에서 소비자(Consumers)에 이르는 과정에서 정보가 지식과 지혜로 발전해 갈수록 일반(Global)적인 형태에서 지역적인 형태(Local)를 거쳐 개인적인 형태(personal)로 수렴된다고 보았다. 즉, 그는 데이터－정보－지식(콘텐츠)－지혜의 관계를 개인적 차원으로 수렴되는 과정으로 고찰했다. 데이터, 정보, 지식, 그리고 마지막으로 지혜에 이르는 과정에서 생산자와 소비자 양쪽 모두는 아무런 연관 관계를 맺지 못한다. 데이터가 지혜에 이르는 과정에서 사람과 사람은 관계성을 획득하지 못하고 한 개인으로서 각각의 데이터, 정보, 지식, 지혜와 관계를 갖는다. 그는 생산자와 소비자가 만나는 곳은 지식과 지혜의 영역이 아닌 정보의 영역이라고 본다. 지혜의 중요성보다는 정보에 더욱 가치를 두고 정보의 축적 및 제공을 강조하기 위해서 데이터, 정보, 지식, 지혜의 관계를 설명한다. 문화적인 관점에서 데이터, 정보, 지식, 지혜의 관계와 이들 각각이 공동체에 주는 의미가 생략되어 있다.

창조지식을 강조하는 지식경영에서도 데이터, 정보, 지식을 문화적 관점에서 인식하지 않는다. Klaus North는 '지식의 계단 모형'으로 지식경영의 전략적 과제와 조작적 과제, 그리고 지식과 정보를 시장과 관련하여 효율적으로 개인의 행동과 연결시키기 위해 데이터, 정보, 지식의 관계를 설명한다(Kubler, 2008). 경영의 관점에서 데이터, 정보, 지식의 관계를 살피는 것이다. 그는 더 많은 데이터, 정보, 지식들이 쌓여 밑바탕을 이루고 이것이 인간의 능력과 행위로 이어져 결국 올바른 행동으로 이어질 수 있는 역량이 되고, 이러한 역량이 축적되어 다른 사람보다 앞서는 개인의 경쟁능력이 된다고 본다.

Hans-Dieter Kubler(2008: 174)에 의하면, 이러한 생각은 "기술과 지식에 대한 신화"에 기인한다. 도구적 맥락으로 비교적 단순하게 각각의 개념과 관계를 구성하여 기술적으로 작업할 수 있다는 생각을 갖고 자료, 정보, 지식을 구분하고 관계를 설정하는 것이다. 지식은 구체적으로 무엇을 의미하는지, 그리고 어떻게 구성되는지 고찰하지 않고, 근대 국민 경제와 혁신적 기업을 위한 유용한 자원으로 쓰기 위해 이와 같은 식으로 각각의 관계를 설정했다는 것이다.

여기에서의 지식은 "문제를 해결하기 위해 사람들이 투입하는 지식, 능력, 숙련도"와 같은 것이고, 자료와 정보는 지식이 생성되는 '원자재'로 설명된다(Kubler, 2008: 173). 데이터, 정보, 지식의 의미와 관계가 개인의 능력 향상을 위해서 환원되는 구조이다.

Nathan Shedroff와 Klaus North는 공통적으로 데이터, 정보, 지식의 관계를 '개인(Personal)'의 소비 또는 능력으로 보고 접근한다. 데이터, 정보, 지식의 맥락성이 개인적 차원의 소비 증대와 능력 향상에 맞춰져 의미부여되고 있다. 이러한 접근은 경제학, 경영학, 지식정보학에 의미 있는 해석을 제공할 것이다. 그러나 한편으로 이것은 이들 학문이 만들어 놓은 하나의 '신화'라는 점을 간과해서는 안된다. 앞에서 살펴본 데이터, 정보, 지식의 의미와 관계는 모두 기존 학문이 만들어 놓은 의미체계다. 이러한 의미 체계가 '정보사회', '지식사회'라는 구체적인 신화를 만든다.

홍성태(2005: 229-232)는 '지식사회'는 인간의 정신세계에 대해서까지 자본의 논리를 강요하는 사회라고 말한다. 이러한 사회는 돈이 지식의 가치를 규정한다. 돈이 되지 않으면 지식이 될 수 없다. 그리고 문화산업은 돈이 되는 문화만을 집중적으로 육성하는 산업이고 문화가 훌륭한 돈벌이가 될 수 있다는 것에 관심을 두지 훌륭한 문화가 있어야 한다는 것에는 관심이 없다.

우리는 신화가 만들어 놓은 현실 속에서 지식과 문화가 생산되고 수용되는 장소들에서 무슨 일이 일어나는지 이해할 필요가 있다. 그렇기 때문에 눈앞에 실재하는 물질성의 데이터, 정보, 지식이 다른 학문 영역에서는 맥락적(상황적)으로 어떻게 표현하고 이해하고 있는지 미리 살펴보았던 것이다. 문화콘텐츠학은 기존의 학문과 다른 시각으로 문화콘텐츠의 맥락성을 결정하고 물질성을 구성해야 한다. 우리는 경제학, 경영학에서 접근하는 시각을 통해 문화콘텐츠에 접근해서는 안된다. 성장과 발전을 우선시하는 경제적 논리의 창조지식은 문화콘텐츠가 신지식인으로 이르는 지름길이라고 주장할 수도 있다. 그러나 새로운 학문적 체계로서 소통의 문화콘텐츠학은 경영학, 경제학과 같은 기존학문의 부속적 기능으로 편제될 수 없는 고유한 관점과 기능을 가지고 있어야 한다. 소통이 문화콘텐츠학의 이념이라면 정보와 지식으로서의 문화콘텐츠가 아닌 문화적 의미와 가치로서의 문화콘텐츠로 인식되어야 한다. 한 개인에게서도 문화콘텐츠가 중요하지만 공동체에서도 문화콘텐츠가 중요하다. 더불어 개인과 공동체의 관계에서도 문화콘텐츠가 중요하다. 따라서 소통의 문화콘텐츠학은 문화콘텐츠에 대한 적절한 맥락성을 새롭게 확립해야 한다.

문화콘텐츠의 소통을 위해 정보, 지식, 지혜의 관계를 새롭게 접근해 본다. 소통을 염두에 두고 문화콘텐츠를 인식할 때 정보, 지식, 지혜의 관계는 다음과 같이 설명될 수 있을 것이다. 지식은 정보가 새롭게 현실화한 것이고 지혜도 지식이 새롭게 현실화한 것이다. 지식의 입장에서 정보는 아직 잠재적이고 지혜의 입장에서 지식은 아직 잠재적이다. 이러한 잠재적 상태가 이성, 지성, 감성, 영성에 의해 다양하게 현실화된다. 문화가 변화가능성과 비가시적 차원을 가지고 있다면, 이것은 문화콘텐츠를 통해 이러한 잠재적 상태가 상황에 의해 다르게 현실화되기 때문으로 해석할 수 있다. 우리가 정보, 지식, 지혜를 해석할 수 있는 것은 현실화에 영향을 주는 맥락적인 상황 때문이다.

정보, 지식, 지혜는 보이게, 또는 보이지 않게 사물, 사건, 사태를 지시하고 있기 때문에 이것을 파악하는 것이 중요하다. 잠재적인 상태에서 정보, 지식, 지혜를 드러내도록 이끄는 사물, 사건, 사태가 중요하게 고려되어야 한다.

문화콘텐츠는 정보, 지식, 지혜[5]가 서로 얽혀 미디어를 통해 표현된 내용이다.

---

5) 소통의 문화콘텐츠학에서 '지혜'는 도구적인 성격으로서 지식이 가지고 있는 능력(~을 할 수 있음)의 이치를 깨닫고, 여기에 맞게 정황과 다양한 관계를 고려하여 처리·적용하는 능력을 말한

경우에 따라서는 정보, 지식, 지혜 각각의 그 자체가 문화콘텐츠가 되기도 한다. 사물, 사건, 사태가 어떻게 정보, 지식, 지혜와 관련될 수 있는지 다음 <표 3-1>의 사례를 통해 정리해 보았다.

표 3-1 소통의 문화콘텐츠학에서 접근하는 정보 · 지식 · 지혜

	정 보	지 식	지 혜
사 물	책상	공부할 수 있는 도구	친구와 열심히 공부하면서 때로는 함께 고민도 나누는 자리
사 건	5 · 16	1961년 5월 16일 군사 쿠데타가 일어난 날	힘없는 사람들을 위해서는 되풀이되지 말아야 하는 우리의 아픈 역사
사 태	추석	명절놀이를 할 수 있는 날	온 가족이 모여 정과 사랑을 나누는 뜻 깊은 자리
내 용	표시	사실(~을 할 수 있음)	이념(~을 위해 ~을 할 수 있음)
지향성	표시지향	논리지향(과학적 세계관)	경험지향(인문학적 세계관)

소통을 위한 문화콘텐츠에서는 정보와 지식을 '무엇을 위해', '어떻게' 사용해야 하는지가 중요하다. 소통에서 정보와 지식은 양날의 칼과 같다. 정보 · 지식은 배타적인 욕망을 통해 무분별하고 무가치하게 소비되어야 하는 것인가, 아니면 새로운 삶의 대안과 희망으로 인류를 위해 가치 있게 사용할 것인가에 따라 그 결과와 가치가 달라진다.

정보, 지식, 지혜의 관계에서 소통의 문화콘텐츠학은 정보를 다루는 지식, 지식을 다루는 지혜를 발견하는 학문이다. 문화콘텐츠는 지혜를 구성하기 위한 정보와 지식을 추구하지만, 반대로 문화콘텐츠학은 정보와 지식을 다루기 위한 지혜를 필요로 한다.

다. 구체적으로 시간, 공간, 사람의 관계를 고려하여 생활세계에 의미 있는 능력의 사용이라고 말할 수 있다. 다양한 소통연관들 속에서 지식의 적합성, 실용성, 효용성, 효율성은 물론, 지식의 멋스러움을 발견하여 사람들과 소통하는 것이 소통의 문화콘텐츠학에서의 지혜가 가지고 있는 의미와 기능이라고 정의해 볼 수 있다.

3 문화콘텐츠의 다양한 차원

문화콘텐츠학의 학문적 체계에 관한 연구에서 대상론으로서 문화콘텐츠의 본질을 고찰하는 이유 중의 하나는 문화콘텐츠를 이루는 다양한 차원을 확인하면서 그것이 주는 의미와 가치를 파악하기 위해서다. 이기상(2011: 30−31)은 문화콘텐츠가 다음과 같은 차원을 두루 관통하고 있다고 본다.

표 3-2 소통의 문화콘텐츠의 차원

차 원	내 용
기술적 차원	우리가 몸담고 있는 자연을 편안한 삶의 둥지로 만들려는 인간의 몸짓은 다 기술적 차원의 문화적 활동이다.
매체적 차원	인간의 모든 사고, 인식, 행위가 다 상징과 기호에 의해 매개되는 인식론적 틀 안에서 일어나는 한 우리는 매체적 차원에 주목해야 한다.
예술적 차원	문화콘텐츠에는 어떤 필요나 목적에도 매이지 않는 그 자체를 위해 추구되어 만들어지고 꾸며지는 예술적 차원이 있다. 아름다움 그 자체를 위한 자체목적의 계기가 있다. 감성의 멋을 살리는 미학적 차원이 있다.
합리적 · 기능적 차원	개인의 삶과 공동체의 생활을 보다 원활하게 꾸려나가기 위해 노력하는 인간의 문화적 행위에는 기능과 효율성을 염두에 두는 합리적이고 기능적인 차원이 있다.
가치적 · 규범적 차원	인간의 모든 의미부여와 목표설정에는 그가 추구하고 있는 가치와 규범이 그 밑바탕에 깔려 있다.
문화 유지 보존의 차원: 기억과 재현의 차원	주어진 시간을 사는 유한한 인간은 즐겁거나 슬펐던 자신의 과거를 기억하며 재현하면서 삶의 의미를 재확인하는 의식적(ritual) 행위를 한다. 공동체적인 차원에서는 이것이 전통문화의 보존과 재현(축제)으로 나타난다.
자기구현의 차원: 표현과 활동의 차원	사람 사이에서 사물과 사건, 일과 세계에 대해 소통하며 사는 인간은 다른 사람 앞에서 자신의 생각을 표현하며 남의 인정을 받으려 한다. 인간은 이렇게 자기표현과 자기전시 속에서 자기구현을 하며 보람을 찾는다.
학습적 차원: 배움과 전달의 차원	인간은 지식과 정보의 습득, 보존, 전달, 확산을 통해 자신의 문화를 후대에 전수한다.

문화콘텐츠는 기술적 차원, 매체적 차원, 예술적 차원, 합리적 · 기능적 차원, 가치적 · 규범적 차원, 문화 유지 보존의 차원(기억과 재현의 차원), 자기구현의 차원(표현과 활동의 차원), 학습적 차원(배움과 전달의 차원)과 같은 다양한 차원을

두루 관통하기 때문에 수많은 의미와 가치들을 생산한다.

우선적으로, 문화콘텐츠가 주는 가치로 개인적 가치, 문화적 가치, 사회적 가치, 경제적 가치, 예술적 가치, 학습적 가치 등으로 구분해 볼 수 있다. 개인적 가치는 소통의 문화콘텐츠가 한 개인에게 재미, 즐거움, 만족감, 행복감을 주면서 더 나아가 개인의 정체성을 만들도록 돕는 가치를 말한다. 유희와 놀이라는 기능을 포함하여 생각하고 깨우치는 기능적 성격도 가지고 있다.

문화적 가치는 지역, 국가, 민족, 문화권 등 역사적 경험을 공유하는 집단들이 유무형의 유산들은 물론 가치들을 전승하면서 얻게 되는 가치이다. 삶을 살아가는 이유와 목표를 주고 더 나은 삶의 목표를 설정하도록 돕는다.

사회적 가치는 함께 공유하며 공감하는 과정에서 공동체 구성의 역할을 수행하는 가치를 말한다. 문화콘텐츠의 내용과 의미를 여럿이 더불어 공감하면서 사회적 유대감을 형성하는 기능을 말한다.

경제적 가치는 문화콘텐츠를 통해 파생되는 재화적 가치를 말한다. 물질적 토대를 풍성하게 만드는 역할을 한다.

예술적 가치는 생물학적 욕구의 충족을 넘어 심미적 가치를 추구하는 본질적 특성을 통해 아름다움을 추구하는 가운데 얻게 되는 가치를 말한다.

학습적 가치는 문화콘텐츠를 정보와 지식으로서 비교, 분석, 종합, 비판하는 과정을 통해, 이전의 지식의 의미와 가치를 평가하고 더 나아가 새로운 지식과 실천의 배경이 되는 가치를 말한다.

이러한 소통의 문화콘텐츠는 소통의 도구, 목적, 주제, 대상, 공간, 수용 등에 따라 서로 다른 범주들로 분류해 볼 수 있다. 소통의 도구에 따른 분류는 소통이 이루어지는 기술적 방식에 따른 분류를 말한다. 소통의 목적에 따른 분류는 소통이 추구하는 가치에 따른 분류를 말한다. 소통의 주제에 따른 분류는 다루고자 하는 내용이 무엇인가에 의한 분류를 말한다. 그리고 소통의 대상에 따른 분류는 누구를 위한 소통인가에 따른 분류를 말한다. 소통의 공간에 따른 분류는 소통이 펼쳐지는 영역이 어디인가에 따른 분류다. 마지막으로, 소통이 어떻게 수용되느냐에 문화콘텐츠를 분류할 수 있다.

표 3-3 소통의 문화콘텐츠의 분류

분 류	내 용
소통의 도구	문화콘텐츠가 표현되고 전달되는 기술 매체에 따른 분류
소통의 목적	문화콘텐츠가 추구하는 가치 목적에 따른 분류
소통의 주제	문화콘텐츠가 소통으로 다루는 내용의 주제에 따른 분류
소통의 대상	문화콘텐츠가 소통하고자 하는 대상에 따른 분류
소통의 공간	문화콘텐츠가 펼쳐지는 공간 영역에 따른 분류
소통의 수용	문화콘텐츠가 수용되는 방식과 양식에 따른 분류

이와 같이 소통의 문화콘텐츠는 다양한 차원을 가지고 있어서 우리의 현실 속에서 의미와 가치들을 빚어낸다. 이에 문화콘텐츠학의 학문적 체계를 위해서 대상론은 연구 대상으로서 문화콘텐츠를 연구하는 것을 말한다.

소통의 문화콘텐츠학 학문적 체계는 학문과 삶을 연결하는 방식으로 마련되어야 한다. 이를 위해 문화콘텐츠가 우리에게 어떠한 의미가 있고 가치를 줄 수 있는지 탐구해야 한다. 소통의 문화콘텐츠학의 학문적 체계는 이념적인 추상으로 그 체계를 완성하는 것이 아니라 삶으로부터 만들어지고 다시 삶을 위해 구현되는 사유와 실천 속에서 정립되어야 한다.

제 3 절 방법론: 소통현실과 공감의 방법론

방법론은 어떻게 연구할 것인가에 대한 문제를 다루는 것이다. 즉, 소통의 문화콘텐츠학에서 연구 대상인 문화콘텐츠를 어떻게 연구해야 하는가에 대한 논의가 방법론에서 다루어야 할 문제이다.

소통의 문화콘텐츠학의 방법론은 자연과학, 인문과학, 사회과학에서 이루어지는 방법론과는 다른 성격의 방법론이다. 자연과학은 자신의 연구 대상인 자연현실을 가설과 검증을 통해 '설명'한다. 사변이 아닌 경험을 통해 자연현실의 모든 것을 실증적으로 설명할 수 있다고 보고, 학문의 방법론을 검증 가능한 자연현실에 대한

'설명'으로 채택한다. 인문과학은 자신의 연구 대상인 정신현실을 이해하고 해석한다. 인간의 의식에 나타나는 사실은 자연과학과 같이 검증 가능한 영역이 아니기 때문에 실증적으로 설명할 수 있는 영역이 아니라고 본다. 따라서 인문과학은 검증 가능성을 거부하고 설명이 아닌 '이해'를 학문의 방법으로 삼는다. 사회과학은 사회현실을 연구 대상으로 삼아 이미 정해진 전제를 의심하고 '비판'을 한다. 인간이 살고 있는 사회는 이데올로기가 인간을 알게 모르게 억압하고 지배하고 있기 때문에 무의식적으로 받아들이고 있는 이데올로기적 전제를 비판하는 것이 사회과학의 방법론이다(소광희, 1994).

문화콘텐츠학에서 방법론으로 다루는 현실은 자연현실, 정신현실, 사회현실과 다른 소통현실이다. 이 소통현실은 소통의 연관으로 운동하는 공감의 현실이다. 문화콘텐츠를 통한 소통의 현실이 인간과 문화를 구성하고 결정하는 방식을 살피고 더 나은 삶을 기획하는 것에 방법론에 대한 연구의 의의가 있다.

소통의 문화콘텐츠학의 방법론 연구는 문화콘텐츠를 만들고, 변화시키고, 소멸시키는 모든 관련된 요소들을 소통연관으로 다룰 때 가능하다. 소통연관은 문화콘텐츠와 관련된 우리의 생활세계를 소통의 연관구조로 인식하는 새로운 태도를 가지고 세계를 바라보는 것을 말한다. 인간은 일상적인 세계를 소통의 세계로 인식하는 태도를 취할 때 그에 상응하는 경험의 세계가 눈앞에 펼쳐진다. 우리가 소통의 관점과 태도를 취할 때 문화콘텐츠를 포함한 우리의 삶을 소통의 연관으로 탐구할 수 있다(이남인, 2009: 284-285). 문화콘텐츠학의 방법론 연구는 문화콘텐츠가 만들어지고, 유지되며, 확산되고, 소멸되는 모든 과정을 소통의 그물망으로 보고, 이 그물망의 연관을 이루는 모든 관련된 요소들을 적합한 방법들로 다루려는 것이다.

소통의 문화콘텐츠학의 방법론은 넓게 보면 어떻게 소통하고 있는가와 어떻게 소통할 것인가에 대한 문제로 생각해 볼 수 있다. 먼저, 문화콘텐츠를 소통의 현실에서 주고받는 하나의 소통거리라고 보고 그것이 우리의 삶에서 나타나고 운동하는 모습을 분석한다. 문화콘텐츠의 분석론이라고 볼 수 있다.

다음으로는 소통거리로서 문화콘텐츠를 통해 소통에 참여하는 사람들의 경험을 디자인하는 것을 생각해 볼 수 있다. 소통을 위한 문화콘텐츠 생성론이다. 인간이 상호 원활한 소통을 하기 위해서 어떠한 경험을 적절한 방법으로 상대방에게 제공하는 과정이라고 볼 수 있다. 여기에서 문화콘텐츠 생성론은 문화콘텐츠를 물질적으로 만들고, 감성적으로 짓고, 통합적으로 꾸미고, 이상(理想)적으로 그리는 방법이다. 앞서 언급했듯이, 몸, 마음, 정신, 얼을 통합적으로 아우르는 상상력을 통해 소통의 과정과 내용을 마련하는 작업인 것이다. 세부적으로 문화콘텐츠의 기획론, 제작론, 활용론 등 문화콘텐츠를 만들고 향유하기 위한 전체적인 작업이 여기에 해당한다고 볼 수 있다.

학문적 체계를 위한 방법론의 연구는 소통을 통한 구체적인 경험을 해석하고 기획하는 방법의 연구가 되어야 한다. 이를 위해서는 소통의 과정을 인식할 수 있어야 한다. 소통의 과정을 인식할 수 있을 때 그 과정에 따라 요구되는 방법들에 대한 세부적인 논의가 가능하다.

그림 3-1 소통의 과정

소통의 과정은 '막힘없이 통함－거리를 없앰－교감(交感)－신뢰감－친밀감－통합(通合)'으로 구분해서 설명할 수 있다. 우선, 소통은 막힘없이 통하는 것을 바탕으로 대상과 대상 사이의 '거리－없앰'을 한다. 이럴 경우, 서로 다른 대상은 전보다 쉽게 서로 통하며 오고 갈 수 있다. 이 과정을 통해 소통에 참여하는 사람들은 서로 교감을 하게 되고 교감이 지속적으로 이루어지면 신뢰감이 생긴다. 그리고 이러한 신뢰감은 친밀감으로 이어져 궁극적으로 서로 이해하고 인정하고 공감하는 '통합(通合)'을 이룰 수 있다.

사회 공동체의 입장에서 소통은 그저 개인의 욕망으로부터 잡담을 주고받기 위해 정보를 교환하는 것으로 끝나지 않는다. 서로 자유롭게 왕래하며, 이해하고, 공감하면서 개인은 전체를 위해 기여하고 전체는 개인을 위해 배려하는 평화와 공존의 통합(通合)을 소통의 과정에서 이루어낼 수 있다. 따라서 소통의 문화콘텐츠학의 학문적 체계에서 방법론에 대한 연구는 소통의 과정에 대한 인식을 바탕으로 개인과 사회에 접근할 수 있는 실제적이고 실천적인 방법론적 모색이다.

소외와 갈등으로 빚어지는 불통의 현실에서는 몸, 마음, 정신, 얼이 두루 잘 통

(通)하면서 공감하고 어울리는 통합(通合)의 방법론이 요구된다. 그런데 이러한 현실은 제도와 관습과 같은 구조들이 상호 복잡하게 관계를 맺고 작용하는 중첩적인 영역이기도 하다. 인간의 문화를 구성하는 다양한 구조적 체계들은 역사적으로 형성된 산물이면서 동시에 한 문화를 이끌어가는 토대라고도 말할 수 있다. 이런 점에서 소통의 문화콘텐츠학의 방법론에 대한 연구는 통시적이고 공시적인 관점에서 접근해야 한다.

통시적인 관점을 통한 접근은 문화콘텐츠를 전통적인 생활 방식 안에서 형성된 의미와 가치 체계로 보는 방식이다. 그리고 공시적인 관점을 통한 접근은 문화의 혼융을 가능하게 하는 서로 다른 문화들의 영향을 고려하면서 문화콘텐츠에 접근하는 방식이다. 예를 들어 설명하자면, 하나의 문화콘텐츠를 우리가 살아온 전통적인 생활 방식에 따라 하나의 의미 체계로 설명하는 논리와 공시적으로 접촉되고 있는 의미 체계를 설명하는 논리를 구분하여 살펴보는 것이다.

문화콘텐츠는 통시적인 변화와 공시적인 변화에 따라 역동적으로 변화하는 특성을 가지고 있다. 역사적인 흐름과 공간적인 접변에 따라 문화의 패러다임이 변하듯 문화콘텐츠 또한 시간과 공간의 영향 아래에 있다. 이 둘의 변화 과정 속에서 문화콘텐츠의 의미와 가치도 변화한다. 그러므로 소통의 문화콘텐츠학의 방법론 연구는 통시적이고 공시적인 힘과 접촉에 개입하여 문화콘텐츠의 정체성을 이해하고 구성하는 바탕이 된다. 이것은 사회를 하나의 생명과 같은 유기체로 보고 사회의 항상성과 운동성의 유지를 위해서 소통을 중요한 기능의 하나로 보는 관점이다(김영기, 2002: 53).

소통의 문화콘텐츠를 만드는 과정에서는 통시적인 관점과 공시적인 관점이 조화를 이루어 기술적인 표현으로 나타난다. 이미 앞서서 Vilem Flusser(2006)는 기술적인 형상은 철학적인 손과 기술적인 손을 동시에 필요로 한다고 보았다. 여기에는 통시적이고 공시적인 관점을 가능하게 만드는 인문학적 능력과 미디어를 통해 형태적인 표현을 구현하는 기술적인 능력 모두가 기술적 형상으로서 문화콘텐츠에 필요하다는 의미가 담겨 있다.

인간에게 문화콘텐츠가 하나의 의미와 가치가 될 수 있는 것은 이것이 기술미디어에 담기는 일종의 언어미디어(기호, 상징, 코드), 또는 문화미디어(흥, 정, 끼, 한, 얼)이기 때문이다. 현재 우리나라는 지속 가능한 한류의 발전 기반을 조성하기 위해 2012년부터 한국문화유전자 포럼을 열어 한국인의 문화유전자를 발굴하기 위한 시도를 하고 있다. 이것은 새로운 한류 문화의 성공을 이어갈 수 있는 우리의 근본적인 매력들을 찾아보자는 것이다. 우리의 흥, 정, 끼, 한, 얼, 어울림, 열정, 정(情), 예의, 해학 등이 가지고 있는 매력을 기호·상징·코드화해서 기술미디어에 담아 세계와 공유하려는 토대 연구를 시도하고 있는 것이다(주영하 외, 2012: 6-7).[6)]

이와 같이 문화콘텐츠학의 방법론에 대한 연구는 우리의 문화를 형성하고 있는 심층적인 요소들 중에서도 보이지 않게 존재하는 요소들을 발견하여 이것을 소통하고 공감할 수 있도록 가치화하는 능력을 뒷받침한다. 따라서 문화콘텐츠학의 방법론을 연구하기 위해서는 직접적인 삶의 경험으로부터 사유를 시작하여 실천의 가능성을 함께 고려해야 한다.

소통의 문화콘텐츠학의 학문적 체계를 정립하기 위해서는 그 체계의 정당성을 이루는 목적론, 대상론, 방법론에 대한 연구가 반드시 진행되어야 한다. 문화콘텐츠학이 왜 필요하고 어떤 방향으로 나아가야 하는지, 구체적으로 무엇을 다루어야 하는지, 어떤 방법이 필요한지에 대한 문제들이 정리되어야 한다.

소통의 문화콘텐츠학은 문화적 실천과 문화적 어울림을 위한 목적을 가지고 문화콘텐츠를 연구 대상으로 삼는다. 그리고 이러한 연구 대상을 소통연관 속에서 파악하면서 공감의 방법론으로 분석하고 구현하는 것이 연구의 방법이 될 수 있다. 이와 같이 문화콘텐츠를 장르와 매체로 구분하지 않고 하나의 대상으로 인식할 때 통합적인 관점에서 관련된 문제들에 대처할 수 있다. 무조건 문화콘텐츠에서 기술이 중요하고 산업이 중요하고 매체가 중요하다는 전제로 학문적 체계에 대한 문제에 접근하면 적절한 해답을 얻을 수 없다. 문화콘텐츠학은 학문으로서 내재적 가치를 확보하기 위해서 문화콘텐츠를 하나의 대상으로서 고찰하고 필요한 방법을 마

---

6) 2012년 4월 문화체육관광부와 한국국학진흥원이 한길리서치에 의뢰해 한국 문화 관련 대학교수와 연구원 등 전문가 100인을 대상으로 심층 설문조사를 실시하고, 그 결과를 바탕으로 다시 일반인 1,000명을 대상으로 전화 설문조사를 실시한 결과, 전문가들은 2012년 주목할 한국인의 문화유전자로 자연스러움(12.3%), 역동성/열정(12,2), 흥/신명(12.0%) 등을 높게 평가했고, 예의(10.4%), 여유(7.8%), 끈기(6.8%), 어울림/조화(6.1%), 한(4.9%), 공동체 문화(4.7%), 발효/숙성(4.2%) 등이 그 뒤를 이었다. 이에 비해, 일반인들은 예의(20.2%)를 가장 높게 평가했으며, 끈기(17.2%), 공동체 문화(11.2%), 역동성/열정(10.4%), 어울림/조화(8.4%), 흥/신명(7.9%), 한(5.1%), 자연스러움(3.5%), 발효/숙성(2.7%), 여유(1.6%)를 선택했다.

련하여 학문의 이념을 실천할 때 비로소 다른 학문과 변별력을 갖는 학문적 체계로 구현될 수 있다.

제 4 절 소통의 문화콘텐츠학 구조

소통의 문화콘텐츠학의 필요성, 문화콘텐츠가 소통으로 경험되면서 인식되는 과정, 학문적 기반으로서 목적론, 대상론, 방법론을 살펴보았다. 학문적 체계를 정립하기 위해서는 학문의 연구 대상과 방법을 포괄하는 학문 그 자체에 대한 인식과 성찰이 필요하다.

소통의 문화콘텐츠학은 문화콘텐츠가 연구 대상이며 소통연관을 다루는 소통의 방법론으로, 문화콘텐츠와 관련된 문제를 이해하고 문화적 실천을 기획하면서 그에 따라 문화적 어울림을 추구한다. 따라서 구체적인 문화콘텐츠학의 구조는 여기에 맞게 현실적 실천을 위한 체계로 구현되어야 한다. 이제는 학문적 체계의 기반으로 다룬 목적론, 대상론, 방법론을 토대로 학문의 실천을 위한 연구가 필요한 것이다.

기존 문화콘텐츠학에 대한 연구들은 학문적 체계의 기반에 대한 연구가 미흡한 나머지 학문적 토대를 제대로 구축하지 못했다. 대신 학문의 실천을 위한 조건들에 대한 탐색이 학문 연구의 중심을 이뤘다. 그 결과, 학문의 사유와 실천이 하나의 이념으로 통일되지 못하고 다양한 연구들이 하나의 체계로 종합될 수 없었다. 문화콘텐츠학의 학문론이 별도로 필요한 이유가 여기에 있다. 철학 없는 실천은 밑천 없는 재주와 같다. 문화콘텐츠학이 분과학문으로 정립되기 위해서는 학문적 체계에 대한 연구가 관련 내용들을 종합하고 비판하는 것을 넘어서 이념의 제시까지 이루어질 수 있어야 한다. 그래야만 학문의 구조가 학문을 실천하는 구체적이고 현실적인 담론들로 채워질 수 있다.

이제는 소통의 문화콘텐츠학의 학문적 체계의 기반에 관한 연구를 바탕으로 이러한 학문적 체계의 구현을 위한 실천을 모색해야 한다. 소통의 문화콘텐츠학의 실천을 위한 연구의 구조는 넓게 학(學) 연구, 메타 연구, 방법론 연구, 교육 연구, 기반 요소 연구들의 유기적인 관계를 통해 이루어질 수 있을 것이다. 현재 문화콘텐츠학에 대한 관련 연구는 서론에서 분석한 선행연구 동향에서 확인할 수 있듯이 학문 영역과 분야에 대한 연구, 이념과 지향에 대한 연구, 유형과 현황에 대한 연구, 개념에 대한 연구, 기획·제작·활용·분석·세계화의 방법에 대한 연구, 그리고 교육에 대한 연구로 크게 구분될 수 있다. 이를 소통의 문화콘텐츠학 이념과 방향에 맞춰 그 체계의 구조를 다음의 [그림 3-2]와 같이 재구성해 보았다.

그림 3-2 소통의 문화콘텐츠학 학문체계의 구조

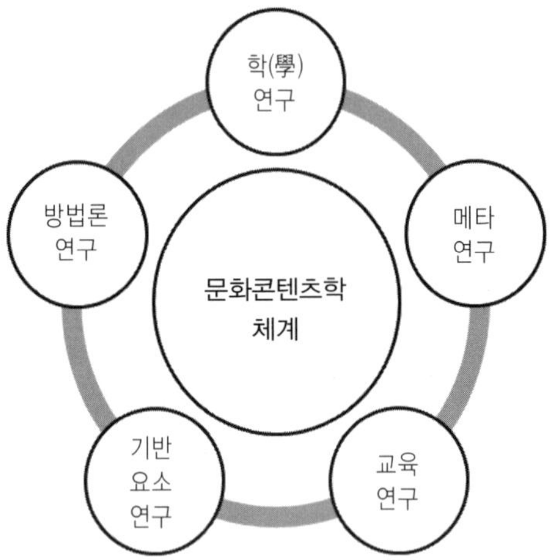

지금까지 문화콘텐츠학의 연구 분야들에 대한 논의는 실천적인 방법을 모색하는 방향에서 접근이 이루어지지 못했다. 대신 문화콘텐츠학에 필요한 조건들이 무엇인지를 확인하고 그러한 조건에 맞게 분류를 어떻게 설정하고 구분할 수 있는지에 대해서 더욱 중요하게 생각했다. 문화콘텐츠학에 필요한 연구 분야를 이론, 정책, 제도, 분석, 기획, 기술, 경제, 경영 등으로 구분하여 이것을 다양한 방식으로 조합하는 가운데, 필요한 내용을 각 영역이 분할하여 담당하는 방식으로 접근했던 것이다(박상천, 2007: 77-80).

그러나 기존 개별 학문들을 문화콘텐츠학의 학문적 체계로 그대로 가져오는 방식으로는 하나의 학문이 제대로 정립될 수 없다. 왜냐하면, 이러한 방식은 관련 연구들이 유기적인 관계 속에서 심화되지 못하는 치명적인 문제를 갖기 때문이다. 기술적, 기능적인 필요에 의해 가져온 각각의 학문 지식들은 문화콘텐츠의 의미와 가치의 총체성과 맥락성을 담보하지 못한다.

학문의 체계가 구축되면서 그 체계에 맞게 다른 개별 학문들의 지식과 방법이 학문의 이념에 맞게 통합되어야 한다. 이미 존재하는 다양한 개별 학문의 지식들은 소통의 문화콘텐츠학에서 메타 연구, 학(學) 연구, 방법론(기획, 제작, 활용, 분석) 연구, 교육 연구, 기반 요소 연구 각각의 목적과 기능에 맞게 통합될 수 있다.

소통의 문화콘텐츠학은 다음의 <표 3-4>와 같이 각각의 연구 분류와 관련 범주들로 구성될 수 있다.

표 3-4 소통의 문화콘텐츠학의 연구 분류와 범주

연구 분류		연구 범주
메타 연구		문화콘텐츠학, 기획, 제작, 활용, 분석을 포함한 방법론, 교육 및 기타 기반 요소에 관한 메타 연구
학(學) 연구		학문의 이념과 방향, 학문 주체, 학문 대상, 학문 연구 방법, 학문 체계의 구조, 범주, 연구 영역 설정 등 '학'의 요소와 조건 등에 대한 연구
기반 요소 연구		문화콘텐츠 관련 기술, 제도, 정책, 산업, 경영 등에 대한 제언
방법론 연구	기 획	문화콘텐츠 기획을 위한 문화적 토대 확인, 소재 발굴과 연출 등에 관한 연구
	제 작	문화콘텐츠 실제적 제작을 위한 내용구성과 표현기술 등에 관한 연구
	활 용	문화콘텐츠 보존, 유통, 확산 등에 관한 연구
	분 석	문화콘텐츠와 관련된 모든 소통연관에 대한 종합, 비판 및 대안적 연구
교육 연구		학문체계의 구현과 실천을 위한 문화콘텐츠학 교육의 방향, 교육모델 및 프로그램 개발과 적용에 관한 연구

소통의 문화콘텐츠학에 대한 연구가 '학(學) 연구'에 해당한다. 여기에서는 학문의 이념과 방향, 학문 주체, 학문 대상, 학문 연구 방법, 학문 체계의 구조와 범주, 연구 영역 설정 등 '학'의 요소와 조건 등에 대한 연구를 진행한다. 이러한 연구를 통해 학문의 목적, 대상, 방법들의 당위성에 대한 논의가 이루어지고, 학문적 체계에 필요한 연구 영역들을 확인하고, 학문에 대한 요소와 조건들을 파악한다.

학문의 이념이 마련되고 체계의 기반에 대한 연구가 진행되면 본격적으로 학문의 실천을 위한 연구가 가능하다. 그런데 소통의 문화콘텐츠학은 삶의 관계를 통해

학문적 실천을 모색해야 하는데 이것은 앞서 이루어진 문화콘텐츠학의 목적론, 대상론, 방법론에서 단초를 마련할 수 있다.

문화콘텐츠학이 현실과 보다 구체적으로 만나는 연구 영역은 방법론 연구, 교육 연구, 기반 요소 연구라고 볼 수 있다. 특히, 기획, 제작, 활용, 분석에 대한 방법론 연구는 현실에 괴리될 수 없는 영역이다. 연구자들은 소통의 문화콘텐츠의 기획, 제작, 활용, 분석을 위해 삶의 현실을 먼저 확인하고 여기에 필요한 지식들을 강구한다.

먼저, 기획을 통해서는 소통의 문화콘텐츠를 만들기 위한 문화적 토대를 확인하고 필요한 소재를 발굴한다. 누구에게, 무엇을, 왜 소통할 것인지에 대한 물음을 통해 다양한 탐구를 진행한다.

제작의 과정에서는 실제적인 제작을 위해 내용구성과 표현기술을 검토한다. 어떻게 표현하고 전달할 것인가에 대한 물음과 탐구가 진행된다.

활용을 위해서는 문화콘텐츠의 보존 및 확산 등을 연구한다. 문화콘텐츠가 때와 장소에 맞는 의미와 가치를 확보할 수 있도록 관련 방법들을 확인한다.

분석을 위해서는 문화콘텐츠와 관련된 모든 소통연관을 고찰하면서 관련된 내용을 종합 및 비판하고 더 나아가 삶을 위한 새로운 대안들을 제시해 본다. 구체적으로 소통에 참여하는 주체인 '소통하미', 소통을 이루는 맥락적 상황으로서 '소통상황', 소통의 과정에서 내용을 매개하는 '소통매체', 소통의 목적에 해당하는 '소통주제'들이 이루는 소통의 배경, 얼개, 방향 등을 파악해 본다.

이외에도 문화콘텐츠와 관련된 기반 요소들을 위한 연구도 진행한다. 관련 기술, 제도, 정책, 산업, 경영 등을 살펴보고 유관 단체 및 기관에 필요한 제언을 한다.

그리고 교육 현장에서 문화콘텐츠학 학문체계를 구현하고 실천하기 위해서 문화콘텐츠학 교육의 방향, 교육모델 및 프로그램 개발과 적용에 관한 연구도 실시한다.

그리고 소통의 문화콘텐츠학 체계를 이루는 각각의 연구들은 그 분야에 맞는 개념과 방법을 끊임없이 현실에 맞게 수정하고 보완하기 위해서 메타 연구를 진행한다. 이 과정에서 다양한 이념을 비교하고 방법들이 비판적으로 종합되면서 발전하게 된다. 단, 메타 연구에서 중요한 것은 학문이 사변적으로 나아가는 흐름을 경계해야 한다는 것이다.

이처럼 소통의 문화콘텐츠학 구조에 대한 연구의 의의는, 문화콘텐츠학의 학문적 기반에 대한 연구(목적론, 대상론, 방법론)를 바탕으로, 학문의 구체적인 실천을 위한 연구를 진행하면서 학문의 구조를 확장하고 완성해 가는 것에 있다.

'학'에 대한 연구는 학에 대한 성찰을 기본적으로 내포한다. 이러한 점에서 문화콘텐츠학에 대한 관심이 경제적 논리를 차용해 필요한 연구 분야들을 확인하고, 학문의 당위성을 구축하려는 암묵적인 동의로 점철되었던 것은 아닌지 되짚어 볼 필요가 있다. 뿐만 아니라 성찰을 넘어서는 구체적인 대응으로, 문화콘텐츠학이 무엇인지, 왜 필요한 것인지, 무엇을 어떻게 다루어야 되는지에 대한 본질적인 논의로 문화콘텐츠학에 대한 연구를 시작할 필요가 있다.

참고문헌

구연상(2004). 『매체 정보란 무엇인가』. 경기: 살림.

______(2008). 『글쓰기의 목적과 사무침』. 철학과 문화, 17.

김민선(2009). 『인간 커뮤니케이션 비서구적 관점』. 범기수 · 박기순 · 우지수 역. 서울: 커뮤니케이션북스(원저 2002 출간).

김상헌(2012). 데이터, 정보, 지식, 콘텐츠. 『인문콘텐츠』, 27: 212-213.

김영기(2002). 『The Contents』. 서울: 이디자인.

박상천(2007). 문화콘텐츠학의 학문 영역과 연구 분야 설정에 관한 연구. 『인문콘텐츠』, 10: 77-80.

박이문(2010). 『둥지의 철학』. 서울: 생각의 나무.

박치완 외(2009). 『글로컬문화콘텐츠 어떻게 그리고 왜』. 서울: 한국외국어대학교 출판부.

______(2011). 『문화콘텐츠와 문화코드』. 서울: 한국외국어대학교 출판부.

소광희(1994). 『현대의 학문 체계』. 서울: 민음사.

이건호 · 최윤정(2013). 『커뮤니케이션과 사회』. 서울: 이화출판.

이기상(2008). 『우리말 철학사전』. 서울: 지식산업사.

______(2008). 지구촌 시대와 한국인의 문화 가치: 한국 문화콘텐츠의 지구화 가능성 모색. 『글로벌문화콘텐츠』, 창간호: 223-227.

______(2010). 영상문화시대와 통합(通合)적 상상력. 『기호학연구』, 27: 369-370.

______(2011). 문화콘텐츠학의 이념과 방향: 소통과 공감의 학. 『인문콘텐츠』, 23: 30-31.

이남인(2009). 인문학과 자연과학은 어떻게 만날 수 있는가? 통섭 개념에 대한 비판을 토대로 삼아. 『철학연구』, 87: 284-285.

이상훈 · 김요한(2013). 『커뮤니케이션의 이해와 활용』. 서울: 삼인.

임대근(2012). 문화 · 환경 · 기술: 의미작용과 지식생산의 재구성. 『문화+콘텐츠』, 창간호: 18-23.

조동일(1997). 『인문학문의 사명』. 서울: 서울대학교 출판부.

조맹기(2009). 『현대 커뮤니케이션 사상사』. 경기: 나남.

주영하 외(2012). 『한국인의 문화유전자』. 서울: 아모르문디.

최봉영(2000). 21세기와 문화 디자인. 『문화와 사람』, 2: 44-46.

______(2012). 『한국인에게 나는 누구인가』. 경기: 지식산업사.

홍성태(2005). 『지식사회 비판』. 서울: 문화과학사.

Baldwin, Elaine(2008). 『문화코드, 어떻게 읽을 것인가』. 조애리 · 강문순 · 김진옥 역. 경기: 한울아카데미(원저 2000 출간).

Carr, Nicholas(2011). 『생각하지 않는 사람들』. 최지향 역. 서울: 청림출판(원저 2010 출간).

experience design(출판연도 미상). http://www.nathan.com/thoughts/unified/3.html에서 2013년 10월 18일 검색.

Fiske, John(2001). 『커뮤니케이션학이란 무엇인가』. 강태완 · 김선남 역. 서울: 커뮤니케이션북스(원저 1990 출간).

Flusser, Vilem(2006). 『코무니콜로기』. 김성재 역. 서울: 커뮤니케이션북스(원저 1996 출간).

Griffin, Em(2009). 『커뮤니케이션 이론』. 김동윤 · 오소현 역. 서울: 커뮤니케이션북스(원저 2002 출간).

Kubler, Hans-Dieter(2008). 『지식사회의 신화: 정보, 미디어와 지식의 사회변동』. 이남복 역. 경기: 한울(원저 2005 출간).

Rifkin, Jeremy(2010). 『공감의 시대』. 이경남 역. 서울: 민음사(원저 2010 출간).

Shedroff, Nathan(2001). *Experience Design*. Indianapolis: NewRiders-Publishing.

제 4 장 커뮤니케이션학을 넘어 글로벌 소통학으로: 동서 문화맥락 속의 소통에 대한 이해를 바탕으로 한 통합적 연구의 필요성

이 기 상

제 1 절 뉴미디어가 여는 새로운 소통의 지평

1 뉴미디어 시대의 화두는 단연 소통

요즘처럼 '소통'이 온갖 분야에서 모든 사람들의 입에 오르내리던 시대는 일찍이 없었다. 정치인들은 소통이 가장 중요하다고 호들갑을 떨고 교육계에서도 소통 중심의 교육을 펼쳐야 한다고 아우성이다. 예술 분야에서도 소통이 예술의 생명이라고 강조하고, 가족 간의 소통 부족으로 인해 자살률이 높다고 진단된다. 마치 우리가 사는 지구촌 시대의 시대정신이 소통이 된 듯한 느낌이다. 싸이의 '강남 스타일'이 2014년 11월 유투브 20억의 조회건수를 기록해 이 분야 세계 최고를 경신하였다고 언론매체에서는 전한다. 소통도 양적인 조회수로 통계 내어 순위를 매기기까지 하는 지경에 이르렀다. 정치, 경제, 사회, 문화, 교육, 예술 어느 분야건 소통을 기치로 내세우며 소통이 없다면 아무런 의미가 없다고 외친다.

시간을 조금 거슬러 올라가 볼 때, 50년 전만 해도 '커뮤니케이션(communication)', 또는 '소통'이 지금처럼 온 국민의 입에 오르내리지 않았다. 그렇다면 소통이 이렇게 많은 사람의 관심을 끌게 된 배경이 우리의 시대적 상황과 무관하지는 않다는 이야기다. 오히려 그 반대로 시대의 변화와 밀접하게 연결되어 있음을 입증하고 있다. 얼마 전까지만 해도 경제성장, 진보, 발전, 부의 분배, 인권, 환경오염, 생태계 파괴 등등이 우리들의 초미의 관심사들이었다. 그런데 20세기 말을 지나 21세기가 되면서 소통, 공감, 배려, 공존, 공생, 상생 등이 학자들뿐 아니라 일반시민들의 관심도 끌기 시작했다. 이것은 분명 시대 배경과 연관이 있다. 여기에는 첨단미디어의 역할이 큰 몫을 한 것도 사실이다.

2014년 10월 27일 미래창조과학부가 발표한 "9월 무선통신 가입자 통계"에 따르면, 올해 9월 말 기준 스마트폰 가입자는 4,005만 6,935명으로 집계됐다고 한다. 전체 국민의 약 80%가 스마트폰을 이용한다는 이야기다. 인터넷 강국의 면모를 뉴미디어에서도 구현하고 있는 셈이다. 정보의 소통이 삶의 곳곳에서 실시간으로 이루어져 우리는 이 땅에서 일어나는 사건뿐만 아니라, 지구촌 구석구석에서 벌어지는 사건들까지 생생하게 손안의 기기 안에서 받아볼 수 있게 되었다. 우리는 이제 지구촌의 사람들과 사건들, 조직들과 정책들에 대해서도 소통하며 의견들을 표명할 수 있게 되었다.

정보가 빛의 속도로 전 세계를 누비면서 각자의 손안으로 배달되며 많은 사람들이 인터넷과 다양한 소셜 네트워크 서비스(SNS)로 정보를 공유하고 의견을 전하고 행동을 취하는 뉴미디어 시대의 핵심화두는 단연 소통이다. 디지털 기술로 인해 기계 간의 대화가 가능해지고 인간과 다양한 기계 사이의 소통이 이루어졌다. 여기에서 한 단계 더 나아가 이제는 사물-기계-인간 사이의 인터페이스가 가능해져 사물과 인간의 정보교류가 전개되고 있는 실정이다. 소위 "사물 인터넷"시대가 열리고 있다.

이렇게 예전에는 도저히 상상할 수 없었던 사물-기계-사람 사이의 소통이 가능해진 첨단 매체의 시대에 인간 사이의 소통은 어떠한가? 뉴미디어의 등장으로 인해 인간의 소통 방식도 완전히 바뀌었다. 이제 오늘을 사는 미디어 존재로서의 인간에게는 새로운 미디어에 얼마나 빨리 적응하는가가 관건이다. 적응하지 못하는 사람은 우리 시대의 "원시인"으로 따돌림을 받을 수밖에 없다. 이에 따라 인간의 관계 방식에도 커다란 변화가 일어나고 있다. 이제 세대 간의 차이보다 무서운 것이 미디어가 만들어내는 간격과 격차다. 이제 미디어는 인간의 삶의 모습과 형태를 규정짓는 인간조건(conditio humana)이 되었다.

현대에서 인간조건을 구성하고 있는 가장 중요한 것은 이제 기술에 의한 매체[미디어]의 혁명과 그것과 더불어 함께 변화하고 있는 사회적 실천, 즉 커뮤니케이션이다. 소통의 문제가 대두하게 된 현대 사회의 또 다른 배경은 정보화다. 쏟아지는 정보의 홍수와 과도한 정보유출, 그로 인한 정치적·경제적 갈등과 충돌이 큰 문제들을 일으키고 있다. 한쪽에서는 정보를 통제하고 관리하는 사람들이 생겨나는가 하면, 다른 쪽에서는 정보 획득을 민주화의 과정으로 여기고 목숨 건 투쟁을 한다. 정보화 시대는 정보를 어떻게 잘 활용하느냐가 개인은 물론 조직, 국가의 위상과 경제적 가치창출에 중요한 역할을 한다.

2 소통(커뮤니케이션) 현상에 대한 연구의 필요성

우리 시대의 화두로 떠오른 소통(커뮤니케이션) 현상에 대한 본격적인 연구가 필요한 때다. 이런 시대적 필요에 부응해서 '커뮤니케이션학(communication science)'이 등장하여 많은 사람들의 호응을 받고 있다. 그런데 커뮤니케이션학 태동의 역사를 살펴보면 그것이 시대적 문화적 산물임을 알 수 있고, 그래서 그 태생의 한계를 지니고 있음을 확인할 수 있다. 첫째, 수사학을 시조로 삼고 있는 커뮤니케이션학은 서구적 문화유산이다. 둘째, 커뮤니케이션학은 언어적 커뮤니케이션을 바탕으로 삼아 전개되어 왔다. 셋째, 커뮤니케이션학은 주로 인간 커뮤니케이션에 초점을 맞추고 있다.

이러한 문제점을 깨달은 몇몇 커뮤니케이션학자들은 시야를 넓혀 커뮤니케이션 현상에 대해 폭넓게 통합적으로 접근하는 새로운 연구가 필요하다고 지적한다. 미국에서 태동한 커뮤니케이션학은 유럽적인 문화적 유산을 넘겨받긴 했지만 실용적인 차원에서 매우 미국적이다. 인간 커뮤니케이션에 대해 현상학적이고 구조론적인 접근을 시도한 유럽학자들의 이론적인 연구들은 이들의 관심을 끌지 못한다.[1] 더욱이 다른 문화권에서 펼쳐져왔고 지금도 독특하게 펼쳐지고 있는 소통(커

1) 예컨대, 빌렘 플루서는 자신의 현상학적 소통 연구를 '코무니콜로기(Kommunikologie)'라고 이름한다. 빌렘 플루서, 『코무니콜로기. 코드를 통해 본 커뮤니케이션의 역사와 이론 및 철학』, 김성

뮤니케이션)에는 전혀 주목하지 않고 있다. 다른 문화권의 소통에 조금만 눈을 돌리면 거기에서 전개되는 소통은 일방적으로 언어 중심적이지 않다는 것을 알게 될 것이다. 그리고 언어 중심적이지 않다 보니까, 또한 인간 중심적이지 않음도 눈에 띈다. 그러한 소통에는 자연과의 소통, 동·식물과의 소통, 신과의 소통도 포함된다.

이미 미국에서도 커뮤니케이션을 언어적 커뮤니케이션을 넘어서 인간의 다양한 소통 방식과 연관시켜 연구하는 학자들이 많다. "커뮤니케이션은 우리의 욕구와 목적을 충족시키는 기본적인 수단이다. 우리는 커뮤니케이션을 통해 정보나 생각, 혹은 감정을 나누고, 서로에게 영향력을 행사하며, 활동을 조직하고, 인간관계를 형성하며, 필요한 상품과 서비스를 획득하고, 자기표현과 오락을 즐기며, 문명사회의 기반이 되는 문화를 창조하고 유지한다."[2] 이제 커뮤니케이션학이 인간 커뮤니케이션 전반에 걸쳐 포괄적이고 통합적으로 연구돼야 한다는 주장이 학자들 사이에서 제기되고 있다. 커뮤니케이션학은 외연을 넓히고 내용을 심화시켜 새롭게 연구 영역과 연구 방법을 개발해내야 할 것이다. 커뮤니케이션 현상과 구조, 인간 커뮤니케이션의 본질과 과정, 그리고 영향과 효과, 미디어와 커뮤니케이션의 상관관계에 대한 포괄적이고 체계적인 연구가 필요한 시점이다.

글로벌 시대에 커뮤니케이션학은 미국 중심의 편향된 시각에서 벗어나 커뮤니케이션(소통)의 본질과 구조와, 다양한 문화권의 다양한 커뮤니케이션(소통) 방식에도 관심을 갖는 '글로벌 소통학'으로 탈바꿈해야 한다. 여기에서는 그 이유를 밝히기 위해서 먼저, 문화적 맥락에 따라 소통(커뮤니케이션)의 방식이 다름을 살펴본다. 합리적 의사소통을 강조하는 커뮤니케이션 방식은 서구적 문화유산의 산물로서 지구촌 전체를 놓고 볼 때 일부분임을 확인할 수 있다. 그래서 글로벌 시대에 걸맞는 '소통(커뮤니케이션)'을 지칭하는 개념으로 '커뮤니케이션'이 적당하지 않다.[3] 이 글에서 필자는 서양 낱말의 우리말 표기인 '커뮤니케이션' 대신에 '소통'이라는 개념을 제안하고, 학문 이름도 '소통학'으로 부를 것을 제안한다. 그 다음, 서구의 '커뮤니케이션'의 의미를 어원과 일상적 사용, 학문적 개념에서 고찰한다. 그

재 옮김, 커뮤니케이션북스, 2006.

2) 마이클 듀스·메리 브라운, 『플라톤의 그림자. 인간 커뮤니케이션의 역사』, 여은호·박경우 옮김, 커뮤니케이션북스, 2012, p. 1.

3) 최근 한국인의 독특한 소통 현상과 방식에 대한 연구서가 출간되었다. 한정선, 『소통·진정성이 진정성을 만날 때』, 커뮤니케이션북스, 2013.

리고 그것이 지금 어떤 인간관 아래에서 어떤 의미로 사용되며 받아들여지는지를 살펴본다. 그 다음, '커뮤니케이션학(communication science)'이 어떤 역사적 배경 속에 태어나 오늘에까지 이르렀는지를 간략하게 고찰한다. 끝으로, 우리는 어떤 인간관 아래에서 소통을 이해해왔고, 우리가 알고 있는 소통의 경험은 어떤 것인지 기술해본다.

제 2 절 문화적 맥락과 커뮤니케이션(소통)

1 문화에 따른 소통 방식의 차이

우리는 우리 시대의 큰 화두가 되어버린 커뮤니케이션, 또는 소통이 문화적 배경에 따라 다른 의미의 폭을 가지고 있음에 주목해야 한다. 이제 많은 학자들이 지금의 커뮤니케이션 연구[커뮤니케이션학이나 커뮤니케이션이론]가 미국 또는 유럽의 문화적 가치에서 비롯되는 편향적인 관점에서 기술되고 정립되고 있음을 비판적으로 지적하고 있다.

미국의 커뮤니케이션학 교수인 김민선(2009)은 그의 저서에서[4] 커뮤니케이션 연구에 어떤 자아모형을 핵심모델로 삼는지가 중요하다고 강조한다. 그는 미국 내지는 유럽의 연구가 '독립적 자아모형'을 전제로 삼아 모든 연구를 진행해나가기에 보편적일 수가 없다고 지적한다. 집단주의적 생활방식에 익숙한 문화권의 사람들은 '상호의존적 자아모형'에 익숙해져 있는데, 유럽 이외의 대부분의 문화권이 여기에 해당된다고 할 수 있다. 그러니 보편적인 커뮤니케이션 방식과 유형을 연구하려면 상호의존적 자아모형에 관심을 두고 보완을 해나가야 할 것이다.

여기서 우리는 개인주의적 문화권과 집단주의적 문화권에서의 커뮤니케이션, 또는 소통의 방식이 매우 다름에 주목해야 한다. 서양의 커뮤니케이션이 주로 언어

---

4) 김민선, 『인간 커뮤니케이션, 비서구적 관점』, 범기수 · 박기순 · 우지수 옮김, 커뮤니케이션북스, 2009.

적 커뮤니케이션에 초점을 맞추기에 '커뮤니케이션'을 '의사소통'이라고 번역하고 있는 실정이다. 그런데 동아시아 문화권만 해도 '소통'이라고 할 경우 '의사소통'만을 생각하지 않는다. 오히려 우리는 오히려 말[언어]에만 의존하는 의사소통에 큰 신뢰를 두지 않는다.

세계에 관한 의사소통에서마저도 말[언어]이 부적합하다는 것은 이미 오래 전에 영국의 경험주의 철학자 존 로크(John Locke, 1632~1704)가 지적했다. "의사소통에서 언어의 주요목적은 서로 이해한다는 것이기 때문에, 말은 이러한 목적에 적합한 것이 아니다." 이러한 말[언어]의 부적합성을 해결하기 위해 비엔나 학파의 오토 노이라트(Otto Neurath, 1882~1945)는 그림언어를 제창하고 나섰다. 그는 "말은 분리시키고 그림은 결합시킨다."고 주장한다. 최근에 와서는 메러비안(Albert Merhrabian)이 인간적인 커뮤니케이션에서 말의 내용이나 어휘가 차지하는 비중은 7%밖에 안된다는 연구결과를 발표했다. 대화에서 중요한 것은 시각적 요소(55%)와 청각적 요소(38%)와 같은 비언어적 요인임을 밝혀냈다.

그런데 이것은 동아시아 전통에서는 전혀 새로운 것이 아니다. 노자『도덕경』의 첫머리는 이러한 경향을 분명하게 표현하고 있다. "道可道非常道 名可名非常名", "말할 수 있는 도(道, 진리)는 늘 그러한 도(道, 진리)가 아니다. 이름할 수 있는 이름은 늘 그러한 이름이 아니다." 공자 역시 같은 전통의 맥에 서 있다. "子曰 書不盡言 言不盡意…" "공자께서 말씀하셨다. 글로는 말을 다하지 못하고 말로는 뜻을 다하지 못한다…",[5] 동아시아 문화의 큰 맥을 이루는 불교의 '불립문자(不立文字)' 전통도 비슷한 맥락에 놓여 있다. "문자로는 세울 수 없다." 다시 말해, 진정한 깊은 진리는 말이나 글을 써서 전할 수 없다. 즉, 인간이 온갖 노력과 정진을 통해 깨달은 진리나 생각은 언어를 통해 표출하면 원래의 모습을 훼손시킬 수밖에 없기 때문에 문자를 매개로 해서는 온전히 전달될 수 없다는 말이다. 그래서 불가(佛家)에서는 부처의 이치를 전하는 방식은 말이나 글이 아니고, 마음에서 마음으로 전하는 이심전심(以心傳心)이 최상의 방법이라고 가르친다.

이런 동아시아적 소통의 문화코드를 잘 드러내고 있는 관용어로서 역지사지(易地思之)가 있다. 역지사지(易地思之)는 "처지(處地)를 서로 바꾸어 생각한다."란 뜻

5) 성백효, 『주역전의 하』, 전통문화연구회, 1998, p. 563.

으로, "상대방(相對方)의 처지(處地)에서 생각해본다."를 의미한다. 자기중심적 시각을 버리고 상대방의 처지와 관점에서 사태를 바라보며 상황을 이해해보라는 격언이다. 여기에서는 우선 말로 표현되지도 않고 표현될 수도 없는 상황과 처지를 보고 사태를 파악하라는 메시지가 담겨 있다. 그리고 자기중심적 관점과 판단이 단지 나 개인의 시각일 뿐이라는 것을 잊지 말라는 권고도 깔려 있다. 이렇게 상황과 처지를 감안한 소통과 교류는 자기중심적인 개인주의적 커뮤니케이션과는 근본적으로 다를 수밖에 없을 것이다. 이런 차이에 주목한 인류학자 에드워드 홀(Edward Hall, 1914~2009)은 고맥락 사회와 저맥락 사회에서의 소통 방식에 큰 차이가 있음을 지적한다.[6]

2 저맥락 사회 대 고맥락 사회, 직설적 의사소통 대 정황적 소통

저맥락 문화에서는 의사소통이 주로 표현된 내용(대화, 담론, 글)에 의해 이루어지고 이러한 표현은 직설적이다. 그런데 고맥락 문화에서는 의사소통에만 머무르지 않고 그 정황을 염두에 두고 표현된 내용으로부터 상대방의 진의를 유추해내는 것을 중요하게 여긴다. 다시 말해, 저맥락 문화에서는 생각하는 것을 말로 그대로 표현하기 때문에 맥락 또는 상황이 덜 중요한 반면, 고맥락 문화에서는 말보다는 말을 하는 맥락 또는 상황을 중요하게 여겨 상대방의 뜻을 미루어 짐작해야 할 필요성이 더 커지는 셈이다.

고맥락 문화권에서 성장한 사람들은 저맥락 문화권에서 성장한 사람들보다도 타인에게 많은 것을 기대한다. 고맥락성의 사람들은 자기 마음속에 있는 이야기를 할 때 상대방이 자신이 하려는 말을 이미 알고 있다고 믿기 때문에 구체적으로 이야기할 필요가 없다고 여긴다. 그러므로 그는 핵심을 건드리지 않고 돌려서 이야기하게 되며 핵심을 집어내는 일은 듣는 사람의 몫이 된다. 말하는 사람이 핵심을 일러주는 것은 듣는 사람의 인격에 대한 모욕이자 침범으로 간주된다.[7]

고맥락 문화권인 한국에서 의례적인 사양이나 인사 치렛말을 말 그대로 받아들

6) 에드워드 홀, 『문화를 넘어서』, 최효선 옮김, 한길사, 2000.
7) 위의 책, p. 170.

였다간 원만한 인간관계를 유지하기 힘들다. 한국 사람들과의 관계에서는 상대방이 말로 표현을 어떻게 하건 눈치로 맥락을 읽어 내어 그 사람의 의중을 판단해내는 것이 매우 중요하다. 최상진(2000)은 눈치를 "상대와의 접촉경험과 상대가 처한 상황 등을 종합적으로 검토하여 상대가 원하는 것을 미루어 추론해내는 활동과 기술"로 정의하고 있다. "절에 가도 눈치가 있으면 새우젓을 얻어먹는다."는 속담은 바로 이러한 눈치의 핵심을 찌르는 것이다.[8)]

오늘을 사는 우리 문화와 같이 복잡한 문화에서는 수천까지는 아니더라도 수백 가지의 상이한 정황적 틀이 존재한다. 이러한 틀을 구성하는 것으로는 정황언어, 물질적 부속물, 정황적 인격, 행동의 패턴 등이 있으며, 그것들은 인지된 배경에서 특정한 정황에 맞추어 적절하게 이루어지는 것들이다. 평상적인 배경과 정황에는 인사, 일, 식사, 매매, 다툼, 지배, 연애, 통학, 요리, 접대, 여가 등등의 행위가 있다. 정황적 틀이란 하나의 완결된 틀거리로서 분석하고, 가르치고, 전파하고, 후대에 물려줄 수 있는 실행가능한 문화적 최소 단위이다. 이 틀은 언어적 · 동작적 · 근접공간적(proxemic) · 시간적 · 사회적 · 물질적 · 인격적 요소를 비롯하여 여러 요소를 내포하고 있다.

정황적 틀은 적절히 사용하면 상당히 높은 맥락도를 지니게 된다. 정황적 틀을 이용하면 일이 수월해지고 단순화되며 상대방이 이미 알고 있는 것을 이용할 수가 있다. 그러나 적합한 맥락을 지니도록 정확한 표현을 구사하지 않으면 안된다. 왜냐하면, 정황언어를 구사하는 것을 보면 그 사람이 내부인(insider)인지 외부인(outsider)인지, 따라서 그 체계가 기능하는 방식을 아는지 모르는지 단번에 알 수 있기 때문이다.

어떤 의미에서 대화에서의 정황적 행동이라는 개념은 새로운 것이 아니다. 소크라테스(Socrates)에서 제러미 리프킨(Jeremy Rifkin)에 이르기까지 위대한 학자들은 사람들과 대화할 때 상대의 언어를 사용할 것을 강조했다. 그러나 상대의 언어로 이야기해야 할 뿐만 아니라 그들이 익숙하고 편안하게 느끼며 그때의 소통에 적합한 정황에서 이야기할 필요가 있다. 말은 쉽고 행동은 어렵다고 하지만, 사람들을 불편하게 만드는 것이 말하는 사람의 특별한 의도 때문이라기보다는 정황에

---

8) 최상진, <제3장 눈치>, 『한국인 심리학』, 중앙대출판부, 2000, p. 195 이하.

부적절한 언어사용의 결과일 수도 있다.

에드워드 홀(Edward Hall, 2000)은 "정황언어를 사용하는 것은 커뮤니케이션에 대한 커뮤니케이션이다."라고 말한다.9)

한국에서의 비즈니스를 안내하며 설명하는 독일의 안내서에 한국인의 특성으로 "한국인은 영어를 몰라도 아는 척한다."고 소개되어 있다고 한다. 이에 대해 심리학자 최상진(2003)은 다음과 같이 그 정황적 배경을 설명한다. 독일인의 입장에서 그런 행동을 위선적 행동, 자기과시적 행동, 또는 체면지향적으로 받아들일지 모르나, 그러한 행동은 의례적 행동 또는 의례성을 띤 한국인의 사회적 행동으로 해석하는 것이 보다 타당하다. 서양인의 경우에는 외국인의 말을 이해하지 못할 때 다시 묻는 것이 어렵지 않다. 그러나 한국인의 대화심리 인지 도식에서는 별로 중요하지 않은 사안에 대해 구태여 다시 묻는 일 자체가 '상대에 대한 배려를 하지 않는다'는 숨은 메시지를 함유한다. 그래서 모르는 말도 이해하는 척하고, 또한 상대도 이러한 행동의 이면 메시지를 이해하고 긍정적으로 받아들인다. 눈치에 맞춘 정황적 대처가 직설적인 표현을 고집하는 독일인에게는 아는 척하는 기만적 태도로 비춘 것이다.10)

서구 세계에서는 인간의 정황적 욕구를 억압하고 제대로 인식하지 못했기 때문에, 이것이 삶의 방식, 삶에 부여하는 의미, 인격의 발달을 암암리에 왜곡시키는 결과를 초래했다. 예컨대, 인간의 기본적인 원형적 정황의 배후에 있는 성적 충동을 예로 들어보자. 성을 억압하지 않았더라면 프로이트(S. Freud)의 이론을 태동시킨 이상행동은 발생하지 않았을 것이다. 오늘날에는 정반대로 방향을 돌려서 성(性), 즉 섹시함은 더 이상 정황적인 것에 머물지 않고, 대통령의 이미지 포장에서 자동차 판매에 이르기까지 모든 것에 이용되고 있다.

낯선 사람과 만나는 과정에서 상대방의 비언어 코드를 알게 되면 불안감과 불확실성이 부분적으로 감소된다. 비언어 행위에 대한 적응은 효율적인 메시지 해석을 위한 중요한 요소가 된다. 비언어 행위 중 적응하기 어려운 것으로는 상대방과의 거리, 신체 접촉, 시선이 마주치는 양 등을 들 수 있다. 오래된 친구들끼리는 서

9) 에드워드 홀, 앞의 책, p. 200.
10) 최상진, <제14장 한국인의 심리특성>, 한국심리학회 편, 『현대심리학의 이해』, 학문사, 2003, p. 752 이하.

로 외부인이 이해하기 어려운 고맥락 메시지 또는 함축적인 메시지를 이용한다. 이러한 고맥락 상황에서는 환경, 맥락과 비언어 단서를 통해 통합된 문화 정보가 언어에는 없는 의미를 부여한다. 이와 대조적으로 저맥락 메시지는 대부분의 정보를 명시적 코드 자체에 부여한다.

집단주의 문화권 사람들은 고맥락 메시지를 이용하는 반면, 개인주의 문화권 사람들은 저맥락 메시지를 이용한다. 고맥락 문화권과 저맥락 문화권은 언어 커뮤니케이션을 달리 인식한다. 한 연구에 의하면, 미국인들은 말이 많은 사람을 더 매력적으로 여기지만, 고맥락 문화권인 한국에서는 말이 적은 사람을 더 매력적으로 여긴다. 저맥락 문화권, 특히 저맥락 문화권의 남자들은 비언어 커뮤니케이션을 고맥락 문화권 사람들만큼 잘 인지하지 못한다. 고맥락 문화권 사람들은 맥락적 단서의 영향을 더 많이 받는다. 따라서 표정, 긴장감, 움직임, 상호작용의 속도와 상호작용의 장소는 고맥락 문화권 사람들이 더 잘 인식하고 그들에게 더 많은 의미가 전달된다. 고맥락 문화권 사람들은 저맥락 문화권 사람들에 비해 분명하게 표현되지 않은 기분, 미묘한 몸짓과 주변의 단서를 더 잘 인식한다.

이러한 소통 방식의 차이는 커뮤니케이션 또는 소통에 대한 이해의 차이에서도 확인할 수 있다.

제 3 절 서구인의 커뮤니케이션

1 커뮤니케이션의 어원과 그 의미 차원

커뮤니케이션(communication)은 라틴어 communicatio에서 왔다. communicatio는 '지식, 의사, 이런 것들을 전달하는 것, 의사소통'의 의미가 있다. 이외에도 '교류, 교제, 교환, 통신, 참여, 공동으로 향유, 함께 나눔, 교통, 왕래' 등 다양한 의미를 포함한다. 따라서 의사소통만 커뮤니케이션이 아니라 거기에는 앞에 열거한 모든 의미가 다 함축되어 있는 것이다.

커뮤니케이션이라는 단어를 오늘날 우리가 널리 사용하고 이해하는 '의사소통'의 의미로 영어권에서 처음 사용한 것은 1690년 존 로크(John Locke)가 그의 『인간지성론』에서였다. 로크는 인간이 사회적인 존재인데, 여기서 "사회 구성원 사이를 엮는 사슬"이 언어임을 지적한다. 그리고 언어는 사람들이 각기 자기 마음속의 생각들을 드러내는 표식이며, 이 표식을 통해 서로서로 생각을 나누기 때문에 커뮤니케이션[의사소통]이 가능하기 위해서는 말하미[화자(話者)]와 들으미[청자(聽者)] 사이에 표식의 의미에 대한 해석이 일치해야 한다. 로크에 따르면, 언어의 가장 큰 존재 이유는 커뮤니케이션을 가능하게 하는 데 있다[이 용어가 커뮤니케이션학이라는 학문 영역을 지칭하는 말로 쓰이게 된 것은 그로부터 거의 300년 뒤인 1960년대 들어서이다].

로크의 학문적 라이벌이었던 라이프니츠(G. W. Leibniz)는 이미 그 당시에 '커뮤니케이션'을 의사소통이 아닌 다른 의미로 사용하였다. 그는 자신의 저서 『단자론』에서 '실체의 소통(communicatio substantiae)'이라는 표현을 사용하면서 실체와 커뮤니케이션을 연결시켰다. 그런데 이때의 실체는 라이프니츠의 유명한 단자들이다. 라이프니츠는 모든 실체는 단자라고 했다. 단자는 다른 것들을 위한 창문이 없다. 그럼에도 불구하고 창문 없는 단자들이 소통을 한다고 라이프니츠는 설명한다. 하느님의 섭리에 따라서 교류를 한다는 것이다.

물론, 라이프니츠가 사용한 communicatio는 지금 우리가 사용하는 그런 의사소통이라는 뜻은 아니다. 또한 지금의 의미로 국한되어 쓰기 전에는 물품교환, 물품교류 등등도 커뮤니케이션의 범주에 속했다. 이런 맥락에서 맥루언(M. McLuhan)이 이야기한 커뮤니케이션의 확대된 의미를 이해할 수 있다. 맥루언에게 큰 영향을 끼친 캐나다의 매체학자 헤롤드 이니스(Herold A. Innis)는 운송 수단을 1차적인 커뮤니케이션으로 봤다. 대체적으로 미디어와 커뮤니케이션의 역사는 운송수단, 즉 증기기관, 철도 등과 밀접하게 연관되어 있는 것이 사실이다.

영어 communication은 라틴어 communicatio에서 유래한다. 문법적으로 볼 때 코무니카티오(communicatio)는 동사 코무니카레(communicare)에서 파생된 명사형이다. 동사인 코무니카레(communicare)는 다음과 같은 의미를 지닌다. "함께 나누어 가지다: 참여〔관여〕시키다, 한몫 끼게 하다, 나누어 주다, 참여하다, 끼어들다, 한 몫 차지하다. 알려주다. 전달하다, 상의〔협의〕하다: 교류하다, 함께 지내다, 상종하다."[11]

이상의 어원고찰에서도 알 수 있듯이 커뮤니케이션이 지금과 같은 미디어적인 소통의 의미를 갖게 된 것은 비교적 최근의 일이다. 이전까지는 주로 교통, 교류, 교제, 왕래, 소통, 전달, 통신, 관여, 참여 등 넓은 의미의 교류를 의미했음을 알 수 있다. 이와 같은 교류는 물리적인 힘의 교류에서부터 정보의 교류, 물건의 교류까지를 모두 포함하는 것이라고 할 수 있다.

프랑스 『철학사전』에서는 소통을 다음과 같이 풀이한다. "소통의 개념은 사회적 교환의 여러 형태를 포함한다. 대체로 소통은 기호와 전언을 전달하고 교환하는 행위를 가리키는데, 다양한 사물의 순환, 나아가 인간들의 순환에도 관련된다. 그래서 가장 넓은 의미의 소통 개념은 사회적 삶 자체를 가리킨다고 할 수 있다. 소통은 생명계에서 기호의 전달과 교환에 관계되는 다양한 현상도 포함한다. 20세기에 이르러 이 개념은 광범위하게 개발된 정보매체들(언론, 라디오, 케이블, 위성, 영화 등)의 새로운 기술까지 포함하게 되었다. 공업 사회에서 '미디어'는 광범위하게 유포되어 있는 전언, 즉 '메시지'를 전달하는 그물망이다."[12]

이렇게 본래적 의미로 넓게 커뮤니케이션을 이해할 경우 그것은 오히려 우리말 소통과 여러 가지로 맞닿아 있음을 알 수 있다.

2 영어 커뮤니케이션의 축소된 의미

영어 communication은 동사 communicate로부터 만들어진 명사형이다. 그 사전적 의미를 보면 다음과 같다.

communicate: "1. 연락을 주고받다, 의사소통을 하다; (정보 등을) 전달하다. 2. (생각 · 느낌 등을) 전하다. 3. (서로 마음을) 소통하다." 여기서 나온 communication도 그 의미의 갈래를 그대로 간직하고 있다. 즉, "1. 의사소통, 연락. 2. 통신(수단들). 3. (편지 · 전화 등의) 연락, 전언."

한국언론진흥재단에서 펴낸 『매스컴대사전』에서는 커뮤니케이션(communication)

11) 『라틴-한글 사전』, 가톨릭대학교 고전라틴어연구소 편찬, 가톨릭대학교출판부, 1995, p. 167.
12) 엘리자베스 클레망 외, 『철학사전. 인물들과 개념들』, 이정우 옮김, 동녘, 2001, pp. 165-166.

을 이렇게 정의하고 있다.

"언어 · 문자 · 도형 등의 기호를 매개로 사람과 사람 사이에 의지 · 감정 · 정보 등을 전달하는 것. 대화는 가장 원초적인 커뮤니케이션의 수단이며, 인쇄나 전파매체에 의한 커뮤니케이션은 매스 커뮤니케이션이라 한다. 인간이나 동물 등 생물체들이 기호(記號)라는 수단을 통해 서로 정보나 메시지를 전달하고 수신해서 서로 공통된 의미(意味)를 수립하고, 나아가서는 서로의 의견이나 지식 · 경험 · 사상 · 감정 · 태도 · 행동 등에 영향을 미치는 과정(過程)이나 행동."

영어사전의 기본의미의 갈래를 유지한 채 그 의미가 상세하게 설명되고 있음을 확인할 수 있다.

여기에서 우리는 먼저 커뮤니케이션이 언어적 소통에 초점이 맞추어진 의사소통(意思疏通)임을 확인할 수 있다. 언어적 소통은 인간들끼리 서로 자기의 지각 · 감정 · 의지를 상대방에게 알려서 서로 자신들의 의견들을 주고받는 대화의 형태로 전개된다. 이것은 서양에서의 인간의 정의와 무관하지 않다. 서양에서는 아주 오래 전부터 인간을 '말할 줄 아는 생명체', '이성적 동물'로 규정했다. 여기에서 '이성'은 논리적 원칙에 따른 사고와 언어적 규칙에 따른 표현을 뜻한다. 이렇듯 서양의 커뮤니케이션은 '언어'를 모델로 삼아 그 기본원칙을 형성하고 그 고유한 틀거리를 갖추어왔다.

여기에 서양의 독특한 세계관이 개입한다. 존재하는 모든 것을 각기 분리 독립된 실체로 보고, 그 실체의 본질이 무엇인지를 밝혀내려는 실체중심의 사유방식이다. 처음에는 실체를 이루는 것이 더 이상 분리될 수 없는 가장 기초적인 원자라고 생각했다. 그러다 기본적으로 질료와 형상을 갖춘 개별체로서의 존재자를 실체로 보게 된다. 이것이 근대로 오면서 인식론적 전환을 거치면서 [개별체로서의] 실체가 대상을 마주해서 인식하는 개체[개인]로서의 주체가 된다. 인식하는 주체는 '사유하는 나'로서 물질적인 대상들을 규정하며 자기의 지배와 통제 아래 둔다. 이 주체는 자율적 · 자립적 · 자주적으로서 근대의 독립적 개인[자아]의 상징이 된다. 이러한 독립적 자아관이 서양의 문화코드를 구성하는 정황적 틀이 된다.

3 대화 중심적 커뮤니케이션

독립적 자아를 이상적인 인간형으로 보는 문화적 배경이 심리적 성향에 결정적인 영향을 미치고, 또한 이것이 커뮤니케이션의 방식과 유형을 변화시키며 형성해 나간다. 이렇게 해서 언어적 소통마저도 특유한 방향으로 변천해나간다. 우선, 인간을 '말할 줄 아는 생명체'로 보았고 말을 대화적 커뮤니케이션으로 보았으니, 커뮤니케이션을 회피하거나 커뮤니케이션 앞에서 불안해하는 사람은 비정상적인 인간으로 간주된다. 전통적으로 커뮤니케이션 불안이나 과묵은 연약한 독립적 자아감의 탓으로 돌렸다. 개인주의적 관점에서 보자면, 커뮤니케이션 동기가 낮은 개인은, 타인과의 사이에 경계가 있고 타인으로부터 분리된, 자기 자신의 역할 정체성에 대해 불안정하거나 불확실한 의식을 가지고 있는 것으로 생각되었다. 이러한 연약한 정체성 의식은 상호작용을 하는 동안 커뮤니케이션 불안을 일으키는 위협에 본래 상처를 받기 쉽다고 주장되었다.[13] 인간에 대한 평가의 척도는 대화적 커뮤니케이션이 된다.

그러나 이것은 서양 문화권에서만 통용되는 척도일 뿐이다. 언어적 표현의 회피는 개인이 감정을 통제하도록 도와줄 수 있고, 또한 때때로 직접적인 도전 위협이 없이 불만을 소극적으로 표현하도록 허용할 수 있다. 바로 침묵의 메시지가 다양한 관계적 상황 내에서 다르게 평가받을 수 있듯이, 회피 스타일[혹은 움츠림]은 다른 문화의 구성원에 의해서 긍정적으로 혹은 부정적으로 생각될 수 있다.

대화적 커뮤니케이션이 주된 커뮤니케이션이니까 침묵은 커뮤니케이션이 아니다. 서구적 관점의 커뮤니케이션 연구는 침묵을 부재 — 소리의 부재, 따라서 커뮤니케이션의 부재 — 로 간주하는 경향이 있었다. 커뮤니케이션 연구는 침묵을 배제하고 말[talk]에 초점을 맞춰왔다. 서구인은 말과 수사학을 진리의 발견과 표현을 위한 매개물로 해석하면서, 그 말과 수사학을 찬양하는 경향이 있었다. 그리고 침묵은 관심의 부족, 커뮤니케이션하고 싶어하지 않음, 적개심의 표시, 거절, 또는 대인적 부조화, 불안, 혹은 수줍음, 또는 언어적 기술의 부족 가운데 어느 하나로 다

---

13) 김민선, 『인간 커뮤니케이션, 비서구적 관점』, 범기수 · 박기순 · 우지수 옮김, 커뮤니케이션북스, 2009, p. 47.

양하게 해석되는 경향이 있다.[14]

그러나 세계의 많은 지역에서 침묵은 힘이다. 어떤 문화에서는 침묵이 말보다 한층 더 강력하다. 침묵을 능숙하게 사용하는 사람은 일본에서는 성숙하고 유능한 커뮤니케이터로 간주된다.

4 자기 중심적 커뮤니케이션

독립적 자아가 추구되어야 할 이상형이기에 자신들의 생각을 나누는 커뮤니케이션 마당은 당연히 자기주장을 펼치는 논쟁의 장이 된다. 미국적 상황에서 자기주장은 사회적 능력의 척도이거나 대인 커뮤니케이션 능력의 지표로 간주된다. 자기주장적 성향이 강하다고 인식되는 사람은 경쟁적이고 위험을 무릅쓰고 행동을 취하는 데 빠르고 책임을 떠맡고 지시적인 것으로 간주된다. 반면에, 자기주장의 성향이 낮다고 인식되는 사람은 협력적이고 위험을 피하고 행동을 취하는 데 느리고 '동조적'이고 비지시적 특성을 가진 것으로 묘사된다.[15]

자기주장적 개인은 그들의 권리를 옹호하고, 또한 그들의 생각, 느낌, 그리고 신념을 자유롭고 직접적이고 솔직하게 표현할 수 있다. 이와 반대로, 자기주장적이지 않은 사람은 내성적이고 유순하고 자기비하적이고 자기부정적이며, 그리고 순응적 특성을 나타낸다. 게다가 자기주장적 사람은 더 사교적이고 더 적응적이고 더 예민하고 더 이성적이고 더 외향적인 반면, 덜 보조적이고 덜 수세적이고 덜 자기방어적이고 덜 불안한 성격을 가지고 있다.

서구인들은 개인에 초점을 맞추는 데 반해, 동양인들은 사회적 상황에 초점을 맞춘다. 마찬가지로 중국인은 상황 중심적이다. 그들은 환경에 민감할 의무가 있다. 미국인은 개인 중심적이다. 그들은 환경이 그들에게 민감하기를 기대한다. "서구의 백인 중산층 사회와 학계에서 개인의 의도에 대한 강조는 사람들이란 자신의 말과 행동을 통제하고 그것에 책임을 지는 개인들이라는 문화적 이데올로기와 관계가 있다."[16]

14) 위의 책, p. 165.
15) 위의 책, p. 57.

독립적 자아가 되기를 바라는 사람은 자기의 이익과 권리를 찾기 위해서 자기를 내세우며 자기 자랑을 많이 해야 한다. 자기표현(self－presentation)은 사람들이 그들의 사회세계에서 그들 자신을 위하여 정체성을 협상하는 근본적이고 중요한 과정 중 하나이다. 진정한 정체성 주장은 일반적으로 타인에 의한 사회적 정당성 인정을 필요로 하고, 따라서 정체성의 확립은 타인들을 설득하여 자신이 바람직한 특성과 성질을 가지고 있다고 생각하게 할 필요가 있다.[17]

많은 유럽인과 미국인은 그들이 독특하고 다르며 타인보다 더 낫다는 것을 전형적으로 강조하는 반면, 많은 동아시아와, 그리고 다른 문화의 사람들은 그들이 보통이고 타인과 매우 비슷하거나 타인보다 다르지 않다는 것을 전형적으로 강조한다. 아시아 문화는 각 개인의 명백한 분리를 강조하지 않는다. 아시아 문화는 개인들 사이의 근본적 연결을 중요한 관계 내에서 촉진시키는 의미와 관행에 따라 체계화되어 있다. 자아는 사회적 관계의 일부분으로 그 관계에 참여하고 주로 그 관계에 관해서 의미 있게 형성된다.

제 4 절 커뮤니케이션학의 형성

1 커뮤니케이션학의 원조는 수사학

커뮤니케이션학이 언어에 주안점을 두고 그 의사소통적 역할에 초점을 맞추어 연구를 해왔다는 사실은 그 학문의 최초 형태를 '수사학'에서 보고 있는 데에서 분명해진다. 아리스토텔레스(Aristoteles)는 최초로 인간 커뮤니케이션에 대해 연구한 강의록을 남겼는데, 그것이 유명한 『수사학(*Rhetoric*)』이다. 아리스토텔레스는 이 책에서 수사학을 "주어진 상황에서 설득에 사용할 수 있는 모든 수단을 발견하는 기술"이라고 정의하고 있다. 그의 스승 플라톤은 수사학이 진실이 아닌 거짓을 홍

16) 위의 책, p. 106.
17) 위의 책, p. 147.

보하여 정직한 사람들을 진실로부터 멀어지게 만든다고 비판하였다. 그러나 아리스토텔레스는 수사학이 거짓뿐 아니라 진실을 홍보하는 수단으로도 쓰일 수 있음을 보았다. 그는 명예로운 시민이라면 거짓으로부터 자신을 보호하고 진실을 수호할 책임이 있으며, 이를 위해 수사학이 제공하는 지식과 기술을 배워야 한다고 생각했다. 아리스토텔레스는 합리적인 토론을 통해 궁극적으로 진실이 거짓을 누를 수 있다고 믿었으며, 그래서 정직한 시민들이 수사학으로 무장하게 되면 거짓이 판치는 일이 없어질 것이라고 생각했다.[18)]

그리스 아테네에서 수사학의 태동은 시대적 상황과 문화적 맥락과 깊은 연관이 있다. 아테네는 공동체를 운영하는 아주 독특한 두 가지의 혁신적인 제도를 갖추고 있었다. 그중 하나는 원고와 피고 측을 대립시켜 진행하는 재판 과정으로서 대심제도(adversary system)이다. 다른 하나는 공동체의 정책의결 과정에 모든 구성원이 참석하여 각자 자신의 의견을 피력할 수 있도록 한 직접민주주의 제도다. 이 두 가지 제도가 중요한 공동체 운영 방식임으로 해서 효율적인 커뮤니케이션 기술을 지닌 시민들이 보다 많은 사회적 혜택과 기회를 얻게 되었다. 이에 부응해서 효율적인 커뮤니케이션 기술에 대한 사회적 요구가 높아졌고, 이를 위한 교육기관도 생기게 되었다. 이런 맥락 속에서 아리스토텔레스의 수사학이 등장하게 된 것이다. 커뮤니케이션학으로서의 수사학은 진리추구라는 학문의 지향점과는 조금 거리가 있는 실용적 필요에 초점이 맞추어져 있었다.

대심 제도와 민주적 의사결정 과정 속에서 설득적 연설[따라서 수사학]에는 가장 개연성 있는 진실을 찾는 데 필요한 직접적이고도 중요한 사회적 도구라는 위상이 부여될 수 있었다. 그러나 플라톤(Platon)은 철학적인 논증으로 밝혀지지 않은 어떠한 진리도 의사결정의 기준이 될 수 없다는 강력한 비판을 제기하여, 수사학을 평가절하하고 진리 규명을 철학자들의 전유물로 만들었다. 수사학에 대한 플라톤의 비판으로 야기된 문제는 한 문장으로 요약할 수 있다. 수사학은 과연 진실을 발견하는 도구로서 가치를 지니고 있는가? 그렇지 않으면 이미 발견된 진실을 전달하는 도구로서만 유용한 가치를 가지는가?[19)]

---

18) 마이클 듀스 · 메리 브라운, 『플라톤의 그림자. 인간 커뮤니케이션의 역사』, 여은호 · 박경우 옮김, 커뮤니케이션북스, 2012, p. 24.

19) 위의 책, p. 19.

플라톤의 비판이 지닌 강한 설득력은 소피스트의 수사학의 평판에 영구적으로 어두운 그림자를 드리웠다. 이것을 플라톤의 그림자라고 한다.

2 수사학이 웅변학, 스피치학을 거쳐 커뮤니케이션학으로 정착

고대 그리스 시대에서 18세기에 이르기까지 커뮤니케이션에 대한 연구는 주로 스피치를 통해서 다른 사람을 설득시키는 기술에 초점이 맞추어져 있었으며, 수사학(Rhetoric)이라는 이름으로 불렸다. 18세기 민주주의의 발전으로 인해 영국, 프랑스, 미국 등지에서 수사학은 재조명을 받게 된다. 산업혁명으로 중산층의 비율이 높아지고 역할이 커지자 인간 커뮤니케이션 연구에 대한 관심이 일반인들에게까지 확장된다. 중산층에 합류할 기회를 얻은 농민들과 노동자들은 상류사회에서 자신을 품위 있게 표현하는 기술을 배울 필요를 느끼게 되었다.

이러한 필요에 맞추어 웅변술(elocution)이 등장하게 된다. 19세기 후반 상인이나 전문 직업인, 혹은 전문 직업인의 배우자 등은 중산층으로 생활하기 위해서 웅변술을 배우고 자신의 생각을 품위 있게 표현하는 기술을 익히기 위해서 개인 교습을 받았다. 이것이 일반적인 관례가 되었다. 이에 부응하여 미국 대학교는 전통 수사학 강의를 영어학과에 소속시켜, 주로 논증이나 논술을 글로 쓰게 하는 데 중점을 두었다. 그리고 웅변학에서는 구술 커뮤니케이션에만 초점을 맞추어 교육하였다.[20]

이렇게 19세기 유럽과 미국에서는 웅변술이라는 이름 아래, 스피치를 할 때 사용하는 음성, 발음, 그리고 동작을 효율적으로 사용하는 방법에 대한 연구가 활발히 전개되었다. 20세기 초에 들어서서 공공 연설을 연구하는 학자들이 자신들의 연구 영역을 영어학(English)과 구별하여 말하기(spoken communication)에 중점을 둔 스피치(speech)라고 명명했다. 이렇게 해서 스피치학이 등장한다.

대인 커뮤니케이션, 대중 커뮤니케이션, 그리고 지속적인 상호적인 과정으로서의 커뮤니케이션 현상에 대한 본격적인 연구는 20세기에 들어와서야 전개된다. 20

20) 위의 책, p. 52.

세기 초 수사학은 민주주의 발전에 힘입어 새로운 사회적 위상을 획득하게 된다. 그와 더불어 인간 커뮤니케이션 연구의 영역이 확장되어 과학적 연구까지 포함하게 되었으나 하나의 통합된 연구 영역을 이루기에는 여러 가지로 미숙했다.

20세기 초 미국의 대학들은 대규모로 성장하면서 조직 개편을 하게 되었는데, 당시 새롭게 떠오르고 있었던 인문과학의 영향과 학자들 사이에 일어나고 있었던 전문화, 특수화 추세가 대학의 조직 개편에 큰 역할을 했다. 대학들은 학자들의 전문 영역이 세분화되는 추세에 맞추어 학자들의 전문성과 그에 따른 학문 영역에 기초하여 학과를 개설했다. 하나의 학문적 영역에 하나의 학과가 대응하는 식이었다. 학자들은 자신들이 어느 학문 영역에 속하는지를 정하고, 자신들이 속한 학문 영역 내에서 학술지를 통하여 연구 결과를 발표하고 학문적 견해를 서로 나누며 토론하게 되었다. 이때 스피치학은 영어학과 속에서 영어를 통한 구술적, 기술적 커뮤니케이션 교육으로서 독점적인 지위를 쟁취해서 독립적인 학과로 발돋움하게 된다. 스피치학이 고전 수사학을 바탕으로 한 20세기의 학문이며, 민주주의 사회의 시민이 지녀야 하는 중요한 자질을 연구하는 학문적 영역이라는 사회적 의의를 강조했다.[21]

장구한 커뮤니케이션 연구 역사에도 불구하고 20세기 초 근대적 학문 영역으로서의 커뮤니케이션학은 여전히 생소한 개념이었다. 커뮤니케이션 학자들이 전문 학회를 처음 설립한 것은 1910년이고, 전국적인 조직을 처음 형성한 것은 1914년이며, 점차 독자적인 학과로 발전하기 시작한 것은 1915년과 1930년 사이의 일이었다.[22]

20세기 초에 들어서서 본격적으로 커뮤니케이션학의 근본적인 물음들이 제기된다. 커뮤니케이션 연구의 학술 영역은 정확히 무엇인가? 커뮤니케이션의 연구 방법을 설정하기 위해서는 근본적으로 어떠한 원칙을 고려해야 하는가? 이에 대한 대답은 크게 두 부류로 나뉘었다. 일련의 커뮤니케이션학자들은 고전 수사학 전통에 입각해서 공공 연설에 중점을 둔 스피치 연구를 주요 연구 대상으로 설정했다. 다른 측의 학자들은 커뮤니케이션을 사회학, 심리학 등의 사회과학과 접목하여 '말하기'라는 인간 행동에 대한 과학적인 연구에 중점을 두었다.

---

21) 위의 책, p. 54.
22) 위의 책, p. 61.

1915년 구술적 커뮤니케이션(spoken communication) 연구를 위해 모인 일련의 학자들이 자신들의 학문 영역을 스피치학으로 결정함으로써, 스피치학이 근대적 학문 영역으로서의 커뮤니케이션 연구를 지칭하는 첫 명칭이 되었다. 그 후 미국스피치학회가 결성되고, 스피치학과, 스피치 및 연극학과가 개설된다.[23]

이런 분위기에 맞추어 인간 커뮤니케이션 자체에 대한 관심도 커지면서 수사학적인 관점만으로는 커뮤니케이션 현상을 다 포괄할 수 없다는 지적이 나온다. 커뮤니케이션학자 에드윈 블랙(Edwin Black)은 새로운 관점에서 커뮤니케이션 연구가 새로운 방법론을 추구해야 한다고 주장하며 세 가지 이유를 제시한다. 그중 핵심이 되는 사항은, 스피치가 인간 커뮤니케이션의 극히 일부에 지나지 않는다는 점이다. 그래서 스피치를 인간 커뮤니케이션의 중심적인 측면으로 볼 수 없다는 이야기다. 그리고 방법론의 차원에서도 스피치 혹은 여타 메시지에 의한 커뮤니케이션의 효과를 조사하기 위해서는 수사학적 비평보다는 사회과학이 훨씬 더 우월한 방법을 제공한다고 지적한다. 예를 들어, 설문 조사를 통해 청중의 반응을 과학적으로 분석할 수 있다.

3 인간 커뮤니케이션 전반에 대한 연구로서의 커뮤니케이션학

1965년 이후 커뮤니케이션 과정에 대한 사회과학적 연구가 활발하게 이루어졌다. 사회과학적 연구는 매스미디어의 메시지와 대인 커뮤니케이션을 주요 연구 주제로 삼았다. 반면, 비평적 연구는 매스미디어를 통해 전달되는 메시지의 의미와 문화적 영향력을 해석하는 데 더 중점을 두었다. 이론적 접근보다는 실용적 기술에 관심을 두었던 커뮤니케이션 학자들은 특정한 상황에서 이루어지는 커뮤니케이션 과정, 예컨대 조직 운영, 소그룹 문제 해결, 정치 캠페인 등에 기존의 커뮤니케이션 연구를 응용하는 작업을 시도하기도 했다.

여기에 시카고학파의 사회학자들은 커뮤니케이션을 '상징적 상호작용'으로 보고, 찰스 다윈(Charles Darwin)의 진화론에 입각하여 인간의 비언어적 커뮤니케이

23) 위의 책, p. 64.

션에 대한 연구를 발전시켰다. 드디어 학자들이 비언어적 커뮤니케이션이 인간 커뮤니케이션에서 중요한 역할을 차지한다는 사실에 관심을 두기 시작한 것이다. 프로이트(S. Freud)는 인간 행동의 원인을 개인의 무의식에 두고 있다. 프로이트는 자신의 이론을 정립하는 과정에서 과학적 방법이 아닌 심층 사례 분석을 사용했지만, 그의 정신분석이론은 커뮤니케이션이론 연구에 많은 영향을 미쳤다. 이렇게 다윈과 프로이트의 이론은 인간 행동과 사회를 연구하는 학문적 시각에 혁명적인 변화를 가져왔다.24)

1970년대에 이르러서 매스 커뮤니케이션을 연구하는 학자들은 미디어의 영향력이 복합적 변인으로 결정된다는 점을 인식하게 되었다. 그들은 뉴스 미디어의 의제 설정 기능, 혹은 사회적 네트워크의 영향이나 수용자가 인식하는 사회적 지지도, 혹은 미디어에 대한 반복 노출 등의 매개 변인을 중심으로 미디어의 영향력을 연구하였다. 그리고 대중 홍보 캠페인의 영향력, 미디어가 수용자의 사고와 태도, 혹은 행동에 미치는 영향, 수용자와 미디어 정보원 사이에 일어나는 홍보의 흐름, 반복적 노출에 의한 장기적 영향 등에 대해서도 학문적 연구를 전개해 나갔다.

오늘날 커뮤니케이션 연구는 언어적 커뮤니케이션의 범위를 벗어나 인간의 근본적인 욕구와 목적 추구와 연관 짓고 있다. "우리는 커뮤니케이션을 통해 정보나 생각 혹은 감정을 나누고, 서로에게 영향력을 행사하며, 활동을 조직하고, 인간관계를 형성하며, 필요한 상품과 서비스를 획득하고, 자기표현과 오락을 즐기며, 문명사회의 기반이 되는 문화를 창조하고 유지한다."25)

커뮤니케이션학은 이제 다양한 학문적 접근들을 활용하여 인간의 욕구와 행동의 복합적 측면을 탐구하는 학문이 되었다. 커뮤니케이션에 대한 연구는 미국에서만 30개가 넘는 학술지에서 정기적으로 발표되고 있다. 1,500여 개의 대학교에 커뮤니케이션학과 혹은 스피치학과가 개설되었고, 100여 개의 커뮤니케이션 박사학위 과정이 운영되고 있다.26)

미국의 커뮤니케이션 교과과정을 살펴보면 인문학적 전통과 사회과학적 전통, 그리고 실용적 접근과 이론적 접근이 놀라울 정도로 균형을 이루고 있다. 현대의

---

24) 위의 책, pp. 102－103.
25) 위의 책, p. 1.
26) 위의 책, p. 129.

많은 커뮤니케이션 교수들은 오늘날에도 여전히 '아레테(arete)'라는 고대 소피스트의 정신을 계승하고 있다. 이들은 학생들에게 개인적인 삶이나 공적인 영역에서 성공하기 위한 필수적인 기술과 지식을 전수하고 있다.

4 커뮤니케이션학의 전개

이런 역사적 과정을 거쳐 오늘에 이른 커뮤니케이션학이 어떤 관심과 목적을 가지고 전개되고 있는지를 간략하게 살펴보자. 먼저, 커뮤니케이션학이 어떤 관점과 역할 속에서 나름대로의 맥락을 유지하며 펼쳐져 왔는지 보자. 존 피스크(John Fiske)는 커뮤니케이션을 문화 생존의 핵심으로 정리하면서, 서구 커뮤니케이션학의 역사가 크게 두 가지 흐름으로 펼쳐져왔다고 주장한다. 그에 따르면, 첫 번째 연구 흐름의 커뮤니케이션학에서는 'communication'을 '메시지의 전달(transmission of messages)'이라고 인식한다. 이쪽 계열의 학자들은 송신자와 수신자가 어떠한 방식으로 메시지를 부호화하고 해독하는지, 또 전달자는 커뮤니케이션의 채널 및 미디어를 어떠한 방식으로 이용하는지에 관심을 갖는다. 여기에서는 주로 커뮤니케이션의 효율성과 정확성에 많은 관심을 두고 있다. 이러한 입장에서는 커뮤니케이션을 한 사람이 다른 사람의 행동이나 정신에 영향을 미치는 하나의 과정으로 본다. 송신자가 의도한 것과 다른 효과가 나타났거나 의도한 만큼의 효과를 얻지 못했을 때 커뮤니케이션은 실패한 것으로 간주된다. 그리고 실패가 일어난 이유를 분석하기 위해 커뮤니케이션 과정의 각 단계를 살펴보게 된다. 피스크는 이러한 연구 경향을 갖는 입장을 '과정학파(process school)'라고 지칭했다.

피스크는 다른 흐름의 커뮤니케이션학에서는 커뮤니케이션을 의미의 생산과 교환(production and exchange of meanings)으로 보고 있다고 정리한다. 이쪽 계열의 학자들은 메시지 혹은 텍스트가 의미를 만들어내기 위해서 사람들과 어떻게 상호작용하는지에 주목한다. 다시 말해, 문화 안에서 커뮤니케이션 텍스트가 어떤 역할을 하는지에 관심을 갖는다. 여기에서는 의미 작용(signification)을 중요시하면서 오해가 발생한 상황을 반드시 커뮤니케이션의 실패로 간주하지 않는다. 왜냐하면, 오해가 송신자와 수신자 사이의 문화적 차이에 기인할 수도 있기 때문이다. 여기의 커뮤니케이션학에서는 텍스트 연구와 문화 연구에 주력한다. 이때 주요한 연구 방법은 기호학이다. 피스크는 이러한 연구 경향을 '기호학파(semiotics school)'라고 불렀다.[27]

이러한 커뮤니케이션 연구의 두 가지 경향에서 과정학파는 사회과학, 특히 심리학과 사회학에서 체계화되었고, 커뮤니케이션 행위(act)를 중점적으로 연구하는 경향이 있다. 기호학파는 언어학과 예술 분야에서 체계화되었고, 커뮤니케이션의 결과물(work)을 중점적으로 연구한다.[28]

피스크(John Fiske)가 커뮤니케이션학의 연구 흐름에 초점을 맞추어 커뮤니케이션학의 계보를 정리했다면, 엠 그리핀(Em Griffin)은 좀 더 세분화된 연구 지형을 갖고 커뮤니케이션학의 현황을 설명한다. 그리핀이 정리한 커뮤니케이션 이론의 지형도를 보면, 커뮤니케이션 연구는 사회심리학적 연구 전통, 사이버네틱스 연구 전통, 수사학적 연구 전통, 기호학적 연구 전통, 사회문화적 연구 전통, 비판적 연구 전통, 현상학적 연구 전통으로 구분될 수 있다.[29]

사회심리학적 연구 전통은 '어떤 사람을 변화시키기 위해 우리가 무엇을 할 수 있는가?'라는 물음을 가지고 타인에 대한 영향으로서의 커뮤니케이션에 접근하는 연구 전통이다. 그리고 사이버네틱스 연구 전통은 '어떻게 하면 원래의 정보를 수신자에게 잡음에 의한 손상을 받지 않고 그대로 전달할 수 있을까?'라는 물음을 가지고 '정보' 그 자체를 궁극의 가치로 보고 정보처리 과정으로서 커뮤니케이션에 접근하는 전통이다. 수사학적 연구 전통은 발화자가 '어떻게 하면 자신의 의도대로 공중의 행위를 이끌어낼 수 있을까?'라는 물음을 가지고 상대의 감정을 움직여 설득할 있은 방법을 모색한다. 다시 말해, 기교 있는 공중 연설로서의 커뮤니케이션에 접근한다. 기호학적 연구 전통은 비언어적 표상과 이미지에 관심을 갖고 '어떤 이데올로기적 의미를 내포하고 있을까?'라는 물음을 통해 기호가 의미를 매개하고 더 나아가 창출하는 방식에 관심을 갖는다. 사회문화적 연구 전통은 언어의 상대성에 기반을 두고 커뮤니케이션 과정을 통해 문화가 생산하거나 재생산한다고 본다. 사회적 실재를 창조하는 커뮤니케이션을 통해 '어떻게 문화적 격차가 생산되는가?'

27) 존 피스크, 『커뮤니케이션학이란 무엇인가』, 강태완 · 김선남 옮김, 커뮤니케이션북스, 2001, p. 23.
28) 위의 책, p. 24.
29) 엠 그리핀, 『커뮤니케이션 이론』, 김동윤 옮김, 커뮤니케이션북스, 2009, pp. 31－49.

에 관심을 갖는다. 비판적 연구 전통은 이전의 모든 역사가 고통의 불공평한 분배로 특징지어졌다고 보고, 커뮤니케이션을 통해 '어떻게 커뮤니케이션은 억압에 대한 민감성을 둔화시키면서 계급 간 불평등한 현실을 재생산하는가?'에 관심을 갖는다. 다시 말해, 불공정한 담론에 대한 성찰적 기능으로서 커뮤니케이션에 접근하는 것이다. 마지막으로, 현상적 연구 전통이 있다. 자신의 주관적 경험에 관한 사람들의 해석을 강조하면서 상대가 '진정 원하는 것은 무엇인가?'라는 물음을 통해 조건 없이 타인에게 다가가 진정으로 이해하고자 한다. 여기에서는 커뮤니케이션을 자아와 타자에 대한 경험으로 이해한다.

지금까지의 정리에서 얻을 수 있는 귀결은 커뮤니케이션학의 연구 전통이 연구자들의 관점과 접근 방식에 따라 여러 흐름과 갈래로 전개돼 왔다는 사실이다. 근본적으로 커뮤니케이션의 본질과 구조를 어떻게 보는가에 따라서 연구 경향과 지형이 다르게 형성되는 것을 알 수 있다. 그리고 설득의 기술로 시작한 수사학으로서의 커뮤니케이션학이 인간의 본질적 특성의 하나로 보는 인문학적 전통을 거쳐, 사회적 존재로서 인간이 개인 대 개인, 개인 대 조직, 조직 대 조직 사이의 커뮤니케이션으로 외연과 내용을 넓혔음을 볼 수 있다. 그러다가 미디어의 발달로 미디어를 통한 인간의 커뮤니케이션에 관심을 가지며 대중 커뮤니케이션의 시대를 열고, 그와 더불어 인간과 미디어(기계)와의 커뮤니케이션, 그리고 그를 통한 인간과 사물과의 커뮤니케이션까지도 커뮤니케이션학 연구의 범위에 들어오게 되었다.

제 5 절 소통은 사이-존재인 인간의 사이하기

이제 서구의 커뮤니케이션과는 다른 문화적 맥락에서 형성되어 온 우리 특유의 커뮤니케이션 개념 정리와 그 밑바탕에 깔린 인간관을 살펴보도록 하자. 그리고 이러한 인간관과 문화적 맥락에서 결과 무늬를 얻어 형성된 소통의 일상적 의미를 정리하고, 그 다음 일상에서 펼쳐지는 소통의 경험 또는 행위들을 체계적으로 재구성해보자. 그리고 그것이 어떤 인간관을 전제하고 있으며 그 인간관의 어떤 본질적 차원이 소통의 근본의미를 틀 짓고 있는지 알아보자.

1 소통의 의미

먼저, 일상적으로 쓰이는 '소통'에 대한 사전적 정의를 알아보자. 소통(疏通)은 '막힌 것이 트이다', '뚫리다'를 의미하는 '소(疏)'와 '통하다', '오가다', '왕래하다', '트이다', '보급되다', '걷다'를 의미하는 '통(通)'자가 합쳐져 만들어진 낱말이다. 그 낱말의 뜻은 첫째, 막히지 않고서 통함, 둘째, 생각하는 바가 서로 통함, 셋째, 도리(道理)와 조리(條理)에 밝음, 넷째, 덮이거나 막힌 것을 열어 트이게 함을 의미한다.[30] 유의어로는 교류, 교통, 왕래, 상통의 단어들이 있다.[31] 국립국어원에서도 '소통'을 첫째, '막히지 아니하고 잘 통함'과, 둘째, '뜻이 서로 통하여 오해가 없음'으로 정의하고 있다.[32]

여기의 일상적 의미에서 가장 눈에 띄는 것은 '막힌 것[곳]을 뚫어 통하게 하다'는 의미다. 막힌 것[곳]이 없는 상태란 무엇인가? 그것은 아무것도 없는 텅빈 허공일 것이다. 텅빈 허공[무(無)/공(空)허(虛)]에서는 아무런 장애가 없으니 환히 열려 있을 것이다. 그 다음으로는 우주 공간으로 간주되는 하늘이 은유적으로 막힌 것이 없는 뻥 뚫린 공간일 것이다. 테두리(가 또는 막)가 없는 무(無)가 아니고 형태와 형상[꼴]을 갖춘, 존재하는 모든 것들은 가 또는 막을 갖고 있기 때문에, 어쨌거나 이미 막혀 있는 것이다. 따라서 모든 존재자는 본질적으로 막혀 있는 것이다.

존재자와 소통하기 위해서는 우선 바로 각각의 존재자를 그 존재자로서 다른 것과 경계 짓고 있는 이 막을 허물어야 한다. 이것이 우리말 '소통'에서 우리가 제일 먼저 유의해야 할 점이다. 이것은 존재적 또는 물리적 막을 뚫고 서로 힘과 정보를 주고받아야 함을 의미한다. 막힌 것을 뚫고 터서 오고감, 즉 통섭(通涉)과 교류(交流)가 가능하도록 해야 한다. 그렇게 해서 물리적 막을 제거하고 물리적 거리를 없애야 서로 가깝게 될 수 있다.

여기에서 우리는 소통의 두 번째 중요한 의미를 유추해낼 수 있다. '거리 없앰'이 그것이다. 거리, 즉 서먹함과 낯섦을 없애 친근한 것으로 만든다는 의미가 담겨

30) 이승희, 『국어대사전』, 민중서림, 2004, p. 3553.
31) 서울대학교 국어교육 연구소, 『넓은 풀이 우리말 유의어 대사전』, (주)낱말 어휘 정보처리 연구소, 2010, p. 474.
32) 네이버 사전(국립국어원 제공).

있다. 친근해지기 위해서 거쳐야 할 첫 번째 단계가 바로 이 거리 없앰이다. 친근해진 징표로 우리는 '말을 트고', '술을 터서', '말동무'가 되고 '술동무'가 된다.

이렇게 길이 열려야 본격적으로 서로 오가며 교류하여 서로를 알게 된다. 통섭(通涉)과 교류(交流)를 통해 상대방과 그의 주변세계를 알게 되고, 자신과 자신의 삶의 세계를 알리게 되면서 서로가 통하게 된다. 몸이 통해 다양한 몸짓 동작의 친밀한 상호작용[행동연쇄]이 펼쳐진다[악수, 껴안기, 볼대기, 볼비비기 등].

그러한 친밀한 몸짓 속에 서로를 믿는 교감(交感)이 피어난다. 서로서로를 믿는 가운데 친밀함과 신뢰를 쌓아가는 교제(交際)가 펼쳐진다. 그렇게 맘이 통하기 시작하면서 상대방을 배려하고, 아끼고, 좋아하고, 사랑하게 된다. 정이 깊어져 정을 통하게 되고 살을 섞고 피도 섞게 된다. 그렇게 해서 가정을 이루고 친족을 이룬다.

그 다음 더 나아가 뜻이 통하면 생각과 이념, 목적과 목표를 같이하는 사람끼리 모임을 만들고 단체를 만들고 공동체를 만들어간다. 더 나아가 얼이 통하면 생사를 초월해 초자연적인 힘과의 일치를 추구하며 새로운 차원의 삶을 찾아 나선다. 이렇게 막힌 것이 뚫려 거리감이 없어지며, 서로 통하게 되면서 이쪽과 저쪽이 어울리고, 이편과 저편이 어울리며 어울림의 범위가 넓어져간다. 서로 통하며 어울리는 소통과 화합의 과정을 우리는 통합(通合)이라 말할 수 있다.

우리는 소통 현상을 기호화하면서 자연과 그 속의 생명체를 모델로 삼았다. 기(氣)와 혈(血)의 원활한 소통을 이야기하며 맥락과 상황을 강조하는 것은 유기체를 모델로 삼아 그것이 살아가는 데 필요한 생태환경을 고려하였기 때문이다. 이렇듯 우리는 소통 현상에서 만나는 대상과의 소통과, 이 소통에 대해 동료와 하는 소통을 구조적으로 함께 포함시켜 전체적으로 고찰하였다. 동아시아 전통에서는 예전부터 관계론적이고 그물망적인 사고방식이 생활 속에 깊이 뿌리내리고 있었다.

2 소통의 경험

이제 소통의 경험이 어떻게 펼쳐지는지 살펴보자.

1) 만남과 느낌의 단계

소통은 나의 막[경계]을 두드리는 자극으로 시작된다. 그렇게 해서 나는 나의 밖에 있는 어떤 것과 만나게 된다. 맨 처음 만남이라는 사건이 있다. 나의 경계에 무엇인가 와서 닿는다. 나의 몸은 외부적인 것의 침입에 반응한다. 그것을 우리는 느낌이라고 한다. 나는 나의 밖의 기운[힘, 에너지, 정보]의 흐름을 몸으로 느끼며 거기에 반응한다. 그것이 무엇이건 나는 내게 가해오는 힘을 받으며 무언가 당하고 있음을 느낀다. 나는 감각으로 외부의 자극을 감지하며 낯설음을 경험한다. 그 낯설음이 강력해서 당함의 강도가 크면 아픔을 느끼게 되고 그것이 오래 지속되면 아픔은 앓음이 된다. 그리고 이 앓음은 몸에 각인되며 차츰 앎이 되어 반응의 방법을 모색하게 만든다. 몸통은 기(氣)와 힘의 유통(流通)[33]에 느낌으로 반응한다. 사람은 자신이 부딪혀서 겪게 된 것을 다른 사람과 어떤 형태와 방식으로건 소통하여 나누어가지려 노력한다.

우리는 느낌을 두 가지 방식으로 고찰할 수 있다. 첫째, 사람은 몸의 안에서 비롯하는 고픔, 풀림, 막힘, 뚫림, 찌름, 쑤심, 멍함, 띵함과 같은 것이 있음을 느낀다. 이와 같은 느낌들을 좋은 것과 싫은 것, 기쁜 것과 슬픈 것, 괴로운 것과 즐거운 것 따위로 나누어서 가지거나 버리는 잣대로 삼는다. 둘째, 사람은 몸의 밖에 있는 것을 만남으로써 닿음, 맡음, 봄, 들음과 같은 것이 있음을 느낀다. 이와 같은 느낌들을 좋은 것과 싫은 것, 기쁜 것과 슬픈 것, 괴로운 것과 즐거운 것 따위로 나누어서 가지거나 버리는 잣대로 삼는다.[34]

2) 교류와 앎의 단계

나는 느끼면서 가해오는 자극에 대처하려고 시도하면서 나의 상태를 점검하며 몸과 마음을 추스른다. 외부적인 것의 막을 열어 헤쳐 그것과 몸과 마음으로 소통하려는 것이다. 감각하고 있는 것과 소통하려고 하면서 감각(感覺)은 지각(知覺)이

33) 유통의 의미는 다음과 같다. 1. 공기 따위가 막힘이 없이 흘러 통함. 2. 화폐나 물품 따위가 세상에서 널리 쓰임.

34) 최봉영, 『한국인에게 나는 누구인가』, 지식산업사, 2012, p. 73.

된다. 반응하고 있는 나의 느낌을 살펴보면서 느낌은 기분이 된다. 이렇게 외부의 것과 몸과 마음으로 소통하는 방식은 맛봄이다. 봄이긴 하지만 아직 맛보기차원의 봄이다. 외부적인 것의 자극[감각]에 대응하여 가장 기본적인 데이터를 추려 거기에 대처해나간다. 외부의 것과 교통(交通)[35]한다.

외부의 자극에 대처하며 그것을 대상화하고 거기에 대한 나의 기분을 정리한다. 이제 나는 나에게 어떤 느낌을 갖게 한 대상이 나의 밖에 있음을 알게 된다. 사람이 어떤 느낌을 갖게 되면, 느낌을 대상으로 삼아서 느낌이 있음을 알게 된다. 이때 느낌이라는 대상이 있음을 아는 것에 그치기 때문에 느낌이 비롯하는 바탕에 대해서는 알지 못한다. 사람은 느낌이라는 대상이 있음을 알게 됨으로써, 그러한 느낌이 비롯하는 바탕에 대한 앎을 만들어간다. 사람이 일반적으로 앎이라고 말하는 것은 느낌이 비롯하는 바탕에 대한 앎을 말하다.

이제 대상에 대해 좀 더 알게 됨으로써 그 자극[낯섦]에 대한 적절한 대응방식을 터득하게 된다. 이제는 단순한 감각이나 지각이 아닌 인식과 통각의 상태에 이르게 된 것이다. 이제는 단순히 보거나, 듣거나 하는 것이 아니라 알아보고, 알아듣는 것이다. 그래서 무엇인지 알아내고, 알아차려, 알아서 하게 된다.

한국말에서 '알다'는 '알'과 뿌리를 같이하는 말이라고 할 수 있다. 알은 낱알, 씨알, 알짜, 알맹이 따위에서 볼 수 있듯이 낱으로 있는 어떤 것을 가리킨다. '알다'는 사람이 낱으로 있는 어떤 것을 대상으로 삼아서 그것의 겉이나 속을 알아차리는 것을 말한다.[36]

3) 생각함과 사무침의 단계

이러한 앎에서 사람은 몸과 마음과 머리로 소통하는 셈이다. 여기에서는 상통(相通)[37]과 융통(融通)[38]이 펼쳐진다. 내가 만난 대상에 대해 자세히 알게 되면서

---

35) 교통의 의미는 다음과 같다. 1. 자동차·기차·배·비행기 따위를 이용하여 사람이 오고 가거나, 짐을 실어 나르는 일. 2. 서로 오고 감. 또는 소식이나 정보를 주고받음. 3. 나라 사이에 관계를 맺어 오고 가고 함.

36) 최봉영, 앞의 책, p. 76.

37) 상통의 의미는 다음과 같다. 1. 서로 막힘이 없이 길이 트임. 2. 서로 마음과 뜻이 통함. 3. 서로 어떠한 일에 공통되는 부분이 있음.

대상에 대한 자리매김이 전개되는 것은 생각[사유, 사고]의 차원에서다. '생각하다'는 어떤 것을 어떤 것으로 규정지어 그렇게 여기는 것이다. '여기다'의 옛말은 '넉이다/너기다/녀기다'로, '넋'과 '넉이다'는 뿌리를 같이하는 것으로 볼 수 있다. 사람은 넋을 바탕으로 어떤 것을 어떤 것으로 여긴다.[39]

사람이 넋[정신]을 바탕으로 어떤 것을 어떤 것으로서 여기는 것에는 두 가지 마음이 있다. 하나는 지각하는 마음으로써 감각 자료를 바탕으로 어떤 것을 어떤 것으로서 여기는 것이고, 다른 하나는 생각하는 마음으로 언어자료를 바탕으로 어떤 것을 어떤 것으로서 여기는 것이다. 사람은 지각하는 마음으로 여기는 것을 터전으로 삼아, 생각하는 마음으로 여기는 단계로 넘어감으로써 지각의 세계에서는 볼 수 없는 온갖 것들을 새롭게 여겨갈 수 있게 된다.

머리와 정신으로 소통하는 생각의 차원에서 우리는 만나는 사물에 대해 정통(精通)[40]하고 도통(道通)[41]하게 된다. 그러기 위해서 사물/사태/사건을 분석/종합/정리하고 추리/해석/판단한다. 인간 서로가 경험한 것을 공통(共通)[42]으로 통용될 수 있도록 정리하여 사물/사태/사건 등 세계에 대한 보통(普通)[43]의 규정을 만들어 사물에 대한 지식의 자리매김을 꾀한다.

그 다음은 마음과 정신과 얼로써 교류하여 소통하는 사무침의 단계가 있다. 사무침은 '깊이 스며들거나 멀리까지 미침'을 뜻한다. '사무치다'의 옛말은 'ᄉᆞ믗다' 또는 'ᄉᆞ몿다'인데, 이는 '통(通)'의 번역어로 주로 쓰였다. 그 뜻은 '멀리까지 미치거나 깊이 꿰뚫다'이다. '통달(通達)ᄋᆞᆫ ᄉᆞᄆᆞ출씨라'는 보기말에서 '사무침'은 '막힘없이 환히 아는 정도의 소통 상태'를 말한다. 사무침에는 앎의 뜻 말고 다다름과 꿰뚫음[투명성]의 의미도 속한다. '달(達) ᄉᆞᄆᆞ출 달'이나 '투(透) ᄉᆞᄆᆞᄎᆞ 투'의 예문이 그 증거가 될 수 있다. 게다가 사무침은 '끝까지 이어짐'의 특징도 나타낸다. 사무침은

38) 융통의 의미는 다음과 같다. 1. 금전, 물품 따위를 돌려씀. 2. 그때그때의 사정과 형편을 보아 일을 처리함. 또는 일의 형편에 따라 적절하게 처리하는 재주가 있음.

39) 최봉영, 앞의 책, p. 133.

40) 정통의 의미는 다음과 같다. 어떤 사물에 대하여 깊고 자세히 통하여 앎.

41) 도통하다의 의미는 다음과 같다. 1. 사물의 이치를 깨달아 통하다. 2. 어떤 일을 잘 알거나 잘하다.

42) 공통의 의미는 다음과 같다. 둘 또는 그 이상의 여럿 사이에 두루 통하고 관계됨.

43) 보통의 의미는 다음과 같다. 1. 특별하지 아니하고 흔히 볼 수 있어 평범함. 또는 뛰어나지도 열등하지도 아니한 중간 정도. 2. <의학> 어떤 병이 뚜렷한 특징을 드러내지 않고 일반적인 증상을 나타내는 성질.

단순한 앎의 차원을 넘어 삶 전체에로 넓혀지는 소통 능력을 말한다. 사무침은 서로의 마음과 환경과 사정까지 속속들이 깊이 미루어 헤아리는 것, 즉 말이나 글로써 드러난 것과, 그 드러난 것을 통해 짐작할 수 있는 숨겨진 것을 한데 아울러 생각하는 것을 일컫는다. 사무침은 머리와 가슴, 그리고 마음까지 미치는 소통성을 말한다. 그렇기 때문에 사무침에서는 기분이나 감정이 강조될 수밖에 없다.[44]

이렇게 소통이 사무침의 단계에 이르게 되면 신통(神通)[45]하고 영통(靈通)[46]한 상태로서 서로의 뜻이나 생각뿐만 아니라 느낌이나 기분과 같은 것까지 함께 나눌 수 있게 된다. 사무침은 서로를 흐뭇하게 하고, 그로써 서로를 함께 나눌 수 있게 해 준다. 감동과 감탄의 공감의 탄성이 터져 나오고 감화와 감명의 어울림의 물결이 일렁인다.

4) 하나됨과 깨침의 단계

그 다음 얼로써 통하는 깨침의 단계에 이르면 나는 나 자신을 깨고 비워 텅빈 상태에서 모든 것과 화합하는 깨달음의 경지에 이르게 된다. 그래서 땅과 통하고 하늘과 통하고 역사와 통하고 다른 사람들과 통하는 사통팔달(四通八達)[47]의 상태에 도달하게 된다. 이 단계가 최고도의 소통 상태이다. 얼로써 통[靈通]하며 그로써 한얼과도 소통하여 두루 막힘이 없이 모든 것에 통해 미치는 신통방통(神通旁通)[48]한 상태이다. 이런 상태를 우리말로 '깨끗한' 경지라고 이름한다. 나의 벽[막]과 모든 것들의 벽[막]이 모두[끝까지] 깨져 막힘이 없이 투명한 경지이다. 모든 것을 두루 가로질러[관통(貫通)[49]하여] 자기를 비운 거울놀이 같은 어울림[통합(通

44) 구연상, <글쓰기와 사무침>, 『우리말로 학문하기의 고마움』, 우리말로 학문하기 모임 편, 채륜, 2009, p. 196.

45) 신통하다의 의미는 다음과 같다. 1. 신기할 정도로 묘하다. 2. 효험이 빠르고 훌륭하다. 3. 신묘하게 아는 것이 깊고 통달하다.

46) 영통하다의 의미는 다음과 같다. [동사] 신령스럽게 서로 잘 통하다. [형용사] 솜씨가 감쪽같고 능통하다.

47) 사통팔달의 의미는 다음과 같다. 도로나 교통망, 통신망 따위가 이리저리 사방으로 통함.

48) 방통의 의미는 다음과 같다. 자세하고 분명하게 앎. 신통방통하다: [형용사] 매우 대견하고 칭찬해 줄 만하다.

49) 관통의 의미는 다음과 같다. 1. 꿰뚫어서 통함. 2. 처음부터 끝까지 일관함.

合)] 속에 모든 것들은 융화와 융합을 거쳐 서로서로 조화와 합일에 이르게 된다. 그렇게 되면 만사형통(萬事亨通)50)의 경지에 이르게 되어 우주의 기운이 온누리에 대통(大通)51)하여 모든 것이 평화롭게 될 것이다.

3 인간이 여는 소통의 차원

뉴미디어 시대 미디어가 소통 기능의 대부분을 맡고 있어 미디어를 떠난 소통을 생각할 수 없는 지경에 이르렀다. 그러다 보니 미디어에 의해 온갖 소통거리가 우리의 관심을 장악하는데, 정작 소통은 제대로 이루어지지 않는 기이한 상황이 전개된다. 미디어 시대 불통이 본격적인 문제로 부각된다. 이제 우리는 미디어가 결국은 소통을 위한 미디어임을 감안해 소통의 목적에 대해 관심을 가져야 할 때이다.

소통 그 자체를 놓고 볼 때 소통의 목적은 정보의 수집, 전달, 공유를 통한 보다 나은 삶의 여건을 조성하려는 데 있다고 일반적으로 이야기할 수 있다. 그런데 정보라는 관점에서의 이런 이야기는 굉장히 무미건조한 이야기이고, 어디에나 적용되는 추상적인 이야기다. 어떤 형태로든 간에 정보의 수집, 전달, 공유는 일어나고 있기 때문에 이것만으로 소통의 목적을 잡기에는 너무 협소하다.

그래서 좀 더 구체적인 소통의 목적이 필요하다. 이 경우, 우리는 우선적으로 고독감 극복을 꼽을 수 있다. 인간은 죽을 수밖에 없는 존재로서 죽음 앞에 혼자 서있는 것을 가장 불안해한다. 그래서 고독감을 극복하기 위해서 누군가와, 그게 안 되면 무엇인가와 소통을 해야만 제 정신으로 살 수 있다. 그 다음으로 신뢰 조성을 들 수 있다. 이것은 사회성과 연관된 것이다. 신뢰를 조성해서 다른 사람들과 긴밀한 관계를 형성하려고 시도한다. 그리고 그를 통해 사회적 결속을 공고히 하려고 한다. 그 다음으로 좀 더 적극적인 차원에서 자기 구현, 자기 표현이 소통의 목적이 될 수 있다. 재미, 편리함, 멋스러움을 추구하는 것도 목적이 될 수 있다.

여기서 한 걸음 더 나아가 우리는 소통의 목적을 좀 더 넓게 잡을 수도 있다. 필자는 인간을 사이에 있는 존재로서 사이를 잇기 위해, 사이하기 위해, 사이를 맺

50) 만사형통의 의미는 다음과 같다. 모든 것이 뜻대로 잘됨. 형통: 모든 일이 뜻과 같이 잘되어 감.
51) 대통의 의미는 다음과 같다. 어떤 일이나 운수가 크게 트임.

기 위해 존재한다고 보고 있는데, 소통의 목적은 궁극적으로는 이것과 맞닿아 있는 셈이다. 그리고 필자는 사이-존재를 감성, 지성, 이성, 영성의 차원으로 나누었다.[52] 이렇게 볼 때 감성의 차원에서 소통의 목적은 재미, 즐거움, 편안함, 맛있음, 멋스러움, 균형, 오감만족 등이 될 수 있다. 요즘 이런 쪽으로 가고 있는 것이 에스테틱(Esthetic)이고, 이것은 낱말의 의미로는 감성학이다. '감성미학'으로 번역하고 있는데, 어쨌든 여기에서는 기술과 예술과 미학이 서로 어우러지는 것이다. 그래서 여기서는 기능, 효능, 성능, 조화, 융화, 오감, 육감, 미감 등이 강조된다. 홀로 있으면서 여유로움을 감성적으로 즐기고, 남들과 더불어 공존하고 공생하면서 서로를 인정하는 상호인정의 차원이 강조된다고 할 수가 있다.

그 다음 지성의 차원에서의 소통의 목적은 흔히 얘기하는 사회성을 강조한다. 관계, 습관, 관습, 풍습, 도덕, 윤리, 책임감, 자유, 평등, 인권, 사회정의 등의 개인의 권리, 그리고 질서, 관용, 공생, 상생, 공감, 배려, 협동, 협업 등등 사회적 교류와 교섭이 다양한 소통의 목적으로 등장한다. 여기에서는 정치적인 것, 경제적인 것, 사회적인 것을 찾아볼 수 있다. 함께함의 즐거움, 한 마디로 어울림의 차원이 여기에 속한다. 그래서 행복과 평화가 강조된다. 감성의 차원이 존재의 차원이라고 한다면, 지성은 당위의 차원이다. 무엇을 해야 하는가 하는 차원이다. 다시 말해, 인간다움을 추구하는 차원이다.

그 다음 때-사이를 잇는 이성의 차원에서는 의식이 강조가 된다. 의식, 자기의식, 반성, 성찰, 기억, 기록, 역사, 전통, 문화, 학습, 교육, 지식, 정보, 이론, 체계, 학문, 지평, 시간 의식, 공간 의식, 잠재의식, 무의식 등등 이렇게 자기 성찰의 차원, 이론의 차원이 여기에 속한다. 그래서 여기서는 역사와 과학, 학문, 철학, 이론 등이 가능한 학문 영역으로 등장하며, 존재와 당위가 아니라 가능성[잠재성]이 문제가 된다. 할 수 있음, 잠재, 이념, 목적, 의미 설정이 중요한 화두로 등장한다.

영성적인 차원에서는 초월, 종교, 신, 의미, 무의미, 희망, 절망, 초의식, 초능력, 탈경계, 탈지역, 가로지르기, 그물망, 죽음 등이 소통의 목적을 위한 중요한 주제로 등장한다. 여기서는 종교, 영성, 선(禪), 명상 등이 중요한 화두로 등장하며, 희망이 중요 관심사가 된다, 칸트(I. Kant)는 이렇게 이야기했다. "나는 무엇을 알 수 있는

52) 이기상, <문화는 소통이다: 문화 다양성 시대의 소통과 공감>, 엄정식 외, 『문화는 소통이다』, 철학과현실사, 2012, pp. 15-75.

가[나는 무엇을 할 수 있는가]. 나는 무엇을 해야 하는가. 나는 무엇을 희망해도 좋은가." 마지막 희망이 종교의 차원이다. 그러면서 칸트는 이 세 가지가 "인간이란 무엇인가"라는 물음으로 귀결된다고 말한다. 인간의 인식, 행위, 윤리, 종교 등이 중요한 차원이라는 말이다.

4 소통의 기본구조 '사이', '사이하다'

이렇게 우리의 이해의 지평에서 소통 현상을 정리해볼 때 그것과 연관된 중요한 인간의 정의는 "사이-존재(Inter-esse)"라고 할 수 있다. 여기서 핵심 개념으로 '사이'가 부각된다. 우리말 '사이'의 의미를 알아보자.

『국어사전』을 보면, 우리말 '사이'는 명사로서 첫 번째 의미는 이때에서 저때까지의 '동안', 즉 시간의 틈을 뜻하며, 두 번째는 '두 물건의 가운데', 세 번째 의미는 장소의 가운데 난 틈, '틈 사이'를 뜻한다. 동사로서 '사이하다'는 '사이에 두다, 사이에 들어서서 서로를 맺어주다, 중매하다, 중개하다'의 의미를 지닌다.[53] "우리 애인 사이할까?", "그러지 말고 친구 사이하자"와 같이 사이하자는 말은 우리 생활에서도 자주 쓰이는 말이다.

다음으로 '사이가 뜨다'라는 표현이 있다. 이것은 '일정한 거리가 있다, 동안이 오래다, 서로 사이가 좋지 않다'는 의미다. 반대로 '사이가 좋다'라는 표현은 '서로 사귀는 관계가 좋다'는 뜻이고, '사이를 두다'라고 하면 '일정한 거리나 시간을 두다'라는 뜻을 의미한다. 또한 '사이가 없다'라는 것은 '허물없이 가깝게 지내다'를 가리킨다.

여기의 낱말 풀이에서 보듯이 '사이'는 ① 때-사이, ② 장소의 가운데로서의 사이, 즉 빔-사이, ③ 물건이나 사람의 사이, ④ 틈, ⑤ 관계, ⑥ 아우름 등을 가리킨다. "너와 나 사이"와 같은 표현에서는 '개인으로서의 나와 너의 관계'라는 의미와 함께 '개인으로서의 너와 나의 다름과 차이'라는 뜻도 포함되어 있다. 그리고 '우리 사이'라는 표현에서는 너와 나 모두를 아우르는 더 높은 차원의 포괄성을 가

---

53) 남영신 엮음, 『국어사전』, 성안당, 1999, p. 1137.

리킨다. 그리고 '사이'의 동사형인 '사이하다'가 "사이에 들어서서 서로를 맺어주다, 중매하다, 중개하다"의 의미가 있는 것에 주목할 필요가 있다. 사람은 사이－존재로서 사이하는 존재다.[54]

이런 어원적 맥락에서 볼 때 인간을 '사이에－있음'이라 규정할 경우 그것이 지시하는 의미는 다음과 같다.[55]

장(場)의 가운데, 공간 속에, 빔－사이에 있다. 때와 때 사이에, 즉 시간 속에 있다. 사물과 사물 사이에, 사람과 사람 사이에 있다. 모든 존재하는 것을 아우르는 전체 속에 있다. 하늘땅 사이에 있다. 시간과 공간, 그리고 인간의 차원을 모두 포괄하여 모든 존재하는 것을 감싸고 있는 장[지평, 우주]의 가운데 있다. 그것들에 둘러싸여 있다. 포함되어 있다. 시간과 공간, 그리고 인간 개개의 차원 안에 놓여 있다. 그 개개의 차원 속에서 그 속에 존재하는 것과 연결되어 있으며 그것들과 교류, 소통하며 관계를 맺는다.

사이는 그 사이를 거리가 아닌 가까움으로 만들면서 존재함을 뜻한다. 사이는 개별자로서의 인간의 독특함[아름다움]을 인정하기에 서로의 사이를 존중한다. 아름과 아름의 사이를, 즉 너와 나 사이를 포괄하는 지평적인 사이가 있다. 그것이 우리 사이다. 아름들은 사이로 연결된 그물망으로서의 전체 사이에 자기를 맞추어 나가야 한다. 그래야 다른 아름들을 울리고 떨리게 하여 전체 속에 어우러져서 어울림을 이루어나갈 수 있다.

사람은 사이 속에서 사이로서 사이좋게 사이를 만들며 존재한다. 이것을 '사이하다'라고 표현한다. 즉, "사이에 들어서서 서로를 맺어주고 중매하고 중개한다." '사이하다'는 무엇보다도 '통하다'를 뜻한다. 개개 차원의 사이와 지평의 사이에 들어서서 그 사이가 통하게 함을 말한다. 그것은 '소통(疏通)하다'이다. 확 트이게 해서 서로서로 잘 통하게 함이다. '사이하다'는 '관여하다', '참여하다'를 뜻한다. '사이하다'는 '관계를 맺다', '서로를 이어주다', '가깝게 만들어주다'를 뜻한다. '사이하다'

---

54) 인간을 사이에－있음으로 규정한 철학자로 우리는 키르케고르를 들 수 있다. 그는 인간을 '중간－존재'라는 의미로 'inter－esse'라 칭했다. 그에 의하면, 인간은 무한과 유한 사이에, 영원과 시간 사이에, 보편과 개별 사이에, 영혼과 육체 사이에 존재하며 그 둘을 종합해야 하는 중간－존재이다.

55) 이기상, <지구촌 시대 문화인의 소통>, 『상상과 증명, 그리고 소통』, 문진연구센터 이덕환 엮음, 서강대학교출판부, 2013, pp. 191－233.

는 '중매하다', '중재하다', '중개하다'를 뜻한다. 미디어의 시대에 걸맞는 미디어적 존재를 특징짓는 핵심적인 개념으로 '사이하다'를 택할 수 있다.

이 규정은 사물, 도구, 기계, 컴퓨터, 미디어, 작품, 사람, 민족, 나라, 문화, 세계 등과 같은 모여 결성된 구성체로서 존재[자] — 실체든 주체든 — 그 자체에서 눈을 돌려 그것들의 '사이'에 주목한다.[56] 존재자는 그것이 그 자체로 홀로 있을 때에는 그 본래의 위력을 다 발휘하지 못한다. 다른 것들과 만나 그것들과 소통하고 교류하며 맞부딪칠 때 그 힘이 몇 배로 배가 되어 발산된다. 원자와 원자의 충돌과 융합, 그리고 거기에서 발산되는 엄청난 에너지를 생각해보라.

사이는 그 자체로 있음이 아닌 서로 다른 두 존재자의 만남과 교류를 중요한 본질적 차원으로 보는 시각이다. 사이에서 벌어지는 사건들은 다음과 같다. 만남, 소통, 관용, 상호작용, 상호인정, 공존, 공생, 공감, 상생, 교류, 교제, 교감, 유대, 연대, 연합, 통섭, 융합, 통합, 조화, 화합, 어울림 등이 그것이다. 사이 존재는 사이를 지향하며 추구한다. 그래서 사이를 그리워하고 기대하며 기다리고 갈망하고 소망하고 희망한다.

실체의 시대를 지나 주체의 시대를 거쳐 우리는 지금 상호주체의 시대인 현대를 살고 있다. 이 상호주체의 시대에서 강조되는 것이 바로 '사이' 아닌가! 그것은 곧 사이의 시대이다. 이 사이에서 힘의 갈등과 충돌, 집합, 이종교배, 융합, 통합이 이루어지며 변화와 변환이 전개된다.[57] 문화는 사이존재로서의 인간이 자연, 사물[사태, 사건], 인간[사회, 민족, 나라], 역사[세계, 우주], 신적인 것[신성]과 소통하는 행위와 거기서 지어지고 꾸며지는 산물이다.

---

56) 오늘날 특히나 중요한 것은 기계와 사람 사이의 만남과 교류인 인터페이스(interface)인 것은 놀랄 만한 일이 아니다. 소통에서 가장 중요한 것은 얼굴과 얼굴을 마주대하는 만남이다. 인간과 인간의 면 대 면의 만남인 인터페이스가 이제는 확대되어 인간과 기계, 기계와 기계, 기계와 사물, 인간-기계-사물의 소통적 만남으로 외연이 커졌다.

57) 문화학자 김용석은 21세기를 '사이'의 문화세기라고 지칭한다. 김용석, 『문화적인 것과 인간적인 것』, 푸른숲, 2000, p. 125.

제 6 절 글로벌 소통학을 지향하며

앞에서 살펴보았듯이 서구의 커뮤니케이션학에서는 communication을 주로 의견(message)의 전달과 이것에 관련된 활동으로서 생각하기에, 커뮤니케이션은 그것을 정확히 우리말로 옮길 경우 의사소통(意思疏通)에 해당한다. 의견이 메시지이고 의견을 주고받는 것을 커뮤니케이션라고 생각했다. 의견을 주고받는 과정과 결과(성과와 효과)를 연구하는 것이 서구 커뮤니케이션학(communication science)의 지적체계의 전통이다. 여기에서 의견은 논리적인 견해, 제안, 관점, 생각 등을 이성적으로 구성한 내용을 말한다. 내용이 논리적이어야만 더욱 설득력이 있게 상대방을 이해시켜서 행동에 변화를 줄 수 있기 때문이다.

그렇다면 왜 소통에서 이성 또는 합리성을 강조하는가. 위르겐 하버마스(J. Habermas)는 소통에서 이성을 강조하는 것은 서구의 근대성과 깊은 관계가 있다고 본다. 서구의 근대성은 합리성으로 조직 · 운영되는 관료사회를 구현하기 위해 소통도 관리 · 통제할 수 있다고 생각하였다. 근대성을 대변하는 학자들은 의사소통의 이성적 판단이 의견통합(consensus) 쪽으로 가야만 사회가 안정될 수 있다고 보았다. 그러나 반대로 이것이 이데올로기적으로 무장된 체제에 대한 비판적 대화를 위축, 또는 억압한다는 문제가 있다. 하버마스도 인정하고 있듯이 미디어 현실에서 체제에 의존한 소통은 개인과 사회의 잠재력을 살려내지 못하고 억누를 수 있다. 따라서 체제에 대한 지나친 의존보다는 개인의 차원에서는 그 잠재력을 일깨우고 사회의 차원에서는 그 전통의 문화적 문법을 찾아내 사회 구성원 모두가 함께 상생하며 공존할 수 있는 지혜를 모색해나가야 한다. 이성에만 권위를 부여하여 이성을 도구로 끊임없이 합리화시키며 효율성과 성과만을 추구한다면 그것은 21세기 지구촌 시대가 원하는 소통은 아닐 것이다. 도구적 이성을 추종하는 커뮤니케이션학에 대안이 될 수 있는 새로운 이념과 방향의 커뮤니케이션학이 구축되어야 한다.

필자는 문화를 소통의 관점에서 고찰한 적이 있다.[58] 그리고 더 나아가 소통을 아주 넓은 의미에서 우주론적 차원의 실체들의 소통이라는 관점으로 기술하기도

58) <문화는 소통이다. 문화 다양성 시대의 소통과 공감>, 『문화는 소통이다』, 엄정식 외, 철학과현실사, 2012, pp. 15−75.

했다.[59] 여기에서 필자는 소통을 크게 세 가지로 구별하여 보았다. 즉, ① 우주적 관점에서 물리화학적 소통–실체들 사이의 상호작용, ② 생물학적 소통–생명체들 사이의 교통 내지는 교감, ③ 인식론적 소통–인간과 세계 사이의 소통으로 분류하였다. 소통의 실마리를 추적해 올라가면 그 단초가 인간 기술문명의 영역을 벗어나 고등생물에게로 뻗어가고 있음을 확인할 수 있다. 더 나아가 이미 세포의 단계에서도 정보의 교류를 이야기할 수 있다는 것이 오늘날 과학의 입장이다. 그렇다면 원자, 또는 전자의 차원에서도 소통을 이야기할 수 있지 않겠는가? 거기에서도 중력, 전자기력, 핵력 등이 작용하여 어떤 형태의 상호작용과 교류, 즉 소통이 있을 것이니 말이다. 소통을 인간적 커뮤니케이션의 틀에서 벗어나 지구적·우주적으로 확장해나가야 함은 이제 시대적 요청인 셈이다.

어쨌거나 서구적 커뮤니케이션의 지평을 넓히기 위해서는 다른 문화권과의 대화가 필수적이다. 서구의 커뮤니케이션학자들은 다른 문화권의 학자들과 서로 다른 세계관, 인간관에 대해 허심탄회하게 커뮤니케이션해야 한다. 커뮤니케이션이 일방적인 메시지의 전달, 또는 통보가 아니라 서로의 의견교환이라면 상대방의 이야기를 들으려 하지 않는 일방적인 커뮤니케이션 방식을 바꿔야 한다. 뉴미디어 시대 모든 커뮤니케이션은 쌍방향을 지향해 펼쳐지고 있지 않는가. 이런 추세를 고려해서라도 서구의 커뮤니케이션학자들은 상대방의 오래된 문화적 전통에 대해 귀를 기울일 자세를 가져야 한다.

동아시아는 도가도비상도(道可道非常道), 이심전심(以心傳心), 역지사지(易地思之)의 오래된 소통 방식에 대한 역사를 가지고 있다. 그것을 이성을 잣대로 비합리적이고 비언어적인 커뮤니케이션이라고 일축해버릴 것이 아니라, 그것이 함축하고 있는 의미를 이해하려고 노력해야 할 것이다. 그럴 경우 문화 간의 커뮤니케이션이 가능해질 것이고, 그래서 커뮤니케이션의 이해지평도 넓어질 것이다. 그러면 지구촌 시대에 걸맞는 '글로벌 커뮤니케이션학', 또는 '글로벌 소통학'이 열리게 될 것이다. 소통하지 못하면 불통의 아집 속에 고립의 고통이 늘어난다.

---

59) <지구촌 시대 문화인의 소통>, 『상상과 증명, 그리고 소통』, 문진연구센터 이덕환 엮음, 서강대학교출판부, 2013, pp. 191–233.

참고문헌

가톨릭대학교 고전라틴어연구소 편찬(1995). 『라틴-한글 사전』. 가톨릭대학교출판부.
구연상(2009). <글쓰기와 사무침>. 『우리말로 학문하기의 고마움』. 우리말로 학문하기 모임 편. 채륜, 160-208.
김민선(2009). 『인간 커뮤니케이션, 비서구적 관점』. 범기수 · 박기순 · 우지수 옮김. 커뮤니케이션북스.
김용석(2000). 『문화적인 것과 인간적인 것』. 푸른숲.
남영신 엮음(1999). 『국어사전』. 성안당.
서울대학교 국어교육 연구소(2010). 『넓은 풀이 우리말 유의어 대사전』. (주)낱말 어휘정보처리 연구소.
성백효(1998). 『주역전의 하』. 전통문화연구회.
소흥렬(1996). 『문화적 자연주의』. 조합공동체 소나무.
이기상(2004). 『다석과 함께 여는 우리말 철학』. 지식산업사.
______(2009). 『지구촌 시대와 문화콘텐츠』. 한국외국어대출판부.
______(2009). 『콘텐츠와 문화철학. 문화의 발전단계와 콘텐츠』. 북코리아.
______(2010). 『글로벌 생명학. 동서 통합을 위한 생명 담론』. 자음과모음.
______(2012). <문화는 소통이다: 문화 다양성 시대의 소통과 공감>. 엄정식 외. 『문화는 소통이다』. 철학과현실사, 15-75.
______(2013). <지구촌 시대 문화인의 소통>. 『상상과 증명, 그리고 소통』. 문진연구센터 이덕환 엮음. 서강대학교 출판부, 191-233.
이승희(2004). 『국어대사전』. 민중서림.
최봉영(2012). 『한국인에게 나는 누구인가』. 지식산업사.
______(2013). 『말과 바탕공부』. 고마누리.
최상진(2000). 『한국인 심리학』. 중앙대 출판부.
한국심리학회 편(2003). 『현대심리학의 이해』. 학문사.
한정선(2013). 『소통. 진정성이 진정성을 만날 때』. 커뮤니케이션북스.

노르베르트 볼츠(2000). 『구텐베르크 은하계의 끝에서. 새로운 커뮤니케이션 상황들』. 윤종석 옮김. 문학과지성사.
닐 포스트먼(2001). 『테크노폴리』. 김균 옮김. 민음사.
도미니크 불통(2011). 『불통의 시대 소통을 읽다』. 채종대 · 김주노 · 원용옥 옮김. 살림.

마샬 맥루한(2002). 『미디어의 이해』. 김성기 · 이한우 옮김. 민음사.
빌렘 플루서(2006). 『코무니콜로기. 코드를 통해 본 커뮤니케이션의 역사와 이론 및 철학』. 김성재 옮김. 커뮤니케이션북스.
어빙 팽(2002). 『매스커뮤니케이션의 역사』. 심길중 옮김. 한울 아카데미.
에드워드 윌슨(2006). 『통섭. 지식의 대통합』. 최재천 · 장대익 옮김. 사이언스북스.
에드워드 홀(2008). 『침묵의 언어』. 최효선 옮김. 한길사.
______(2000). 『문화를 넘어서』. 최효선 옮김. 한길사.
엘리자베스 클레망 외(2001). 『철학사전. 인물들과 개념들』. 이정우 옮김. 동녘.
엠 그리핀(2009). 『커뮤니케이션 이론』. 김동윤 옮김. 커뮤니케이션북스.
요시미 순야(2007). 『미디어 문화론』. 안미라 옮김. 커뮤니케이션북스.
제러미 리프킨(2010). 『공감의 시대』. 이경남 옮김. 민음사.
존 피스크(2001). 『커뮤니케이션학이란 무엇인가』. 강태완 · 김선남 옮김. 커뮤니케이션북스.
캐이시 맨 콩 럼 엮음(2008). 『미디어 생태학 사상. 문화, 기술 그리고 커뮤니케이션』. 이동후 옮김. 한나래.
프랑크 하르트만(2008). 『미디어 철학』. 이상엽 옮김. 북코리아.

제 2 부

문화적 관점에서 본 소통

제 5 장 프로이트 정신분석에서의 대화와 소통

이 구 슬

제 1 절 들어가는 말

프로이트(Freud, 2001)에 따르면, 과학이 발전하는 과정에서 인류는 모욕적인 사태를 세 번 겪게 된다. 그 첫 번째는 코페르니쿠스(N. Copernicus)가 발견한 것으로 지구가 우주의 중심이 아니고, 지구는 우주의 아주 작은 부분에 불과하다는 것이었다. 두 번째 모욕적인 사태는 생물학적인 연구가 밝혀낸 것으로, 인간은 단지 동물계에서 유래한 존재로서 자신의 동물적 본성을 제거할 수 없다는 사실이었다. 세 번째 모욕적인 사태는 정신분석이 밝혀낸 것으로, 자아가 자신의 집안에서 더 이상 주인일 수 없으며 인간은 자신의 정신생활 안에서 무의식적으로 진행되는 과정에 대해서 온전히 알고 있지 못하다는 것이다(Freud, 2001: 406).

프로이트(S. Freud)가 창시한 정신분석은 의식과 정신이 동일하지 않다는 것에서 출발한다. 그는 "정신적인 것은 의식적인 것이다"라는 전래의 주장을 반박한다. 감정, 사고, 의지와 같은 정신적 과정에는 의식적 과정만이 아니라 무의식적 과정 역시 있어서, 무의식적 감정과 무의식적 사고와 무의식적 의지가 있다는 것이다(Freud, 2001: 25–26).

물론 정신분석학자들이 처음으로, 그리고 유일하게 무의식적 정신과정에 대해 말을 한 것은 아니었다. 하지만, 무의식적 정신과정에 대해 학문적 탐구를 하고, 경험적 자료를 통해서 그 주장을 뒷받침했다는 공로가 있다는 점은 인정하여야 할 것이다(Freud, 2001: 406).

정신과 의사인 프로이트는 신경증 환자를 치료하는 과정에서 '정신분석'이라는 새로운 방법에 도달하였다. 정신분석은 '신경증 환자를 의학적으로 치료하는 방법'이다. 하지만, 프로이트의 정신분석은 신경증 이외에 실수, 농담, 꿈과 같은 일상적인 것들도 다룸으로써 병적인 것만을 대상으로 하지 않고 분석의 대상을 폭넓게 확대하고 있다.

정신분석은 해부학적, 화학적, 생리학적 전제들에서 벗어나서 오로지 순수하게 '심리학적 개념들'을 사용하여 인간의 정신적 과정을 분석하고자 한다(Freud, 2001: 24). 억압, 갈등, 방어, 저항과 같은 심리학적 개념들을 통해 프로이트는 신경증이 발생하는 과정을 설명하고자 하였다.

프로이트 자신은 정신분석이 불완전한 것이고 많은 어려운 문제들이 있다는 점을 인정하였다(Freud, 2001: 16). 프로이트의 정신분석은 인간의 정신적 과정에 대한 치열한 탐구의 과정을 보여주는 것이지, 인간의 정신과정에 대한 완결된 탐구결과를 제시하는 것은 아니라고 볼 수 있다. 프로이트는 복잡한 인간의 정신과정에 대한 하나의 뛰어난 탐구방식을 제시하였다.

역사적으로 살펴보면 프로이트의 정신분석은 히스테리 환자들을 치료하는 방법이었던 최면요법의 한계를 경험하면서 창시된 것이었다. 샤르코(Jean-Martin Charcot), 브로이어(Josef Breuer)의 영향 아래 프로이트는 최면술을 통해 환자의 무의식에 접근하는 경험을 하게 된다. 하지만, 최면요법이 가진 문제점들을 접하면서 그는 새로운 방법인 정신분석으로 나아갔다. 최면요법을 포기한 프로이트는 환자의 '자유로운 연상'을 통해 환자의 병인(病因)을 추적하는 작업을 시도하였다.

자유연상을 통한 정신분석의 과정은 결국 환자와 분석자 사이의 '대화의 과정'이며, 이 과정에서 환자와 분석자 사이의 '소통'은 치료의 결정적인 요소가 된다. 치료의 과정은 결코 일방적인 것일 수 없고 환자와 분석자 사이의 상호적인 소통 아래에서 진행되어야 한다.

정신분석에서 환자와 분석자는 함께 더불어 병의 원인을 추적해가는 작업을 해야 되는데, 이 과정에서 그들은 서로 신뢰를 가지고 상대의 말에 귀 기울여야 한다.

만약 환자가 진실된 마음으로 치료에 임하지 않는다면, 또는 환자가 분석자의 설명에 불신을 가진다면 그들의 대화는 실패할 것이고 그 사이의 소통은 이루어질 수 없을 것이다.

그렇기 때문에 정신분석에서 환자와 의사의 대화는 치료의 성패를 가르는 중요한 과정이다. 그들이 서로 소통이 되어 성공적인 대화가 이루어진다면 치료 역시 제대로 진행될 것이고, 그들 사이의 소통이 제대로 되지 않아 대화가 제대로 이루어지지 않는다면 치료는 어려워지는 것이다.

그들은 증상의 원인을 함께 찾아가는 과정에서 환자의 연상을 통해 과거의 경험들을 끄집어내어야 되고, 그것이 어떻게 병인으로 작용하였는지 분석자는 해석해주어야 한다. 이 과정에서 의사의 해석에 환자가 동의하지 않으면 사실 환자의 치료는 힘든 것이 되고 만다.

이 글에서는 프로이트가 최면요법을 넘어서서 정신분석에 이르는 과정을 브로이어와 프로이트의 공저 『히스테리 연구』(1895)를 통해 살펴보고, 신경증 환자를 말로써 치료하는 정신분석이 어떻게 진행되는지를 프로이트의 저서 『정신분석강의』(1916~1917)를 통해서 살펴보고자 한다. 이를 통해서 정신분석에 있어서 분석자와 환자의 대화가 어떻게 이루어지는지, 대화를 방해하는 환자의 저항과 전이가 어떻게 극복될 수 있는지, 성공적인 대화를 위한 조건들은 무엇인지, 정신분석에서의 대화가 가진 특이성은 무엇인지 고찰하고자 한다.

제 2 절 히스테리와 최면요법

1885년 프로이트는 프랑스 파리에서 샤르코의 지도 아래 6개월 간 연구생활을 하게 된다. 그곳에서 프로이트는 샤르코가 최면을 이용한 암시를 통해 히스테리 징후가 나타나게 하고, 또한 사라지게 하는 것을 보았다. 히스테리는 오랫동안 수수께끼에 싸여 있으면서 많은 의사와 환자들을 괴롭혀왔던 질병으로, 많은 사람들은 환자들의 꾀병으로 간주해왔다. 그러나 권위를 가진 샤르코가 히스테리를 연구하면서 샤르코는 히스테리가 객관성과 진정성을 가진 질병이라는 것을 증명하는 데 앞장서게 되었다(Robert, 2000: 89-90). 그리고 프로이트는 낭시학파의 베른하임(E. Bernheim) 덕분에 히스테리 환자들이 자기 병의 원인과 깊은 관련을 맺고 있고, 환자 자신에게 은밀하게 감추어져 있는 것을 최면이나 암시를 통해서 불러낼 수 있다는 것을 알게 되었다(Robert, 2000: 116).

정신분석학의 탄생을 알리는 최초의 책은 『히스테리 연구』(1895)였다. 파리에서 돌아온 프로이트는 브로이어(Josef Breuer)와 함께 히스테리를 연구하게 된다. 그들은 1890년에서 1895년까지 5년 간에 걸쳐 『히스테리 연구』를 공동으로 펴내게 된다. 일반적으로 정신분석 문학의 첫 번째 작품으로 간주되는 이 책은 프로이트와 브로이어가 각기 만난 환자의 삶과 히스테리에 대한 상세한 묘사와 이론적 고찰로 이루어졌다. 1892년에 펴낸 「히스테리 현상의 심리 기제에 대하여: 예비적 보고서」는 프로이트와 브로이어가 함께 집필한 것으로 여기에 '카타르시스'의 중요한 기능이 상세하게 설명되어 있다.

전형적인 히스테리 증상은 반쪽마비, 시각장애, 간질 형태의 전환 등이다. 브로이어와 프로이트가 많은 히스테리 증상에서 찾아낸 것은 바로 '심리적 외상(트라우마, Trauma)'이었다. 그들에 의하면, 이 심리적 외상이 히스테리를 촉발하는 원인이 된 것이다. 공포감, 불안, 두려움과 같은 부정적 정서를 불러일으키는 경험이 환자 자신이 감당할 수 있는 정도를 넘어설 때 그것은 심리적 외상으로서 작용하는 것이다(Freud & Breuer, 2006: 16).

외상성 히스테리의 경우는 오래 전에 경험한 사건들이 강하게 작용을 계속한다. 보통 과거에 대한 우리의 기억이란 점점 희미해지게 되는데, 히스테리를 일으킨 사건들의 경우는 이러한 자연적 소멸과정이 일어나지 않는다. 강한 감정을 불러일으킨 사건이 발생했을 때 보통 눈물을 흘린다거나 하는 방식으로 그 사건에 반응함으로써 감정이 '분출'될 수 있고, 이러한 반응이 크게 일어나면 오히려 그때의 감정은 사라지게 된다. 하지만, 그 반응이 '억제되면' 오히려 그러한 감정은 기억에서 사라지지 않고 계속 남아있게 된다는 것이다(Freud & Breuer, 2006: 19).

복수와 같은 강한 반응을 보인 사람들에게는 카타르시스 효과가 나타난다. 그리고 언어를 통해서도 카타르시스 효과를 얻을 수 있다. 예를 들어, 통곡과 고백, 함께 말하는 것을 통해서 감정을 소산(abreagieren)시킬 수 있다. 또는 눈물을 흘리는 것도 그 사건에 대한 기억이 희미하게 스러지는 데 어떤 역할을 할 수 있다

(Freud & Breuer, 2006: 20).

정상적인 심리 상태라면 환자의 기억 속에 전혀 없거나 아주 희미한 형태로만 존재할 수 있는 체험들이지만 히스테리를 일으킨 기억들은 그 환자의 다른 기억들과는 달리 환자가 어찌해 볼 도리가 없는 것들이다. 이제 의사가 최면상태에서 환자에게 물어볼 때 소산되지 않은 그 기억들은 마치 최근에 발생한 것처럼 생생하게 다시 떠오르게 된다(Freud & Breuer, 2006: 21).

최면상태에서 의사가 찾게 되는 히스테리 현상의 근원은 사실 매우 고통스러운 것들이다. 사랑하는 사람을 잃었는데 결코 돌이킬 수 없었다든지, 사회적 상황 때문에 반응할 수 없었다든지, 환자가 그냥 잊고 싶어서 의도적으로 기억들이 의식적 사고에서 억제된 경우이다. 병을 유발하는 관념들은 정상적으로 희미해지는 과정을 거치지 않고 강한 감정을 그대로 유지한 채 생생하게 지속된 것들이다(Freud & Breuer, 2006: 23).

브로이어는 히스테리 환자 안나 O양을 치료하면서 카타르시스 요법이라는 새로운 치료 방법을 개발하였다. 브로이어의 환자 안나 O양은 물공포증을 앓고 있었는데 물과 관련된 자신의 과거 기억을 '말로 끄집어내면서' 물을 마실 수 있게 되었고, 그녀의 오른 팔 마비 증세 역시 그와 연관된 과거의 기억을 '말로 이야기하면서' 풀리게 되었다. 말을 하는 것만으로도 증상이 놀랍게도 사라지는 것을 브로이어와 안나 O양은 경험한 것이다. 그래서 그녀는 이러한 치료법을 '말하기 치료법'이라고 이름을 붙이게 되었고, 브로이어는 이 치료법이 억눌린 감정을 발산하면서 마음이 정화된다는 의미에서 '카타르시스 요법'이라고 부르게 되었다(이무석, 2008: 21-23).

카타르시스 요법은 무의식 속에 숨겨져 있는 '과거의 억압된 감정을 말로 표현함으로써' 히스테리를 치료하는 것이다. 억압되어서 육체적 증상으로 전환된 감정을 말로 표현함으로써 증상으로부터 자유롭게 풀어놓는 것이다(Jung, 2014: 17). 브로이어가 히스테리를 카타르시스 요법을 통해 치료하는 것은 프로이트에게 강한 인상을 주었고, 또한 커다란 영향을 미쳤다. 브로이어의 카타르시스 요법은 정신분석의 창시에 있어서 중요한 디딤돌의 역할을 하였다. 말로써 증상을 없애는 카타르시스 요법은 '말로만 이루어진 정신분석'을 위한 첫걸음이라고 볼 수 있다. 후에 프로이트가 히스테리의 원인이 성적인 것이라고 주장하면서 브로이어와 프로이트는 결별하게 되지만, 정신분석의 창시에 있어서 브로이어가 공헌한 바는 결코 가볍게 볼 수 없는 것이었다. 프로이트 역시 브로이어에게서 얻은 소중한 것들을 인정하고 있다.

프로이트 자신은 히스테리에 있어서 '정신적 고통이 육체적 통증으로 이렇게 전환되는 것'이 어떻게 일어나는지 설명할 수 없다고 말한다. 아마도 심리적인 것이 신체적인 것으로 전환되기 쉬운 성향을 가진 사람에게 내적으로 방어하고자 하는 동기가 압력으로 작용할 때 이러한 전환이 일어나지 않을까 추측하고 있다.[1)]

환자의 경우, 정서적 긴장을 견뎌내는 데에는 한계가 있기 때문에, 해소되지 않은 감정의 양이 한계를 넘어서게 되면 환자의 정신적 고통은 바로 다리의 통증 같은 것으로 전환된다. 히스테리의 통증들은 흔하고 가장 넓게 퍼져 있는 통증들, 두통이나 근육통 같은 것들이다(Freud & Breuer, 2006: 234-235).

병을 일으키는 중요한 역할을 한 경험들과 주변상황들은 설사 환자가 잊어버렸거나 생각해낼 수 없다 하더라도 환자의 기억 속에 정확하게 보존되어 있다. 브로이어는 이 기억을 '최면술'을 통해 몽유상태에서 끄집어내려 했지만, 프로이트는 새로운 방법, 즉 '자유연상'으로 이 기억들을 끄집어내려 하였다.

어떤 사람에게는 최면술이 효력을 지니지만 어떤 사람에게는 거의 효력이 없었다. 프로이트 자신은 왜 어떤 사람에게는 최면술이 효력이 있고, 다른 사람에게는 효력이 없는지 그 이유를 알 수 없다고 말한다. 또한 최면치료의 효과도 지속적이지 못하였다. 최면을 통해 증상이 사라진다해도 일정한 기간이 지나면 같은 고통이 반복되거나, 새로운 고통이 대신 나타났다(Freud, 2001: 637).

프로이트는 차츰 최면술을 포기하다가 『히스테리 연구』의 세 번째 경우에는 체면술을 '집중의 기술'로 대체시킨다. 프로이트는 환자를 최면 상태에 빠뜨리지 않고 환자로 하여금 두 눈을 감고 편안하게 드러누워서 머리에 떠오르는 것들을 숨김없이 전부 다 말하도록 요구한다. 이것은 자유연상의 방법을 향한 첫걸음으로서 이를 통해 프로이트는 독자적인 방법을 얻게 된다(Robert, 2000: 123).

프로이트는 이제 최면술을 통한 카타르시스 요법에서 벗어나서 자신의 '독자적

---

1) 프로이트에 의하면, 의사인 분석자가 환자의 히스테리 체질을 변화시킬 수는 없다. 분석자는 체질의 경향성과 외부적 상황과의 결합에서 생길 수 있는 문제를 제거하는 데에 만족해야 한다(Freud & Breuer, 2006: 342).

인 치료 방법인 자유연상을 통한 정신분석'으로 나아간다. 브로이어와 더불어 최면술을 시행하면서 환자의 무의식에 도달하는 너무나 소중한 경험을 하였지만, 최면요법이 가진 한계들을 체험하면서 그는 자신의 독창적인 방법인 정신분석에 발을 들여놓게 된 것이다.[2)]

제 3 절 환자의 저항

분석의 과정에서 분석자에게 큰 어려움을 안겨주는 것은 환자의 저항이다. 환자는 의사의 분석이 옳다고 믿지 않고 의사에게 저항하는데, 환자의 저항을 극복하는 것이 분석자에게 가장 어려운 과제가 된다(Freud, 2001: 414).

저항은 무의식적으로 일어나기도 하고 의식적으로 행해지기도 한다. 그래서 여러 가지 형태를 취할 수 있다. 예를 들면, 환자는 치료 시간을 잊어버리기도 하고, 일부러 안 오거나 늦게 올 수도 있다. 환자는 중요한 대화를 피할 수도 있고 분석자의 관찰 내용에 대해 생각해 보기를 거부할 수도 있다. 현재 행동의 의미나 과거 경험의 중요성에 대해 살펴보기를 꺼릴 수도 있다(Bauer, 2007: 46–47).

프로이트는 초기에 브로이어와 함께 최면술을 이용하여 히스테리 환자를 치료하였다. 최면술을 이용하면 환자의 저항이 없기 때문에 작업은 순조롭고 편안하며 짧은 시간에 진행될 수 있었다. 그러나 문제는 치료의 효과들이 지속적이지 못하다는 점에 있었다. 또한 최면술을 이용하는 한, 환자의 저항을 의사가 눈치챌 수 없고, 환자의 감정들을 역동적으로 파악할 수 없게 된다는 점이 있었다. "최면상태는 저항을 밀쳐내고 분석적 작업을 위한 일정한 심리영역을 보장해 준다. 또 저항이 영역의 경계를 넘어서지 못하게 함으로써 분석의 힘이 미치지 못하게 만든다" (Freud, 2001: 417). 이제 프로이트의 정신분석은 최면술이라는 쉽고 편리한 방법을

2) 하지만, 『히스테리 연구』를 살펴보면 브로이어야말로 히스테리가 어떻게 발생하게 되는지, 그것을 어떻게 치료할 수 있는지에 대해 핵심적이고 원천적인 기술을 프로이트에게 가르쳐 주었다고 볼 수 있다. 그런 점에서 정신분석학의 발생에 있어서 브로이어는 선구자였다고 볼 수 있다(유영미, 2013: 162).

포기하면서 본격적으로 시작되었다고 볼 수 있다.

환자는 분석당하는 동안 '심한 곤경'에 내몰리기 때문에 그는 감정적으로 강하게 저항하게 된다. 환자에게 특별히 '고통스러운 무의식의 자료를 그의 의식 속에 불러일으키고', 주제를 가장 치열하게 분석할 때 환자는 가장 강렬하게 저항한다(Freud, 2001: 418).

그러나 프로이트는 분석자를 가장 곤란하게 만드는 환자의 저항에서 새로운 길을 찾았다. 여기에서 우리는 프로이트의 연구자로서의 탁월함을 엿볼 수 있다. 분석의 과정에서 부딪히는 저항을 통해서 프로이트는 오히려 환자에 대한 중요한 정보를 얻을 수 있다고 보았다. 물론, 이 저항을 올바르게 사용할 수 있는 숙련된 기술을 분석자가 가지고 있어야만 한다(Freud, 2001: 415).

프로이트가 보기에 환자가 보여주는 저항의 힘은 환자의 병적 상태를 초래했던 힘과 동일한 것이다. 증상이란 어떤 심리적 과정이 정상적인 방식으로 처리되지 못했기 때문에 나타난 것으로, 증상은 발현되지 못했던 것의 대체물이다. 그래서 무의식적 정신과정을 의식의 차원으로 끌어올리는 것에 대해 강한 반발이 나올 수밖에 없는 것이다. 환자의 저항을 통해서 의사가 만나게 되는 것은 바로 병의 원인으로서의 '억압(Verdrängung)'이다. 바로 "억압의 과정은 증상을 형성하는 전제조건이다"(Freud, 2001: 419).

환자는 왜 치료과정에 저항하는가? 환자 자신에게 심리적 고통을 가져오는 바로 그것에 집착하고 있기 때문이다. 환자는 병적인 상태에서 벗어나기를 바라지만 다른 한편 그는 현재 상태를 유지하고 싶어한다. 자신의 방식을 그대로 유지하는 것이 더 안전해 보이기 때문에 환자는 변화를 위한 협력에 저항하는 것이다(Bauer, 2001: 48-50). 무의식을 의식으로 만든다는 것은 말끔하게 묻혀있다고 자신이 믿는 감정이나 회상이 다시 나타나 자신을 위협하게 하는 것이다. 그래서 환자는 현재 상태에 그대로 머물고 싶다는 반대의 소망과 싸울 수밖에 없다(Gay, 2011: 556-557).

그러나 분석자는 저항을 치료에 대한 반대행위로 보기보다는 치료과정의 중요한 부분으로 보는 것이 좋다. 분석자는 저항을 제거하려고 하기보다는 환자의 삶의 문제를 유지시키는 데 저항이 어떤 역할을 하는지 확인해야 한다. 분석자는 저항을 치워야 할 장애물로 보기보다는 그 자체로 탐색하고 이해해야 할 행동으로 보아야 한다. 저항을 가장 효과적으로 다루기 위해서는 그것을 '환자의 내면을 드러내는'

치료과정의 자연스럽고도 중요한 한 측면으로 간주해야 할 것이다. 저항에 대해 이러한 관점을 갖지 못한 치료자는 치료자-환자 관계를 적대적으로 이끌기 쉽다(Bauer, 2001: 53-56).

정신분석의 과정에서는 최면요법에서와 달리 분석자와 환자는 집요한 작업을 통해서 내적인 저항을 극복하게 되고, 환자의 정신적 삶이 변화되고 더 높은 차원으로 발전하게 된다. 단지 증상이 나타나는 것을 금지시키는 최면요법과 달리 정신분석은 질병을 극복하도록 도와주고 새로운 질병으로부터 자신을 보호할 수 있는 힘을 기르도록 환자를 교육시킨다(Freud, 2001: 639). 치료의 과정이란 증상의 발생의 근원으로 거슬러 올라가서 증상을 불러일으킨 갈등을 새롭게 부각시키고, '증상이 아닌 다른 방식으로' 갈등이 해결되도록 이끄는 것이다. "억압을 규명하거나 저항들을 발견해내고, 또 억압된 것을 해석함으로써 실제로 우리가 설정했던 과제들, 즉 저항들을 극복하고 억압을 제거하고, 또 무의식을 의식으로 전환하는 과제들이 해결된다"(Freud, 2001: 619).

제 4 절 전이(轉移, Übertragung)

프로이트는 히스테리, 불안신경증, 강박신경증은 정신분석을 통해서 치료가 되지만 편집증, 우울증, 조발성치매(정신분열증)는 정신분석을 통해 치료가 되지 않는다고 밝히고 있다. 프로이트는 분석의 초기 단계에서 정신분석의 방법이 전혀 적용될 수 없는 이런 사례들을 분석의 대상으로 삼았기 때문에 많은 경우 실패를 경험했다. 이런 사례들은 정신분석 요건에 맞지 않기 때문에 이제는 치료 대상에서 제외되었다(Freud, 2001: 650).

전이신경증으로 불리는 세 가지 유형의 신경증, 즉 히스테리, 불안신경증, 강박신경증에서는 환자가 한 인간으로서의 의사에 대해 아주 특이한 관심을 보인다는 점을 프로이트는 알게 되었다. 세 유형의 신경증에서는 '환자가 강렬하고 애정어린 감정들을 의사에게' 전이시킴으로써 치료에 장애요인이 발생한다. 하지만, 이러한 전이는 치료상황에 의해 발생한 것이 아니라, 이미 준비되어 있는 상황에서 분석적 치료를 받을 수 있는 기회가 주어지자 의사에게 감정이 옮겨진 것이다(Freud, 2001: 625).

전이라는 치료의 장애요인과 마주쳤을 때, 프로이트는 전이를 치료에 장애가 되는 우발적 요인으로 보지 않고, 질병 상태의 본질과 밀접한 연관을 지닌 현상으로 파악했다. 저항이 분석적 치료에 커다란 장애가 되었지만, 오히려 거기에서 환자 자신의 과거의 억압을 발견한 것처럼, 전이 현상에서 오히려 프로이트는 새로운 치료의 가능성을 엿보게 된다.

분석자에게로 감정을 전이시키는 현상은 격정적인 사랑의 요구로 나타나던지 좀 더 온건한 형태로 나타난다. 나이 차이가 매우 커서 사랑의 관계가 힘든 경우에는 분석자의 딸이 되고자 하는 욕구로 나타나기도 하고, 이상적인 우정을 맺자는 온건한 형태로 나타나기도 한다. 어떤 여성들은 승화된 형태로, 어떤 여성들은 그런 감정을 거친 형태로 표출한다(Freud, 2001: 625).

환자들은 분석자가 관심을 갖는 것에 함께 관심을 보이고, 분석자와 가까운 사람들에 대해 질투심을 보이기도 한다. 대체로 남자환자에게서는 적대적이고 부정적인 전이가 자주 나타난다. 적대적 감정들은 애정의 감정보다 나중에 나타나지만 이 감정은 애정의 배후에서 함께 존재한다. 적대적 감정 역시 프로이트가 보기에는 애정의 감정과 마찬가지로 '감정적인 집착'을 의미하는 것이다(Freud, 2001: 626-627).

환자가 품고 있는 이 감정들은 현재 상황에서 분석자에 의해서 발생한 것이 아니라, 이미 오래 전에 나타났던 것의 '반복'이라는 것을 프로이트는 분석의 과정을 통해 알게 된다. 분석적 치료에 있어 커다란 위협이 되는 전이는 이렇게 프로이트에 의해 새로운 의미를 갖게 되고 훌륭한 치료의 수단이 된다. 전이는 바로 환자의 '과거의 감정들이 재현되어 나타나는 것'이고, 전이현상을 통해 의사는 환자에 대해 결정적인 정보를 얻게 된다. 이제 의사는 환자가 보여주는 감정의 반복이 회상의 형태로 바뀌어지도록 하고, '전이의 의미를 환자에게 일깨워줌으로써' 전이가 극복되도록 할 수 있다(Freud, 2001: 627-628).

프로이트는 일생을 통해서 치료효과에 대한 개념을 수정했는데 초기에는 '해석과 통찰'이 치료효과를 낸다고 생각했지만, 후기에는 환자가 전이를 통해 유아기 외상(Trauma)을 재경험하는 것을 보고, '해석과 통찰'보다는 '치료관계를 통한 성장'에 좀 더 무게를 두게 되었다. '해석과 통찰'이란 환자 자신이 의식하지 못했던 갈등과 억압을 '의식화'시키는 것이고, 환자 스스로 자신을 객관적으로 돌아보게 만드는 것이다. 하지만, 갈등과 억압에 대해 통찰을 얻었다고 해도 환자 자신이 온전히 갈등에서 풀려나지 못하기 때문에 훈습(working-through)이 필요하다고 할 수 있다. 훈습은 반복되는 갈등을 반복해서 해석하고 경험하고 극복하는 과정이며 많은 시간이 걸리는 작업이다. 그래서 분석자의 해석도 중요하지만 치료과정에서 '분석자와 환자의 치료적 관계'를 통해서 환자가 성장할 수 있도록 분석자가 도움을 주는 것이 더욱 중요하게 된 것이다(이무석, 2008: 303-305).

제 5 절 정신분석에서의 대화와 소통

프로이트는 히스테리, 불안신경증, 강박신경증 같은 전이신경증 환자를 치료하는 데 있어서, 최면요법에서 벗어나서 '자유연상을 토대로 하는 정신분석'을 창시한다. 자유연상은 신경증뿐 아니라 꿈 해석에서도 적용되는데, 환자가 자신을 관찰하면서 자신의 내부에서 느끼는 지각, 감정, 생각, 기억들을 모두 말하는 것이다. 여기에서 중요한 것은, 환자가 연상된 내용 모두를 빠뜨리지 않고 말하도록 해야 한다. 연상의 내용이 너무 중요하지 않다거나 불쾌하다거나 말할 필요가 없다거나, 말도 안되는 것이라고 스스로 판단해서 스스로 제외시키지 않도록 분석자는 환자에게 요구한다(Freud, 2001: 410-411).

프로이트는 연상을 통해서 무의식으로 인도해주는 자료들을 만날 수 있다고 믿는다. 그는 환자들이 모든 것을 숨김없이 말하는 것이 쉽지 않다는 것을 알고 있다. 자기만의 고유한 세계를 숨기려고 하지 않는 사람은 거의 없기 때문이다. 그러나 분석적 치료는 치외법권을 허용할 수 없다고 단호히 말한다(Freud, 2001: 412). 왜냐하면, 환자가 숨기려고 하는 바로 그곳에 증상의 원인이 도사리고 있기 때문이다.

정신분석적 치료에서 분석자인 의사와 피분석자인 환자 사이에는 '대화'를 나누는 것이 전부이다. 두 사람 사이에는 오로지 '말'만이 오갈 뿐이다. '말'로써 신경증을 치료하는 것이 정말 가능한지에 대해 많은 사람들이 의구심을 가졌다. 프로이트는 이런 의구심에 대해서 말이란 원래 '마술적 힘'을 가지고 있다고 대응한다(Freud, 2001: 19).

바로 말은 사람들에게 영향을 줄 수 있는 뛰어난 수단이기 때문이다. 환자는 말로써 자신의 과거 경험을 밝히고 자신의 고통과 소망과 충동들을 표현한다. 분석자인 의사 역시 환자에게 어떤 정신적 과정이 일어나서 신경증으로 나타났는지를 말로써 설명한다. 말을 통해서 분석자는 신경증의 원인들을 밝혀주고 그것을 환자 자신이 이해하고 받아들이도록 한다.

그런데 정신분석 치료의 어려움은 환자가 자신의 정신생활의 '가장 내밀한 부분'을 의사에게 토로해야 하는 데에 있다. 환자의 정신생활의 내밀한 부분은 자기 자신에게도 고백하고 싶지 않고, 남들 앞에서는 감추어야 하는 그런 내용들이다(Freud, 2001: 19). 그렇기 때문에 이런 비밀스런 부분을 의사에게 드러내는 것보다는 차라리 숨긴 채 신경증을 그대로 받아들이려고 하는 환자도 있다. 이러한 부분에서 분석자인 의사에 대한 환자의 신뢰가 중요하다.

정신분석 치료에 있어서 분석자와 환자 사이의 대화는 환자의 가장 내밀한 사생활과 직결되어 있고, 남들에게 보여주기 힘든 내용을 담고 있기 때문에 분석자는 환자의 비밀을 접하면서 '진지하고 신중한 자세'를 보여주어야 할 것이다. 그래야 환자는 분석자에 대한 믿음을 가지고 대화에 임할 수 있고, 자신의 병인이 무엇이었는지 깨달음을 얻을 수 있을 것이다. 분석자의 '진지함과 진실성, 그리고 신중함'은 분석자가 지녀야 하는 가장 중요한 덕목이라고 할 수 있다.

또한 정신분석의 치료 방식은 분석자가 심리적 현상에 대해 흥미를 가지면서, 환자에 대한 개인적 관심 역시 가져야 가능하다. 치료과정은 분석자에게 힘이 들고 시간이 많이 필요한 과정이다. 그렇기에 분석자가 환자 개인에 대해 관심을 갖지 못한다면 치료는 무척 힘들어진다. 그리고 분석적 치료는 어느 수준 이상의 지능을 가진 사람에게만 시행할 수 있다. 왜냐하면, 환자는 의사의 말을 이해할 수 있어야 되고 두 사람 사이에 '대화'가 가능하고 '소통'이 될 수 있어야 하기 때문이다. 어느 정도의 지적 능력이 없는 환자에게 분석자는 자신의 말을 이해시키기 힘들 것이다.

소통이 잘되기 위한 조건은 거짓이 없는 환자의 진실된 말들과 이에 대한 분석자의 적절한 해석과 분석이라고 볼 수 있다. 환자가 자신의 기억들을 숨김없이 솔직하게 말하는 것과 이에 대한 분석자의 예리한 해석이 함께 어우러질 때 병을 일으킨 원인에 대한 깨달음에 환자가 도달할 것이고, 그와 더불어 환자는 자신을 괴롭히는 증상에서 벗어날 수 있을 것이다.

그러나 분석자는 무엇을 언제 해석할지 결정할 때 매우 신중해야 한다. 분석자가 너무 성급하게 해석하고 그것을 환자에게 말하게 되면 대화가 단절될 수 있기 때문이다. 분석자의 해석이 아무리 정확하다 해도 지나치게 성급한 해석은 환자의 반감을 살 수 있고 대화가 참담하게 끝날 수 있기 때문이다. 두 사람 사이의 대화가 어느 정도 무르익고 신뢰가 쌓였을 때 분석자는 환자의 증상에 대한 해석을 제시해 주어야 한다. 그래서 분석자는 그 누구보다 신중하고 사려 깊은 자세를 갖추어야 된다. 환자는 자신의 마음에 떠오르는 모든 것을 말해야 하는 위치에 있지만, 분석자는 반대로 신중하고 사려 깊게 말을 해야 하는 위치에 있다(Gay, 2011: 553-554).

물론, 환자 역시 분석자의 설명을 겸허하게 받아들이려는 자세가 있어야 대화가 성공할 수 있다. 자신이 스스로 받아들이기 힘든 자신의 무의식의 모습을 분석자가 설명할 때, 수치심이나 부끄러움을 넘어서서 설명을 받아들이려는 열린 자세가 필요하다. 인정하고 싶지 않은 자신의 내면을 받아들일 수 있는 겸허한 자세가 없다면 환자와 분석자 사이의 대화는 성공하기 힘들 것이다. 이러한 점은 보통의 대화와는 다른 정신분석에서의 대화의 특이점이라고 할 수 있다.

또한 정신분석의 과정에서 분석자는 환자의 '저항'과 '전이'라는 커다란 장애물을 만나게 되는데, 저항과 전이를 극복하기 위해서는 무엇보다 분석자의 인내심이 요구된다. 일상의 모든 대화에서 대화에 참여하는 사람들이 서로에 대해 이해심과 포용력을 가져야 되겠지만, 정신분석에서의 대화에서는 분석자가 일상적 대화에서보다 훨씬 큰 인내심을 가져야 한다. 환자의 저항과 전이는 분석자의 인내심을 시험하는 계기가 될 수 있다. 특히, 전이 때문에 일어날 수 있는 환자의 사랑 고백과 같은 사건 앞에서 분석자는 평정심을 잃지 않은 채 전이의 원인을 냉정하게 환자에게 설명해줄 수 있어야 한다. 그러기 위해서는 분석자는 환자의 전이를 이용하려고 하지 않고 오로지 환자의 치유에 집중하는 진실성을 갖추어야 한다.[3)]

---

3) 피터 게이(Peter Gay)에 따르면, 분석자는 환자가 아무리 충격적인 이야기를 해도 동요하지 않고 들어주고, 아무리 나쁜 행동을 해도 비난하지 않고 들어주는 사람이다. 그래서 그는 고해소의 사제처럼 모든 것을 털어놓으라고 권유하지만 사제처럼 설교하지 않고 참회하도록 강요하지도 않

결국, '정신분석'은 환자가 자신의 내면의 갈등과 억압을 이전보다 더욱 성숙하게 해결해 나가도록 이끌어주는 것을 목표로 한다. 여기서 분석자는 '대화'를 통해 환자의 내면을 들여다보고 그것을 해석해주고, 그 해석을 통해 환자가 자신의 내면에 대한 통찰을 얻게 해주고 스스로를 변화시키도록 하여야 한다. 이 과정에서 환자와 분석자 사이의 소통이 이루어지지 않는다면 그 무엇도 제대로 수행될 수 없을 것이다. 정신분석은 '대화'의 과정이고, 대화 속에서 '소통'은 치료를 위한 기본적인 요건이라고 할 수 있다.

제 6 절 맺는말

인간의 '정신적 삶을 객관적으로 탐구하는 것'은 쉽지 않은 일이다. 많은 학자들은 프로이트의 탐구에 대해 학문적 성격을 부여하지 않으려 하였다. 이에 대해 프로이트는 자신의 정신분석학이 철저히 '경험'에 바탕을 두었고 사변적 체계 같은 것이 아니라고 주장하였다. 정신분석학의 내용은 환자를 직접 관찰한 내용을 표현하거나, 관찰한 내용에서 추론해 낸 결과로서 자신의 추론의 타당성은 학문의 진보 과정에서 밝혀질 것이라고 프로이트는 생각했다(Freud, 2001: 349). 프로이트 자신이 '전이신경증'이라고 일컬은 신경증의 유형만이 정신분석을 통해 치료될 수 있다고 한정지은 것도 그의 실제 치료 경험에서 나온 것이다.

특별히 '정신분석'은 최면요법과 달리 '대화'를 통해서 병의 원인이 된 환자의 억압된 무의식을 드러내고자 시도한다는 점에서 획기적인 방법이라고 할 수 있다. 오로지 환자와 분석자인 의사 사이에 오가는 '말'만으로 환자의 신경증을 치료한다는 것은 놀라운 일이다. 정신분석에서 '말'은 수술도구나 약물과도 같은 엄청난 역할을 하는 것이다.

그 어떠한 조치도 아니고 오로지 분석자와 환자 사이의 대화를 통한 진실 드러내기를 통해 신경증은 치료될 수 있다고 프로이트는 주장한다. 하지만, 대화를 힘

는다(Gay, 2011: 557).

들게 만드는 장벽이 생기는데 그것이 바로 환자의 '저항'이다. 환자는 분석자의 분석 앞에서 강하게 저항하면서 분석자를 곤경에 처하게 하는데, 프로이트는 바로 환자의 저항에서 그의 무의식적 억압을 찾아내고 그것을 오히려 분석을 위한 풍부한 자료로 삼는 놀라운 면모를 보여준다. 실제로 환자의 저항을 극복하는 대화만이 성공적인 대화가 되고 분석자와 환자 사이의 신뢰어린 소통으로 이어질 수 있을 것이다. 저항을 어떻게 극복하느냐는 환자와 분석자 사이의 대화와 소통에 결정적인 영향을 미친다고 볼 수 있다.

또 다른 대화의 장애물은 환자의 전이이다. 과거의 자신의 감정들을 분석자에게 전이시키는 것 역시 환자와 분석자 사이의 대화를 어렵게 만들어버린다. 분석자는 환자의 전이 앞에서 쉽게 분석을 포기하려 할 수 있다. 브로이어 역시 안나 O양의 전이 앞에서 무기력함을 느끼고 치료를 포기하였다. 하지만, 프로이트는 전이 역시 환자의 과거 감정을 다시 들여다볼 수 있는 계기로 여기고, 거기에서 환자에 대한 인식을 예리하게 할 수 있는 기회를 찾는다. 자칫 대화를 실패하게 만들 수 있는 전이현상에 오히려 긍정적인 의미를 부여하고 거기서 환자에 대한 결정적인 정보를 얻고자 하는 프로이트는 놀라운 반전을 보여준다.

물론, 분석자가 제대로 분석을 하기 위해서는 환자의 저항과 전이를 제대로 잘 처리할 수 있는 통찰력과 인내심과 진실됨이 절대적으로 필요하다. 환자의 증상이 어디에서 비롯되었는지 파악하는 통찰력이 있어야 되고, 환자의 저항을 견뎌내는 인내심 또한 필요하며, 환자의 전이 앞에서 환자를 이용하지 않고 환자를 진실된 태도로 치료하고자 하는 마음이 필요하다.

물론, 환자 역시 분석자의 설명을 겸허하게 받아들이려는 자세가 있어야 대화가 성공할 수 있다. 자신이 스스로 받아들이기 힘든 자신의 무의식의 모습을 분석자가 설명할 때 그것을 수치심이나 부끄러움을 넘어서서 받아들이려는 열려 있는 자세를 가져야 된다. 인정하고 싶지 않은 자신의 내면을 받아들일 수 있는 겸허한 자세가 없다면 환자와 분석자 사이의 대화는 성공하기 힘들 것이다. 이러한 점은 보통의 대화와는 다른 정신분석에서의 대화의 특이점이라고 할 수 있다.

결론적으로 말하자면, 프로이트의 정신분석은 환자와 분석자인 의사 사이의 '대화'의 과정이고, 정신분석은 대화 속에서의 '소통'을 기본 요건으로 삼고 있다. 대화를 방해하는 저항과 전이를 넘어서서 서로 간의 신뢰를 바탕으로 하는 소통이 진정으로 정신분석을 성공으로 이끄는 토대라 할 수 있다.

참고문헌

김미리혜(역)(2006). 『히스테리연구』. Freud, S., Breuer, J.의 *Studien über Hysterie*. 파주: 열린책들(원저 1895 출간).

유영미(2013). 정신분석학의 탄생에 관한 연구. 박사학위논문. 울산대학교 대학원.

이무석(2008). 『정신분석에로의 초대』. 서울: 도서출판 이유.

이재형(역)(2000). 『정신분석혁명』. Robert, M.의 *Revolution psychanalytique: La vie et l'oeuvre de Sigmund Freud*. 서울: 문예출판사(원저 1964 출간).

임홍빈·홍혜경(역)(2001). 『정신분석강의』. Freud, S.의 *Vorlesungen zur Einführung in die Psychoanalyse*. 파주: 열린책들(원저 1916~1918 출간).

정남운(역)(2007). 『지금-여기에서의 전이분석』. Bauer, G. P의 *Analysis of the transference in the here and now*. 서울: 학지사(원저 1993 출간).

정영목(역)(2011). 『프로이트 I. Gay, P.의 *Freud: A life for our time*』. 서울: 교양인(원저 1923 출간).

정영진(역)(2014). 『정신분석이란 무엇인가』. Jung, C. G.의 *The theory of psychoanalysis*. 서울: 부글(원저 1914 출간).

제 6 장 언어 소통과 문화

이 상 규

제 1 절 언어 지배와 언어 횡단

사람은 언어를 통한 소통이 가능하기 때문에 인간이 창조한 정보와 지식을 끊임없이 축적할 수 있었으며, 이를 통해 인류의 지속적인 삶의 진보가 가능했던 것이다. Hofstede(1980)은 언어적 소통은 집단 구성원과 또 다른 인간 집단 구성을 구별하는 정신의 총체적 프로그램이라고 한다. 문화는 언어를 통해 살아 있으며 언어는 인간이 창조해 온 지식, 믿음, 예술, 도덕, 법률, 관습 등 인간이 획득한 모든 능력과 습성을 포함하는 문화를 싣고 있다.

자연적 진화는 자연 환경이 연출하는 유전적인 영향을 받지만, 문화적인 요소는 인간의 본성과 양육이라는 문화적 생활양식에 따라 진화된다. 인간의 집단적 문화의 다양한 요소 가운데 언어란 인간의 소통의 기본 바탕이 되며, 인간의 언어 능력은 언어적 인간(homo loqunens), 곧 말하는 동물로 규정되어져 왔다. 한편으로는 인간의 언어가 사물의 본질에서 벗어나는 엄폐한다는 비판도 있어 언어의 장막을 걷어내야 비로소 진정한 사물의 본질에 도달할 수 있다는 견해도 있다. 언어의 자의성이라고 말하는 동일한 사물에 다양한 집단 간에 이질적인 언어로 명명되는 것은, 곧 사물의 본질과 언어는 별개의 것이라는 말이다. '돌'을 '石', 'stein', 'storn'

이라고 명명하는 것은 '돌'이 가지고 있는 사물의 본질과는 아무런 관계가 없다는 말이다. 그러나 인간에게는 사물을 명명하는 언어적 요소가 매우 체계적인 격자로 짜여져 있다. 세상의 모든 사람은 자기 이름을 가지고 있지만 사과나무에 달린 사과의 개별적인 이름을 명명하지 않는 것처럼 사회제도와 문화와 긴밀한 관계를 창의적으로 창조할 능력을 갖추고 있다는 말이다.

바닷물고기의 이종명칭을 폴리네시안들은 수백 종을 인지하고 있지만 미국 월가(Wall Street)의 증권 중계인들은 불과 수십 종의 이름도 인지하지 못하고 있고, 그 역으로 폴리네시안들은 증권가의 용어를 거의 인지하지 못하듯이 언어와 소통의 방식은 그 집단의 문화와 긴밀한 관련을 맺고 있다. 언어를 우주의 창조적인 별이라고 말하듯 사물의 본질에 끊임없이 접근하는 통로가 바로 언어인 것이다.

인간은 언어를 통해 지식과 정보를 서로 교환하고 있다. 집단 문화에 따라 서로 다른 구조적 체계로 구성된 입말(구어)와 글말(문어)를 활용하고 있다. 물론, 집단 문화에 따라 입말과 글말이 일치하기도 하지만 일치하지 않는 경우도 있고, 글말을 집단 창조에 의해 독자성을 가진 집단도 있고 그렇지 못한 경우도 있다. 낱소리에서부터 이들의 체계적 결합으로 이루어지는 단어와 단어를 하나의 문장으로 결속하는 글쓰기와 말하기의 방식을 통해 시간과 공간을 뛰어넘는 소통을 통해 인간 문화의 지속성을 유지하고 있다.

그러나 최근에 들어서면서 언어 소통의 상황이 급변하고 있다. 인터넷을 통한 언어 전달의 매체의 변화와 국경과 민족을 건너 사람들이 뒤섞이고 모이고, 또 분산하는 속도가 매우 빨라지고 있다. 여기서 집단의 전통적 유물인 언어의 소통이 차단되고 막힘으로써 이 소통의 방식이 엄청나게 큰 절벽에 직면해 있다. 영어의 국제화, 영어의 공용화라는 소통의 새로운 방식을 끊임없이 제안하고 있다. 소위 말하는 글로벌 시대의 소통을 대비하기 위해서 우리는 두 가지의 방식을 선택할 기회가 주어져 있다. 국제적 언어로 영어를 채택하는 방식이다. 물론, 이 문제는 사회적 합의에 의해 이루어질 수 있으나 여기에 대한 반론 또한 만만찮다. 토착지식의 다양성이 허물어질 수 있을 뿐만 아니라 거기에 소용되는 비용이 천문학적으로 투자되어져야 한다. 이 문제보다 더 심각한 것은 단일 국제 통용어를 채택한다고 하더라도 멀지 않아 이들은 다시 분산되고 변형된다는 이유를 제시하고 있다. 이러한 방식을 언어 지배(language domination)의 방식이라고 말하는데, 최근 문화의 다양성 선언 이후 반제국적, 탈오리엔탈이라는 관점에서 상당한 도전과 반론이 전개되고 있다.

또 한 가지 방편은 소위 말하는 언어 횡단의 방식이다. 문화 교류의 중심 언어의 소통 방식에는 언어 지배(language domination)의 방식과, 언어 횡단(trans-language)의 방식이 있다. 언어 횡단의 방식이란 A, B, C의 언어가 있을 때 A와 B가 소통하고, A와 C, B와 C가 소통하는 형식의 소통 구조로 이해될 수 있다. 언어 지배적 방식이라면 A의 언어가 B와 C의 언어를 대치하여, B와 C의 언어를 지배하거나 없애버리는 언어 정책이라고 할 수 있다. 20세기 언어 식민주의 국가들은 약소국가나 변두리 부족의 언어를 절멸의 벼랑 끝으로 내몰아 왔다. 지배적 방식은 문화 제국주의 또는 언어 제국주의의 방식으로 중심부가 주변부를 일방적으로 파괴하는 방식이다.

다문화 국제화 시대에 다중 언어의 교육과 정책의 기조는 지배적 방식이 아닌 상호 대등한 방식인 언어 횡단의 방식으로 진행되어야 할 것이다. 그런데 이러한 논의는 무조건 변방의 소수 언어를 보존하자고 우기는 일이 아니다. 국제 소통을 위해서는 국제 소통어인 영어 학습을 위해 많은 노력과 투자를 아끼지 않듯이 주변 국가의 언어를 상호 존중하고 학습할 필요가 있다는 말이다. 그와 함께 문화 상호주의적 방식을 기반으로 한 한국어의 국외 보급 계획이 수립되어야 한다.

특히, 아시아의 문화 연대를 위해서는 아시아 내부에 서로 소통할 수 있는 통로를 만들어 나가야 한다. 지배적 언어로써 소통하는 것이 아니라 서로 인접해 있는 언어로 소통의 연결 고리를 만드는 언어 횡단의 방식으로 아시아는 하나의 소통 결속이 되어야 한다. 아시아인들의 협력과 소통을 위해서는 다양한 민족과 국가 상호 간에 언어와 문화를 이해하는 데 주력해야 한다.

이 문제는 국가나 민족 집단이나 혹은 사회 집단의 선택의 문제이다. 언어 지배(language domination)의 방식인 국제 영어로 획일화하는 방식이 갖는 장점도 있겠지만 주변 국가나 민족이 이룩해 온 토착의 문화와 지식이 온전하게 유지될 수 없게 된다.

지난 20세기까지 소수 부족이나 민족 국가 언어가 급속도로 무너지는 과정을 거쳐왔다. 21세기 내에 전 세계 약 6천여 가지 언어 가운데 거의 대부분의 언어가 절멸될 것으로 예측하고 있다. 21세기 새로운 소통의 방식인 국제 언어를 통한 새로운 언어 지배의 질서에 대한 우려를 하고 있는 아마두 코네는 토착어의 유지 발전의 방안과 그 지속 가능성에 대해 강력한 주장을 하고 있다. 아프리카 가나에 토착어인 요루바어나 퉈어, 에위어, 판티어를 물리치고 영어가 그 빈자리를 차지하고 있지만, 결국 영어는 상위 엘리트 소수만의 소통어로 사용되고 있어 하위층의 다수자는 소통의 장애를 겪고 있다는 측면에서 언어 인권의 문제를 제기하고 있다. 자연 상태의 언어를 그대로 둘 경우 민족이나 부족 국가의 언어 소통의 장애 때문에 발전을 정체시킨다는 견해도 있다. 데지레 필립페 라마카벨로는 18개 부족 방언으로 소통되는 마다카스카르의 부족어를 통합하자는 제안을 하기도 한다.

인도의 하이데라바드대학 특별연구원이자 네루대학 영어과 교수인 마카란드 파란자페 교수는 언어가 자연적으로 소멸하는 경우와 언어를 죽이는 경우로 구분하여, 인위적으로 토착 언어를 말살하거나 정부 시책에 의해 언어를 말살해서는 안된다는 주장을 하고 있다. 산스크리트어나 파밀어, 발리어와 같이 자연적으로 가정에서, 또는 교육의 현장에서 사용하지 않으므로 인해 죽어가는 언어는 자연의 섭리이지만, 우즈베키스탄, 카자흐스탄, 몽골어, 체코어나 헝가리어처럼 구 소련제국에 의해 언어를 죽이는 행위는 비자연적인 논리라는 말이다.

현재 인도에서는 힌디어, 우르드어, 벵골어 등 28개 언어가 영어공용화 정책으로 힌글리쉬(Hinglish)가 되어 혼성 언어로 변화하고 있다. 인도의 다양한 언어를 죽이는 공범으로 영어와 국가 언어정책이 가담하고 있다. 인도의 베다 문법의 고대 문법의 전통이 단절되고 그 문화의 단절로 이어지는 것을 막기 위해 케이블방송 150개 채널을 통해 인도의 다양한 토착 언어로 방송을 하고 있다고 한다.

케질라 하비는 아프리카의 언어 소통의 현실을 영국 문자를 활용한 아프리카 공통어인 링구아 프랑카[1)]인 스와힐리어와 토착 부족어들이 뒤섞여 있는데, 스와힐리어가 도리어 영어를 죽이고 있다고 말하고 있다. 영어가 토착 언어와 섞이면서 영어가 피진 크레올어로 혼태되면서 영어의 확산이 또 다른 언어의 혼란을 불러일으킬 가능성을 예고하고 있다. 케질라 하비는 언어란 표현을 위한 언어와 믿음의 언어가 있을 수 있으며, 표현을 위한 언어로는 영어나 프랑스어와 같은 국제 통용

1) 링구아 프랑카(lingua franca)는 프랑크 언어(Frankish language)를 뜻하며, 아프리카를 중심으로 모국어가 서로 다른 사람들끼리 소통하기 위해 쓰는 제3의 언어를 말한다. 싱가포르어, 가나어, 카리브어, 말레이시아어, 필리핀어 등에서 사용되는 언어 표현이 대부분 이 링구아 프랑카에 속한다.

언어로 믿음의 언어이자 존재의 언어인 토착 언어를 함께 보존하는 방안을 제시하고 있기도 한다. 최근 모잠비크에서는 토속 언어의 보존과 토착 언어를 지식의 언어로 발전시키려는 움직임이 나타나고 있다. 유네스코의 문화 다양성을 선언한 이후 토속어를 문학어와 법제적 언어로 교육시킬 필요성을 강조한다.

베트남의 소설가이자 번역가인 마이손은 토착 언어의 보존은 토착 문화의 보존이라는 측면뿐만 아니라 인권의 문제라고 주장하고 있다. 특히, 문학 언어로서 토착어는 보석처럼 귀중한 것이며 언어의 차이를 차별로 받아들여서는 안된다는 주장이다. 토착 언어는 삶의 자취와 흔적, 그리고 그 속에 살다간 많은 사람들의 정신적 잔해와 세월의 흐름이 담긴 온전한 그릇이며 삶의 위엄이 새겨진 역사의 주름이기 때문에, 언어의 뿌리를 온통 뽑아다 내버리는 국가의 언어 정책에 강력한 비판을 하고 있다.

인도네시아 서뉴기니에 이리안 자야 아이포족들은 최소한 수백 종 이상의 물고기 이름을 인지하고 있지만, 그들이 사용하는 언어가 지워진다면 그들의 토착 지식은 영원히 인류의 지식으로 남지 못하고 소멸될 것이다. 모잠비크의 마푸토에서 저널리즘 지역 대학교 교수인 만자테 교수는 포르투갈의 오랜 식민지를 경험한 모잠비크의 언어는 이미 원주민 언어와 포르투갈어와 혼종이 되었으며, 이미 다문화 국가로 언어 소통의 큰 문제에 봉착해 있다고 한다.

이처럼 영어가 사람들이 소통해야 하는 한 유일한 수단이 될 가능성을 배제할 수 없지만, 만일 그러한 사태가 오면 이 지구상에 닥칠 가장 큰 지적 재난이 될 것이다. 현재 언어의 손실과 재앙에 대한 국제적인 정보가 부족할 뿐만 아니라 위기의 언어 보존에 대한 국제적 협력이 매우 미약하다.

현실적으로 우리나라에서도 다문화 국가로의 자연스러운 전환이 이루어져 가면서 언어의 뒤섞임 문제를 어떻게 해결할 것인지는 매우 중요한 국가적 과제라고 할 수 있다. 영어 공교육을 강화하면서 한편으로 국제결혼 이주민들에게 한국어 소통 능력을 강화하는 이중적 정책이 가진 일관성의 문제는 면밀하게 되짚어 보아야 할 문제이다. 국가 내의 소수자인 국제결혼 이주민에게 주류 언어인 한국어를 강요하는 일과 국제 소통어인 영어공용화 정책은 앞과 뒤가 일치하지 않는 정책이라고 하지 않을 수 없다.

제 2 절 지구상의 언어 소멸, 우리와 무슨 관계

생물학적으로 생태의 다양성이 종 보존의 안정성을 갖듯이 언어의 다양성은 인간 지식과 정보의 상속을 보장하는 요소이다. 물론, 언어의 다양성으로 인한 소통의 불편함과 다양한 언어를 습득하기 위해 교육과 자본의 투자가 매우 비효율적인 것만은 틀림이 없는 사실이지만, 효율성과 경제성만으로 이 문제의 해결의 실마리를 찾기는 매우 힘이 들 것이다.

새로운 언어를 습득하기 위해서는 많은 교육적 노력이 필요하다. 그에 따른 투자 또한 만만찮다. 최근 우리나라에 영어마을이나 특목고로서 외국어 학교 설립을 위한 국가 투자 금액은 실로 엄청나지만, 그 실효성에 대해서는 많은 의문이 제기되고 있다. 실재로 대구광역시에서 실립한 특목고인 외국어 고등학교에 원어민 교사가 4명(2010년 현재, 영어 원어민 교수 2명, 일본어 원어민 교수 1명, 중국어 원어민 교수 1명)으로 과연 특목고 설립의 취지를 실현시킬 수 있는가?

새로운 언어로의 전환은 곧 사람들의 사고의 교배 수정을 의미한다. 언어를 통해 이루어진 정체성이 무너지고 오랜 전통적인 영혼의 사원을 허물고 새로운 빌딩을 설립하는 일과 같다. 현재 다문화 가정 2세대들이 갖는 정체성의 혼란은 바로 얼굴의 색깔과 모양, 그리고 그들의 어머니가 구사하는 모어와의 이질성으로 발생되는 것이다. 언어는 혈통과 종족 집단의 특성과 긴밀한 관계를 맺고 있다. 그들이 쌓아온 역사의 저장고 속을 다 비워버리고 새로운 질서와 가치로 채워야 한다. 그들이 이룩한 문화유산이 비록 보잘 것 없는 것일지라도 도저히 다른 언어로는 대체가 불가능한 지식과 정보가 있기 때문이다.

20세기 이후 급격하게 언어가 소멸하는 다양한 이유들이 있다. 15세기 이후 진행되어 온 식민지 정책이야말로 가장 큰 요인일 것이다. 우리나라에서도 일제 식민지를 겪는 과정에서 조선어 말살 정책으로 우리말과 글이 절멸의 위기에 봉착한 경험을 가지고 있다. 언어의 절멸은 자연 환경의 몰락과도 밀접한 관련성이 있다. 벌목으로 인한 사막화, 기근과 가뭄, 내전과 질병의 확산이 자연 생태의 다종성을 단일화함으로써 오는 언어의 증발 현상이 나타나기 시작한 것이다. 그 다음으로는 경제적 이유이다. 세계 통상과 교류를 위해서 국제 통용어에 대한 필요성이 누누이 강조되고 있다. 필리핀, 말레이시아, 싱가포르, 태국과 같은 나라에서는 국제 공용어로서 영어와 자국어를 함께 사용하는 이중 언어 정책을 운용하고 있다. 그러나 현재까지 자국어의 모형을 전환한 나라가 경제적으로 우월해진 나라는 매우 극소수에 지나지 않는다. 다음으로는 정치적 요인으로 전쟁과 내전에 의한 국가 통합과 종족 통합으로 지배족의 언어가 소수족의 언어를 지배함으로써 오는 언어의 절멸이다. 문화적 요인으로 도시 언어와 주변 언어의 경쟁으로 표준화된 도시 언어가 변두리 지방 언어를 지배함으로써 언어 절멸을 가속화시키고 있다. 우리나라의 제주도 방언은 이미 절멸의 위기에 봉착된 대표적인 사례이다. 유구어(琉球語)를 비롯한 남방계열의 언어 역사의 무늬가 새겨져 있는 언어가 서울 표준어의 침식으로 괘멸되고 있다. 그 외에도 민속, 종교적 이유 등 다양한 요인으로 세계의 언어는 단일화라는 길을 가는 것 같지만 또 다른 분화가 가속되고 있다.

소수 언어를 사용한다는 것은 결속을 저해하고 사회적 지위를 향상하는 데 걸림돌이 된다고 믿고 있으며, 또 그러한 믿음은 실제로 부인할 수 없는 현실이기도 하다. 그러나 언어의 지배적 방식과 언어의 공존의 방식 가운데 무엇을 선택할 것인지는 사용자들의 몫이기도 하다. 1996년 바르셀로나에서 90여 개 국가의 국제펜클럽 회원국이 모여 '전 세계 언어 권리에 대한 세계선언'을 한 바가 있다. 소수 언어를 어떻게 보호할 것인지 새로운 인식 전환이 필요하다는 결정이었다.

토속 언어를 소멸의 길로 끌고 가는 지배 문화의 압력을 제거해야 한다. 위기 언어의 사용자의 지위 향상이 이루어지지 않는다면 지배 문화의 압력을 제거하기란 거의 불가능해 보인다. 지명, 표지판, 도로이름 등의 토속어 사용을 권장하고 전문 용어의 다종성을 인정해야 한다. 제일 중요한 일은 교육의 언어와 가정의 언어의 구분이다. 교육을 통한 소수 언어 사용을 저지하거나 가정 언어의 획일화는 언어의 다종성을 무너뜨리는 가장 큰 요인이 된다. 그 외에도 소수 언어의 표기체계의 정교화나 구어자료의 문서화(documantation) 작업과 같은 지원이나 전자문서의 전환프로그램의 개발 등으로 언어의 다양성과 언어의 공존의 세계질서를 이루어내야 한다.

다문화 가정의 언어 소통을 위한 한국어 교육의 지원책도 중요하지만, 그들이 사용하는 소수자의 언어를 함께 소중하게 받아들여야 한다. 다문화 가정의 2세대나 그들의 배우자로 하여금 국제결혼 이주 여성의 모어를 학습할 권리와 기회를 부여해야 한다. 다양한 언어의 보존은 바로 언어 인권의 문제인 동시에 그들이 가진 인류 문화 자산이기도 하다. 플로베르(Gustave Flaubert, 1821~1880)가 말했듯이 자기 언어로 글을 쓸 권리가 이 세상 모든 사람에게 주어진 기본적인 권리이기도 하다.

제 3 절 소통의 세 가지 토대와 차별성

인간의 의사소통, 곧 소통이란 "다른 사람에게 드러낸 방식으로 알려주고자 하는 의도를 가지고 행해지는 모든 의도된 인간 행동"이라고 할 수 있다.[2] 인간의 소통의 행동에는 여러 가지 방식이 있을 수 있지만 가장 대표적인 두 가지의 토대는 첫째, 구어(Oral Language), 둘째, 문어(Literature Language), 셋째, 몸짓 언어(Gesture)로 이루어진다. 또한 소통의 환경에 따라서는 직접 대화, 전화, 채팅, 편지, 문서 등 매우 다양하게 분류될 수 있다. 다문화 가정에서 가장 큰 문제가 가족 구성원 간의 의사소통의 문제와 이로 인해서 생겨나는 언어폭력과 지역과 민족, 그리고 인종 간에 나타나는 차별적 언어 표현이나 몸짓 언어의 문화적 차이로 기인되는 소통의 차별이다. 특히, 다문화 가정에서의 세 가지 소통 방식의 토대를 중심으로 그 차별성에 대한 문제에 대해 살펴보자.

첫째, 구어의 차별적 표현

한국어는 한국어라고 말하는 구어, 곧 입말의 언어와 이것을 문자로 표기한 문어로 구분된다. 전자는 화법으로 후자는 문법이라는 표준화된 양식이 있다. 국제결혼 이주 여성이나 외국인 근로자와 탈북자 가족을 위한 문법 및 화법 교육을 위하여 다양한 교재개발과 교육 프로그램이 진행되고 있다.

한글 문자의 구성과 표기 원리를 비롯하여 표기와 말소리의 체계적인 관계를

---

2) Keller, *Interkulturelle Kommunikation*, 1994. p. 104.

기술하는 음운, 단어의 형성 원리와 문장을 이루는 기본 단위인 성분(constituents) 배열 원리와 제약을 기술하는 문법과 단어와 문장의 의미에 대한 체계적인 기술을 하는 의미론으로 구성한 단계별 교재 및 교육 방법론에 대한 연구와 논의가 활발하게 진행되고 있다. 다른 언어를 사용하던 국제결혼 이주 여성이나 외국인 근로자와 탈북자 가족들에게 한국어를 가르치는 일은 이 사회의 적응 능력을 키우는 기본이다.

문제는 지역과 민족, 인종이 다른 국제결혼 이주민들에 대한 차별적인 언어폭력의 문제가 매우 심각하다. 조태린(2006)은 차별 표현을 "차별적 언어 표현이란 한 사회 소수자 및 약자들에 대한 차별적 인식을 들어내는 특정의 단어나 구, 문장으로 이루어진 표현"이라고 정의를 내리고 있다. 대등한 관계나 상위자에게도 상태를 비하하기 위한 은유적 차별적 언어를 구사하기도 하지만, 특히 다문화 사회에서 차별적 표현이란 상대를 무시하거나 비하하는 편견이나 고정 관념을 언어로 표현함으로써, 상대에게 심리적 위축이나 좌절을 안겨주는 표현이라고 할 수 있다. 차별적 언어 표현에는 '인종 비하'나 '자국 중심의 인식', '지역 차별', '외모 차별', '경제 능력' 등 다양한 요인이 있을 수 있다.

다음으로는 언어폭력의 문제이다. 다문화 가정에 가장 위협적인 요소로 남자 배우자의 욕설, 인격 모독적 표현, 폭언 등의 언어폭력은 상대에 대한 인격 훼손과 분노를 유발시키는 부분이다.

먼저, 차별적 언어는 국가, 민족, 인종, 피부색의 차이를 부각시켜 상대를 비하하거나 자존심을 훼손하는 시키는 표현이다.

국가에 대한 차별적 표현으로는 중국 사람을 '떼놈', '짱깨', '왕서방', '더럽고 추접다', 중국 조선족 출신을 '연변네', '앤벤아지매'로, 일본 사람을 '쪽바리, 왜놈', '앙큼하다', '개다'로, 재일 일본인을 '조센징' 등으로, 미국인을 '양키', 동남아 국가는 '더럽다', '처녀 수출국'과 같은 표현이 있으며, 인종 차별적 표현으로는 흑인에 대해 '깜둥이', '니그로', 아프리카의 흑인을 '검은 돌풍'으로, 혼혈아를 '튀기', '믹스', '잡종', '코시안', '온누리안', '라이따이안'으로, 백인 우월적 표현으로 '백색은 선이다', '영국 신사' 등이 있다.

이주민에 대한 차별 표현으로 동남아 계열의 국제결혼 이주 여성이나 동남아 노동자나 이주민과 귀순자나 탈북자에게 상대가 듣기 싫어하는 표현을 자연스럽게 사용하는 경우가 많다. '월남댁', '태국댁', '몽골댁'과 같은 표현이나 그들의 2세대에 대해 '혼열아, 코시안, 튀기'라고 하여 토종과 차별화한 표현을 거침없이 사용하는 것이 오늘날의 보편화된 실정이다.

> [다음]
>
> "혹시 한족 뙤놈이라면 리해는 가는데 조선족으로써 그런 말 한다면 어느 정도 수준 사람인지 알 것 같네…"[2004/07/25]
>
> "짜장면놈! 그리고 화룡내 사랑놈! 너희같은 멍멍이들이 이때까지 많은 한국분들이 쌓아놓은 덕을 말아 먹고 있다."[2004/07/25]
>
> "서해바다 건너온 '떼놈'들의 집단난동은 무기력하게 방관한 이유에서다. 중국인에 비하면 양키들은 그야말로 순둥이들이다. 그들은 기껏해야 대여섯 명씩 이태원이나 홍대 근처를 휘젓고 다닐 따름이므로, 수천 명이 무리를 지어 시청광장을 인해전술로 함락시키고서는, 성조기 수백 개를 요란하게 휘두를 엄두는 감히 내지 못한다. 3만 5천 명의 주한미군은 기지촌 주변을 제외하면 솔직히 별다른 존재감이 없다."[2008/04/28]
>
> "그 짜장면놈 1회부터 5, 4, 3, 2, 1 겐세이한다. 모르는 사람들 잘못 만나면 1시간 30분 겜한다. 매크로로 한글 채팅하긴 하는데… 그래서 짱깬지 티가 안나지. 오십견공부활은 잘도 자르면서 짱깨는 왜 안잘라? 영자 니도 짱깨냐? 와이즈캣 북미 진출 망해서 중국인 자게 알바 쓰남?"[2009/05/17]
>
> "우리는 흔히 중국 사람들을 지칭할 때 '떼놈'이라고 하는 경우가 많다. 중국에는 사람이 많으니까 '떼놈'이라고 했다는 것과, 물이 좋지 않아 사람들이 잘 씻지를 않고 지저분하여 때놈이라고 부른다는 설, 그러나 모두 근거없는 말로써 정설이 아니란다. 그 정확한 근거는 '되'는 원래 두만강 근처에 살던 민족(여진족, 만주족) 이름으로 '돌이-도리-도이-되'로 변화되었다고 한다. 또 하나는 되는 뒤의 음으로 보아 북쪽의 의미가 있어 되놈은 북쪽 사람의 의미를 갖는다고 한다.[2010/11/19]
>
> "아 정말 이눔의 중국 떼놈!!!(중국인 모두를 비하하려는 의도는 절대 아니므로 오해하지 마시길)"[2010/07/20]

인터넷 다음에 버젓이 올라와 있는 글이다. 경위도라는 중국 출신 유학생의 이야기로 한 음식점에서 종업원이 "내가 생각하던 중국 사람하고 많이 다르네요. 요새 메이드 인 차이나 제품이 그래도 쓸 만하던데요."라는 무심코 던진 말을 듣고 참 섭섭했다고 한다. 그리고 자기가 다니는 학교 기숙사 주방에 중국어로 "주방을 더럽게 쓰지 마세요."라고 써놓아 다른 나라 유학생도 많은데 왜 하필 중국어로만 써 놓았을까 의문이 들었다고 한다. 또 한족 출신 국제결혼 이주 여성인 지우엔샤(37세)는 늘 시어머니가 한국말을 잘못한다고 "바보, 와 그래 말을 못하노?"라고 하면서 중국말을 사용하면 "와 그래 나불나불 대노 알아 듣도 못하는 소리로."라고 핀잔을 준다고 한다.

인종과 민족에 대한 차별적 표현은 언론에서 그대로 노출되어 있다. '백인종, 황인종, 흑인종'이라는 표현은 단순히 인종의 외형적 구분을 위해서 사용되는 것이 아니라 다양한 차별적 은유로 확장되고 있다. 백인종은 '금발, 은발, 푸른 눈빛'과 같이 외양적 모습과 결부되어 우수한 종족으로, 황인종은 '키가 작은, 코가 낮은, 눈이 찢어진' 그런 모습으로 못생기고 덜 진화한 종족으로, 흑인종은 '검은 돌풍, 곱슬머리, 힘이 센, 더럽고 불결한 노예 근성이 남아 있는 미개인'이라는 은유로 상징화되고 있다.

"유색인종과 청년층, 여성, 그리고 서민계층 이 4개 그룹이 이번 대선을 통해서 적극적인 정치 참여 세력으로 등장하며"[SBS sbtm 2008/11/06]

"이로써 11월 미국 대선은 사상 첫 흑백 대결로 치러집니다."[MBC 뉴스 2008/06/04]

"핀란드 이민자는 받지 않고 난민만 허락하는데 이민자가 급증하므로 아무래도 사회·경제적 배경이 낮은 아프리카계 학생들이 직업반을 선택하는 경우가 많은지, 의료보조원 교육을 받는 구성원은 모두가 유색인종으로 구성되어 있기도 하다."[프레시안 2009/03/12]

"백인 중산층 facebook 애용, 유색 하류층은 myspace 써, 백인 중산층이 유색인종이 많은 도심을 떠나 교외로 탈출한 것처럼, 사이버 공간에서도 중산층 자녀들이 자신들만의 인종, 계층, 장벽을 구축하고 있다."[조선일보 2009/07/13]

"Books, 김태훈 기자 『유색이든 천민이든 뿌리 중요하지 않아』 이 두 권의 소설은 영어로 쓰였고 영국 유수의 문학상을 받았지만 작가들은 주류 영국인이 아니다."[조선일보 2009/04/11]

인종과 민족에 대한 차별적 표현은 이미 고정화되어 있다.

둘째, 다문화 가정의 구어 소통 능력

앞에서 살펴본 바와 같이 코리언 드림으로 한국으로 국제결혼한 이주 여성들이 가파르게 늘어나면서 이룬 가족을 다문화 가족이라고 할 수 있다. 이들의 삶의 실태를 통해 그들의 삶의 질이 어떠한지, 그리고 문제점이 어떠한 것이 있는지 살펴보자.

한국의 다문화 가족들이 제기하는 가장 큰 문제는 바로 소통의 문제이다. 언어가 소통되지 못하므로 인해 부부와 시부모를 비롯한 가족 간의 소통, 그리고 2세대와의 언어 소통의 문제, 어머니가 한국어에 대한 능력이 떨어진 상황에서 태어나는 2세대는 태생적으로 한국어 능력이 떨어질 뿐만 아니라, 각급 학교에서의 학업 능력 부진으로 이어지고 있다.

다문화 가족의 가정생활도 매우 불완전한 상태라고 할 수 있다. 특히, 국제결혼 여성들의 친정에 대한 경제 지원에 대한 부담을 많이 느끼고 있는 점에서 가족 간의 불화와 갈등의 요인이 되고 있다. 한국 남성 배우자가 여성 배우자에 언어 능력이 떨어지기 때문에 배우자의 나라, 곧 처족과의 관계도 전반적으로 그렇게 원만하지 못하다.

다음으로는 다문화 가족들의 직업이 주로 농업이나 노동자에 종사하는 이들이 많기 때문에 경제 상황이 매우 열악하다. 다문화 가족들의 한국 사회의 사회 적응 문제도 언어 소통의 장애로 인해 매우 큰 어려움을 겪고 있는 요인이다. 실생활에 필요한 금융기관의 이용, 병원, 국가 공공기관을 이용하는 데에도, 난해한 문서의 서식과 절차에 대해 이해도가 매우 떨어질 뿐만 아니라, 사전에도 없는 난해한 외국어 전문용어에 대한 어려움이 직면해 있다. 사회복지 분야에서도 사회보험이나 공공부조 실태를 살펴보면 거의 사각지대에 몰려 있는 상황이다.

(1) 한국어 말하기 능력

한국보건사회연구원(2009)의 전국 다문화 가족 실태 조사보고서에 따르면, 국제결혼 이주 여성들의 한국어 말하기 능력은 매우 우수하다가 12.4%, 잘한다가

16.8%, 보통이다가 42.9%, 서툴다가 20.5%, 매우 서툴다가 7.4%이다.

구 분	한국어 말하기 능력				
	매우 우수	잘한다	보 통	서툴다	매우 서툴다
	12.4	16.8	42.9	20.5	7.4

국제결혼 이주 여성들이 한국 사회에 적응하여 살아가는 데 제일 먼저 선결되어야 할 문제가 바로 의사소통의 문제이다. 그런데 약 27.9%는 사실 의사소통이 어려운 경우이며 병원이나, 은행, 혹은 관공서를 이용하는 데 무리가 없는 정도의 의사소통능력은 갖춘 이는 15~20% 미만이라는 말이다.

국제결혼 이주 여성들의 한국어 말하기 능력은 국내 체류 기간에 비례한다. 매우 우수하다는 12.4%에 속하는 이주 여성들은 체류 기간이 10년 이상인 경우에는 37.2%이고, 체류 기간 1년 미만의 경우에는 1.7%이다. 체류 기간이 10년이 넘어도 72.8%는 한국어 말하기 소통에 상당한 여려움이 있음을 알 수 있다. 체류 기간이 1년 미만인 경우 92.3%가 한국어 말하기 능력을 갖추진 못한 상태에서 결혼이 이루어진다는 말이다. 다문화 가족의 2세대 청소년들의 초등학교 학업 능력 부진아가 50.6%에 이르는 이유는 바로 어머니가 한국어에 대한 인지 능력이 떨어진 상황에서 태교 교육부터 이루어지지 못한 데서 기인된다는 사실이다.

한국어 말하기 능력은 배우자의 교육 수준, 혼인 상태, 체류 기간 등 다양한 요인에 의해 영향을 받을 수 있는 것이지만, 정부에서 이들의 소통능력 향상을 위한 효과적인 정책 지원이 강화되어야 할 것이다.

(2) 한국어 읽기 능력

국제결혼 이주 여성들의 한국어 읽기 능력은 신문이나 방송을 통한 국내 뉴스에서부터 일상생활에 필요한 공문서 서식 읽기, 병원의 의료 차트나, 은행의 거래 서식 등 다양한 공공 서류를 읽는 데 매우 큰 어려움을 느끼고 있다. 나아가서는 2세대 아이들의 가정 학습 지원은 꿈도 꾸지 못하는 상황이다.

국제결혼 이주 여성들의 한국어 읽기 능력은 보통이 42.4%로 가장 높았고, 매우 우수하다가 13.2%, 매우 서툴다가 7.4%로 말하기 능력과 비슷한 분포를 보이고 있다.

	한국어 읽기 능력				
구 분	매우 우수	잘한다	보 통	서툴다	매우 서툴다
	13.2	17.6	42.4	19.4	7.4

한국어 말하기 능력과 마찬가지로 읽기 능력도 한국 체류 기간에 비례하는 추이를 보이고 있다. 체류 기간 10년 이상인 경우 한국어 읽기 능력이 매우 우수하다가 34.9%를 차지하고 있다.

또한 국제결혼 이주 여성들의 교육 수준에 따라 고졸 이상인 경우 매우 우수하다가 30.3%에 속하고, 초등 이하의 수준인 경우 7.2%로 매우 낮음을 알 수 있다.

(3) 한국어 쓰기 능력

한국어 소통능력 가운데 쓰기 능력이 말하기나 읽기 영역보다 상대적으로 낮은 경향을 보여 준다. 국제결혼 이주 여성들의 쓰기 능력은 보통이다가 38.7%로 가장 높으며, 매우 우수가 11.7%, 매우 서툴다가 10.8%로 나타난다.

	한국어 쓰기 능력				
구 분	매우 우수	잘한다	보 통	서툴다	매우 서툴다
	11.7	14.0	38.7%	24.7	10.8

쓰기 능력이 말하기나 읽기 능력보다 뒤떨어지는데, 특히 서툴다가 24.7%, 매우 서툴다가 10.8%로, 전체 35.5%가 쓰기 능력이 저조하다. 쓰기 능력도 국내 체류 기간과 연령과 비례하는데, 매우 우수하다가 50세 이상의 경우 32.7%이고, 24세 미만은 2.7%이다. 국제결혼 이주 여성들의 학력에 따른 차이가 매우 심하다. 쓰기 능력이 매우 우수하다가 초등학력 미만인 경우 6.6%이고, 고졸자가 14.7%이며, 대졸자가 11.9%로 나타난다.

최근 한국평생교육진흥원에서는 문해율 향상을 위한 지원을 강화하고 있지만 국제결혼 이주 여성들을 위한 글쓰기 능력 향상을 위한 제원 방안으로는 외국인을

위한 한국어 사전의 개발을 통한 쓰기 능력 향상 방안이 강화될 필요가 있다.[3)]

이상에서 국제결혼 이주 여성들의 소통능력에 대한 실태에 대해 살펴보았다. 한국어 능력의 4대 요소인 말하기, 읽기, 쓰기 및 듣기 영역 가운데 말하기, 읽기, 쓰기의 3영역에서 기초적인 소통의 어려움이 있음을 알 수 있다. 특히, 듣기 영역은 국제결혼 이주 여성들의 거주 지역에 따라 방언의 소통능력이 포함되기 때문에 조사 통계에서는 제외되었지만, 한국 사회의 기초적인 삶의 바탕에 문제가 있음을 알 수 있다.

무엇보다도 국제결혼 이주 여성들의 한국어 능력이 뒤떨어진다는 것은 일차적으로 부부생활, 가족생활, 2세 교육에 대단히 큰 영향을 주고 있다. 사회생활에서도 이웃 공동체 생활에서의 소외와 공적 사회생활에 부적응으로 이어짐으로써 경제생활의 어려움으로 이어지는 악순환을 극복하기에 대단한 어려움이 될 수 있는 요인이 된다.

필자는 2006년 국립국어원장에 취임하면서 제일 먼저 국제결혼 이주 여성들의 한국어 능력 향상을 위한 프로그램을 개발하면서 가장 먼저 문화상호주의에 입각한 한국어 교육이 필요하다는 것으로 판단하고, 한국 문화와 국제결혼 이주 여성들의 국가의 문화와 역사가 함께 하는 5개 국가용 영역별 학습교재인 『초급 한국어 말하기』, 『초급 한국어 쓰기』, 『초급 한국어 읽기』, 『초급 한국어 듣기』 교재를 영어판, 중국판, 타갈로그판, 베트남판, 태국판, 몽골어를 개발하였다.[4)] 이와 함께 국제결혼 이주 여성들의 한국어 교육 지원을 위한 중급판 한국어 교재 개발을 하여 전국 이주여성 센터에 공급하였다.

국제결혼 이주 여성들에게 한국어 교육만을 강요해서는 안된다는 측면에서 그들의 남성 배우자가 여성 배우자의 모어를 학습할 기회를 마련해야 한다는 관점에서 부부가 함께 학습하는 『부부 공동 학습 교재, 알콩달콩 한국어(베트남편)』을 개발하였다.[5)]

---

3) 한국 사전학회, 「외국인을 위한 한국어 사전의 현황과 전망」, 제15차 전국학술대회 자료집, 2009.
4) 국립국어원, 『초급 한국어 말하기』(영어판, 중국판, 타갈로그판, 베트남판, 태국판), 『초급 한국어 쓰기』(영어판, 중국판, 타갈로그판, 베트남판, 태국판, 몽골어), 『초급 한국어 읽기』(영어판, 중국판, 타갈로그판, 베트남판, 태국판, 몽골어), 『초급 한국어 듣기』(영어판, 중국판, 타갈로그판, 베트남판, 태국판, 몽골어), Hollym, 2008.
5) 국립국어원, 『부부 공동 학습 교재, 알콩달콩 한국어(베트남편)』, 2009.

한국어 교육은 교육과정과 교재 개발, 그리고 한국어 교원들의 양성 등 연계된 교육 시스템이 효율적으로 운영되어야 함에도 불구하고 교육부, 문화체육관관광부, 보건복지부, 여성가족부, 법무부, 농림축산식품부 등 정부 각부처와 지방정부에서도 국제결혼 이주 여성 지원 정책으로 엄청난 교육지원 예산을 쓰고 있지만, 그 실효성에 대해서는 많은 문제를 안고 있다.

제대로 된 교육 철학과 이념이 필요하다. 이미 선진 여러 국가에서 시도한 바가 있는 일방적인 자국 언어의 보급 방식은 실패할 가능성이 매우 높다. 교재 내용만 하더라도 학습대상을 고려하지 않은 일반 교재로 상대국가의 문화와 역사를 고려하지 않는 방향으로 구성되어서는 안된다. 나라마다 독특한 문화와 관습과 역사를 배려한 교재 구성이 이루어져야 한다.[6]

셋째, 다문화 사회의 몸짓 언어

구어나 문어는 인간의 소통을 위해 가장 중요한 요소이지만 그에 못지 않는 몸짓 언어에 의한 소통의 중요성은 아무리 강조해도 지나치지 않다. 국가나 민족 문화에 따라 형성되는 인간의 몸짓 언어는 가장 신속하게 전달될 수 있는 의미 상징의 수단이다. 몸짓 언어를 잔트(Fred E. Jandt)는 "언어를 사용하지 않는 메시지의 송출"이라고 정의하고 있다. 사람들은 스스로 의식적으로나 무의식적으로 몸짓을 통해 다양한 메시지를 수시로 전달한다. 특히, 다문화 사회에서 서로 다른 문화권에서 자란 사람들이 이런 몸짓 언어에 대한 이해가 부족하여 서로의 감정을 상하게 하는 경우가 발생할 수 있다. 문화 간에 몸짓 언어에서 나타나는 다양한 오해와 문화 갈등이 예상 외로 큰 비중을 차지한다.

슈크(Schugk, 2004)는 이질적인 문화 간의 커뮤니케이션의 방식을 6가지로 분류하고 있다.[7]

1. 언어
2. 비언어적 요소(표정, 몸짓, 손짓 등)

---

6) 이상규, 『한국어 교수-학습 방법론의 재정립』, 국제한국어교육학회, 축사, 2006.

7) Schugk, Michael(2004), *Interkulturelle Kommunikation*. Kulturbedingte Unterschiede in Verkauft unt Werbung, München: Franz Vahlen.

3. 사회적 행동 양식(인사, 쇼핑 방법, 식・음료 습관 등 대인 조직 관계 내에 필요한 행동 양식)
4. 사회적인 관계(가족 관계, 조직 내 상하 관계, 카스텐과 사회적인 계급 등)
5. 동기(개인적・사회적으로 수용되는 모티브 개념, 성취동기의 형식과 동기, 권력동기)
6. 가치관과 이데올로기(행동 양식에 대한 해석, 판단에 대한 인지적 개념, 개인적인 가치관과 사회적 가치관, 인간에 대한 가치관, 세계관)

문화 속의 언어란 단순히 말을 하고 글을 쓰는 것만을 의미하지 않는다. 아침 인사로 구미지역에서는 "굿 모닝, 구텐 모르겐(좋은 아침입니까?)"이라고 하지만 한국 사람은 "잘 주무셨습니까?"라고 인사한다. 언어보다 몸짓의 언어가 보다 미세한 커뮤니케이션의 수단이 될 수 있다. 2~6까지는 바로 언어 사용자의 문화와 매우 밀접한 관계를 이루고 있다. 손가락으로 1에서 10까지 세는 방식이 나라와 종족에 다르듯이 자신을 가리키는 방식 또한 차이를 보인다. 구미지역에서는 엄지손가락을 치켜세워 몸을 향해 앞뒤로 흔들지만, 일본 사람은 자신의 코에 둘째 손가락을 가리키고, 한국 사람은 손바닥을 펴서 자신의 가슴에 댄다. 이처럼 말보다 행동이 더 분명한 의미를 전달하는 수단이기도 하다.

비언어적 요소(표정, 몸짓, 손짓 등)는 인간이 원시적일 때부터 세포의 충돌로 생겨난 자연의 언어이다. 뒤섞임을 확장하기 위해 언어의 전파는 매우 중요한 요소였다. 그러나 위에서 말한 바와 같이 언어 외의 요소들은 매우 등한하게 생각하고, 각종 교육과정에서 여전히 큰 비중을 두지 않고 있다. 문화 속의 언어를 고려한다면 이러한 비언어적 요소들이 문화의 충돌, 개인 커뮤니케이션에 보다 큰 갈등을 야기시킬 수 있는 요소들이다.

얼마 전 우리나라에 시집온 베트남 출신의 국제결혼 이주민의 사례를 예를 들어보자. 베트남에서는 갓난 아이의 머리맡에 잡귀신이 범접하지 못하도록 칼을 고추 세워 두는 관습이 있다. 그런데 한국 할머니가 아침에 아이 머리맡에 놓인 칼을 보고 질겁을 하면서 며느리에게 야단을 쳤다. 문화 언어의 충돌이다.

한국인은 외국인이 등을 치거나 어깨에 손을 올리면 대단히 무례하다고 생각한다. 그러면서도 한국 사람들은 회의 중에 귀를 후비거나 가래를 캑캑거리며 뱉거나 침을 내뱉는다. 식사 도중에 코를 풀거나 식사 후에 이를 쑤시는 것을 예사로 생각한다.

어느 것이 옳고 그름의 문제가 아니다. 뒤섞임의 다양성의 이해의 문제이다. 앞에서 말한 문화의 다양성이 존중되어야 한다면 식사 도중에 코를 푸는 것이 한국 문화의 일부이니까 문제가 되지 않는다고 생각할 수 있다. 그러나 이러한 문제는 다양성의 본질적인 문제가 아니라 공존의 문제이라고 할 수 있다. 뒤섞임의 문화 속에서 상대에 대한 배려를 고려하지 않을 수 없다.

문제는 언어와 문화, 그리고 생태의 다양성의 상호 긴밀한 연관성을 가지고 있다는 것이지 우열의 판단 기준이 되어서는 안된다는 말이다.

소리없는 몸짓 언어는 표정, 눈짓, 손짓, 발짓, 몸짓, 신체 접촉, 몸의 영역, 방향, 자세, 소품 언어 등으로 구분되며, 이러한 몸짓 언어의 문화 간의 차이에 대한 소양이 필요하다. 실재로 보통의 사람이 하루 동안 소통을 위해 사용하는 단어는 불과 100여 개 미만이라고 한다. 그러나 몸짓의 언어는 그 보다 훨씬 다양하고 더 많은 비중을 차지한다.

글로벌 시대에 공동체 사회 구성원으로 살아가기 위해서는 몸의 언어의 의사소통법을 익히는 일이야말로 다수자와 소수자 간의 문화의 차이를 완화하고 서로를 존경하는 기반이 될 수 있다. 몸의 언어 차이는 구어나 문어의 차이만큼이나 서로 다르기 때문이다. 언어와 구어의 문법 체계를 알면서도 몸의 언어에 대한 이해가 부족하다면 그 언어를 완전히 이해한 것이라고 볼 수 없다. 학교에서 최소한의 구어와 문어 문법에 대한 교육과 학습의 기회는 열려 있지만, 몸의 언어에 대한 행동을 공부하는 기회가 상대적으로 적은 것은 사실이다. 점점 늘어나는 해외 여행이나 취업을 위해서만이 아니라 한 나라 안에서도 국제결혼으로 인한 다문화 사회로 진입한 사람들 간의 화해와 존경심을 갖는 소통의 방법을 보다 정밀하게 조사하고 연구할 필요가 있는 것이며, 이를 토대로 한 소통의 방식에 대한 학습과 교육은 균형 있게 발전되어야 할 것이다.

(1) 몸의 접촉

수업 시간에 학생이 몸을 뒤로 저치고 팔을 걸상에 걸치고 앉아 있다면 선생님에게 상당한 불쾌감을 던져 주는 것처럼 대화를 하는 도중에 상대의 어깨를 짓누

르거나 어깨를 톡톡치는 행위는 주제넘고 뻔뻔스럽다고 느낄 것이다. 한국인들은 길을 가다가 몸을 부딪쳐도 상대에게 미안하다는 표정이나 말도 없이 지나친다. 그러나 일본인이나 외국인들은 반드시 미안하다는 표정을 짓거나 말을 한다. 아무리 정확한 표준어로 의사소통을 한다고 하더라도 이처럼 신체 접촉 방식의 차이로 상대에게 무례하거나 기분을 상하게 하는 일은 피해야 할 소통의 격식이다.

우선, 처음 만나는 사람들 간에 인사 차림에서도 외국인들은 악수를 하거나 어깨를 포옹하거나 얼굴과 얼굴을 접촉하지만 한국인들은 무뚝뚝한 표정으로 인사말만 건넨다. 그러나 외국인들이 쉽사리 몸을 접촉하는 것 같지만 실재로는 공공의 장소에서는 매우 제한된 신체 접촉만을 허용하는 문화를 가지고 있다.

악수를 하는 경우에도 손을 세게 쥐거나 느슨하게 힘을 전혀 주지 않거나, 또는 손을 쥐고 자기 영역 가까이 끌어당겨 상대를 압도하려는 의도를 갖는 경우가 있다. 여성의 경우 서로가 손을 잡거나 전혀 신체 접촉을 하지 않는 경우가 일반적이다. 특히, 남성이 불쑥 여성에게 손을 내미는 행동은 피해야 하는 행동이다. 사회 집단적 관습으로 서로에게 호감을 주는 악수의 방식이 무엇인지 어떻게 행동하는 일이 옳은지 판단해 볼 필요가 있다.

한국에서는 태어나면서 바로 어머니의 품속에 안아 젖을 먹이고 외출을 하는 경우 엄마나 아빠의 등에 업히거나 조금 더 성장하면 아빠의 팔에 안기거나 목에 무등을 태워 공원이나 백화점, 그리고 시가지를 활보한다. 그러나 외국인들은 태어나자마자 엄마와 분리시켜 신체 접촉을 최소화하며 외출을 하는 경우에도 유모차를 이용하거나 아빠나 엄마의 팔에 안기든지 등에 업히는 경우는 매우 드물다.

영미권의 사람들은 다른 사람의 아기에게 신체적인 접촉을 싫어한다. 그러나 한국인들은 아이에게 뽀뽀를 하거나 심지어는 남자 아이인 경우 성기를 만지는 일을 쉽게 생각한다. 그리고 기차에서 맞은편에 앉은 아이를 안아주거나 사랑을 표시하는 방식으로 머리를 쓰다듬는 신체 접촉이 서로에게 신뢰성을 던지는 행위로 인식하고 있다.

아동들이 등하교 길에서 서로 손을 잡고 종대로 서서 길을 가는 경우를 종종 볼 수 있다. 특히, 한국의 여학생들은 서로 손을 잡거나 팔을 끼는 행위는 서로 좋아한다는 표현이지만, 영어권 학생들은 이러한 행동이 다른 사람에게 동성애자로 비칠까 우려하며 그런 행동을 기피한다. 부모와 외출하는 경우, 특히 여성인 경우 엄마나 아빠와 손을 잡거나 팔장을 끼고 길을 가는 것을 쉽게 볼 수 있다. 그러나 영어권 사람들은 어린 아이가 아닌 경우 쉽게 볼 수 없는 풍경이다.

공공 장소에서 서로의 유대감을 나타내기 위한 이러한 몸의 접촉은 다른 사람에게 길을 가는데 방해를 줄 수 있기 때문에 영어권 사람들은 기피한다. 오랜만에 친구를 만난 경우 서구인들은 소리를 지르며 서로 껴안는 모습을 볼 수 있다. 그러나 한국 사람들은 도리어 욕을 하거나 장난스럽게 때리는 정도에 지나친 행동으로 이어지는 경우가 많이 있다. 가까운 중국이나 일본의 경우 공공 장소에서의 행동의 절제는 매우 엄격하다. 전철이나 버스에서 맞은편의 사람들의 시선이 불편해서 자리에 앉자마자 눈을 감고 자는 흉내를 내거나 실제로 잠을 자는 사람들이 많다. 가까운 일본의 경우 그러한 풍경은 좀처럼 볼 수 없다. 포켓북이라는 손바닥만한 문고책이 불티나게 팔리는 일본에서는 비좁은 전철에서도 대부분 책을 읽는다. 그러다가 보니 곁에 사람들에게 눈길을 보낼 이유가 없다. 그러나 한국 사람들은 상대를 빤히 쳐다보거나 이리저리 눈길을 돌리는 모습을 쉽게 볼 수 있다. 아내와 길을 걸으면 맞은편에서 걸어오는 남성이 아내를 힐끗 쳐다본 다음 반드시 나를 쳐다본다. 왜 한국 남성들은 지나가는 여성들에게 왠 관심이 그리도 많은지 이해가 되지 않는다. 출퇴근 시간에 전철이나 버스에서 피치 못하게 몸을 접촉해야 하는 경우도 있지만, 의도적으로 치근대며 몸을 밀착하거나 손을 접촉하는 행위는 일종의 성폭력에 해당된다.

공공장소에서 애정의 표현이나 웃음, 울음, 미움, 고통, 즐거움의 표현을 어떻게 감정 표현이나 행동 표현을 절제하는가는 사회 구성원들의 품격 문제와 결부된다. 필자는 초등학교 동창회에 나가지 않는다. 참 오랜만에 만난 동창들은 대뜸 "야 시○○○놈 오랜간만이다. 니 잘나간다며"라는 인사와 함께 몸을 치는 행동이 다정다감한 우정을 나누는 표현이라는 것은 알고 있지만 대단히 불쾌한 느낌을 준다. 그래서 필자는 욕 실컷 얻어먹는 초등학교 동창회에는 나가기가 싫어졌다.

얼마전 오마바 대통령이 중국 수상의 옷깃을 당기는 모습이 전 세계 신문에 실린 예가 있듯이 상대의 옷을 당기는 행위는 사생활을 침해한 경우로 여기는 것처럼 국제사회에서 무언의 몸짓이 언어의 소통 이상으로 중요한 예의의 일부임을 알아야 한다. 몸의 접촉은 개인적이거나 사적인 공간에서와 공적인 공간을 엄격하게 구분하여 상대로 하여금 어떤 불편함이나 정중함을 잃지 않도록 배려해야 한다. 이런 문화적 차이가 어떤 방식이 좋다거나 우월하다는 말이 아니라 서로를 배려하는 기품을 쌓는 일이 중요한 것이다.

자기 스스로 자기 몸에 접촉하는 일도 개인적인 공간이 아닌 경우 매우 조심해야 한다. 이쑤시개나 귀이개를 아무 장소에서 사용하거나 손가락으로 코나 귀를 후비거나 손가락을 빨거나 껌을 딱딱거리며 씹는 행위나 등을 긁는 행위는 경계해야 할 행동 양식이다. 학교에서 수업 시간이나 회의 시간에 거만스럽게 몸을 뒤로 저치거나 팔을 걸상 팔걸이에 올리고 앉는 모습을 누구 좋아하겠는가?

(2) 몸의 영역과 방향

일상생활에서 개인이 갖는 공간에서 몸 움직임의 방식과 예의가 필요하다. 먼저, 담화의 거리는 친밀도에 따라 차이는 있겠지만 적정의 거리를 유지해야 한다. 아이와 나누는 대화의 거리는 가까울 수 있지만 연인의 경우에는 더 가까울 것이고, 타인의 경우 가장 멀 수밖에 없다. 엘리베이터나 전철을 타면 한국인들은 문 가까운 곳에 서려는 경향이 있다. 공연장이나 회의장에서 앞자리를 기피하고 뒷자리부터 앉는 것은 나를 드러내지 않으려는 내 중심의 사고이다. 그러나 내가 어디에 앉으면 다음에 올 사람들의 어떤 불편을 줄 것인지 배려하는 마음이 있다면 오는 순서대로 차례로 공간을 차지할 것이다.

줄서기를 하는 방식도 타인의 보행에 방해를 주지 않는 방식으로 보다 빽빽하게 서지 않아야 다른 사람들이 그 사이를 지나갈 수 있다. 그리고 새치기를 하는 사람이 있으면 고래고래 고함을 친다. 내 중심이 아닌 주변 사람을 의식한다면 조용하게, 그리고 상대의 기분이 상하지 않도록 얼마든지 배려할 수 있다. 한국인들은 기계 앞에서는 줄서기를 잘 하지만 사람이 안내하는 앞에서 줄서기를 싫어하는 경향이 있다. 전철에서 테니스가방을 무릎에 올려놓더라도 곁에 앉은 이에게 방해가 되지 않도록 해야 할 것이며, 신문을 읽으며 활짝 펴서 곁에 앉은 사람의 시야나 행동에 방해가 되지 않도록 배려해야 한다.

서점 구내에 공공 의자가 마련되어 있다. 오래 시간을 보낸 탓으로 다리가 아파 빈 의자에 앉으려고 하니 어느 여고생이 자기 가방을 빈 의자에 두고 곧 친구가 온다며 곁자리에 앉는 것을 거부하였다. 한참 서가에 꽂힌 책을 보다가 그 빈자리를 돌아보아도 그 여학생 친구는 오지 않았다. 일시적인 영역을 표시하는 방식도 자기

중심적인 방식이 되어서는 안된다.

앞뒤, 위아래, 곁과 같은 공간의 방향은 사회의 서열과 관련된다. 한국 사회는 철저하게 연령이나 계급에 따라 앞과 뒤, 위와 아래가 구분된다. 서구사람들은 이러한 공간의 방향이 전혀 무의식적인 선택 요소는 아니니다. 남자와 여자의 경우 반드시 "Aft you."로 여성을 우선하듯이 완전한 평등주의는 아니지만 서열의 수직상하 관계를 누그러뜨리려는 문화적 특성이 보인다. 한국 사회에서도 사각형 탁자가 아닌 원탁 테이블을 사용하더라도 반드시 상석이라는 것이 있다. 길을 가는 데도 한국인들은 어떤 연대감을 과시하기 위해 횡대로 길을 가는 것이 일반적이다. 연인이 나란히 길을 가다가도 앞에 사람들이 오면 종대로 길을 비켜주는 연대와 분산을 하는 방식을 배워야 한다. 10여 명의 중등 여학생이 횡대로 보도를 차지하여 걷는 모습을 보고 도리어 그 횡대를 피해 차가 다니는 길로 우회하는 경우도 있다.

문을 여는 방식도 한국은 문을 안쪽으로 당겨서 연다. 대패질도 앞쪽으로 당기지만, 서구의 경우 밀어서 문을 열고 대패질도 앞쪽으로 민다. 여러분들도 가끔 문에 붙어 있는 'Push up'을 혼돈하여 밀었다 당겼다 하는 혼란을 경험한 경우가 많을 것이다. 이와 유사한 예로 중국이나 한국에서는 수저를 앞쪽 방향으로 배열하지만 일본의 경우 옆으로 배열한다. 사무라이의 문화의 영향으로 젓가락이 칼이라고 생각하면 상대를 위협하는 흉기가 될 수 있다는 배려의 문화의 잔상이다. 술을 마실 때에도 한국에서는 아랫사람은 반드시 얼굴을 돌려 마시거나, 술을 따를 경우에도 반드시 두 손으로 공손하게 따라야 한다.

성별과 연령에 따라 방향이 결정되는데 한국에서는 유교적인 질서로 연장자와 남자 중심의 방향성이 결정된다. 얼마 전까지도 할아버지나 아버지는 외상을 차렸던 문화의 흔적이 남아 있다. 반드시 어른이 수저를 들지 않으면 아랫사람은 수저를 들 수 없다. 방향과 순서가 무언의 사회 조직의 충성과 복종을 표현하는 문화적 코드가 되어 있다.

제 4 절 한국의 다문화 사회의 당면 문제

앞에서 살펴본 바와 같이 한국 사회는 100명 가운데 2명이 외국으로부터 이주해 온 사람들이 함께 살아가고 있는 실정이다. 이주 여성들은 한국의 문화, 언어 그리고 낯선 가족 구성 속에서 살아가기에 무척 어렵다. 특히, 언어 소통의 어려움, 가정 경제의 열악함, 남편과의 연령 차이 등의 어려움도 만만찮지만 그들과 함께 사는 한국 사람의 냉혹한 차별성의 언어와 눈길이 결코 따뜻하지 않다는 점이 심각한 문제이다.

최근 국제결혼 부부의 이혼율이 급격하게 증가하고 있다. 그로 인한 다문화 2세대의 아이들은 거리로 내몰리고 있는 실정이다. 이혼율의 문제는 여러 가지 요인이 있겠지만 부부간의 연령의 차이가 평균 18세 정도이며, 월평균 소득 200만 원 이하인 경우가 60%를 차지하고 있는 문제에 기인하고 있다. 그리고 가족의 장애율이 평균치의 4배를 웃돌고 있으며, 다문화 2세대의 취학자녀의 학업 성취도가 매우 뒤떨어진다. 학습부진 아동이 50%를 차지하고 있다. 가장 심각한 문제는 가족 폭력의 문제이다. 남편으로부터, 그리고 시부모로부터 언어 폭력과 신체 폭력은 상당히 위험한 수준이라고 할 수 있다.

이러한 문제를 해결하기 위하여 정부나 지방자치 정부로부터 다양한 지원 정책이 수립되어 시행되고 있다. 의사소통을 위한 한국어 교육과 한국 문화의 이해를 위한 각종 교육 과정을 개발하여 다문화 센터나 각종 봉사단체를 통한 지원이 이루어지고 있다.

다문화 사회가 안고 있는 여러 가지 문제 가운데 가장 큰 문제는 의사소통의 문제라고 할 수 있다. 언어 소통의 문제는 비단 이주 여성에게만 문제가 있는 것이 아니다. 이들을 둘러싸고 있는 한국 사람들의 소통방식의 문제도 요인이 되며, 이로 인해 비롯되는 갈등 또한 소통의 차이에 기인한다. 개인의 갈등에서 사회 집단 간의 갈등으로 인한 폭력과 싸움, 나아가서 종족이나 국가 간의 갈등에 의한 전쟁으로 발전된다. 인간의 소통방식에는 언어, 곧 말과 글이 일차적인 도구이다. 그러나 최근에는 몸짓의 언어와 오디오, 비디오 등 모든 표현 수단들이 통합됨으로써 심지어 그림자조차도 소통의 도구로 인식하는 추세이다.[8]

소통방식의 변화는 크게 두 가지로 요약할 수 있다. 첫째는 미디어의 변화이다. 멀티미디어에서 매스미디어로 인류의 소통방식은 변화하고 있으며, 둘째는 텍스트의 변화이다. 언어 텍스트에서 비주얼 텍스트로의 변화를 꼽을 수 있다.

소통의 갈등에서 기인하는 개인적인 폭력과 싸움이나 종족이나 국가 간의 전쟁은 인류가 추구하는 평등하고 자유로운 세계에 대한 전 지구적인 민주주의 사회를 통제하고 제한하는 민주주의를 보류하도록 하는 정당성의 빌미를 제공해 준다.

지난 시대는 인종, 민족, 성별, 다양한 노동 형식, 다양한 삶의 방식, 다양한 세계관, 다양한 욕구와 같은 다양한 차이를 획일적으로 환원하는 대중 또는 민중의 시대였다. 대중 또는 민중의 시대란 통일이라는 목표가 전제된 가상의 집단이다. 대중의 시대의 소통수단은 매스미디어(Mass Media)였다. 하나의 방향으로 많은 사람들에게 일방적 내용으로 전달하는 체계라고 할 수 있다. 매스미디어의 대표적인 매체가 TV, 신문, 영화 등이었다. 다양한 사람들의 다양성에 대한 고려없이 획일적인 소통의 구조라고 할 수 있다. 대중의 본질은 무차별성이다. 모든 차이들은 대중 속에서 가라앉아 익사할 수밖에 없다. 전 지구의 종족들의 색깔을 회색으로 바래도록 하고, 다양한 차이를 혁명의 수단으로 동형의 집합체로 만들려는 계급투쟁의 기획들이 전 세계 곳곳에서 진행되었다.

20세기 이후 새로운 매체인 인터넷의 보급과 최근 쌍방 교류가 가능한 아이폰(iPhone) 기술의 개발은 이전의 소통방식과 전혀 다른 쌍방 소통이 가능한 방식으로 전환되었다. 이러한 소통방식의 변화는 다양성 그 자체를 인정하는 다양한 이해집단 간의 네트워크가 구성되고 있다. 페이스북이 그 대표적 사례이다. 이 시대를 다중의 시대로 정의할 수 있다. 모든 차이들이 자유롭고 개방적으로 평등하게 표현하고 소통하는 시대로 확장이 되고 있다는 말이다.

전 인류는 이제 다양성을 통일성으로 환원하던 시대를 거쳐 통일성에서 다양성으로 변화되는 길목에 서 있는 것이다. 하나의 통일성이나 단일한 동일성으로 결코 환원될 수 없는 수많은 내적 차이를 받아들이는 시대적인 변화의 길목에 우리는 서 있는 것이다. 다양한 문화들, 인종, 민족, 성별, 다양한 형태의 노동, 다양한 삶의 방식, 다양한 세계관, 다양한 욕구들을 갖고 있는 특이한 다양체를 존중하는 시

8) 롤랑 바르트, 김주환 · 한은경 옮김, 『기호의 제국』, 산책자, 2008.

대인 것이다.

이처럼 세상은 인터넷을 통해 무척 가까워졌다. 특히, 지식과 정보의 생산방식도 다중 간의 협업의 방식으로 발전되고 있으며, 지식 정보의 공유와 축적의 속도도 더욱 빨라지고 있다. 그러나 지식 정보의 총량이 급격하게 늘어나자 이를 요령 있게 검색하고 활용하는 방식에 익숙하지 않으면 방대한 지식 정보가 도리어 혼란스럽게 느껴지는 상황이 되어 차라리 없는 것보다 못할지도 모른다.

두 번째 소통방식의 변화는 텍스트 중심에서 비주얼 텍스트로 확장되고 있다.

개인이나 국가에서도 이러한 지식 정보를 생산하고 관리하는 방식의 변화가 눈에 띈다. 지식 정보의 생산이 소수 전문가 중심으로 이루어지던 방식에서 차츰 다중(多衆)이 관여하는 방식으로의 변화를 보이는 동시에 지식 정보도 통합과 융합의 방식인 위키피디아(Wikipedia)나 놀(Knol)과 같은 지식 정보의 기반 통합화가 이루어져 경쟁력을 갖는 시대로 진입하고 있다.[9)]

앞으로 생산된 지식 정보를 체계화하고 융합하는 일이 국가 경쟁력을 강화하는 지름길이라고 할 수 있다. 그리고 엘리트층에서 생산한 고급 지식 정보를 다중에게 실용화할 수 있도록 재구성하는 노력이 절실하게 필요하다. 엘리트층과 다중 간에 순환적 지식 환경을 만들어 다중들로 하여금 지식 정보의 능력을 고도화하고, 이들이 다시 협업의 방식으로 지식 정보 생산에 참여하도록 함으로써, 다중 지식 정보의 평준화는 물론 국가 지식 경쟁력을 강화할 수 있는 것이다. 웹을 기반으로 할 경우 다량의 지식 정보를 관리하고 이를 효율적으로 검색, 활용하는 일은 매우 용이하다.

지식 정보는 기호(symbol)와 아이콘(icon)으로 구성되어 있다. 세상 문화의 기표는 문자와 아이콘, 영상, 음악, 심지어는 그림자에 이르기까지 그 표현 수단으로 운영되고 있다. 우리는 지금 기호와 아이콘으로 이루어진 세상에 살아가고 있다. 이 기호와 아이콘은 상상력으로 가득 찬 기표(記標)와 기의(記意)로 포장되어 있으니, 그 속에는 문화 원형의 비밀이 숨겨져 있고 멋진 이야기가 잠들어 있다. 이처럼 기호를 재해석할 수 있는 상상력을 키우지 않고는 기호와 문화, 그리고 지식 정보와의 연계성을 밝혀낼 길이 없다. 시인 에머슨(R. W. Emerson)은 "언어는 역사

9) 국가지식경쟁력강화위원회에서는 2009년 위키피디아형 국민 사전 편찬 사업에 착수한 것도 국가 지식 통합과 경쟁력을 강화하는 데 크게 기여할 것으로 기대된다.

보관소"라고 했듯이 언어는 일단 기록되거나 표현되면 언어학에 관련된 정보 그 이상의 것을 우리에게 전해 준다.

인류의 지적 유산은 모두 기호로 형상화하여 남는다. 그림, 부호, 문자, 음악, 영상 등을 통해 인간이 생산한 지식과 온갖 정보가 하드디스크에 기록된 흔적처럼 남게 된다.

소통을 바탕으로 한 국제화는 두 가지의 얼굴을 갖고 있다. 대중 시대, 곧 매스미디어 시대에는 통제와 항상적 갈등이라는 메커니즘을 통해 국제적 질서를 유지하고 위계와 구분에 의한 통제를 확산시킨 시대였다. 그러나 그 대중적 소통기획의 결과는 끊임없는 갈등과 투쟁, 그리고 전쟁의 상처로 얼룩진 시대였다. 차이와 다양성을 공유하며 협력과 협동이라는 새로운 회로를 창조해 나가고 있다. 전 세계의 인류가 꼭 같은 사람으로 변화는 것이 아니라, 서로 다르면서 서로 소통하고 더불어 행동하는 네트워크를 구축하는 변화를 이끌고 있는 것이 바로 소통도구의 변화와 발전에서 찾을 수 있다.

다음으로 소통환경의 변화가 지속되고 있다.

인터넷의 발달과 휴대전화의 발달은 개인의 소통의 기본적 체계의 변화로 이어지고 있다. 이 다중의 시대에는 시간의 단축, 미디어의 폭주, 새로운 계층의 붕괴로 사회 현상의 변화가 진행되며 세상은 온통 뒤끓고 있다. 지식 정보의 폭주로 인해 새로운 소통도구에 익숙하지 않은 사람은 오히려 불편한 세상이 되고 있다. 소통환경의 변화가 개인의 삶의 질적 변화를 초래할지도 모른다.

진지한 이야기가 통하지 않는 세태이다. 일상생활에서 개인의 지식과 경험을 통한 경이로운 삶의 방식을 소통하는 것보다 즉각적인 반사적 소통이나 상대를 무시하는 소통방식이 더 가치 있는 소통방식으로 받아들이는 경향이 있다. 익명의 소통으로 통한 소통언어의 파괴와 언어 폭력과 유희가 위력을 발휘하고 있다.

참고문헌

김찬호(2010). <우리의 언어세계 가다듬기, 삶의 경외감 회복하기>. 『국가의 품격』. 한길사, 136.

박홍순(2010). <이주민의 정체성과 포스트콜로니얼 대안>. 『다문화 사회와 국제이해교육』. 동녘.

오경석(2007). <다문화사회 논의에 대한 비판적 조명>. 『한국에서의 다문화주의』. 한울.

유네스코 아시아·태평양 국제이해교육원(2010). 『다문화 사회와 국제이해교육』. 동녘, 29-30.

이상규(2006). 『한국어 교수-학습 방법론의 재정립』. 국제한국어교육학회. 축사.

_____(2007). <언어의 다양성과 공통성>. 제18차 세계언어학자대회 추진위원회.

이홍규(2010). 『한국인의 기원』. 우리역사연구재단.

피드우드 지음·김진석 옮김(2005). 『다양성-오해와 편견의 역사』. 해바라기.

Baker, C. Book Review of T. Skutnabb-Kangas(2001). *Linguistic Genocide in Education-or Worldwide Diversity and Human Right? Journal of Sociolinguistics*, 5(2): 279-283.

Crosby, A. W.(1994). *Ecological Imperialism: The Biological Expansion of Europe*, 900-1900. Cambridge: Cambridge University Press.

Cummins, J.(2000). Language, Power, and Pedagogy: Bilingual Children in the Crossfire, Clevedon, UK, Multilingual Matters, and T. Skutnabb-Kangas. Linguistic Genocide in Education-or Worldwide Diversith and Human Righs? New Jersey: Lawrence Erlbaum Associates 참조.

Klaus, D.(in press). “The Use of Indigenous Languages in Early Basic Education in Papua New Guinea; A Model for Elsewhere?.” *Language and Education*.

Krauss, M.(1992). “The World's Languages in Crisis”. *Language*, 68(1): 4-10.

Skutnabb-Kangas T.(2000). Field notes, information from Satu Moshnikoff. Ulla Aikio-Puoskari.

Williams, E.(1998). “Investigation Bilingual Literacy: Evidence from Malawi and Zambia.” Education Research London. *Department for International Development*, 24.

Wurm, S. A.(ed.)(2001). Atlas of the World's Languages in Danger of Disappearing. Paris: UNESCO(저자: I. Heyward).

제 7 장 하버마스 의사소통행위이론의 상호문화주의적 함의*

김 영 필

제 1 절 머리말

본 연구는 하버마스(J. Habermas)의 상호문화주의적 대안을 한국 다문화사회에 적용하기 위한 이론적 틀을 마련하는 데 목적이 있다. 한국과 유럽의 역사적 배경이 다르고 현재의 다문화적 실상이 다르기 때문에, 서구 유럽에서 자생한 대안을 한국 현실에 그대로 이식하는 것은 문제가 있다. 필자는 이러한 점을 고려하면서, 하버마스의 의사소통행위이론에 대한 내용적 이해보다는 한국 다문화 사회 속에서 재구성하기 위한 근거를 마련하는 데 관심을 갖는다.

필자는 하버마스의 의사소통이론이 한국 다문화 현실 속에서 적합한 대안으로 재구성되기 위해, 확인되어야 할 태생적 한계는 무엇이며, 이 한계를 후설(E. Husserl)의 의사소통이론을 통해 치유할 수 있는 가능성을 검토한다. 특히, 정의와 연대성의 논의가 그 중심이 될 것이다. 하버마스가 후설의 상호주관성이론을 사회과학적으로 재구성하여, 제도적 정의의 문제에 방점을 둠으로써, 소극적으로 다룰 수밖에 없는 사회적 연대에 관한 인문학적 성찰을 후설의 감정이입의 의사소통이론으로

* 이 글은 새한철학회에서 발간하는 『철학논총』 제71집에 게재된 것이다.

충전하려고 한다.

하버마스의 의사소통행위이론이 한국적 현실에 적용되기에는 여전히 많은 장애가 있다. 왜냐하면, 의사소통행위이론이 간과할 수밖에 없는 사각지대가 있기 때문이다. 한국에 거주하는 이주민은 대부분 인프라 노마드(infra－nomad)로서 코리언 드림을 가지고 이주해온 자들이다. 이주민의 구성을 보면, 결혼이민자가 8% 정도이고(출입국 · 외국인정책본부; 2012년 12월 말 현재, 총 체류자 1,899,519명 중 151,347명이 결혼이민자), 나머지의 절대 다수가 이주근로자이다. 이들은 한국 사회의 주변인으로서 힘든 삶을 살고 있다. 이들 중 다문화지원 정책의 혜택을 받는 자들은 도시거주 결혼이주여성들 중 극히 일부이다. 이른바 국가의 이해관계에 따라 차별적으로 포섭하고 배제하는 정책이다. 특히, 한국남성과 결혼한 이주여성들을 지원하는 것으로 표준화되어 있다. 이런 상황에서 한국 사회 이주민들 대다수가 사회적 약자로 주변화되고 있다.

하버마스의 담론윤리는 문화적 소수자의 특수성을 훼손하지 않으면서 동시에 모두에게 타당한 도덕규범을 정당화하려고 한다. 하지만, 도덕규범을 보편화하는 과정에서 문화적 소수자의 목소리가 차단될 수밖에 없다. 특수성과 보편성이라는 암초와 늪을 동시에 피해가려는 그의 투－트랙(two－track) 기획은, 보편주의의 그물망을 통과할 수 없는 소수자의 특수성을 어두운 그늘에 그대로 남겨 두지 않을 수 없다.

필자는 오랜 단일민족의식에 익숙한 한국인의 특수한 가치관이 하버마스의 합리적 의사소통행위이론을 통해 절차적 정당성을 가진 것으로 재구성되기를 기대하며, 아울러 이 절차적 정당성에 의해 가려진 소수자의 실존적 그늘을 후설의 의사소통이론으로 조명할 것이다. 이러한 논의는 궁극적으로 한국적 상황에 적합한 상호문화적 윤리를 재구성하기 위한 이론적 틀을 마련하기 위한 것이다.

1 의사소통모형의 상호문화적 함의

다문화교육은 근본적으로 타자에 대한 편견을 치유하는 교육이다. 이른바 반(反)편견교육이다. 하지만, 너무나 오랫동안 인종중심주의적인 편견에 익숙해져 있기 때문에 다수자든 소수자든 타자에 대한 어중간한 태도로써는 반(半)편견교육도 쉽지 않다. 하버마스 역시 다문화사회에서 보편적으로 그 정당성이 인정되는 윤리학을 구성하는 것은 가장 어려운 일임을 인식하고 있다.[1] 하버마스는 도덕원리가 특정한 집단, 그것도 다수자집단의 선입견만 반영되지 않고 인종주의적 편견이 치유될 수 있기 위해서는 도덕원리의 규범적 타당성이 누구에게나 보편적으로 인정되어야 한다고 말한다. 그러면서 그는 다문화사회에서 인격이 극단적으로 훼손되기 쉬운 개인이나 집단을 보호하고 배려하는 행동을 '도덕적'이라고 부른다. 그의 담론윤리가 다문화사회의 윤리적 대안으로 논의되는 것은 바로 이 때문이다.

하버마스의 담론윤리는 의사소통행위이론에 기초하고 있다. 그의 의사소통행위이론은 후설의 상호주관성이론을 언어적 지평으로 그 두께를 확장시킨 것이다. 하버마스에게는 후설의 상호주관성이론이 지나치게 낭만적으로 보인다. 하버마스가 보기에 나를 실마리로 하여 타자를 나와 동일한 유사체로 구성할 수 있을 것으로 판단한 후설의 감정이입에 근거한 상호주관성이론은 현실에서 일어나는 다수자와 소수자 사이의 권력관계를 추상할 수밖에 없다는 사실을 비판적으로 성찰하고 있다. 이런 맥락에서 하버마스는 의사소통이론을 통해 현실적 권력관계를 비판적으로 재구성한다. 다수자와 소수자 사이의 현실적 장애들을 극복할 수 있는 상호문화적 모형을 그의 의사소통행위이론에서 정초하고 있다.

물론, 하버마스의 이상적 언어상황이 하나의 이념으로 전제되어 있는 희미해진 동화주의의 잔상이라는 비판이 가능하다. 하지만, 다문화주의는 그 자체가 하나의 이념이다. 이 지구상 어디에서도 다문화주의가 온전하게 실험될 온실은 존재하지 않는다. 다문화주의라는 이상을 실현하기 위한 현실적 대안들은 각국의 다문화적 상황에 따라 다를 수밖에 없다. 리오타르(J. F. Lyotard)의 이의와 차이성에 방점을 둔 대안 역시 진정한 다문화주의라는 이상을 지향하는 하나의 대안에 지나지 않는다. 이러한 점에서 하버마스의 이상적 언어상황은 다수자와 소수자 사이의 현실적 권력관계, 예컨대 소수자를 정치적으로든 문화적으로 지속적으로 주변인으로 전락

1) 하버마스는 오늘날 시민교육을 받는 성인 백인 남성의 유럽인의 선입견을 반영하는 도덕원리는 보편주의적 윤리가 될 수 없다고 말하면서, 이것이 윤리학에서 가장 어려운 부분이기 때문에 자신은 이 부분을 상세하게 다루지 않고, 단지 담론윤리가 제시하는 명제만을 상기시킬 뿐이라고 말한다(『담론윤리의 해명』, p. 19).

되게 만드는 현실을 치유하기 위한 바람직한 대안으로 볼 수 있다. 하버마스의 의사소통모형이 독일을 중심으로 한 유럽의 다문화적 대안으로 논의되는 이유도 여기에 있을 것이다.

하버마스의 의사소통적 모형이 소수자를 다수자의 이념적 틀 속에 효율적으로 동화시키려는 근대의 동화주의(assimilation)적 대안을 극복하려는 대안으로서 설득력을 갖는다는 사실에 이의를 달 수는 없을 것이다. 즉, 하버마스의 의사소통적 이성의 전략은 타자의 이성을 목적을 위한 수단이나 도구로 전락시키는 근대의 동화주의모형을 해체시키는 효과를 지니고 있다. 특히, 근대동화주의 모형이 딛고 서 있는 문화적 유아론(solipsism)의 지반을 상호주관적 지평으로 전환한 것은 상호문화주의로 이르는 새로운 길을 열어 주었다. 의식의 동일성이란 근대적 명제 하에서 '타자-의식'을 '나-의식'의 유사체로 인식하고, 나와 동일한 주체로서 구성될 수 있을 것으로 예단한 근대의 주체중심주의는 심각한 자민족(문화)중심주의를 정당화하고, 타자에 대한 배려의 윤리에 무관심할 수밖에 없었다. 하버마스는 자문화중심주의를 넘어서기 위해, 상호문화적으로 매개된 공동체 구성에 관심을 가진다. 특히, 의식과 의식의 동일성이라는 추상적이고 낭만적인 전략을 넘어 언어가 갖는 상호문화성을 강조하면서 언어적으로 매개된 상호문화공동체 구성에 집중한다. 언어를 통한 의사소통행위는 다수자와 소수자의 연대와 화해를 정당화시켜 주는 보편적 기반이다. 언어는 의식이나 주체의 단순한 표현수단이 아니라 언어가 주체의 생활세계를 결정하는 보편적 기반이다. 하버마스는 선(先)언어적 직관을 강조하는 고전적 현상학이 간과하는 언어의 공동체적 구조인 의사소통적 행위를 상호문화주의의 보편적 기반을 설정한다.

우리가 상호문화주의의 이념적 토대를 하버마스의 의사소통모형에서 찾는 것은 그가 문화적 차이와 다원성을 존중하면서도 연대성을 강조하기 때문이다. 그는 타문화의 정체성을 인정하면서 동시에 문화적 연대성도 함께 읽기 때문이다. 하버마스가 이해하는 보편주의는 "차이들에 고도로 민감하며",[2] "차이에 예민하게 대처하는 포용"[3]을 회피하지 않는다. 타자성과 차이를 하나의 원리로 획일화시켰던 형식적 보편주의와는 달리 절차적 보편주의는 타자성에 지극히 민감한 보편주의이

2) 이진우, 「민주적 공동체의 "관계적 이성"」, 『철학연구』, 제49집, 2000, p. 144.
3) 하버마스, 『이질성의 포용』, p. 177.

다. 다수문화 역시 모든 시민들에 의해 공유되는 보편적 정치문화와의 혼합을 거쳐 이루어져야 한다. 다수문화 역시 자율협의적 파라미터(parameter)를 독재적으로 결정해서는 안된다. 다문화주의는 단일한 정치사회 안에서 몇 개의 문화집단이 영속하는 것을 보증하는 한편 공동문화의 존재를 요구한다. 부분으로서 다수문화는 소수집단에게 중요한 일정한 실존적 문제에서 민주적 절차를 편견으로 선결하지 않아야 한다면, 다수문화가 전체의 전면을 차지해서는 안된다.[4] 이것이 바로 절차적 민주주의에 근거한 다문화주의의 원리이다.

하버마스의 의사소통모형이 갖는 다문화적 함의는 다양성과 통일성의 어느 한 쪽에 성급하게 방점을 찍은 두 입장을 건강한 다문화주의의 장애가 되는 두 공범자들로 고발하는 데 있다.[5] 하버마스는 칸트(I. Kant)의 통일성의 철학에 세례를 받고 있는 근대철학, 즉 차이를 동일성으로 동화되어야 할 비정상성과 차별성으로 추상화하는 문화제국주의나, 차이와 우연성에 대한 극단적인 찬사를 딛고 서 있는 탈근대의 '극단적 맥락주의'[6]는 그 길만 다를 뿐, 결국 문화분리주의라는 한 지점으로 수렴될 수밖에 없다는 점을 강조한다. 차이 자체에 대한 극단적 예찬은 결국 차이의 절대화를 초래하고, 동일성의 반대편에서 무제약적 다문화주의를 정당화하게 된다. 왜냐하면, 소통이 없는 차이에 대한 극단적 예찬은 결국 차이의 절대화를 수반하기 때문이다. 하버마스는 무제약적 동화주의와 무제약적 다문화주의를 가로질러 소통할 수 있는 지평에서 '절차적' 혹은 '제약적' 다문화주의를 지향한다.

하버마스는 로티식의 '극단적' 맥락주의를 자신의 '절차적' 맥락주의와 구분한다. 로티(R. Rorty)가 다양성을 통일성으로부터 면제될 수 있는 지점은 마련했지만, 어떠한 이상화도 회피하고 합리성 개념마저 포기한다. 로티에 있어서 '합리성'은 보편적 공동체의 방향을 추구하면서 모든 지역적 공동체를 초월하는 규범적 내용을 가진 한계개념이기 때문이다.[7] 로티는 인종중심주의로부터 자유롭지 못하다. 그러면서도 지역공동체 사이의 삶의 형식의 일치가 전제되어 있어 유대성이 담보될 수 있으리라는 객관주의적 희망을 포기하지 못한다. 로티는 언어공동체로부터

4) 위의 책, p. 178.
5) 하버마스, 『탈형이상학적 사유』, p. 169.
6) 위의 책, p. 189.
7) 위의 책, p. 191.

도피하지 않으면서도 동시에 상호주관적 일치를 확장하려는 객관주의의 꿈을 포기하지도 못한다.[8] 로티는 지역공동체를 초월한 객관주의적 의미의 진리가 통용될 수 없다고 주장하면서도 상호주관성이론에 미련을 버리지 못하고 상호주관적 일치로서의 연대성을 희망하고 있다. 하지만, 로티는 상호이해를 위한 대칭적 관계가 훼손되는 것을 막지 못한다. 왜냐하면, 그는 이해의 과정이 낯선 것을 우리의 (확장된) 해석지평으로 동화시키는 것으로 서술하고 있기 때문이다. 진정한 상호이해는 자기 자신에 거리를 두는 능력의 바탕 위에서 동화가 아닌 융합의 절차를 거치면서 이루어진다. 이 절차적 상호이해의 과정은 일자를 기피하지 않으면서 차이와 타자에 대한 극단적인 찬사도 가로지른다.

하버마스는 다수의 통합을 강제할 정도로 강하지는 않지만 통일성에 대한 희망을 포기하는 패배주의자가 결코 아니다.[9] 그는 한편으로는 컨텍스트를 파괴하고 초월하는 무제약적 타당성과 다른 한편으로는 컨텍스트에 의존하는 사실성이 양립하는 생활세계를 상호주관적 이해의 장으로 주장한다. 사실성에 바탕하지 않는 타당성 주장은 무제약적일 수밖에 없고 타당성 주장에 근거하지 않는 사실성 주장은 극단적인 맥락주의를 양산한다. 하버마스는 맥락-조건적(context-conditioned)이되, 맥락-결정적(context-determined)이 아닌 통일성의 장을 언어적으로 재구성하는 데 초점을 모으고 있다. 탈-맥락적(context-free)이거나 무맥락적(context-less)인 통일성을 이질성에 민감하게 적절한 반응을 하는 맥락조건적 통일성으로 재구성하는 데 관심을 갖는다.[10]

2 의사소통행위이론의 태생적 그늘

독일의 다문화정책이 실패했다는 메르켈(A. Merkel) 총리의 선언이 의미하는 것은 결국 하버마스의 의사소통모형에 기반을 둔 독일 다문화정책의 한계를 시사하는 것이다. 합리적 의사소통능력을 구비하고 있는 이성적 주체들 사이에서나 가

8) 위의 책, p. 193.
9) 위의 책, p. 198.
10) 김영필, 『현대철학』, p. 184.

능한 이상적 담론구조는 이성적 주체로서 지위를 보장받지 못하는, 특히 소수자들에게는 오히려 소수자에 대한 다수자의 폭력을 정당화시키는 기제가 될 수 있다. 의사소통능력이 결여된 문화적 소수자들은 다수자 사회에서 당당한 목소리를 낼 수 없다. 과연 소수자들이 비강제적인 방식으로 기회를 균등하게 갖고 논증에 참여하여 자신의 주장을 당당하게 주장할 권리가 담보되어 있는가? 만약 대화를 통해 구성된 절차적 합리성이 여전히 다수자 중심의 합리성의 확대라고 한다면, 이상적 언어상황은 말 그대로 이상적인 목적 이외의 다른 것이 아니다. 오히려 선(先)합리적 차원에서의 타자에 대한 배려가 더욱 실질적이고 구체적인 덕목이 아닌가라는 문제를 남긴다. 그리고 타자, 특히 소수자에 대한 배려는 단지 인격을 수단이 아닌 목적으로 대하라는 형식적 정언명령으로만 이루어질 수 없는 것이다. 주체, 즉 다수자의 지속적인 자기성찰과 초월을 통해 타자인 소수자와 진정으로 화해할 수 있는 자기수행이 선행되어야 한다. 하버마스의 의사소통행위이론이 유럽은 물론 유럽과는 다문화적 상황이 전혀 다른 한국에서 그 한계를 노정할 수밖에 없는 이유도 여기에 있다. 그러므로 칸트의 '보편화가능성' 테제를 상호주관적으로 확장한 하버마스의 의사소통행위이론에도 여전히 희미해진 보편화의 논리가 작동하고 있고, 이것은 다수자 중심의 동화주의모형을 포기하지 못하는 유형으로 노정될 수밖에 없다.

그런데 문제는 '안으로부터의 초월'이 합리적 의사소통에 의해 가능하다면, 합리적 의사소통능력을 결여한 소수자의 특수세계들과 어떻게 연대할 수 있는가? 특히, 우리나라에 거주하는 이주자의 절대다수가 가난을 피해 코리언 드림을 꿈꾸며 돈 벌러 온 인프라 노마드들이란 점에서 더욱 그렇다. 하버마스의 합리적 의사소통을 통한 상호문화성의 구성 전략이 한국의 현실에서는 그대로 작동하기가 쉽지 않다. 소수자들이 아직 그들의 생존에 급급한 상황이어서 그들 스스로 다수자와 당당하게 의사소통할 수 있는 능력을 갖추지 못하고 있다. 그들의 문화적 생존을 주장할 정도로 여유가 없다. 서구 유럽 사회를 배경으로 한 하버마스의 의사소통행위이론은 그 만큼 태생적 한계를 가질 수밖에 없다.

하버마스는 다문화사회에서 소수집단의 인정투쟁의 양상이 다양하게 일어나는 방식을 설명한다. 다수자와 소수자들 사이의 상호인정투쟁이 일어나는 역사적 배경이 다르다. 내생적(來生的) 소수집단이 자신들의 정체성을 의식하게 되어서인가,

아니면 이민에 의해 새로운 소수집단이 생겨서인가, 그리고 미국과 같이 이미 이민국가라는 자기이해를 가지고 대응하는가, 아니면 국민국가적 이해를 바탕으로 처음으로 다른 문화의 통합에 적응해야 하는가에 따라 그 도전양상도 다르다. 그 도전의 강도는 극복되어야 할 종교적, 인종적 혹은 종족적 차이나 역사적, 문화적 비동시성이 크면 클수록 더 커질 것이다. 그 도전의 고통은 자기주장의 경향성이 근본주의적, 배타적 성격을 띠게 되면 될수록 더 커질 것이다.[11]

하버마스의 이러한 인정투쟁의 현상에 대한 분석으로 한국의 다문화현실을 진단하기에는 다소 성급하다. 우선, 한국은 아직까지 소수집단이 집단화되어 자신들의 문화적 생존을 주장할 정도로 세력화되지 않았다. 그리고 한국은 유럽이 겪고 있는 탈식민적 인정투쟁에서 자유롭다. 종교적 근본주의의 배경을 가진 피식민국가 출신의 이주집단이 거주국과 싸워야 하는 인정투쟁에서는 자유롭다. 그리고 한국은 유럽 다문화사회가 겪어야 할 사회적 비용이나 고통에서도 어느 정도 자유롭다. 이러한 이유에서 하버마스가 분석한 서구 다문화사회의 인정투쟁 양상과 그 도전방식을 한국의 현실에 적용하기에는 많은 문제점을 노정하지 않을 수 없다.[12]

이와 같이 다양한 인정투쟁을 의사소통행위이론과 담론윤리로 대응하기에는 그 현실적 한계를 가질 수밖에 없다. 그의 담론윤리는 이질성을 유폐시키거나 차단하지 않고 포용할 수 있는 도덕적 보호장치이다.[13] 그러나 이 절차적 보편주의 안

---

11) 하버마스, 『이질성의 포용』, p. 247.

12) 유럽의 다문화상황에서 생겨난 하버마스의 의사소통모형이 한국적 다문화교육 모형으로 적합한 대안이 될 수 없다는 논의 역시 이런 맥락에 가능한 것이다. 이른바 상호인정투쟁은 두 주체 사이의 동등한 지위가 보장될 경우에나 가능한 이상적 대안이다. 물론, 유럽 현실 속에서 생겨난 이념적 대안이라는 점을 인정하더라도, 한국의 다문화상황이 유럽과는 전적으로 다르기 때문에, 그 적합성에 있어 문제점이 노정될 수밖에 없다. 하버마스의 인정투쟁의 양상분석은 캐나다 퀘벡 주를 예로 분석한 테일러의 '인정의 정치'에 대한 논평에서 나온 것이다. 서구 다문화주의의 이론적 토대가 되어 온 테일러의 '인정의 정치'가 캐나다 퀘벡 주를 분석 한 결과라는 점에서는 더욱더 그 적합성의 문제가 제기될 수밖에 없을 것이다. 한국은 1997년 총인구의 2%였던 이주민이 2012년 현재 144만여 명으로 증가했지만, 아직 3%에 못 미치는 적은 수이다. 하지만, 앞으로 이주민의 수가 증가함에 따라 2020년에는 5%, 2050년에는 10%에 이를 것이라는 예상을 전제한다면(소수자가 10%가 될 경우 여론 형성에 있어 나머지 90%를 침묵하게 만들 수 있다. 물론, 특수한 경우이지만 히틀러시대가 그 좋은 예일 것이다), 서구 유럽에서 지불해야 했던 다문화사회 비용을 최소화하면서 다문화사회로 연착륙할 수 있기 위해 한국 현실에 적합한 다문화교육 모형을 개발하는 것은 매우 중요한 과제가 아닐 수 없다.

13) 박구용, 「다원주의와 담론윤리학」, 『철학』, 제76집, 2003, p. 218.

에는 그 절차로부터 소외당하는 소수자의 위상에 대한 심각한 고민의 흔적은 보이지 않는다. 하바마스는 다수자와 소수자 사이의 태생적 권력관계가 대칭적 의사소통을 통해 합리적으로 조정될 것이라는 목적합리성의 저울 위에 서 있다. 그는 이상과 현실의 긴장관계가 쉽게 극복되어야 한다는 목적합리성에 예속되어 있다.

하버마스의 의사소통행위 역시 '행위(Handeln)'인 한에서, 자기이익관심으로부터 벗어날 수 없다. 정호근의 주장처럼,[14] 의사소통행위이론은 다름, 이질성, 차이를 경쾌하게 뛰어 넘는 근대의 목적합리성의 특수한 경우일 뿐이다. 그러나 하버마스는 다름과 이질성을 결코 경쾌하게 뛰어 넘으려 하지 않는다. 그는 이질성에 대해 경쾌하게 뛰어넘을 수 없을 만큼 예민하게 대처하지 않으면 안된다고 말한다. 다만, 예민한 대처가 이질성에 대한 무제약적 환대를 의미하지 않는 이상, 그는 통일성과 다양성은 오직 절차적으로만 실현되는 상호이해의 과정에서 다양한 통일성과 통일적 다양성으로 재구성되어야 한다는 신념을 갖고 있다.[15]

하버마스의 포스트모던에 대한 비판은 일자의 기피와 차이와 타자에 대한 찬사가 일자와 타자 사이의 변증법적 관계를 불투명하게 만든다는 데 있다.[16] 그의 상호주관적으로 구성된 절차적 보편성은 다양성의 적인 도덕적 보편주의와는 다르다. 따라서 동일성에 대한 지나친 알레르기는 다양성의 신화에로 이르게 만든다. 상호문화주의에 대한 확신을 정당화하기 위한 하버마스의 논의는 생활세계의 컨텍스트 속에서 의사소통적 행위가 비로소 가능할 수 있다는 신념을 전제한다. 이 생활세계의 컨텍스트는 통일성과 다양성으로 분리된 두 실체를 매개시키는 총체적 배경으로 주어져 있다. 이런 점에서 생활세계는 문화분리를 차단하는 연대의 지평이면서 문화의 동질화를 겨냥하는 문화제국주의를 제약하는 지평이기도 하다. 의사소통적 이성은 우연성의 바닥에 가라앉지 않으면서도[17] 우연성을 초월하여 이성의 이념화와 타협하지도 않는다. 상호문화적 컨텍스트인 생활세계는 그 스스로 반성 이전에 주어져 있으면서 의사소통행위의 토대로서 의사소통행위를 통해 주제화될 뿐이다.

---

14) 정호근, 「의사소통적 합리성과 권력 그리고 사회구성」, p. 135, 장춘익 외, 『하버마스의 사상』(서울: 나남출판), 1996.
15) 하버마스, 『탈형이상학적 사유』, p. 169.
16) 위의 책, p. 196.
17) 위의 책, p. 201.

그럼에도 불구하고 하버마스의 의사소통행위이론이 다수자와 소수자 사이의 권력관계를 양산하는 친밀성의 요구를 어느 정도 초월할 수 있는지에 대한 의문은 여전히 남는다. 친밀한 의사소통을 상실하지 않으면서 동시에 전체적 의사소통이 가능할 수 있는 대안이 가능할까 하는 문제이다. 자민족중심주의에 기초한 친밀성의 공동체를 넘어 전체적 의사소통 공동체로 확장될 수 있으리라는 생각은 지나치게 낭만적인 것은 아닌가? 친밀한 공동체와 준선험적으로 요청된 상호주관적 공동체 사이의 문화분리를 메울 수 있는 진정한 의사소통 공동체는 과연 존재하는가? 다수자와 소수자의 상호문화적 연대가 구성되는 절차에서도 소수자는 여전히 주변화되고 있는 것은 아닌가? 등등의 문제[18)]가 남는다.

3 담론윤리의 실천적 그늘

하버마스의 의사소통모형은 유럽 민주주의에 대한 신뢰를 바탕으로 고안된 것이다. 특히, 합리성을 오래 경험한 서구 유럽 민주주의에 대한 신뢰를 바탕으로 하고 있다. 이러한 신뢰는 바로 이상적 민주주의에 대한 희망으로 바뀌었고, 그것을 대변하고 있는 것이 그의 이상적 의사소통행위이론이다. 하지만, 그의 의사소통이론이 안고 있는 낭만적이고 이상적인 구상들은 민주주의를 이념으로 하고 있지만 불일치와 차이를 다양하게 산출하는 현실에 적용하기에는 너무나 많은 한계를 갖지 않을 수 없다. 특히, 다문화사회에서 지속적으로 생산되는 다수자와 소수자 사이의 불일치와 차이의 권력관계가 합의라는 절차적 동일성으로 쉽게 추상될 수 있을 것이라는 성급한 예단을 한 것이다. 현실적 권력관계 속에서 개인의 이익관심과 집단의 자기안정화로 인해 일어나는 지속적인 차이의 산출을 절차적 합의로 수렴할 수 있을 것이라는 신념은 서구 민주주의에 대한 낙관에 바탕을 두고 있다. 이러한 의사소통이론이 다문화사회에서 지속적으로 산출되는 다양한 목소리와 주장들을 합의의 형태로 동화시킬 수 있으리라는 낙관은 지극히 성급할 뿐만 아니라, 가능하지도 않다. 설령, 가능하다고 하더라도 타자의 차이성이 합의를 이루어내는 절

18) 정호근, 「분화(分化)와 물화(物化) – 긴장으로서의 근대성」, 철학연구회 편, 『근대성과 한국문화의 정체성』, 철학과현실사, 1996, p. 38 이하 참조.

차 속에서 철저히 주변화되고 난 이후에 가능할 것이다.

그의 담론윤리는 담론 자체에 대한 강한 신뢰에서 출발한다. 이미 주어진 담론을 통해 상호이해와 궁극적 합의가 가능할 것이라는 낙관은 담론 자체를 자기충족적 대안으로 설정하는 성급함에 붙들려 있다.[19] 담론의 장 바깥에서 들려오는 폭력에 거의 무력화될 수밖에 없다. 다수자와 소수자 사이의 현실적 권력관계를 외면하고서 어떠한 합의도 이상적일 수밖에 없다. 왜냐하면, 담론의 주체는 이미 특정한 권력을 쥐고 있으며, 특정한 가치나 지향성을 지니고 있기 때문이다. 이런 점에서 푸코(M. Foucault)의 담론분석이 하버마스와 연결해서 논의될 필요가 있다. 푸코는 이성/비이성, 정상/비정상의 구별이 어떤 권력효과를 산출하는가를 분석한다. 소수자에 대한 다수자의 차별과 다수자에 대한 소수자의 폭력이 만연되어 있는 현실에서 지속적 자기성찰을 게을리 해서는 안된다. 왜냐하면, 담론 역시 권력의 이해관계로부터 자유롭지 못하고, 의사소통행위 역시 특정한 가치관이나 권력에 종속되어 있기 때문이다. 다수자/소수자 사이의 현실적 권력관계를 무시한 채 소통의 합리성이 담보될 수 없다.

다수자/소수자 사이의 의사소통이 가능한 제일의 조건은 발화수반력(illocutionary force)이다. 즉, "듣는 사람이 발화된 문장의 뜻을 이해할 뿐만 아니라 동시에 말하는 사람이 의도한 상호관계 속에 진입하는" 상황에 이를 수 있는 의사소통능력이다. 대화의 참여자 모두가 이러한 의사소통능력을 가질 때나 가능할 수 있는 대안으로 선험적으로 요청된 것이 아닌가 하는 문제는 남는다. '발화수반력'이라고 할 경우 'force'란 용어가 함의하듯, 상호주관적 대화의 지평에서도 화자의 권력이 우선되는 상황에서나 가능한 준(準)동화주의적 대안으로 볼 수밖에 없는 것이 아닌가? 의사소통능력이란 바로 타자와 동등한 입장에서 대화할 수 있는 자격, 혹은 권한을 의미한다. 이런 점에서 주체의 힘이 타자에 영향력을 강하게 미친 근대적 주체와는 다르다. 하지만, 문제는 이러한 능력(Kompetenz)을 가진 정상적 주체만이 담론에 참여할 권한을 위임받을 때,[20] 사회적 약자인 소수자는 차별의 대상으로 주변화되어야 할 위험성을 전제하지 않을 수 없다. 하버마스의 의사소통행위가

19) 윤평중, 「담론의 원리와 소통의 실천: 사실과 합리성이 소통을 가능케 한다」, 『한국언론학회 심포지움 및 세미나』, 제5권, 2011, p. 75.
20) 정대성, 「하버마스 철학에서 상호주관성 개념의 의미」, 『해석학연구』, 제17집, 2006, p. 194.

타자를 자신의 목적에 동화시키려는 합목적적 행위로 작동할 위험성이 도사리고 있는 현실공간이 바로 한국 다문화사회일 수 있다는 조심스러운 예측을 등한시해서는 안될 것이다.

하버마스의 의사소통모형이 오랫동안 단일민족의식에 익숙해진 한국적 현실에 많은 사사점을 준다. 특히, 소통의 부재를 심각한 문화적 질병으로 감수할 수밖에 없도록 만든 전통과 관습에 대한 지나친 가치지향적 노스텔지아는 한국인으로 하여금 사실에 입각한 비판적 합리성을 도출해내는 데 게으르게 한 것임을 부정할 수 없을 것이다. 합리성 이전의 감수성으로 성급하게 환원해 감으로써 사실과 합리성을 상실한 단순한 감정이입으로 나아가는 것이 과연 옳은 것일까? 한국인에게 합리적 의사소통능력이 결여되어 있다는 말이 한국인의 심성 속에 함의된 유교적 가치관으로 환원하게 하는 근거가 될 수 있는가? 윤평중(2011)은 한국지식인사회에서 가치판단이 사실판단을 압도하는 경향이 있는 것은 유교문화의 장구한 연원에서 비롯된 것이라고 주장한다. 그러면서 그는 한국 사회의 진정한 소통은 사실에 기초하여 무제한적으로 검증된 합리성에 토대를 두어야 한다고 주장한다. 그러면서 그는 특정한 가치에 대한 확신과 그 표현이 상호주관성에 입각한 공감지평으로 승화되기는커녕 정치공동체의 통합성을 붕괴시킬 수 있다고 강조한다.[21] 하버마스의 의사소통모형이 한국 사회의 다문화적 공론장으로 재구성되어야 할 필요성에 대해서는 이의를 달 수 없을 것이다.

한국인의 특정가치관지향 의식, 예컨대 유교적 도덕관을 객관적 사실과 합리성보다 우선적으로 지향하는 태도를 합리적 지평에서 새롭게 검증할 필요성이 있다. 한국인의 합리적 소통의식의 부재, 혹은 결여를 치유할 수 있는 대안으로서 하버마스의 의사소통이론이 함의하는 의미는 긍정적으로 평가할 수 있다. 다만, 한국인의 보편적 가치관으로 전승되어 온 유교가 함의하는 절차적 보편주의를 성실하게 읽어내는 것이 중요하다. 정의에 방점을 두는 하버마스의 제도적 보편주의의 형식성을 구체적 연대성으로 재충전하는 실질적 보편주의로 재구성하는 것이 한국적 현실에 토대한 다문화적 대안일 것이다.

21) 윤평중, 앞의 논문, p. 67 이하 참조.

4 정당화담론 안/팎의 비대칭 – 정의와 연대의 불균형

하버마스에 있어서 정의와 연대성은 동전의 양면과도 같은 것이다. 하지만, 그의 의사소통행위이론이 스킬라(Scylla)의 암초와 카립디스(Charybdis)의 늪 사이를 가로질러 가기에는 태생적 한계를 노정하지 않을 수 없다. 하버마스의 정의와 유대성의 비대칭성에 대한 비판은 많이 제기되고 있다. 하나의 예로, 벤하비브(S. Benhabib)의 하버마스 비판은 정의보다 연대성에 방점을 두고 전개된다.[22)]

벤하비브는 제도적 상호주의가 갖는 형식적 상호주의보다는 돌봄과 사랑이라는 비제도적인 보완적 상호성에 방점을 둔다.[23)] 우리의 일상에서, 그것도 문화적 갈등이 일상화된 다문화사회에서 "비대칭성, 비상호성, 기만적, 그리고 비합리적 언술과 상호작용은 인간의 삶에서 예외라기보다는 오히려 규칙과도 같기"[24)] 때문이다. 예컨대, 의사소통능력이 결여된 매우 어린 아이나, 지체부자유자들, 정신장애자들과 같은 이른바 비정상적 집단 혹은 개인들은 담론윤리의 범위에서 배제된다.[25)] 벤하비브의 심의(deliberation)다문화주의는 하버마스의 담론내재적 심의다문화주의가 다다를 수밖에 없는 한계점인 담론질서의 안/팎의 경계선에서 시작한다.

후설의 상호주관성이론이 주체와 주체 사이의 감정이입으로 환원되면서 생기는 문제를 극복하기 위해 의식의 지향적 작용(Akt) 대신 의사소통적 '행위(Handeln)'

---

22) 벤하비브의 하버마스에 대한 비판은 다음의 상황과 무관하지 않다. 1950년 터키 이스탄불에서 출생한 벤하비브는 여성철학자로서 한나 아렌트 이후 가장 주목받는 철학자이다. 현재는 예일대학 교수로 재직하고 있다. 하버마스의 의사소통이론은 독일 민주주의 제도 하에서 태생한 상호문화주의의 대안이다. 독일에 거주하는 이민자가 (2010년 말 현재) 675만여 명인데 이 중 터키인이 25%에 해당하는 160만여 명으로 제일 많다. 터키인의 숫자가 이전보다 많이 감소하기는 했지만 독일에 거주하는 제일의 디아스포라이다. 이러한 상황을 고려한다면, 하버마스의 상호성에 입각한 의사소통행위이론이 독일 현실의 실질적이고 구체적인 권력관계를 치유하기에는 너무나 '이상적'이라고 보는 벤하비브의 견해는 너무나 당연한 것이다. 여성으로서, 그리고 터키인으로서 하버마스의 보편주의적 편향성이 소수자의 특수성과 자율성을 침해해 왔다는 그녀의 비판은 역사적 현실을 대변한 것이다.

23) 정대성, 「권리와 자격의 공동체에서 욕구된 연대의 공동체로 – 하버마스 실천이론의 근원적 기획과 그 한계에 대한 연구」, 『철학논총』, 제59집, 새한철학회, 2010, p. 307; 벤하비브 지음, 정대성 옮김, 『비판, 규범, 유토피아 – 비판이론의 토대연구』, 울력, 2008. p. 437.

24) 벤하비브 지음, 정대성 옮김, 『비판, 규범, 유토피아 – 비판이론의 토대연구』, 울력, 2008. p. 374.

25) 벤하비브 지음, 이상훈 옮김, 『타자의 권리』, 철학과 현실사, 2008. p. 36.

에 방점을 둠으로써 '전(前) 의사소통적 모델'[26]이 갖는 독백적 기제를 극복하려는 하버마스의 대안은 가장 이상적인 다문화모델일 수 있다. 하지만, 그는 '이상적 의사소통'이라는 한계값을 얻기 위해 현실적 권력관계의 특수성을 희생해야만 하는 그렇게 승산없어 보이는 도박을 하지 않을 수 없었다. 즉, 이상적 언어공동체는 오류, 불일치, 불가해와 갈등을 넘어서 있을 것이지만, … 인간의 언어적·역사적인 삶의 형태의 폐기라는 희생을 치를 것이다.[27] 물론, 하버마스의 신념은 철저하다. 정의가 화해의 요소를 상실할 때 제도적 폭력을 정당화한다는 신념을 갖는다.[28] 만약 정의가 타자에 대한 전략적 행위의 수단으로 기능할 경우, 유대성은 정의의 이면으로 숨고 만다. 하지만, 유대성과 정의가 형식적 상호성의 관점에서 상호보완적이라고 한다면, 이러한 유대성은 사회적 약자의 실존적 고통과 개체의 실질적 우연성들은 정의의 베일에 가려져 버린다.

물론, 하버마스의 상호주관성이론에 기초한 의사소통모형은 상호주관적 관계로부터 소외될 수밖에 없는 존재들에 대한 성찰을 담고 있다.[29] "가능한 한 모든 관련 당사자들이 합리적 담론의 참여자로서 동의할 수 있는 행위규범만이 타당하다"는 보편적 도덕원리는 이 담론의 구조로부터 소외된 집단의 정체성 훼손을 치유하기 위한 성찰적 대안이다. 보편적 도덕규범이 유일하게 정당화될 수 있는 공간은 의사소통적으로 행위하는 참여자들에 의해 재구성되는 정의이다. 하지만, 하버마스의 이러한 성찰이 다소 형식적일 수밖에 없다는 느낌이 드는 것은 담론의 질서 바깥으로 성찰적 시선을 돌리는 데는 인색하기 때문이다. 즉, 인간이 언어적으로 구조화된 세계로 진입하는 대가로 겪게 되는 폭력과, 이 폭력이 언어적 존재로서의 인간의 삶에 미치는 중요한, 그러나 손에 잘 잡히지 않는 영향에 대한 성찰이 아쉽다.[30]

하버마스는 정의와 연대성을 동전의 앞뒷면과 같은 것으로 비유한다. 하지만, 그의 방점은 정의에 있다. 연대성도 그것이 주체의 정서적 감정일 경우에는 그 정당성이 담보될 수 없는 것이다. 따라서 연대성은 정의의 관점에서 재구성되기까지

---

26) 하버마스, 『의사소통행위이론 Ⅰ』, p. 151.
27) 알브레히트 벨머 지음, 김동규·박종식 옮김, 『대화의 윤리를 향하여』, 한울, 2009, p. 131.
28) 하버마스, 『담론윤리의 해명』, p. 90.
29) 박영도, 「아렌트, 하버마스, 성찰적 공공성: 사회인문학적 고찰」, 『동방학지』, 제155집, p. 307.
30) 위의 논문, p. 314.

는 개인적 · 정서적 감정에 지나지 않는다. 이러한 그의 관점은 정의 이전에 개인적인 밀접한 연대성, 예컨대 타자를 위해 기꺼이 희생하는 것을 설명하기에는 너무 형식적이고 제도적이다.[31] 하버마스가 연대성보다 정의에 방점을 두기 위한 전략은 이른바 그가 '한국-딜레마'[32]라는 사례를 들어 조직에 의해 강요된 희생이 결코 진정한 연대성이 될 수 없다는 것을 강조하는 데서 정점을 이룬다. 하버마스가 나치전체주의를 연상케 하는 차원에서 들고 있는 '한국-딜레마'는 자칫 조직과 민족을 위한 한국인의 거룩한 자기희생조차 합리적 정당성이 없다는 이유로 그 가치가 훼손할 위험성이 있다. 물론, 도덕원리가 특수성에 의해 훼손당하는 것 못지않게 특수한 가치가 보편적 정당화라는 논리에 의해 훼손당하는 것 역시 위험한 것이다. 하버마스는 특수한 가치를 훼손시키지 말아야 한다면서 동시에 특수한 가치를 훼손시킬 수밖에 없는 '독일-딜레마'에서 자유롭지 못하다. 이런 맥락에서 볼 때, 하버마스가 탈(post)관습화를 통해 도덕규범을 정당화하는 절차 속에 비록 희미하긴 하지만 정의와 연대성 사이에 여전히 근대적 구획선을 남기고 있다.

5 감정이입으로 재구성된 의사소통행위이론: 정의와 연대의 대칭적 구성

하버마스는 선언어적 의식의 단계에서 이루어지는 감정이입은 타자와의 정서적 연대는 가능하게 하지만 상호주관적으로 이해된 연대는 아니라고 말한다. 그의 언어적 전환은 선언어적 차원에서 일어날 수 있는 주체중심의 편견을 치유할 수 있는 진단에서 요청된 것이다. 하지만, 헨리히(D. Henrich)는 하버마스의 언어적 전환이 오히려 선언어적 의식의 지평에서 일어나는 감정이입을 통한 사회적 연대의 강점을 너무나 쉽게 건너뛰고 있다고 비판한다. 하버마스에게서는 "밀접한 인간관계를 유지하는 사회관계"나 또는 이에 상응하는 연대성에 대한 통찰이 가능하지 않다고 비판한다.[33]

---

31) 김선욱, 「담화윤리의 언어적 특성 연구」, 『대동철학』, 제24집, 2004. p. 41.

32) 하버마스가 '한국-딜레마'란 메타포로 예를 들고 있는 것은 '세 명의 승객 중 두 명만 구명보트를 가질 수 있는 경우와 다른 부대원을 살리기 위해 한 명을 결사대로 보내야 하는 경우이다(『담론윤리의 해명』, p. 92).

33) 김선욱, 앞의 논문, p. 41.

필자는 담론 밖의 개인적 실존의 고통을 외면하는 사회 정의는 진정한 연대를 외면한다는 입장에서, 그 개인적 고통에 귀를 기울이는 실질적이고 구체적인 연대의 장을 후설의 의사소통이론인 감정이입에서 재구성하려고 한다. 하버마스가 비언어적 행위의 독백적 기제를 폭로하면서 후설의 선언어적 생활세계에서 들리는 사랑과 돌봄의 메아리를 성급하게 스쳐 지나가고 말았다. 하버마스가 슈츠(A. Schutz)에게로 패러다임을 성급하게 옮겨간 것은 근대 의식철학에 대한 극단적 알레르기 때문이다. 이러한 성급한 전환은 언어와 의식의 경계를 자유롭게 넘나들면서 그 밀접한 연관성을 강조한 후설의 의사소통이론조차 근대의 의식철학의 적자로 성급하게 오독하는 결과를 초래했다. 하버마스는 후설의 의식철학적 기본개념을 버리고[34] 언어적 지평으로 옮겨갔지만, 후설의 의식철학의 기본개념인 생활세계는 이미 언어적 공동체이다. 그렇기에 언어적 전환은 가능하지도 않고 필요하지도 않다.

> "언어는 곧 인간성의 지평에 속한다. 인간성은 처음부터 직접이든 간접이든 언어공동체로서 의식된다."[35]
>
> "언어적 결합이 의사소통적 일치 일반의 근본적 형태이자, 나와 타자 간의 특별한 합치(Deckung)의 근원 형태이다.[36]

물론, 후설은 의사소통이론을 하버마스보다 적극적으로 다루지 않았다. 그렇다고 해서 그가 의사소통의 중요성을 무시하거나 게을리 다루지는 않았다. 그의 '상호주관성이론'은 비록 선험적 지평 속에서이긴 하지만, 가장 중요한 테마로서 다루어지고 있다. 특히, 하버마스의 의사소통행위이론이 연대성을 옳음의 지평으로 옮김으로써 벌어진 의식과 의식의 틈은 후설의 감정이입을 통해 구성된 친밀한 연대성을 통해 완충될 수 있다. 의사소통행위에 앞서 근원적인 유대관계가 이루어지는 것은 바로 의식과 의식의 구체적 접촉이다.[37] 선언어적 차원에서 이루어지는 의사전달을 통해 의사소통행위 속에서 담론의 질서 바깥에서 차별화될 수밖에 없는 사회적 약자에 대한 근원적 포용이 구성된다. 의사소통행위의 기초가 되는 감정이입

---

34) 하버마스, 『의사소통행위이론 Ⅱ』, p. 204.
35) *Husserliana* XⅦ, p. 21.
36) 하버마스, 『상호주관성 Ⅲ』, p. 475.
37) 박인철, 「후설의 의사소통 이론」, p. 171.

에는 하버마스가 우려하듯 주체의 독백적이고 전략적 행위가 작동할 가능성이 있을 수 있다. 하지만, 감정이입에는 의사소통능력을 가진 주체와 그렇지 못한 주체 사이에서 생기는 불일치와 갈등을 보다 근원적으로 치유할 주체의 자기반성력이 내재되어 있다. 특히, 서구와는 달리 언어게임에 익숙하지 않은 한국인과 한국에 거주하는 이주민 사이의 근원적 유대관계는 감정이입을 통해 구성될 수 있다. 이 감정이입을 하버마스가 예로 드는 콜버그(L. Kohlberg)의 탈관습 이전 단계의 자선의 원리로 한정할 수 없다. 왜냐하면, 감정이입은 특정 개인에 대한 정서적 유대라는 좁은 의미가 아니라 사회적 공동화를 구성하기 위한 상호주관적 행위이고, 왜곡된 의사소통 구조를 진정한 네트워크로 구성하는 행위이기 때문이다. 따라서 하버마스의 정의와 연대의 비대칭성을 후설의 근원적 유대관계를 기반으로 대칭적 관계로 재구성할 필요성이 있다.

물론, 감정이입에 기초한 후설의 의사소통이론이 과연 합리적 정당성을 갖는가 하는 데는 문제가 있다. 감정이입이 역사적 제약을 지니며, 근본적으로 주체에 의해 의사소통이 왜곡될 가능성을 전제하지 않을 수 없기 때문이다. 하지만, 의사소통이 오로지 합리적 정당성만을 가진다면, 담론의 질서 밖으로 차별화된 개체에 대한 근원적 유대관계는 소외되기 쉽다. 이런 점에서 후설의 의사전달이론은 하버마스의 의사소통이론과 만나는 지점에서 양자 간의 상호보완성을 구성할 수 있다.

사회적 약자인 이주민에 대한 한국의 지원은 제도적이고 법적인 형식적 지원 못지않게 사적이고 실질적인 지원 역시 중요하다. 특히, 아직도 다문화사회의 문턱에 들어서고 있는 한국은 서구와는 달리 사회적 약자에 대한 감정적이면서 선합리적 차원에서 이루어지는 관용을 통한 연대가 매우 시급하고 적절한 것이다. 특히, 왜곡된 의사소통의 구조가 현실적으로 존재하고 있고 의사소통의 절차를 통해 치유될 수 없는 불일치와 갈등이 존재하는 현실적 권력관계 속에서는 선언어적 의사소통과 선합리적 정서적 연대가 더욱 절실하다.[38)]

38) 필자가 정서적 연대가 절실하다는 것은 한국적 상황을 고려한다는 의미이다. 대다수가 인프라 노마드인 재한 이주민들이 한국 사회에 잘 적응할 수 있도록, 다수인 한국인이 소수의 다름을 너그러운 마음으로 참아준다는(김남국, 「심의 다문화주의: 문화적 권리와 문화적 생존」, 『한국정치학보』, 제39집, 제1호, 2005.3, p. 88) 소극적 의미를 넘어, 적극적으로 포용해주어야 한다는 사실을 강조하는 것이다. 하지만, 소수집단이 숫자가 많아지면서 다수집단에 대해 자신들의 주장을 적극적으로 표출할 때가 되면 포용은 한계를 갖는다. 이 경우, 상호인정을 위한 제도적 장치가 그 틈

특히, 필자는 한국적 현실에 적합한 다문화적 대안으로서 다수자의 철저한 자기수행을 강조한다. 다문화사회의 성공 여부는 일차적으로 다수자의 자기성찰에서 시작되지 않으면 안된다. 소수자에 대한 편견을 치유하기 위한 다수자의 자기성찰은 현상학의 근본이념과 일치한다. 후설의 사랑의 공동체이론은[39] 타자에 대한 사랑을 통해 자기 자신의 인격적 실현을 강조한다. 다수자 스스로 어떻게 다문화적 의식을 가질 수 있는가에 대한 충분한 논의가 필요하다. 타자에 대한 편견을 치유하기 위해서는 우선 주체의 자기성찰에서 시작되어야 한다. 하지만, 의사소통 구조 안으로 주체와 타자가 단순히 화자/청자의 타당성 논증의 장으로 흡수되어 들어감으로써, 주체/타자의 경계가 허물어진다. 타자인 소수자에 대한 편견을 완전히 극복하는 것이 현실적으로 불가능하다면, 일차적으로 다수자의 혁명적 태도 전환이 필요하다. 사회화된 개인이기 이전에 다문화사회의 성실한 리더로서 인격적 수양을 하기 위해서는 다수자-주체의 정체성에 대한 자기반성에서부터 시작하지 않으면 안된다.

이미 앞에서 언급했듯이, 하버마스는 타자를 위한 강요된 자기희생이라는 관습은 합리적 정당화될 수 없는 담론윤리의 한계를 초월한 것이라고 주장한다.[40] 하지만, 형식적 상호성의 관점에서 보면 강요된 자기희생으로 보이지만 실질적으로는 자기조직과 민족 혹은 국가, 그리고 더 나아가 타자에 대한 자율적 희생이라고 한다면, 담론윤리의 한계는 더욱 부각될 수밖에 없다. 따라서 하버마스는 어쩌면 자신의 담론윤리의 울타리 바깥에서 들려오는 이질성과 차이성, 그리고 비정상성들에 사랑과 포용의 귀를 기울이지 않으면 안된다는 자기고백을 하고 있을지도 모른다. 하버마스는 '한국-딜레마'라는 메타포를 통해 한국인의 고유한 연대의식에 귀를 기울이고 있을지도 모른다. 나치전체주의의 역사적 상흔을 스스로 치유하려 했던 하버마스가 다수자로서 미처 담아낼 수 없었던 인종적 소수자에 대한 연대를 소수자 후설[41]로부터 다시 듣고 있을지도 모를 일이다.

을 메꾸어야 한다.

39) 후설의 사랑의 공동체에 관해서는 다음을 참조: 박인철, 「포용과 책임: '사랑의 공동체'에 대한 현상학적 고찰」, 『철학과 현상학연구』, 제18집, 2001, pp. 64-95.

40) 하버마스, 『담론윤리의 해명』, p. 92.

41) 후설은 유대인이라는 이유로 나치정권으로부터 정치적 시련을 당했다. 나치정권은 후설이 대학과 관계하는 모든 공적 활동을 금지시켰고, 하이데거가 그의 『존재와 시간』(1927)에서 후설에게

“사랑하는 사람끼리 서로 나란히(nebeneinander) 함께(miteinander) 사는 것이 아니라 현실적으로, 또는 잠재적으로 서로 서로 상대방 속으로 들어가 하나가 되어(ineinander) 산다. 따라서 그들은 또한 공동으로 모든 책임을 함께 진다.[42]

제 2 절 맺음말: 글로벌 군자상을 기대하며

하버마스의 의사소통모형은 이제 막 다문화사회의 문턱에 들어서고 있는 한국사회에 많은 시사점을 준다. 잦은 외침과 피식민(被植民)의 역사적 트라우마를 안고 살아온 한국인은 자칫 그 상흔을 타자에 대한 포용과 희생으로 성급하게 자위하려는 관습에 익숙해져 있을지 모른다. 하지만, 사회적 현실에 바탕하지 않은 ‘타자에 대한 포용’은 자칫 ‘낭만적’ 혹은 ‘정서적’ 다문화주의로 흐르기 쉽다. 이런 맥락에서 하버마스의 ‘사실성/규범성의 투-트랙’ 논의는 비판적 다문화주의를 위한 설득력 있는 논지를 제시한다. 사실성에 토대하지 않는 다문화논의는 동일성/차이성을 대척점에서 서로를 절대화하는 낭만적 다문화주의로 흐르기 쉽다. 동일성을 절대화하는 것만큼 차이성을 절대화하는 것 역시 문화적 카타르시스를 위한 자위에 지나지 않기 때문이다. 이런 점에서 하버마스의 의사소통모형은 근대와 탈근대의 경계선에 비판적 다문화주의를 위한 ‘절차적 정당성’의 검색대를 마련했다는 중요한 의미를 갖는다. 하지만, 그의 의도와는 달리 ‘절차적 정당성’이 오히려 그를 근대와 탈근대 사이를 방황하게 만들었다.

필자는 하버마스의 의사소통모형의 태생적 한계가 후설의 현상학적 자기성찰모형을 통해 보완될 수 있으리라는 기대를 갖는다. 의사소통능력의 부재라는 비정상성에 대한 인정을 기반으로 한 후설의 사랑의 공동체이론은 오늘날 다문화사회가 안고 있는 현실적 장애들을 극복할 수 있는 대안이다. 하버마스의 ‘이상적 언어상황’으로서의 ‘합의’는 사랑의 공동체의 실현이라는 최종 목표를 떠나 실현될 수 없다. 필자는 후설의 감정이입론에 함의된 ‘다문화감수성’을 하버마스의 의사소통

헌사한 내용을 삭제하게 하였다.

42) *Hua* XIV, p. 174.

행위이론의 '합리성'과 융합하는 데 관심을 가졌다. 후설의 사랑과 보살핌의 윤리는 하버마스의 성급한 도덕원리의 탈관습화로 초래된 옳음과 좋음 '사이'를 완충할 수 있는 대안이라는 기대 때문이다. 필자는 동시에 양자의 의사소통모형을 한국의 다문화현실을 고려한 미래지향적 대안이 될 수 있으라는 기대를 한다.

하버마스는 의사소통행위이론을 사회과학적 지평으로 옮겨감으로써 사회적 제도의 측면에서 접근한다. 하지만, 한국의 경우 사회적 약자에 대한 인문학적 치유 모델이 더욱 더 시급하고 적절한 대안이 될 수 있다. 왜냐하면, 한국에 체류하는 이주자들이 아직은 스스로 자신들의 문화적 권리와 생존을 적극적으로 주장할 수 있을 정도로 세력화되어 있지 않기 때문이다. 그들이 한국 사회에 당당하게 발을 들여 놓기까지는 그들이 한국 사회에 익숙하도록 따뜻하게 배려하는 인문학적 치유가 우선적이다. 필자는 이 인문학적 치유대안을 마련하기 위해 의사소통모형을 한국 전통 사상 속에서 재구성하려고 한다. 필자는 한국 전통사상 속에 아직은 소진되지 않은 유교의 규범적 잠재력을[43] 통해 의사소통적 합리성을 재구성할 필요성을 강조한다. 의사소통적 합리성이 사회적 소통원리인 인(仁)을 통해 재구성된 타자를 위한 '포용적 합리성'으로 보완되어야 할 필요성도 이런 맥락에서 의미를 갖는다. 인이 함의하는 포용적 합리성과 유교적 잠재력을 공유하고 있는 아시아적 도덕규범이 한국 다문화사회의 의사소통모형으로 재구성되어야 할 이유가 여기에 있다. 특히, 한국인의 오랜 관습인 단일민족의식 자체를 공적 합리성의 규준에서 다시 한 번 성찰해야 할 절박함이 놓여 있기 때문에 더욱 그렇다.

과도한 단순화의 오류를 감수하고, 필자가 보기에 하버마스가 지향하는 이상적 인간은 의사소통능력을 가진 군자상이다. 즉, "말을 알지 못하면 사람을 알 수 없으니"(不知言 無以知人也; 『논어』, 20/3) 군자는 의사소통능력을 가진 자이다.[44] 후설이 지향하는 이상적 인간은 지속적 자기성찰을[45] 통해 말보다 사랑을 실천하는(誠之者 人之道也, 『중용』, 20) 군자상이다. 필자는 서로 다른 얼굴로 묘사된 군자

43) 박영도, 「한상진의 사회이론과 성찰적 비판문법」, 『사회와 이론』, 통권 제18집, 2011, p. 69.

44) 이진우, 『도덕의 담론』, 문예출판사, 1997, pp. 144-145.

45) 후설 현상학의 최종적인 목적은 인류의 자기성찰이다. 이는 바로 타자와 분리된 나 이전의 근원적인 자아에 대한 성찰을 통해, 나와 타자의 사랑의 공동체를 실현하기 위한 인류의 자기성찰이다(후설, KⅢ6, p. 244: "인류의 자기성찰로서, 그리고 자신의 발전과정 속에서 이성을 실현해가는 철학은 자기성찰이라는 발전과정을 그 직무로 요구한다").

상에서 다문화시대에 요청되는 글로벌 시민의 얼굴을 그려 본다. 그리고 하버마스의 공적 합리성과 후설의 사적 연대의 교차점에서 재구성되어야 할 군자의 얼굴에서 '포용적 합리성'을 기대해 본다. 또한 사회적 약자인 소수자들의 실존적 그늘을 들여 다 보기 위해 지속적인 자기성찰을 게을리하지 않으면서, 절차적 합리성을 존중하는 글로벌 군자상을[46] 기대해 본다. 이 기대는 한국에서 인프라 노마드(infra-nomade)로서 힘들게 삶을 살아내고 있는 이주근로자와 불법체류자들의 절대 다수가 유교적 전통을 생활세계의 배경으로 가지고 살아 왔다는 사실에서 더욱더 절실하다.

참고문헌

하버마스 저서:

이진우 옮김(1997). 『담론윤리의 해명』. 문예출판사.

______(2000). 『탈형이상학적 사유』. 문예출판사.

장춘익 옮김(2006). 『의사소통행위이론 1.2』.

한상진·박영도 옮김. 『사실성과 타당성』. 나남출판.

황태연 옮김(2000). 『이질성의 포용』. 나남출판.

강용수(2009). 「문화담론과 연대성」. 『사회이론』, 제35집.

김남국(2005). 「심의 다문화주의: 문화적 권리와 문화적 생존」. 『한국정치학보』, 제39집 제1호, 2005.3.

김미영(2003). 「성리학에서 '공적 합리성'의 연원」. 『철학』, 제76집.

김선욱(2004). 「담화윤리의 언어적 특성 연구」. 『대동철학』, 제24집.

김영필(2010). 「한국적 다문화주의를 위한 철학적 변론」. 『철학논총』. 새한철학회, 제59집.

46) 여기에서 군자상은 글로벌 사회의 온전한 시민으로서 성숙하기 위해 자신을 지속적으로 성찰하고 사회적 약자의 그늘을 들여 다 보는 '포용적 합리성'을 갖춘 미래지향적 인간의 모습이다. 그 얼굴을 다음에서 만난다(君子, 和而不同, 小人, 同而不和, 『논어』, 子路; 君子, 周而不比, 小人, 比而不周, 『論語』, 爲政).

______(2012). 「상호주관적 자아 탐구: 에드문드 후설의 현상학적 자기성찰 모형」. 『철학논총』. 새한철학회, 제67집.
______(2014). 「수행적(修行的) 다문화교육 모형: 퇴계의 다문화 감수성」. 『철학논총』. 새한철학회, 제76집.
박구용(2001). 「하버마스 담론 윤리학의 현실적 적용가능성」. 『범한철학』, 제23집. 범한철학회.
______(2003). 「다원주의와 담론윤리학」. 『철학』, 제76집. 한국철학회.
______(2004). 「윤리적 다원주의와 도덕적 보편주의-제약된 다원주의로서 정치적 자유주의」. 『사회와 철학』, 제8집. 사회와 철학연구회.
______(2005). 「법다원주의와 의사소통적 세계 민주주의」. 『사회와 철학』, 제10호.
박구용 · 정용환(2007). 「이주민과 문화다원주의」. 『범한철학』, 제46집.
박영도(2011). 「아렌트, 하버마스, 성찰적 공공성: 사회인문학적 고찰」. 『동방학지』, 제155집.
______(2011). 「한상진의 사회이론과 성찰적 비판문법」. 『사회와 이론』, 제18집.
박인철(2001). 「후설의 의사소통이론-역사적 제약과 선험적 보편성」. 『철학과 현상학 연구』, 제17집.
______(2001). 「포용과 책임: '사랑의 공동체'에 대한 현상학적 고찰」. 『철학과 현상학 연구』, 제18집.
______(2006). 「생활세계와 의사소통」. 『철학과 현상학연구』, 제31집.
______(2010). 「상호문화성과 윤리」. 『철학』, 제103집.
세일라 벤하비브 지음, 정대성 옮김(2008). 『비판, 규범, 유토피아-비판이론의 토대연구』. 울력.
세일라 벤하비브 지음, 이상훈 옮김(2008). 『타자의 권리』. 철학과 현실사.
알브레히트 벨머 지음, 김동규 · 박종식 옮김(2010). 『대화윤리를 향하여』. 한울.
윤평중(2011). 「담론의 원리와 소통의 실천: 사실과 합리성이 소통을 가능케 한다」. 『한국언론학회 심포지움 및 세미나』, 제5권.
이명현 외 공저(1998). 『근대성과 한국 문화의 정체성』. 철학과 현실사.
이승환(2005). 「동양에서 '공적 합리성'의 특성과 근대적 변용」, 『철학연구』, 제29집.
이진우(1997). 『도덕의 담론』. 문예출판사.
장윤수 · 김영필(2012). 『한국 다문화사회와 교육』. 양서원.
정대성(2006), 「하버마스 철학에서 상호주관성 개념의 의미」. 『해석학연구』, 제17집.
______(2008). 「주체의 철학에 대한 벤하비브의 비판-주체의 정치학에서 권한부여의

정치학으로 이행하기 위한 시론」. 『가톨릭철학』, 제11호.
______(2010). 「권리와 자격의 공동체에서 욕구와 연대의 공동체로-하버마스 실천이론의 근원적 기획과 그 한계에 대한 연구」. 『철학논총』. 새한철학회, 제59집 제1권.
정호근(1995). 「근대성의 변증법과 비판적 이성의 기능 및 가능성」. 『철학』, 제43집.
최영송(2012). 「들뢰즈 관점에서 본 하버마스 화용론의 한계」. 『커뮤니케이션이론』, 제8권 제1호.

제 8 장 이문화간 소통지역 '마그레브', 어떻게 볼 것인가?*

임 기 대

제 1 절 편견과 실천 사이에서

편견이란 말 그대로 치우쳐서 보는 것으로 중립적이지 않은 견해를 의미한다. 이 말의 영어 prejudice나 프랑스어 préjudice는 라틴어 praejudicium에서 유래하는데, 흔히 '지식이나 경험 이전에 이뤄진 판단'을 의미한다. 편견은 대개 어린 시절 특정 개인이 소속 집단에 의해 주입되어 성장해서도 명확한 근거 없이 다른 인종이나 지역에 대해 부정적으로 생각하게 한다. 다른 문화나 관습을 야만적이라 보는 것도 이런 과정의 연장선상에서 비롯된다. 편견이 심한 사람의 공통된 특징을 보면 자신보다 열등한 특정 대상이나 문화, 그리고 모든 타자에 대해 왜곡된 생각을 갖는 경향을 보인다. 예를 들어, 유색인종을 프랑스에서 모두 내쫓아야 한다고 주장하는 국민전선(Front National) 당수 장 마리 르펜은 '아트 사커'라 불렸던 프랑스의

* 이 글은 그동안 한국에서 알려지지 않은 지역, 즉 북아프리카라는 '마그레브'지역에 대한 서구적 관점을 비판하고자 한다. 서구적 관점은 우리에게도 그대로 전이되어 이 지역에 대해 편견을 갖는 경향이 있다. 필자는 이런 관점을 넘어서기 위해 그동안 현지 체류를 통한 연구와 경험을 토대로 마그레브에 대해 새롭게 재구성해보고자 한다. 그것은 다양한 문화가 '교차와 혼성'을 통해 소통한 지역으로 이 지역을 다시 보고자 하는 것이다.

축구대표팀을 같은 맥락에서 프랑스 대표팀이라 인정하지 않고, '아프리카 대표팀'이라 조롱하기도 해서 사회적 파장을 몰고 오기도 했다.

편견은 자라온 환경에서 드러나기도 하지만, 사회화 과정 중에도 잘 드러난다. 현대 후기산업사회에서 사회화의 가장 중요한 기제는 자본을 독점한 거대 대중매체이다. 대중매체를 통해 사람들은 욕망을 자극받고 수많은 문화를 향유하면서 기호를 소비한다. 거대 자본이 배후에 있다는 것 이상으로 대중매체는 사람들의 사고를 일방적으로 형성시키곤 한다. 일방적인 사고 형성은 타 문화에 대한 이해에 있어서도 미디어에 의해 보여진 이미지만을 이해하게 한다. 예를 들어, 2015년 1월 이슬람을 풍자한 만평을 실은 ≪샤를르 에브도(Charlie Hebdo)≫로 인해 전 세계가 얼마나 경악스러워 했는지를 기억하고 있다. 극단적인 행동을 한 쿠아시 형제의 행동으로 12명이 사망하는 일이 발생한 것이다. 이에 대항하여 전 세계는 "내가 샤를르 에브도"라는 표현으로 이슬람에 대해 비판적인 시각을 보여왔다. 하지만, 당시 이슬람 국가에 머물고 있던 필자는 정반대의 현상을 목격하며 의아해했다. "나는 무슬림이다"라는 피켓을 들고 항의하는 무슬림을 보며, 이슬람에는 적어도 허용될 수 없는 것이 있음을 보여주었다. ≪샤를르 에브도(Charlie Hebdo)≫를 바라보는 우리의 시선은 우리가 서구적 시선으로 무슬림을 보아왔고, 그에 따라 그들에 대해 폭력적인 집단으로 매도한 경향이 있었다. 무슬림 풍자에 관한 것도 일정 부분 서양인들이 그렸던 무슬림의 세계[1]에 우리가 익숙해 있었기 때문이다.

편견은 학문을 수용하는 태도와도 밀접한 연관이 있다. 우리의 학문 수용, 나아가 학문 탐구 행태는, 특히 미국을 비롯한 선진국 학문의 편식 현상이 눈에 두드러진다. 그들의 학문적 성과물이 우리보다 앞서 있다고 하지만, 문제는 대개의 연구자가 선진국에서 학문을 한 후 그 선진국의 시각에서 타자를 바라보고 연구한다.

---

1) 이슬람 미술은 주로 성경 속의 인물 등을 소재로 한 유럽의 미술과 대조를 이룬다. 이슬람교는 엄격하게 우상 숭배를 금지하고, 특히 종교 관계의 조형에서는 신이나 인간을 비롯하여 새나 짐승 등 생명체를 표현하거나 제작하는 것을 엄격하게 금하고 있다. 이는 이슬람 예술이 주로 공예와 건축에서 탁월한 발전을 해온 반면, 조각이나 미술에서는 발전하지 못한 이유가 된다. 이슬람의 인물상은 주로 근대 이후 유럽의 화가들에 의해 많이 그려졌는데, 대개의 경우 여성의 몸과 폭군의 이미지를 그린 작품들이 주류를 이룬다. 대표적인 작가로는 투르예베르, 들라크루아, 장 레옹 제롬, 르노 등의 작품이 있다. 근대 이후 서양 화가들의 그림을 통해 우리는 이슬람 여성과 정치가들의 이미지를 보고 이해해왔다. 최근에는 미디어를 통해 전 세계 곳곳에서 벌어지는 테러 양상이 이슬람 전체의 성격인 것처럼 왜곡된 시각을 심어 놓기도 한다.

그림 8-1 ≪샤를르 에브도(Charlie Hebdo)≫ 사건 이후 파리 아랍문화센터 전경

*2015. 1. 필자 촬영.

특히, 제3세계 지역을 타자화시키는 정도는 더욱 심하다. 필자 또한 한국과 프랑스를 넘나들면서 프랑스 학문에 심취하여 백인 이외의 민족이나 종족에 대해서 편견을 가졌던 적이 있다. 프랑스인이 우리에 비해 우등하다는 시각, 반대로 제3세계는 우리보다 열등하다는 시각, 즉 우열의 관계로 모든 사물을 보는 것에 익숙했던 것이다. 편견은 이렇게 '비교'를 통해 이루어지기도 한다. 필자가 경험하고 살아온 비교가 아마도 현대 사회에서는 그 정도가 더 심할 것이다. 그런 비교는 상호존중의 동등한 관계성에 바탕한 것이 아니라, 우열에 기반을 둔 위계적 관계를 드러내기에 편견으로 나타난다. 그런데 그런 비교의 주체는 누구인가? 대개의 경우, '서구인'이며, 그들이 정해 놓았던 의도에 따라 이루어진다. 그들이 '한국인'인 '나'를 무엇과 비교하고, '나'에 대해 어떻게 말하는가에 따라 '한국인'임에도 '한국인'인 '나'가 달라진다. 내가 본래 어떻다는 것은 내가 주체가 아닌 상황에서는 쉽게 무너지는 것이다.

편견과 비교, 굳이 필자인 '나'의 경험을 말하는 것은 아마도 한국 사회에서 많은 사람이 주체적 시각에서 사물과 학문을 보지 못하기(혹은 보지 않으려 하기) 때문이다. 주체적 시각이 결여된 상황에서 단지 타인의 눈길을 욕망하며 살아간다. 학문을 하면서도 그것이 실천 영역으로 확대되어가지 못하고 있다. 필자 또한 여러 담론을 공부하면서도 추상적 수준에 머물렀을 뿐, 그것이 갖는 실천적 사유에 대한

필요성을 느끼지 못했던 적이 있다. 이미 만들어진 길에서만 사유하거나 이야기했을 뿐, 실천 행위가 담보되지 못한 사유였다. 구체적인 실천 행위가 담보되지 못한 사유는 결국 타자를 욕망하는 삶에 불과하다. 타자를 욕망하는 삶은 다수자가 되려는 것과 맥을 같이한다. 여기에서 다수자는 수적인 의미에서의 다수자가 아닌 상대와의 관계에서 지배적 위치에 있는 사람이다. 지배적 위치에 있는 다수자는 소수자보다 우월한 위치를 차지한다. 소수자 덕분에 존재하는 다수자를 망각하고 그저 다수자가 되기 위한 타자 속에서의 욕망은 주체적 시각이 결여될 수밖에 없다.

이런 현상들은 우리 사회에서 지극히 일상적으로 마주치는 모습이다. 제국주의 시대가 끝났다고 하지만 '신식민주의'가 여전히 우리 사회 곳곳에서 배회하고 있다. 특히, 학문의 경우는 더 심각하다. 신식민지배의 핵심은 학문을 비롯하여 정치와 경제에만 국한되지 않고 문화 영역까지 포괄한다. 언어, 교육, 언론 등을 포함한 문화적 제국주의는 신식민주의의 핵심을 이룬다. 영어를 자유롭게 구사한다거나, 심지어 우리말 대화할 때도 영어를 혼용하며 사용한다. 뭔가 근사해 보이고, 우월감을 느낄 수 있게 해주는 모습이다. 영어를 사용하는 백인이 선망의 대상이 되고, 영어를 사용하지 않더라도 영어와 같은 계통의 어군을 사용하는 백인이 흑인이나 황인종보다 선망의 대상이 된다. 이런 선호도가 우리의 제3세계 지역에 대한 시각에서도 여실히 드러나, 제3세계에 대한 무지, 혹은 서구적 관점으로만 이해하게 된다. 한국에 있는 제3세계 이주민들과 노동자들에 대한 우리 기업, 혹은 국민들의 시각을 보면 편견이 차별로 이어질 수 있음을 보여준다. 감정이나 태도, 신념의 차원에 있는 편견이 구체적인 행동, 즉 차별로 이어질 수 있음을 알게 하는 대목이다.

제 2 절 편견으로부터의 탈주 지역, '마그레브'

누구나 욕망은 있겠지만, 필자에겐 다른 의미의 욕망이 있었는지, 돌이켜보면 언제부터인가 다른 삶, 다른 존재 방식, 다른 울타리 외부를 꿈꾸고 살았던 것 같다. 지인의 소개로 2005년부터 2007년까지 2년여 기간을 마그레브(Maghreb)[2]지역

2) '마그레브(Maghreb)'는 아랍어로 '해가 지는 쪽의 국가들'을 의미하며 아랍인들은 이 용어를 7세

그림 8-2 마그레브를 나타내는 지역

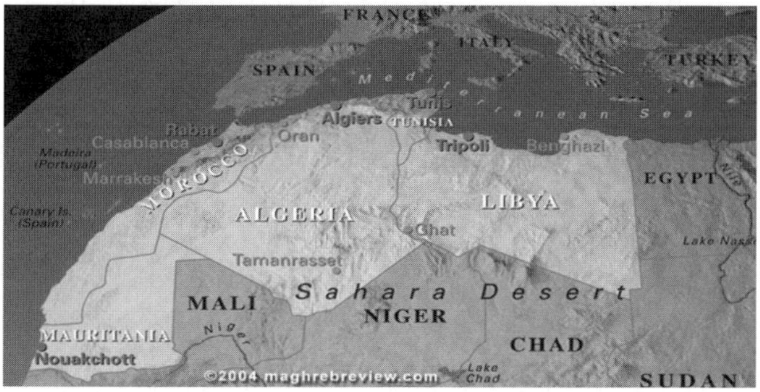

출처: http://www.maghreb-studies-association.co.uk/en/allhome.html.

의 알제리에서 보낼 기회가 있었다. 그곳을 선택한 데는 여러 가지 이유가 있었지만, 가장 중요한 것은 내가 있는 장소와의 '거리 두기'이다. 낯선 이국을 바라보면서 제삼자적 입장에서 우리와 동일한 피식민 지배를 경험했던 국가를 보고자 했다. 사회의 규준이나 제도권에서 벗어나 그동안 텍스트를 통해 익힌 담론을 구체적으로 이해하고 분석할 수 있는 기회를 가질 수 있고, 그곳의 긴장과 변화를 포착할 수 있을 것으로 생각하기도 했다.

'거리 두기'와 같은 맥락으로 중간자적 입장에서 마그레브지역을 보고자 했다. 잘 알려졌듯이, 마그레브는 프랑스의 식민 지배를 받아 많은 이 지역 출신자들이 프랑스에 거주하고 있다. 실제로 이번 ≪샤를르 에브도(Charlie Hebdo)≫ 테러범도 이들 이민자 2, 3세대들이다. 현재 프랑스 전체 인구의 1/10 정도를 차지하는 마그레브지역민의 문화는 현재 프랑스 문화의 일부를 이루고 있으며, 갈수록 그 영향력을 더해가고 있다. 한국과 프랑스에서 이 지역민에 대한 시선은 혐오증 정도는 아니지만, 굳이 알고 싶지도 부딪히고 싶지도 않은 그런 것이었다. 대부분이 편견 때문일 듯하다. 하지만, 2000년대 들어 국내·외의 여러 상황, 특히 미국과 이라크의

기부터 사용하였다고 한다. 이는 지역적인 의미를 지칭하는데, 아랍인들은 아프리카의 다른 지역, 즉 텅 빈 사하라와 지중해에 고립되어 있다는 증거로서 이 지역을 '서쪽의 섬(아랍어로 Djazirat al-maghrib)'이라고 말했다(공일주·전완경, 『북아프리카사』, 1998, p. 17). 마그레브지역은 흔히 북아프리카 지역을 말하며, 대개 알제리, 모로코, 튀니지가 포함된다. 필자가 '마그레브'라는 명칭을 사용할 때는 바로 이들 국가들을 포함하는 지역임을 일러둔다.

전쟁, 9·11테러 이후 탈레반에 대한 적개심, 이슬람 국가 IS의 확산, 문화의 획일화에 대한 거부감 등이 제3세계 국가에 대한 관심을 유발했다. 동시에 우리는 국가적 차원에서 자원 확보 및 건설, 플랜트 사업 수주라는 실용적인 취지 하에 마그레브지역에 대한 관심이 급증하였다.

이런 상황에서 필자는 서구의 학문적 전통과 모든 것을 서구적 시선에서 보려는 것, 즉 지속적으로 관심을 가졌던 서구중심주의(Eurocentrism)와 같은 근대성과 보편성이라는 '중심주의'에서 벗어나고 싶은 욕망이 있었다. 마그레브에 대한 관심과 연구는 이런 기존의 연구 유산을 다시 보며 재구성해보려는 의지이기도 하다. 무수한 '차이'를 보고 그 차이들의 다원적 모습을 사유하려는 변화가 제3세계 지역인 마그레브지역을 보며, 문화 간의 소통이 중요함을 알 수 있었다.

이런 마그레브지역을 다양하게 살펴보려는 것은 사유라는 측면뿐만 아니라 결국 실천적인 측면에서의 고민이랄 수 있다. 예를 들어, 현재 살아있는 최고 지성으로 평가되는 노암 촘스키(N. Chomsky), 그의 언어학은 20세기 최고 언어 이론으로 평가받는다. 하지만, 현재 우리 사회에서 언어학자로서의 촘스키 위상은 축소되고, 오히려 정치 비평가로 더 많이 언급하고 있다. 1980년대 이후 국내 학계에서 촘스키는 20세기 최고의 언어학자로 평가됐다. 모든 언어 현상을 촘스키 이론이 가장 과학적이고 설득력 있게 설명해준다는 평가를 받은 것이다. 하지만, 1990년대 이후 민주 시민사회의 도래와 더불어 이제는 진보진영에서 촘스키를 최고의 진보지식인으로 각인시키고 있다. 그렇다면 그의 언어 이론과 정치적 성향은 무슨 상관관계를 맺고 있는가? 불행하게도 국내에서 이 문제와 관련한 단 한 편의 글도 필자는 발견할 수 없었다. 다시 말해서, 필요에 따라 우리는 촘스키를 때로는 언어학자로, 때로는 진보적 지식인으로 잘 활용하고 소비하고 있을 뿐이었다.

촘스키가 주장하는 보편문법 이론과 인간 언어가 선천적으로 타고났다고 하는 이성주의적 언어 가설, 심지어 그런 가설이 과학적이어야 한다는 가설은 문화를 소통으로 보려는 관점, 그리고 언어 사용적 측면에서 마그레브를 본다면 그 매력을 상실하고 말 것이다. 과학적인 언어 이론, 혹은 보편문법 이론의 구축, 즉 법칙과 규칙으로 만들어진 언어 이론이 마치 문학에서 한 작가에만 몰두하여 책의 '외부'에는 별 관심을 보이지 않는 것과 같이 보일 수 있기 때문이다.

마그레브지역의 매력은 촘스키와 같이 보편문법을 추종하는 것이 아니라, 다양한 복합체 사이를 횡적으로 연결시킬 때 드러나는 여러 관계였다. 그런 관계들이 그동안 필자가 알고 있던 모든 절대적이고 궁극적인 진리, 법칙, 이론의 허구성을 드러내 주고 새로운 해석의 실천에 대한 통로를 마련해 주었다. 유럽적 시각의 마그레브, 중동 이슬람적 시각에서의 마그레브가 아닌 우리의 시각에서 마그레브를 재해석하고 볼 수 있는 계기를 마련해 준 것이다. 그것은 그동안 필자가 갖고 있던 '편견'으로부터의 '탈주'이자 '소통 공간'으로서의 마그레브를 재발견하게 해준 것이다.

한국에서 필자가 알고 있던 마그레브지역은 주로 한 사회나 국가의 혼란을 부추기는 이민자 집단, 9·11테러와 같이 전 세계를 공포로 몰아넣은 알카에다의 이슬람 극단주의, IS 등이 있는 지역으로 각인되었다. 하지만, 실제 경험한 마그레브, 그중에서도 알제리는 그런 무시무시한 모습과는 대조적인 모습,[3] 오히려 문화적 충격이라 할 수 있는 모습으로 내게 다가왔다. 움직이고 보는 만큼 세상이 달라 보인다고 한다. 알제리를 비롯한 마그레브지역의 역사는 말 그대로 다양성을 품고 있는 지역이며, 다양한 문화가 혼합되어 역동적으로 움직이는 지역이다. 토착민인 베르베르 문화를 포함한 페니키아, 로마, 반달, 비잔틴, 아랍 이슬람, 프랑스, 스페인, 터키 등의 이문화가 상호 공존하고, 이 지역민들은 이런 다양한 문화를 자연스럽게 역사적 과정을 통해 수용해오고 있었다. 문화의 힘이 내재적인 구조에 있지 않고 조화와 질서에 있음을 새삼 느낄 수 있는 지역인 것이다.

다양한 문화가 상호 공존하는 사회를 보면서, 이 지역에는 상대적으로 편견이 적다는 것을 알았다. 이슬람 문화라는 지배 문화가 존재하여 상대적으로 타 종교에 대해 관대한 편은 아니지만, 타 문화와 타 인종에 대해 거의 '편견'이 존재하지 않는다. 그렇기 때문에 이 지역에는 백인과 흑인은 물론 지중해 특유의 인종색이 뒤섞여 살아가고 있다. 의도적인 뒤섞임이 아닌, 역사 이래로 자연스럽게 섞인 그 자

3) 그렇다고 알제리를 비롯한 마그레브지역에 이슬람 극단주의가 존재하지 않는다는 것은 아니다. 분명 이슬람 테러리즘의 시기를 겪어 왔고 지금도 테러가 일어나고 있지만, 그런 일련의 행위들이 반드시 종교적인 신념에서 발생하는 것은 아니다. 오히려 종교적 신념 이외에 정치·사회, 그리고 최근에는 경제적 요인에 기인한다. 이런 점에서 국내 중동 이슬람학자들이 마그레브지역의 모든 현상을 이슬람 문화 혹은 종교적인 것으로 설명하려 했던 것은 또 다른 '중심주의적 사고관'이라 할 수 있다. 마찬가지로 국내에서 언급되는 마그레브지역의 테러 사건 보도 또한 다분히 지역 상황에 대한 정확한 이해없이 서구의 미디어와 시각에 의존하고 있는 편이다.

체의 모습이 이 지역의 모습이다. 이런 상황에서 프랑스와 베르베르, 아프리카 문화는 배타적인 문화가 아닌 오히려 주류 문화인 이슬람 문화와 어우러져 더 풍요로운 문화를 키우는 특이한 지위를 확보한다. 그래서 마그레브인을 빗대어 머리는 유럽에, 가슴은 이슬람 문화에, 발은 아프리카에 두고 있다고 표현하는 것이 아닌가!

하나의 사물, 대상을 이해하기 위해서는 말과 싸워야 하고, 그로부터 지식에 대한 새로운 생각을 만들 수가 있다. '이문화간 소통지역, 마그레브'에 대한 단어를 생각하면서 기존의 서구식 개념을 뛰어넘으려는 생각이 들었다. 그렇게 하면서 지금까지 머릿속에 각인된 '편견'의 굴레를 이 지역을 바라보며 떨쳐버리고자 했다. '마그레브'는 우리에게 아프리카의 이미지, 혹은 서구 열강의 식민 지배를 받았던 '주변 지역', 지중해를 말할 때도 마그레브의 지중해는 지금까지 별로 언급되지 않았다. 하지만, 필자가 발견한 마그레브는 남프랑스, 그리스, 로마의 지중해와 같은 바다였으며, 동시에 이슬람의 바다로 소통해왔던 지역이었다. 그 어느 것도 위계 속에 있지 않으면서 차이의 다원성이 삶과 문화 속에 남아 있는 그런 곳이었다.

제 3 절 이문화간 소통지역, '마그레브'

지중해와 같이 마그레브지역은 다양한 역사와 모습이 시공간 속에 교차하는 곳이다. 많은 사람이 이곳에 페니키아(기원전 814년~기원전 146년), 로마(기원전 146년~서기 429년), 반달(서기 429년~534년), 비잔틴(서기 534년~647년) 문화를 이식시켰고, 647년에는 아랍인들이 이 지역에 진출했다. 스페인 정복을 통해 스페인 안달루시아 문화가 들어오게 되었으며, 1518년부터 1830년까지 오스만 터키 섭정이 시작되었고, 터키인과 더불어 유럽 병사들이 마그레브지역에 들어오기 시작했다. 이후 유럽에서 점진적으로 유대인들이 대거 이입하여 아랍 이전부터 살고 있던 유대인과 새로운 집단 거주지를 만들기도 하였다. 1830년부터 시작된 식민정책으로 대거 프랑스인이 들어와 건축과 예술, 교육을 비롯한 모든 분야에서 동화정책을 추

그림 8-3 알제리 고평원 지대의 제밀라 로마유적과 모로코 산악지대의 쉐프샤우엔[4)]

구하여 현재까지도 프랑스 문화의 잔재를 많이 가지고 있다.

이와 같이 다양한 문화의 흔적과 기억의 정체성에도 불구하고 마그레브지역에 대한 우리의 이해와 관심은 상당히 단편적 수준이다. 아랍 이슬람 문화권으로만 설명하는 일도 있지만, 지중해 남단의 이 지역을 지중해 역사에서 별로 언급하지 않고 배제해왔다. 고대 이 지역에는 페니키아 상관이 있었으며, 마시니싸(Massinissa), 쥬그르타(Jugurtha)나 쥬바 I세,[5)] 한니발 등 고대사만 해도 수많은 왕국과 영웅들이 존재했다. 그와 같은 흔적들은 아랍이 이 지역을 정복하면서 이슬람화했지만, 여전히 유럽과 지중해적 가치와 더불어 그대로 존속하고 있다. 게다가 사하라 지대는 어떤가? 이 지역은 아프리카 문명의 일원으로 아프리카의 다양한 문화와 소통과 교류를 하며 그 흔적을 그대로 보존하고 있다.

지정학적인 면을 볼 때, 마그레브지역은 중동 이슬람, 아프리카, 지중해 문명이 공존하는 지역이다. 이 지역은 중동의 아랍인들이 메카의 동쪽인 '마슈렉(Machrek)' 지역과 아프리카 국가들을 구분하기 위하여 붙였던 명칭으로, '중동 이슬람 문명'에 속한다는 사실을 말해주고 있다. 동시에 마그레브지역은 지중해를 사이에 두고

4) 쉐프샤우엔은 안달루시아식 도시이다.

5) 마시니싸는 로마와 카르타고가 벌였던 '포에니 전쟁(기원전 3~2세기)' 동안 마그레브지역 최초의 누미디아 왕국을 건설했다. 마시니싸는 제2차 포에니 전쟁에서 로마편을 든 덕분에 왕국 설립을 허락받게 된다. 토착민인 베르베르인을 목축과 농업을 할 수 있도록 권장하였고, 이를 통해 베르베르인의 도시화에 가장 큰 공헌을 한 사람으로 알려졌다. 알제리, 튀니지와 접하는 지역(예 콩스탕틴 인근 지역)에는 마시니싸와 관련된 유적도 남아 있다.

근거리에 있는 유럽의 영향권 내에 있다. 일찍이 로마를 비롯한 비잔틴, 반달 문화는 물론 스페인 문화가 있었던 지역이지만, 근대 들어 프랑스의 점령과 식민통치를 받으면서 그 문화적 잔재들이 알제리, 튀니지, 모로코, 모리타니에 강하게 남아있다. 유럽과의 교류는 식민통치 기간과 그 이후 프랑스에 이주하거나 정착했던 마그레브인, 알제리 출신의 프랑스인인 '삐에 누아(pied－noir)'[6)]와 그 후손들에 의해서 긴밀하게 유지되고 있다. 마그레브가 아프리카 대륙에 위치한다는 사실도 마그레브를 규정하는 중요한 요소이다. 중남부 아프리카와 북아프리카 사이의 사하라 사막 유목민과 대상(隊商)들이 남북 교류를 이어주었으며, 7~11세기 중반 지중해 연안의 베르베르족을 정복한 아랍인들이 수단과 서부 해안지역, 남부 열대우림지역에 진출하여 하나의 세력권으로 통합되기도 하였다.

오늘날 마그레브지역을 말할 때, 바로 이 세 지역의 접점으로써 다양한 문화가 혼재되어 소통하는 지역으로 말하곤 한다. 과거 아프리카 국가라거나, 혹은 아랍 이슬람 문화권 지역으로만 설명되었던 것에 비하면 괄목할 만한 변화라고 생각되지만, 여전히 우리 사회에서는 이들 세 지역의 '주변 지대'로서 마그레브지역을 이해한다. 마그레브지역은 아프리카의 중심도 아니고, 중동의 중심도 아니고, 지중해의 중심도 아닌 이들 세 지역의 '주변 지역'에 불과하다. 역설적으로 마그레브지역이 이들 세 지역에 걸쳐 있는 주변 지역이기에 그만큼 다양한 색채를 띠며 소통의 공간이 되고 있다. 이슬람 문화권이지만, 마그레브지역민은 자신들의 문화가 결코 단일하지 않고 역사 이래로 교차와 혼합을 통해 소통해왔던 그런 지역, 따라서 그 자체가 마그레브지역의 고유문화라고 말한다. 마그레브지역을 바라볼 때 흥미로운 것은 어떤 한 시대나 문명, 특정 종교, 특정 언어로 이루어진 시공이 아니라, 다양한 시대들, 문명들, 언어들이 하나로 어우러진 복합적인 시공간이라는 것이다. 이런

---

6) '삐에 누아'의 사전적 의미는 알제리 독립 이전의 알제리 출신 프랑스인들을 일컫는 것으로 알려져 있지만, 그 어원에 대해서는 훨씬 다양한 의미를 담고 있다. 마그레브지역 전문가인 스토라(B. Stora, 2004)는 자신의 저서 『*Histoire de l'Algérie coloniale*』(1850~1954)에서 '삐에 누아'의 의미를 다음과 같이 정의하고 있다: ① 1830년 프랑스군이 알제리에 상륙할 당시 토착민들이 프랑스 병사들이 신은 검정색 신발을 보고 부르기 시작했다는 가설, ② 알제리의 포도밭에서 포도주를 담기 위해 포도를 발로 압축시킬 때 신었던 검정색 신발에서 유래했다는 가설. 이런 가설이 있지만, 알제리의 프랑스인들은 자신들이 1962년 프랑스에 도착했을 때(알제리는 프랑스로부터 독립하여 '삐에 누아'는 알제리를 떠나 프랑스로 돌아가게 된 시점이다) 본국의 프랑스인들이 자신들을 '삐에 누아'라고 부른 사실을 처음으로 알게 되었다고 한다.

복합적인 시공간을 이해하기 위해서는 기존의 학문 체계로는 한계가 있어 보인다.

오늘날의 학문체계는 근대에 형성된 학문 원리에 따른 것이 대부분이다. 그 체계는 결코 절대적이지도 보편적이지도 않다. 분류하고 세분화하는 근대의 학문 패러다임은 탈근대 사유와 그 원리에 따라 새로운 학문 유형으로 전환될 수 있다. 근대적 개념에서의 고정되고 본질적인 구조가 아닌 상호 어우러짐의 속성을 갖고 있는 마그레브지역을 볼 필요가 있다. 그럴 때 마그레브지역은 주변 지역이 아닌, 다양한 문화가 횡적으로 연결된 지역으로 차이를 드러내며 그 차이들의 다원적 모습을 볼 수 있는 지역이 될 수 있을 것이다. 차이들의 다원적 모습을 보고 사유하는 것은 흔히 말하는 가로지르기식 사유를 말하며, 그것은 들뢰즈(G. Deleuze)식 표현을 빌리자면 '리좀(Rhizom)'이기도 하다.

마그레브지역 문화가 정복과 교차, 혼합 과정을 통해 소통해왔으며, 그 과정은 상호영향적이다. 상호영향적인 마그레브지역을 생각할 때는 기존의 이슬람 문화권, 아프리카지역, 지중해 문명권이라는 단순 도식에서 벗어나 혼합적 모습의 이 지역을 바라볼 수 있을 것이다. 그것은 지금까지 우리가 갖고 있던 사고방식, 편견, 삶에 대한 사유방식을 변경시키고 다른 형태로 바꿔갈 수 있게 할 것이다.

마그레브지역이 단일 문화권이 아닌 복합적인 시공간을 가로지르는 문화로 이루어졌다면, 우리는 이 지역에서의 '상호영향성'을 주목할 필요가 있어 보인다. '상호영향성'에 의해 서로 다른 문화가 어떤 관계로 소통했고, 삶의 양식이나 지역민들의 가치관이 어떻게 변화되는지를 알 수 있다. 이렇게 삶과 문화의 다원성을 각인할 수 있고, 그것은 특정 지역과 지역민들의 사고방식과 행위를 변경시켜 다른 형태로 바꾸어 갈 수 있다. 그러므로 '상호영향성'은 다원성과 다양성으로 맺어지는 '관계성'을 이해하는 척도이기도 하다. 마그레브지역과 중동 이슬람, 유럽과의 관계 맺기와 상호영향, 토착민인 베르베르와 아랍, 혹은 프랑스와의 관계 맺기와 상호영향, 아랍 정복 이후에는 프랑스, 혹은 베르베르 문화의 관계 맺기와 상호영향, 지중해와 사막, 혹은 산악지대 문화와의 상호영향, 전통문화와 현대 대중문화와의 관계 맺기와 상호영향 등 마그레브지역의 정체성을 살펴볼 수 있는 요소들은 무수히 많다. 바로 이런 점에서 '상호영향성'은 마그레브지역을 정적인 공간이 아니라 역동적인 공간으로 이해할 수 있게 하며, 마그레브지역민의 삶의 관계와 양식 또한 고정된 것이 아니라 형성되어 가는 것으로 보게 한다.

마그레브지역의 이문화간 소통 현상을 보기 위해서는 '서구중심주의'든 혹은 '이슬람중심주의'든 간에 '중심주의'에서 탈피하여 '상호영향성'에 의한 관계 맺기, 즉 소통이 어떻게 이루어지는지를 주목해야 한다. 특히, 대부분의 지역이나 인종은 물론 모든 문화적 토대는 베르베르 문화, 이슬람 문화, 유럽 프랑스 문화를 기반으로 서로 주고받는 관계를 맺고 있는데, 마그레브지역에서 드러나는 이들 문화의 특징을 요약해보면 다음과 같다.

베르베르 문화

중동, 유럽, 아프리카의 거대 문명권이 겹치는 마그레브지역은 지역 토착민인 '베르베르(berber)'[7] 문화 색채가 강하게 남아 있다는 점에서 중동 이슬람 문명권 내의 다른 지역과 다르다. 베르베르인은 페니키아, 로마를 비롯한 유럽의 침략을 받으면서 지중해 문명의 중요한 한 축을 담당했지만, 역사 속에서 이들의 문화가 언급되는 일은 거의 없다. 서구중심주의에 의해 타자화된 베르베르인은 원래 지중해인의 기질을 갖고 있었다. 로마와의 전쟁과 이후 속국이 되어서도 자신들의 정체성을 그대로 유지하고 있었다. 이후 아랍에 정복된 후 스페인 안달루시아 지방까지 그 세력권을 확장했던 베르베르인은 이민족들의 연속적인 정복의 역사 속에서도 고유 언어는 물론 의상, 음악, 음식, 삶의 방식 등 공통의 문화적 요소들을 간직함으로써 그 정체성을 유지해가고 있다. 베르베르인은 현재 마그레브에 30개 이상의 종족 형태로 살아가고 있다. 우리가 알고 있고 최근 국제적으로도 리비아 사태 이후 주목받고 있는 투아레그족 또한 베르베르인의 한 일파이다. 프랑스의 축구 선수 지네딘 지단, 영화배우 이자벨 아자니 등도 베르베르의 일파인 카빌족이다.

마그레브지역에서 대략 3,000만 명 이상으로 추산되는 베르베르인은 알제리, 모로코, 리비아, 튀니지, 이집트[8]에 분포되어 있다. 그중에서 알제리와 모로코의 경우에는 베르베르 문화가 각각 45%, 25% 정도를 차지하고 있다. 비록 소수 문화

---

7) 흔히 알려진 스페인의 이슬람화는 아랍인들에 의해 이루어진 것이 아니라 이슬람화된 베르베르인에 이루어진 것이다. 지브롤터(Gibraltar, 'Tariq의 산'이란 의미)로 알려진 모로코와 스페인의 경계 지역명도 스페인 정복자 베르베르인 'Tariq Ibn Ziyad'에서 유래한 것이다.

8) 베르베르족의 분포는 주로 모로코와 알제리에 가장 많이 존재한다. 튀니지는 베르베르 문화권으로 보면 전체 인구의 1~2%를 차지할 정도로 미약하다. 주로 산악지대와 사막에 거주하며 지금까지도 부족단위의 삶을 살아가고, 지역에 따라 베르베르어 방언이 사용된다. 리비아와 모리타니아, 말리에도 상당수가 존재하고 있다.

이지만 마그레브지역에서 베르베르 문화는 이슬람이라는 지배 문화에 대항하여 끊임없이 내부의 다수 문화를 극복하고 기존의 지배 질서를 바꿔 놓아 마그레브 문화의 새로운 배치를 창조해가고 있다. 공용 방송 등에서 베르베르어의 공식적인 사용 및 공용어 지정, 대학 수능시험에 베르베르어가 포함된 것[9]은 지배 문화의 끊임없는 아랍화 정책에도 불구하고 베르베르인이 문화적 독자성을 끊임없이 주장하고 있음을 의미한다.

오늘날 베르베르어 문화는 프랑스 문화와 더불어 마그레브에서 이문화간 소통의 창구 역할을 담당하고, 다문화적 정체성의 상징이 되고 있다. 베르베르어는 단지 마그레브에서만 사용하지 않고 현재는 프랑스에 베르베르어 화자가 2백만 명 이상, 나머지 벨기에, 네덜란드, 이탈리아, 그리고 북미의 캐나다 등에 2백만 명 이상이 있어 디아스포라(Diaspora)에서도 주목할 만한 언어가 되었다.

사하라 투아레그족

알제리 카빌족

모로코 리프족

알제리 모자비트족

베르베르인의 다양한 복장과 피부색

9) 특히, 알제리에서는 베르베르어가 2002년 4월 공식어로 채택되었으며, 대학수능시험은 2007년부터 알제리의 11개 도(道)에서 채택하고 있다. 이와 같이 베르베르인은 자신들의 언어와 문화에 대한 자부심이 강하고, 반아랍 정서가 강한 편이다. 모로코는 2011년 이후 아랍어와 같은 지위의 공용어로 지정되었다.

아랍 이슬람 문화

로마와 달리 아랍은 부족생활을 하여 국가 체제를 확립하지 못한 마그레브지역을 8세기 초에 정복하였다. 아랍인이 마그레브지역을 이슬람화하면서 동시에 행한 아랍 이슬람 정책은 서구의 식민제국주의 정책 이상이다. 특히, 언어의 경우, 아랍어는 권력의 언어이자 종교 언어인 동시에, 글쓰기 및 형식화된 지식의 언어이며 도시의 언어가 되었다. 피정복민은 행정, 사법, 교육에서 아랍어로 사용할 것을 강요받았고, 이슬람으로 개종하지 않거나 아랍어를 사용하지 않을 경우 불이익을 당하기도 했다. 바로 이런 사실 때문에 많은 베르베르인은 아랍어를 위해 자신들의 언어를 포기해야만 했고, 이후 5백 년도 지나지 않아 마그레브 전 지역에서 베르베르어의 생존 자체가 위협을 받을 정도였다. 쓰기의 경우는 힘들게 부분적으로 이어져 왔고 대부분 구어 형식으로만 이어져 왔다. 하지만, 이 와중에서도 최후까지 저항한 베르베르의 카빌인[10)]은 아랍인의 힘이 미치지 않는 산악지대에 거주하며 종교적으로나 언어적으로 지금까지 아랍에 저항하고 있는 소수 민족으로 남아 있다. 아랍 정복은 베르베르 문화를 버리고 지배 문화에 '동화'될 것을 강요하였다. 마그레브지역이 이슬람화된 이후, 베르베르 문화는 제도적으로 인정을 받지 못하다 2000년대 들어 위상 변화가 온다.

알제리 무슬림 여성

콩스탕틴 이슬람 사원

10) 마그레브지역에서도 가장 문화적 독자성을 주장하는 베르베르인은 카빌인이다. '카빌리(Kabylie)'는 알제리의 북동쪽에 위치해 있으며, 베르베르어를 사용한다. 카빌인은 아랍어를 배제하고 오히려 프랑스어를 많이 사용하고, 기독교인이 상당수를 차지한다. 국가 체제 하에서 이슬람교로 개종하였지만, 이슬람에서는 금기시하는 돼지고기를 먹고 반 아랍 정서가 특히 강한 지역이다. 이들의 삶의 터전은 주로 산악지대이다. 우리가 알고 있는 알제리계 프랑스인은 주로 이 지역 출신이 대부분을 차지한다.

이슬람권인 오스만 터키 지배 하에서는 상대적으로 자율성을 인정받는 상황이었다. 오스만 터키는 토착민을 동화시키거나 동화하려 하지 않았다. 그들은 마그레브의 지중해지역에 살고 있는 외국인이자, 통치자로서만 머물 뿐이었다. 마그레브 지역민이 저항과 투쟁을 하지 않은 것도 같은 무슬림이었다는 사실, 그리고 상대적으로 문화적 독자성을 인정해주었기 때문이다. 오스만 터키가 영향력을 갖고 있는 것은 군대와 (세금과 같은) 경제권에 한정되어 있었고, 이는 당시 지중해를 두고 벌인 해상 무역 헤게모니와 전혀 무관하지 않다.

이슬람 문화는 여타 중동국가들과 마찬가지로 마그레브지역에 그대로 존재한다. 이슬람 종교 축일을 비롯하여 각종 행사나 일상의 삶이 중동 이슬람국가와 비슷하지만, 지중해와 유럽 문명의 영향으로 훨씬 개방적이며 혼합적인 것이 특징이다. 이슬람은 산악이나 사막지대에서는 토착 신앙과 어우러져 특이한 관행을 보이기도 하며, 국가의 종교관인 이슬람 수니파와 어우러진 카와리지파[11]의 이슬람 이바디즘(Ibadisme)까지 존재한다. 그러므로 지역민의 이슬람에 대한 믿음과 실천 정도는 다양하면서, 전반적으로 그리 강한 편은 아니다.

프랑스 문화

마그레브지역의 역사는 고대 이래로 유럽과의 교류를 통해 정체성을 형성해왔다. 로마를 비롯한 반달, 비잔틴은 이 지역을 오랫동안 점령하면서 지중해의 흔적을 그대로 남겨 놓았다. 아랍 정복 이후에도, 스페인에서 물러난 아랍-베르베르인은 안달루시아 문화를 마그레브지역에 이식시켰고, 동시에 많은 스페인 사람과 유대인이 이 지역에 들어왔다.

19세기 이후 프랑스가 마그레브지역에 들어가게 된 데에는 여러 상황과 이유가 있다.

첫째는 19세기 이전 마그레브지역은 대개 부족 단위의 삶을 영위하였으며, 오스만 터키의 술탄(sultan)에 대한 의존도는 형식적이었다. 실제, 오스만 터키의 특권 권력 계급, 즉 '파샤(총독)'가 권력을 쥐고 있었고, 그 아래 재판 업무를 관장하

11) 이슬람 시아파에서 탄생한 카와리지파는 평등의 교리를 강조한다. 이슬람 초기 부패한 왕조에서는 혈통(시아)도 선출제(수니)도 무의미하다는 것을 역설하며 독자적인 노선을 걷기 위해 칼리파 체제에서 이탈했다. 이후 거의 소멸하였고, 현재 마그레브의 알제리에서만 소수가 남아 여타 종교와 공존하며 살아가고 있다.

는 '데이(dey)'와 세금을 징수하는 '베이(bey)'가 있었다. 이런 서열 속에서 부족이나 도시 중심으로 한정된 체제를 구축하였기에 마그레브부족들은 근대 국가를 이루는 유럽 열강에 맞설 만한 힘이 없었다.

둘째는 동양에 대한 유럽인들의 시각, 즉 '오리엔탈리즘(Orientalism)'이 마그레브지역에 대한 관심을 고조시켰다. 특히, 18세기 후반까지 이루어진 나폴레옹의 이집트 원정은 마그레브지역과 지중해지역에 유럽의 대대적인 진출을 고취시켰다. 나폴레옹의 이집트 원정은 궁극적으로 실패했지만, 당시 유럽인에게 유행한 오리엔트지역에 대한 관심을 증폭시켰다는 의미에서, '오리엔탈리즘'이 본격적으로 등장한 상황과 무관하지 않았다. '오리엔탈리즘'은 '동양'과 '서양'의 이분법적 구도 하에 서양의 동양 지배를 정당화하고 동양에 대한 서양의 우월성을 주장하고 정당화할 수 있다고 믿게 했다.

마지막으로, 19세기 프랑스의 내부 문제이다. 1815년 워털루 전쟁 패배 이후 프랑스는 유럽에서 자신의 세력을 입증하지 못했고, 대체 공간이 지중해와 마그레브지역이라고 생각했다. 문화적으로 지중해에서 여전히 프랑스 문화와 언어가 우세하게 자리하고 있었기에 가능한 일이기도 했지만,[12] 프랑스 내정이 복잡한 상황과도 무관치가 않았다. 1824년 권좌에 오른 샤를 10세는 신문 검열과 이중 투표법[13] 제정을 통해 과거 절대 군주 시절 방식으로 프랑스를 지배하려 했기에 국민들의 불만이 증폭되었다. 이런 불만을 외부로 돌리고, 동시에 쇠약해진 부르봉 왕조를 다시 부활시키고자 1830년 알제리를 시발로 마그레브지역을 침략하게 된 것이다. 이후 모로코, 튀니지를 식민지로 삼으면서 아프리카 식민정책을 추진하고, 과거 로마와 같이 프랑스 문화를 이곳에 이식시킨다.

독립 이후 프랑스 문화를 일소하겠다고 하는 마그레브국가의 의지는 온데간데없고, 오히려 프랑스 문화는 사회 곳곳에 이식되어 아랍 이슬람 문화와 공존하고

---

12) 장 카르팡티에와 프랑수아 르브룅은 자신들의 저서 『지중해의 역사』에서 프랑스가 여전히 막강한 항구 도시 툴롱과 마르세유를 보유하고 있었고, 이런 덕분에 지중해에서의 영향력이 문화와 언어 사용에서 그대로 드러났다고 말하고 있다. 특히, 프랑스어는 지중해에서 다른 언어에 비해 우세한 위치를 차지하고 있었으며, 외교 언어이자 학식 있는 엘리트의 언어였다고 한다. 『지중해의 역사』, 강민정 외 역, 한길출판사, 2006, p. 387.

13) 세금을 많이 내는 유권자의 1/4을 두 번씩 투표하게 만드는 법으로, 과격 왕정 복고주의자들의 다수 선출을 보장해주고자 했다.

있다. 오히려 프랑스어 문화가 마그레브지역에서 여러 문화와의 소통 창구 역할을 해주며, 이 지역을 문화적으로 훨씬 풍부하게 해주고 있다. 최근에는 영어를 위시한 중국어, 심지어 한국어까지 마그레브인이 많이 배우는 언어로 급부상하고 있어 이 지역민이 타 문화에 배타적이지 않음을 알게 해준다.

제 4 절 외부성과 '마그레브-기계'로서의 '마그레브'

학자들 간에 '아랍 이슬람 문화권' 혹은 '중동 아프리카권'14)으로 분류되고 있지만, 베르베르 문화, 이슬람 문화, 프랑스 문화간의 소통이 활발한 마그레브지역은 다양한 모습으로 생생하게 살아 있는 모습 그 자체를 이루고 있다. 베르베르 문화는 지역이나 세대, 성별, 교육 수준 등에 따라 받아들이는 양상이 상이하게 나타나고, 이슬람 문화 또한 이들 베르베르 문화와 혼합되어 중동의 이슬람 문화와 다르게 나타난다. 프랑스 문화는 기존의 베르베르와 이슬람 문화에 새롭게 혼합되어 마그레브지역만의 특이성을 담아내고 있다. 이외에도 부분적이지만 스페인과 터키, 유대 문화가 혼합되어 남아 있다.

수천 년의 역사를 간직하고 있는 마그레브지역은 페니키아와 로마 문명에서, 반달과 비잔틴의 지배, 이후에는 이슬람과 터키의 지역으로, 그리고 다시 유럽의 지배에서 오늘날 유럽-이슬람과 토착 베르베르 문화가 공존하는 지역으로 바뀌어 왔다. 이 과정에서 문명의 주체는 페니키아인, 로마인, 반달과 비잔틴인, 아랍과 터키의 무슬림, 프랑스와 유럽인, 유럽과 무슬림, 베르베르인이 되었다. 이런 역사적 과정 자체가 마그레브지역을 시공간적으로 다수다양체의 면을 이루도록 하고

14) '이슬람 문화권'으로 규정하는 것은 주로 이 지역이 이슬람교를 국교로, 아랍어를 국어로 채택하고 있기 때문에 중동 이슬람학자들이 정의했던 방식이며, 심지어 마그레브지역을 아랍문화권으로 정의한 경우가 있었다. 예를 들어, 손주영은 알제리를 비롯한 북아프리카 국가들을 아랍인으로 정의해 놓고 있다: "오늘날 아랍인이라고 하면 아라비아반도의 거주민뿐만 아니라 서남아시아 주민 대다수와 북아프리카 거주민 전부를 지칭하는 것으로 사용된다"(손주영, 『이슬람: 교리, 사상, 역사』, 일조각, 2005, pp. 66-67). '중동 아프리카권'은 주로 정부(외교부의 '아프리카 중동국')나 정부 산하기관에서 분류해놓은 방식이다. 이는 마그레브지역에 대한 문화적 접근보다 중동 이슬람학자들의 관점 혹은 기존 서구식의 지리적 관점에 따른 분류방식을 채택한 것으로 보인다.

있다.

이처럼 이질적이고도 다양한 실체를 갖는 마그레브지역에 대해 기존 연구는 아랍 이슬람 문화권으로 많은 것을 설명하고자 했다. 하지만, 앞서 살펴보았듯이 이 지역은 아랍을 제외한 다른 문화가 도시 문명이고 주로 해양인들이었다. 즉, 애초 마그레브의 이문화적 요소가 된 시점은 해양문명이 토대를 이루었는데, 이 지역 최초의 해양인 페니키아인의 경우에서도 볼 수 있다. 오히려 삭막한 사막에 있던 아랍인들이 이 지역에 오면서 기존 문화와 융합하며 '바다의 아들'로 다시 태어나기도 했다. 그런데도 '아랍 이슬람 문화권'이라고만 인식하는 것은 확고한 진리 인식의 토대를 마련하기 위해 외부 세계에 대한 경험적 인식을 포기한 근대성과 그것의 토양 위에서 번성한 서구중심주의의 또 다른 연구 방식의 산물에 다름 아니다. 탈근대 담론을 이야기하고, 서양의 제국주의 혹은 '오리엔탈리즘'을 말하면서, 마그레브지역을 이슬람 문화권으로만 규정하는 것은 또 다른 중심화된 논리이자 동일성의 사유 방식일 수 있는 것이다. 이와 같이 탈식민 담론을 말하면서도 서양의 근대성과 서구중심주의, 그에 반하는 이슬람 중심주의가 마그레브지역을 바라볼 때 여전히 우리 안에 남아 있다. 아랍 이슬람 중심주의는 서양이 동양을 끊임없이 타자화하려 한 것과 같이, 이슬람을 '중심'으로 보는 학자들이 마그레브지역을 또 다른 '중심주의'로 바라본 산물에 다름 아니다.

근대성이 무엇인가? 후기구조주의 담론에서 근대성은 확실한 것, 항상적인 것, 초월적인 것을 추구하는 것으로 귀결된다. 그렇기에 근대성은 내부의 사유이다. 반면, 외부의 사유는 외부와의 만남과 소통을 통한 사유이다. 이슬람과 같이 어떤 하나의 문화, 혹은 문화권으로 마그레브지역을 귀착시킬 때, 그것은 다양한 실체를 보여주지 못하고 너무 편협한 설명이 되고 만다. 마그레브지역은 베르베르, 이슬람, 프랑스 문화가 다양하게 공존하고 그것들의 소통은 시공간을 통해 더 복잡 다양하게 드러나는 곳이다. 다양하고 복수적인 문화가 어우러져 있는 마그레브지역을 특정 문화권으로만 설명할 때 우리는 이 지역과 관련한 이해를 제대로 할 수 없을뿐더러, 많은 우리 기업들이 진출하고 있는 상황에서 이 지역만의 진정한 소통을 기대할 수 없을 것이다.[15] 마그레브지역은 지역 내에서도 베르베르와 아랍, 아랍과

15) 마그레브지역에서 최근 우리나라와의 관계가 급증하고 있는 국가는 알제리이다. 알제리는 1990년 우리나라와 수교를 맺었지만, 이후 자국 내의 여러 문제로 양국 교류가 주춤하다가 2000년대

베르베르, 아랍과 프랑스, 프랑스와 베르베르, 바다와 산, 산과 평원, 바다와 사막 등 인종과 문화, 지역, 언어 등과 어떻게 소통하는가에 따라 다른 내용의 모습이 되고 다른 의미를 가질 수 있다.

마그레브지역이 외부성을 갖는다는 것은 이렇게 마그레브지역을 새롭게 보고자 하는 것이다. 마그레브지역의 역사, 지리, 인종, 문화, 언어 등과 같은 것을 종합적으로 이해해야 한다. 종합적인 이해를 하기 위해 우선적으로 프랑스, 베르베르, 아랍 이슬람 문화를 동일선 상에 배치시켜 놓아야 한다. 왜냐하면, 이들 세 문화는 마그레브지역의 역사와 현재 속에서 무수히 요동치는 새로운 모습의 마그레브를 만들어가고 있기 때문이다. 이들 세 개의 문화가 서로 접속되거나 다른 문화와 접속되고 소통하는 것에 따라 변하게 되는 다양한 실체들을 주목할 필요가 있다.

이처럼 마그레브지역에서 어떤 다른 외부성과 만나고 접속하고 소통하는가에 따라 다른 '마그레브－기계'[16]로 작동할 수 있다. 언어의 경우, 아랍어 또한 이 지역에서는 베르베르어와 접속하고 있는가, 혹은 프랑스어와 접속하고 있는가, 그렇지 않으면 터키어나 스페인어와 접속하고 있는가에 따라 전혀 다른 마그레브어[17]가 된다. 마그레브인의 언어 사용이 여타 아프리카 국가에서의 언어 사용만큼이나 복잡하게 드러나는 이유이기도 하다. 삶의 방식 또한 바닷가에 사는가, 혹은 산악지대나 사막에 사는가, 그리고 어떤 문화와 주로 접속하고 소통하는가에 따라 전혀 다른 성질의 문화로 나타난다. 이처럼 외부성의 사유에서 개별 개체들은 각자 변하지 않는 단일 속성을 지닌 것이 아니라 다른 것들과 어떤 식으로 연결되는가에 따

이후 관계가 급증하고 있다. 특히, 2006년 노무현 대통령의 국빈방문 이후 양국 간의 경제 관계는 급진전하고 있지만, 모든 것이 정치와 경제에 중점을 두고 있고, 곳곳에 위험 요소가 많아 보인다. 튀니지와 리비아, 말리의 정정 불안도 한몫하고 있어 마그레브에 대한 이해가 충분하지 않을 때 생길 수 있는 위험 요소가 많아 보인다.

16) '기계(machine)'라는 표현은 질 들뢰즈 철학의 핵심 요소 중 하나이다. 들뢰즈와 가타리는 『천개의 고원』에서 '기계'란 관계에 따라 접속하는 이웃항이 무엇인가에 따라 본성이 달리함을 의미하고 있다. 즉, '기계'란 고정된 본성을 가진 고립된 어떤 실체가 아니라 관계를 구성하는 성분, 그리고 그 관계 안에서 변하는 본성을 갖는 것이다. 이런 점에서 기계와 자연, 기계와 생명을 가르는 고정된 경계선이 없다는 것이 그의 주장이다.

17) 마그레브어라는 것은 일반적인 분류 방식에서는 존재하지 않는다. 마그레브지역은 아랍어가 공용어이다. 하지만, 이 지역의 아랍어는 문헌 아랍어와는 다른 일종의 방언과도 같다. 현지에서는 이를 '다르자(dardja)'라고 부른다. 아랍어이지만 계층이나 성, 교육 수준의 정도, 가정교육, 지역에 따른 접속과 소통 방식에 따라 그 아랍어는 다양하게 나타난다. 그런 의미에서 마그레브어는 기존의 쿠란의 아랍어, 문헌 아랍어와 상이하게 나타난다.

라 달라지는 존재가 된다. 외부성의 사유를 통해 마그레브지역을 볼 때, 우리는 보다 풍부한 관점에서 이 지역을 바라볼 수 있다. 이것은 기존의 서구적 관점이나 아랍 이슬람 중심주의적 관점이 아닌 우리만의 관점에서 이 지역을 새롭게 고찰할 수 있는 방식이 된다. 동시에 기존의 학문적 패러다임에 익숙해 있던 수목적 모델 방식에서 벗어난 새로운 연구 방식을 추구할 수 있을 것이다.

오늘날 학문체계는 근대의 학문 원리에 따라 수목형으로 분류되었다. 인문과학과 자연과학, 하위 분과로 문학, 역사학, 철학, 사회학 등이 있고, 물리학, 화학, 수학 등이 있다. 마찬가지로 하나의 개체를 종, 속, 과, 목으로 거슬러 올라가 계(界)라는 거대 범주에 묶는 분류학의 수형도를 이룬다. 이와 같은 위계적인 체계에서 하나의 개체는 오직 상위 이웃만을 가질 뿐이다. 분류학에서 호랑이는 고양이라는 상위 이웃, 고양이는 개라는 상위 이웃을 가질 뿐이다. 인간의 언어 또한 게르만어는 인도-유럽어족이라는 상위 이웃, 독일어는 게르만어라는 상위 이웃을 가질 뿐이다. 나란히 선 이웃항과의 직접적이며 수평적인 관계는 존재하지 않는 것이다. 이웃한 것처럼 보이는 바로 옆의 이웃조차 그 상위의 어떤 이웃을 통해서만 연결될 수 있다.

이처럼 분류화된 체계 속에서 인간은 자신의 분야 전문가로 충분한 역할을 할 수 있었지만, 21세기는 더 이상 이런 방식의 연구로는 세계와 인간, 지역에 대해 충분한 이해를 할 수 없을 정도로 다원화되었다. 서구식의 혹은 아랍 이슬람식의 연구 방식만으로 이 지역을 보는 것은 기존의 관행을 답습하는 일이며, 동시에 우리만의 주체적 시각이 결여된 행위일 수 있다. 미리 주어진 상황이나 사물을 끊임없이 변화시키며 새롭게 형성해나가고 세워가는 과정을 그려나가면서 다원성과 다양성으로 맺어지는 관계성, 즉 소통의 관계를 그려가야 한다. 다원성과 다양성을 통해 어느 것이 우선하고, 우위에 있는 것이 아닌 수평적인 관계로 마그레브지역을 바라볼 필요가 있다. 이런 의미에서 '마그레브-기계'는 단순한 접속 혹은 읽기의 차원이 아닌 새로운 소통의 효과를 생산하거나 작동시키려는 것이다. 여기에서 마그레브지역은 새로운 역할을 찾을 수 있고, 우리는 제3세계로나 아프리카 혹은 이슬람 지역으로만 이해됐던 마그레브지역에 대한 이해를 새롭게 재구성할 수 있을 것이다. 이문화간 소통지역으로 '마그레브'를 이해하고 보는 것은 이에 대한 첫걸음이 될 수 있다.

참고문헌

공일주 · 전완경(1998). 『북아프리카사』. 대한교과서.

니콜 라피에르(2004). 『다른 곳을 사유하자』. 이세진 역. 푸른숲.

박단(2013). 『프랑스공화국과 이방인들』. 서강대학교 출판부.

박상진(2005). 『지중해학』. 살림.

손주영(2005). 『이슬람: 교리, 사상, 역사』. 일조각.

시오노 나나미(2009). 『로마 멸망 이후의 지중해 세계』. 김석희 역. 한길사.

에드워드 사이드(2007). 『오리엔탈리즘』. 박홍규 역. 교보문고.

이정우(1999). 『시뮬라크르의 시대』. 거름.

임기대(2012). 『'리좀', '배치', 혼종문화지역 마그레브－알제리의 카빌리와 오레스를 중심으로』. 프랑스학 연구.

______(2014) 『마그레브의 베르베르 문화에 나타난 '교차와 혼성'에 관한 특성 연구: 마그레비즘을 위한 소고』. 코기토.

______(2014) 『마그레브의 정체성과 다양성 : 역동적 공간의 혼성문화 지역』. 백석선교문화원.

조명진(2012). 『유로피안 판도라: 유럽통합의 과거 현재 미래』. 안티쿠스.

질 들뢰즈 · 펠릭스 가타리(2001). 『천개의 고원』. 김재인 역. 새물결.

Bourdieu, Pierre(1961). *Sociologie de l'Algérie*. PUF.

Camps, Gabriel(2007). *Les Berbères: Mémoire et Identité*. Actes Sud.

Guerid, Djamel(2007). *L'exception algérienne: La modernisation à l'épreuve de la société*. Casbah Editions. Alger.

Khaldoun, Ibn(1969). *Histoire des Berbères et les Dynasties Musulmanes de l'Afrique Septentrionale*. Paul Geuthner. Paris. Traduit de l'Arabe par le Baron de Slane.

Lacostes, Yves & etc(2004). *Maghreb, Peuples et civilisations*. Editions la Découverte.

Vermeren, Pierre(2010). *Maghreb: Les Origines de la révolution démocratique*. Pluriel.

제 9 장

역사 속에서 배우는 소통의 지혜: 정조의 탕평과 소통의 리더십

안 효 성

제 1 절 소통 부재의 대한민국 리더십, 방향을 잃다

주지하듯 우리나라는 세계가 인정하는 IT 인프라 강국이며, 전 세계에서 가장 빠른 인터넷 속도와 편리한 사용 환경을 자랑한다. 국민들의 손에는 어린이나 어른 할 것 없이 쉽사리 핸드폰이나 스마트폰이 쥐어져 있으며, LTE 광통신을 이용해 신속하게 대화하고 정보를 교환하며 사물을 통제한다. 한마디로 세계 최강의 소통 네트워크를 기술·과학적으로 구현하고 있는 나라가 오늘의 대한민국인 것이다. 이 정도면 우리나라는 소통 천국이어야 지당할 것이다. 그러나 불행하게도 한국 사회는 전례 없는 불통 상황에 잠겨 있으며, 축복받은 기술·과학적 소통 인프라 덕분이 아닌 인간적·사회적 불통의 심화와 장기지속 상태에 모두가 지치고 짓눌린 나머지 '소통, 또 소통, 부디 소통, 오로지 소통!'을 외쳐대고 있는 아이러니한 처지에 놓여 있다.

돌이켜보면 언제부터인가 우리 사회는 상대방의 말을 진지하게 경청하지 않기 시작했으며, 자기주장을 내세우고 본인이나 소속 집단의 이기적 욕구를 충족시키는 데에만 몰두하고 있는 실정이다. 이 과정에서 나와 의견과 입장이 다른 상대방에 대한 인정이나 존중은 찾아보기 힘들며, 상대를 무시하고 모멸감을 주는 일이 너무도 태연하게 자행되고 있다.[1] 심지어 합리적 소통과 상호이해적 연대의 모범을 통해 이런 상황을 자정해야 할 공론장(public sphere)마저도 편협함과 적대가 지배하는 불건전한 혼전장(melee sphere) 양상에 처해 있을 뿐이다. 얼핏 보면 마치 이 사회에는 상대에 대한 몰이해와 일방적 자기 이해의 관철 욕구만이 남아 있고, 공존(共存)과 상생(相生)의 지혜는 더 이상 남아 있지 않은 것처럼 보인다. 바로 이런 상황에서 더욱 능력을 발휘해야 하는 것이 전 사회적 차원의 윤리적 리더십, 혹은 국가적 차원의 정치적 리더십일 것이다. 그러나 우리의 절망은 제 역할을 해줄 국가적 리더십이 실종되었다는 데 있다. 아니, 국가적 차원의 정치적 리더십에 소통 능력이 부재할 뿐 아니라, 통치 리더십이 앞장서 지금의 불통을 조장하고 있다는 것이 더 정확할 것이다. 정치적 리더십의 최고 상징인 대통령의 리더십이 불통과 먹통의 극치를 노골적으로 보여주고 있는 답답한 상태가 이명박과 박근혜 두 정권째 이어지고 있는 것이다. 사실 우리 사회 이곳저곳에서 소통을 그 어느 때보다 진지하게 거론하고 나오게 된 배경에는, 대개의 국민들은 '불통'에 분개하고 '먹통'에 절망하게 만드는 '불통령' 정권의 연이은 등장과 행보 덕분이라 해도 과언은 아니다.

자신의 자서전 『신화는 없다』[2]를 통해 "나는 나를 내리누르는 어떠한 힘 앞에서도 굴복해본 적이 없다."고 큰소리 쳤던 이가 대통령에 취임한 이후 대한민국의 전면적 불통 스트레스 장애는 시작되었다. 그 굴복을 모르는 불굴의 불도저 정신의 정체가 바로 대한민국의 주권자인 국민마저 깔아뭉개는 안하무인의 정신이었다는 것이 밝혀지면서 말이다. 취임 초기부터 '고소영(정부 요직에 고려대, 소망교회, 영남 출신 대거 등용)', '강부자(정권 주요 인사들이 대부분 강남 부동산 부자들이고, 그들에게 유리한 정책들을 강행)', '노명박(노무현이나 이명박이나 다를 것 없음)'과 같은 각종 조롱조의 신조어를 탄생시킬 만큼 계층 차별적이면서도 무능하기 짝이 없었다.

이명박 대통령은 기업인(특히 대기업)과는 적극적 소통을 시도 — 이명박 정권은 초기부터 자신들의 국가 운영 방침이 '기업 프렌들리'(또는 '비즈니스 프렌들리')라고 자랑스레 떠벌리고 다녔다 — 하면서도 노동자 · 서민과의 소통에는 대단히 소

1) 김찬호, 『모멸감: 굴욕과 존엄의 감정사회학』, 문학과지성사, 2014 참조.
2) 이명박, 『신화는 없다』, 김영사, 1995.

극적이었다. 기업 측의 입장은 적극 경청하고 국정 운영에 반영한 데 비해, 노동계와 서민층의 의견은 흘려듣기 일쑤였고 접촉 횟수도 빈번하지 않았으며, 노동계와 서민층에 대해서는 쌍방향적 소통보다는 정부의 입장만을 전달하고 쏟아 붓는 일방적인 소통 자세로 임하였다. 정치권을 상대하는 방식에 있어서도 그 편향성은 이어졌는데, 소위 여의도 정치권에 대한 이명박 대통령의 잘 알려진 불신은 둘째 치고서라도, 야당 지도자와의 만남은 극히 드물었으며 대개 여당과만 집중적으로 소통하는 모습을 보여주었다. 교육・문화・종교 등의 시민 사회와의 대화는 더 드물었고, 이루어진 만남에서도 소통의 진정성은 찾아보기 힘들었다.

상대방을 무시하는 이러한 오만한 태도와 밀어붙이기식 국정 운영 방식은 미국산 쇠고기 수입 반대 촛불시위 때 초대형 컨테이너 장벽의 담으로 수십만 시민을 차단한 소위 '명박산성'의 출현과 '4대강 사업'으로 이름만 둔갑한 사실상의 '한반도 대운하 사업'의 전광석화 같은 추진으로 그 정점을 보여주었다. 대체 누구를 위한 것인지 알 수 없는 정치・경제・사회・외교・안보 전 영역에 걸친 일방적인 정책들의 추진과 인사 방식, 공권력의 남용 등은 숱한 부작용만을 불러일으켰다. 그럼에도 거기에 그치지 않았다. '떼법'[3]을 없애자는 논리를 들고 나와 '준법'의 의미를 권력에의 복종 따위로 뒤바꾸어 놓았고, 이명박 정부에게 비판적이었던 방송사를 장악하고 포털 사이트를 억압하였으며, 기상천외한 종합편성채널이란 것을 만들어 보수언론사들에게 그 사업허가권을 주었으며, 여러 차례 선거에 개입하여 유권자의 올바른 민의 반영을 방해한 혐의도 있다. 그 결과, 한국 사회 전반에 걸쳐 공공성은 땅에 떨어졌으며, 회복하기 힘들게 되었다. 다수의 국민들은 급기야 사방불통의 국면 속에서 질식사할 것 같은 갑갑함과 위기를 뼈저리게 느끼며 그 어느 때보다 소통을 부르짖게 되었다.

그런데 정부 정책 추진에 있어 목표 달성을 위해 설득과 대화, 동의라는 민주적

3) '떼법'이란 "법 적용을 무시하고 생떼를 쓰는 억지주장 또는 떼거지로 몰려다니며 불법시위를 하는 행위"를 일컫는다. '떼법'은 당시 이명박 정부는 물론 지금의 지배 권력을 만들고 행사하고 있는 모든 세력들이 가장 혐오하는 행위이다. 그들의 논리는 떼법은 법치에 반하며 그러므로 사라져야 한다는 것이다. 그러나 문제는 그들이 자신들의 가치관이나 인식에 반하는 거의 모든 것을 '떼법'의 프레임으로 우겨 넣는다는 사실이다. 이 프레임 위에서 건강한 노조, 소수인 야당, 재개발에 반대하는 빈민, 미국산 쇠고기 수입이나 한미 FTA를 반대하는 농민과 시민 등이 '떼법'의 주요 혐의자로 몰리며 법치의 적으로 치부되고 탄압받아 왔다.

절차와 공론의 무게가 상실되었다는 점은 박근혜 정부 역시 마찬가지다. 아니 불통에 관해서는 모든 면이 이명박 대통령과 박근혜 대통령은 서로 닮아 있다. 박근혜 대통령은 자신의 대통령 선거공약의 상당수를 국민들과의 적당한 소통 없이 일방적으로 폐기하였을 뿐 아니라, 이른바 유체이탈 화법으로 불리는 맥락일탈적이고 책임회피적인 발언을 일삼고 있다.

세월호 희생자 추모 1주기 당일에 맞춰 해외 출국해 버린다든가, 마치 지난 이명박 대통령 시절 등장했던 초대형 컨테이너 '명박산성'처럼 세월호 희생자 추모행사 때 나타난 몇 겹으로 줄지은 경찰버스들의 '차량산성'은 국민과의 진정어린 소통을 거부하는 상징적 존재물이라 할 수 있다. 불행하게도 적어도 10년 간은 막혀도 너무 꽉 막힌 불통의 리더십을 소유한 '먹통령'을 갖게 되는 셈이다.

국가 지도자의 소통 능력은 한 국가의 흥망성쇠와 불가분의 관계를 가진다. 프랭클린 루스벨트(Franklin Roosevelt) 전 미국 대통령은 탁월한 소통 능력을 가진 국가 지도자의 한 사람이었다. 그는 국민과의 원활한 소통을 통해 자신의 정책 효과를 극대화할 수 있었다. 그가 대공황에서 미국을 탈출시키기 위해 인위적으로 경제 수요를 창출하는 뉴딜정책을 실시할 때 수시로 국민을 설득하고 동의를 구했던 것은 유명하다. 또한 공공부문 개혁이나 노사 갈등과 같이 이해 당사자들이 첨예하게 대립하는 부문에 있어서도 루스벨트 대통령은 국민의 지속적 참여를 이끌어내고 소통의 중심에 섰다.

화해와 화합의 공동체를 만들어내고 그 공동체를 원활히 발전시키는 큰 정치는 대화와 조정, 포용과 같은 '소통 열음'[4]으로만 가능하다. 자고로 지도자란 '묵묵히' 제 할 일만 잘하는 것으로는 부족하다. 지도자는 '일'과 함께 '말'도 잘해야 한다. 그리고 잘 '들을 수 있어야' 한다. 그가 이끄는 집단의 구성원들과 서로 잘 소통하고 나아가 집단 구성원 간에 잘 소통할 수 있도록 소통을 '열고' 또 '열어주는' 능력이 절실하다는 것이다. 따라서 모름지기 올바른 대통령이라면 국민의 바람이 무엇인지, 국민이 무엇에 아파하는지 비록 관세음보살(세상의 온갖 소리를 모두 살피는

4) '소통 열음'이란 표현은 우연한 기회에 도서관에서 발견한 이하배의 책 제목에서 가져왔다. 다만, 예쁜 우리말 느낌의 책 제목에 비해 속 안의 내용은 상당히 산만하고 잘 읽히지 않아 역설적이게도 독자와의 소통 열음이 잘 안되는 것 같아 아쉬웠음을 밝힌다. 이하배, 『소통 열음: 한국사회의 소통문화를 통틀어 묻는다』, 논형, 2013.

보살)만큼은 아니더라도 아주 잘 듣고 살펴야 한다. 그리고 '먼저 듣는' 와중에서 자신과 국가가 하는 일 또는 하고자 하는 일이 갖는 의미가 무엇인지, 그 일로 인해 어떤 기대가 가능한 것인지를 국민에게 적절히 설명하고 논의하며 설득할 수 있어야 한다. 그리고 국민들 간에 서로 원활한 소통이 이루어질 수 있는 물꼬를 터 주어야 한다. 이것은 '말'과 '일' 모두의 차원에서 이루어져야 할 일이다. 정부 요직에 합당한 최적임자를 앉히는 인사 결정도 하나의 중요한 소통 행위가 될 것이다.

우리 정치에 요구되는 이상적 소통의 리더십을 세우기 위한 모색은 여러 가지가 있을 수 있겠지만, 여기서는 일단 우리의 지난 역사 속에서 그 전범을 찾아 제시하고 비판적 검토를 덧붙임으로써, 사이-존재인 인간들이 불통 없이 사이좋게 모여 잘 어울려 살 수 있도록 돕고 이끄는 '사이-소통의 리더십' 연구로 나아가는 첫걸음으로 삼고 장차 커뮤니케이션학(communication science)을 넘어선 우리들의 '글로벌 소통학' 정립에 일조하는 계기를 만들고자 한다. 또한 현실 정치 및 다양한 층위와 분야에서의 리더십 운용에 활용되기를 바라는 것은 물론이다.

앞서 살펴본 불통의 리더십과는 정반대되는 활기찬 소통의 리더십으로 나라를 이끌었던 역사 속 지도자로는 누가 있을까? 숙의형 정치의 모범을 보여준 세종대왕(世宗大王, 1397~1450)도 있겠지만, 필자는 그보다 정조(正祖, 1752~1800) 임금을 주목하고자 한다. 세종대왕에 비해, 극히 불안정한 정국과 치열한 정쟁 상황이라는 악조건 속에서 힘겹게 왕위에 오르고 나라를 다스려야 했던 것이 정조이고, '탕평(蕩平)'이라는 분명한 정치의 철학적 목표와 원리를 가지고 정치에 임한 것이 정조이기에, 현재의 우리에게 시사하는 바가 더 풍부하다고 여기기 때문이다.

정조는 당파적 이해를 넘어서 넓은 마음으로 여러 진영을 고루 헤아리고 초당파적으로 인재를 등용하는 인사정책을 단행했을 뿐 아니라, 각 붕당의 회색분자나 얌전한 중립분자보다 자기 진영이나 자신의 논리를 엄격히 세워 합리적인 주장을 펴고 도덕적으로 엄준한 태도를 견지하는 선명주의자들[峻論]이 주도하는 정치문화를 장려했다. 즉, 막힘없는 의견의 개진과 토론을 좋은 정치와 국가 발전의 핵심 동력으로 삼은 것이며, 국가의 정신적 혈맥을 뚫어주는 일이라고 여긴 것이다. 게다가 정조는 신분과 지역을 차별하지 않는 대탕평 인사를 단행하고, 100회가 넘는 잦은 궁궐 밖 행차를 통해 적극적 대민접촉을 꾀하는 등 적극적 소통과 화합의 정치를 시행하였다. 그와 같이 정치적, 사회적, 학문적 소통을 극대화하면서 다양성을 회통한 것은 세종 대 이후 전례 없는 획기적인 성과였다. 정조의 탕평정치는 한마디로 대단히 수준 높은 소통 리더십의 열매였다. 이제 정조가 보여준 소통의 지혜에 대해 더 상세히 들여다보도록 하자.

제 2 절 정조의 탕평 소통 리더십 돌아보기

1 정조가 탕평으로 간 까닭은…

조선(朝鮮)이 지향한 정치는 백성의 공공복리를 최대화하려는 위민(爲民)의 정치였으며, 봉공멸사(奉公滅私)를 귀히 여기는 소통과 공감 중심의 정치였다. 따라서 조선의 왕은 전제적 군주, 곧 독점적 소유의 지배자라기보다는 천리(天理)[5]적 공공성의 실현이라는 천명(天命) 수행을 책임지는 최고 역할자로 여겨졌고, 이 때문에 공론(公論)의 형성과 준수는 조선 군주의 가장 중요한 임무였다. 왕을 위한 학술 세미나 격인 경연(經筵)은 군주를 공공성의 주권자로 만들기 위한 상징적이면서도 실효적인 계몽 수단이었다. 따라서 조선의 정치는 군주의 독단이 아닌 공론의 작동이라는 형식으로 전개되는 방식이었으며, 정도전(鄭道傳, 1342~1398)에 의해 조선 초 의정부서사제(議政府署事制)와 재상우월적 군신공치의 초석이 마련된 이래, 태종(太宗, 1367~1422) 임금 시절 언관(言官)제도, 경연제도, 직소(直訴)제도가 확립되고, 사림(士林)의 조정 진출 이후로는 조정 밖의 '산림정치'와 조정 안의 '붕당정치'라는 이중적 구조가 정착되면서 조선 특유의 공론정치 기반이 만들어졌다.

조선의 공론정치는 공론을 중시하는 정치 내지는 공론화 과정을 통한 신중한 정책 결정을 의미하는데, 보다 자세히 말하자면 국가의 원기(元氣)인 공정한 다수의 의견을 따르는 정치, 지식인 관료와 유생들로 이루어진 통칭 양반들이 형성한 공론이 국왕과 언관을 주축으로 하여 조정에서 공식적이고도 공개적으로 소통되는

5) 주자학적 관점을 본령으로 삼는 우주적 섭리로서의 도덕질서를 말한다.

정치를 말한다.[6] 공론정치는 일찍이 성리학의 집대성자인 주자(朱子, 1130~1200)에 의해서도 주창된 것이었다.

> 군왕은 비록 명령을 제정하는 것을 직분으로 삼는 것이나, 반드시 대신과 함께 논의하고 간관의 의견을 참고해야 한다. 그들로 하여금 충분히 논의하게 하여 공론의 소재를 구한 다음에 왕정(王庭)에 게시하고 밝게 명령을 내려 공개적으로 시행해야 한다. 이로써 조정이 존엄해지고 명령이 상세히 살펴지게 되는 것이다. 蓋君雖以制命爲職, 然必謀之大臣, 參之給舍, 使之熟議, 以求公議之所在, 然後揚于王庭, 明出命令而公行之. 是以朝廷尊嚴命令詳審. (『朱熹集』 14-15, 「經筵留身面陳四事箚子」)

특히, 청요직(淸要職)이라 불린 언관들이 공론정치에서 차지하는 비중은 매우 컸다. 공론 내지 공론정치의 핵심 기관은 사간원(司諫院)과 사헌부(司憲府), 즉 대간(臺諫)이었다. 국왕과 재상이 잠시라도 공적인 태도를 상실하지 않도록 감시하고 비판하는 일이 대간의 책무였다. 언관의 논박과 탄핵을 통해 정치적 부패와 권력남용을 견제하고, 정쟁의 예방적 효과를 가져 오는 것이 조선 공론정치의 핵심이었다.[7] 따라서 조선의 언관들은 자신들을 공론의 근원이라 자임하였다. 정도전도 언관의 정치적 비중을 재상과 대등한 차원으로 설정했다.

> 간관은 재상과 대등하다. …… 예를 들어, 천하의 득실과 생민의 이해와 사직의 대계에 있어서 오직 듣고 보는 대로 간섭하고 일정한 직책에 매이지 않는 것은, 홀로 재상만이 행할 수 있으며 간관만이 말할 수 있을 뿐이니, 간관이 지위는 비록 낮을 지라도 그 직무는 재상과 대등하다. 諫官與宰相等. …… 若天下之得失, 生民之利害, 社稷之大計, 惟所見聞而不繫職司者, 獨宰相可行之, 諫官可言之爾, 諫官雖卑, 與宰相等. (『三峰集』 卷10, 「經濟文鑑」 下, '諫官')

---

6) 이현출, 「사림 정치기의 공론 정치 전통과 현대적 함의」, 『한국정치학회보』, 제36집 제3호, 한국정치학회, 2002, p. 131; 박현모, 「조선왕조의 장기 지속성 요인 연구 1: 공론 정치를 중심으로」, 『한국학보』, 제30집 제1호, 일지사, 2004, p. 44 참조.

7) 박현모, 「정치운영방식, 연속성과 변화」, 강광식 외, 『한국정치사상사 문헌자료 연구(Ⅱ)』, 한국학중앙연구원, 2005, pp. 221-222 참조.

여론의 경청과 민의의 수렴, 회의의 활성화와 언관의 간쟁 등 진지한 숙의와 치밀한 검증을 적극적으로 활용한 공론존중정치를 통해 조선은 정치의 시행착오를 최소화하고 정책결정의 정당성을 획득하고자 했다. 함께 모여 토론하고 지혜를 모으는 것이 공공성을 확인하고 실현하는 최선의 길이라는 공통된 인식을 가지고 있었던 것이다. 공론은 한마디로 군주조차도 복종해야 하는 공의(公義)를 담은 공개적이고 공정한 논의였다. 그것은 당시로서는 천리와 일치한다고 여겨지는 공공 의견(public opinion)이나 담론(discourse)이었으며, 여론(general opinion)이나 중론(mass opinion)이 따를 수밖에 없는 보편적 진리로 간주되었다.8) 요즘으로 치자면 국민의 대표 의사(意思)이자 정의로운 공적 의견에 해당한다고 할 수 있다. 때문에 이이(李珥, 1536~1584)도 공론과 관련하여 다음과 같은 발언을 했던 것이다.

> 인심(人心)이 함께 동조하는 것을 공론이라 하며, 공론의 소재를 국시(國是)라고 합니다. 국시란 한 사람이 꾀하지 않고 다 함께 옳다 하는 것입니다. 이익으로 유혹하는 것도 아니고, 위세로 두렵게 하는 것도 아니면서 삼척동자도 또한 그것이 옳음을 아는 것이 국시입니다. 人心之所同然者, 謂之公論, 公論之所在, 謂之國是. 國是者, 一國之人, 不謀而同是者也. 非誘以利, 非怵以威, 而三尺童子, 亦知其是者, 此乃國是也. (『栗谷全書』 卷7, 「疏箚」 5. '辭大司諫兼陳洗滌東西疏')

여론과 민의를 중시하고 심의적 토론에 의거하는 조선의 공론정치는 당시에 군주의 전제적 통치를 견제할 수 있는 효과적 방식이었을 뿐 아니라, 오늘날의 시각으로 보자면 일정 부분 합리적 심의민주주의나 공론장 활동의 성격을 갖는 한층 진일보한 세련된 소통의 정치였던 것이다. 조선의 공론정치는 사림의 조정 약진 속에서 꽃을 피우고 본격화된다. 그리고 선조(宣祖) 대에 사림들의 붕당이 생겨나면

---

8) public opinion은 합리성의 담지나 합리적 의사 결정 과정을 전제로 한 견해와 논의로서 성리학적 차원에서는 정치체의 구성원들이 표출해내는 리(理)에 부합하는 공통 의견 또는 합리적 의지라 할 수 있고, general opinion이나 mass opinion은 합리적인 의사결정 과정을 거치지 않은 상태의 다수 사회적 구성원들이 정서적으로 공감하는 의견이라 할 수 있다. 이승환은 당시의 '공론'이란 '정치체에서의 옳음'(國是)과 동일한 개념이었으며, 그 여부는 '정치체의 절대다수가 내리는 합리적 판단'에 달려 있었다고 정리하기도 한다. 이승환, 「동양에서 '공적 합리성'의 특성과 근대적 변용-성리학적 공론관을 통해 본 '진리의 정치'와 '관용의 정치'」, 『철학연구』, 제29집, 고려대학교 철학연구소, 2005, pp. 13-14 참조.

서 공론정치는 붕당이 주도하게 된다.[9] 하지만, 공론정치를 활성화시키는 측면이 있기도 했던 붕당정치는 아이러니하게도 오히려 조선의 장점인 공론정치를 왜곡하고 파탄에 빠뜨리게 된다.

동서(東西) 붕당에서 노론(老論), 소론(少論), 남인(南人), 북인(北人)의 사색 붕당으로의 분화를 거치며 여러 붕당들이 특정 사건과 정책에 대한 해석 차이를 드러내고, 공론의 이름으로 논쟁을 거듭하는 과정에서 붕당 간 대립과 경쟁이 과열 양상을 보이면서, 붕당정치가 자정된 합당한 공론을 형성하는 정치적 덕성을 보여주기보다는 편 가르기와 세력화의 나락에 떨어졌기 때문이다. 같은 편이면 무조건 편들고 반대편이면 무조건 공격하며, 책임이 따르는 일은 서로 회피하는 국면이 일상화되어 갔으며, 마침내 '당론'이 '공론'보다 우위에 서는 지경에 이르고 말았다.

붕당들의 피 튀기는 당쟁 속에서 거론되는 공론은 전혀 공적이지 않게 되었으며, 사적 이익에 함몰된 당론은 자신들의 붕당만을 군자당이라 자처하고 대립하는 상대 붕당은 소인당으로 매도하는 데 쓰일 뿐이었으며, 백성의 존재는 도외시되고 민생의 공공복리는 설 자리가 없었다. 더구나 형이상학적 진리와 연결되는 성리학적 공론의 구조상 한 번 진리를 자처하고 세운 당론을 수정하고 포기하는 것은 매우 어려운 일이었다. 봉건국가의 유일한 주권자이자 조선 공론정치의 최종 실현주체인 왕의 권력도 날이 갈수록 약화되어 가던 상황에서는 그런 사정을 시정할 방법도 딱히 없었다. 그렇게 조선은 공론정치의 와해 속에서 점차 심각한 소통 장애 국가가 되어 갔고, 공공성의 완전한 실현이란 조선의 목표는 절대 이룰 수 없는 꿈처럼 멀어져 갔다.

이후 두 차례의 왜란과 호란을 겪으면서도 조선은 망국적 수준의 당쟁을 철회하지 못했다. 붕당 대결은 극렬한 예송논쟁과 숙청의 대장정으로 이어진 끝에, 정치적으로는 노론의 독재적 조정 장악으로 귀결되었다. 숙종(肅宗, 1661~1720) 말

9) 조선의 붕당성립기는 보통 1575년 전후 이황(李滉, 1501~1571)·조식(曺植, 1501~1572)·서경덕(徐敬德, 1489~1546) 학파의 신진관료들이 연합하여 동인당을 결성하면서 시작된다. 당시 서인은 훈구대신들의 모임을 겨냥한 이름이었으며, 학파적 바탕이 없어 붕당이라 하기엔 힘들었고, 율곡 이이가 사망한 1584년을 전후하여 이이·성혼(成渾, 1535~1598) 학파가 합류하면서 비로소 붕당의 면모를 갖추게 되었다. 학술·문화적 차원에서 보자면 16세기 이후 지방문화의 수준이 향상되어 성리학파가 형성된 것이 붕당 성립의 기반이 되었다. 이성무, 『조선시대 당쟁사(1)』, 동방미디어, 2000, pp. 80, 111−120 참조.

기와 영조(英祖, 1694~1776) 재위 전반기에 일당적 지배체제를 구축하는 데 성공한 노론은 "군자에게도 붕당이 있다"는 성리학적 붕당관을 견지[10]하고 있었는데, 오직 노론만이 군자당이고 나머지는 모두 소인당이라는 배타적인 이분법을 당론으로 가지고 있었으며, 유교적 모범을 행사하지 못한 국왕에 대해서는 능히 반정(反正)할 수 있다는 논리를 앞세워 군주의 입지를 상당히 제약하고 있었다.

숙종조에 활약한 박세채(朴世采, 1631~1695)는 이와 같은 군신관계의 위기와 공론정치의 와해 속에서 붕당정치가 갖는 문제점과 노론만이 군자당이라는 독단적 주장을 비판한 선구적 탕평론자였다.[11] 박세채는 신하가 주도하는 정국을 군주가 주도하는 정국으로 바꾸어야 붕당 간의 소모적 대립과 외척집단의 음모정치, 그리고 노론의 경직된 이념적 배타성 등 당시에 산적한 정치 문제들을 해결할 수 있다고 보았다. 그는 모든 당파 내에서 권세를 추구하는 간신들을 제거하고 나라를 위하는 인재들을 함께 쓰는 인사탕평책을 실시할 것을 촉구했으며, 붕당들을 시비론보다는 우열론에 입각해 다루어야 한다고 주장했다. 옳고 그름을 따지는 시비론은 반대당을 모조리 제거하는 배타적 근거로 쓰이는 위험이 따르므로, 인물별로 누구는 우수하고, 누구는 열등한가를 가려 인재를 골라 쓰는 것이 현실적으로 올바른 정치라고 본 것이다.

그러나 박세채의 탕평론은 당시 사색 붕당의 대립의 골이 너무 깊었던 현실 탓에 큰 영향력을 발휘하지 못했고, 숙종은 조정의 주도 붕당을 번갈아 교체하며 일진일퇴의 일당독재를 허락하는 환국(換局)정치로 신권을 견제하는 방법을 선택하였다. "그런데 숙종의 물갈이식 정국변동은 오히려 붕당 간의 대립을 과열시켰으며, 각 붕당원이 자신의 생존과 가문의 존립을 위해서라도 당론을 충실히 고수할 수밖에 없는 상황"[12]을 만들고 말았다. 군왕에 의한 잦은 극단적 정권교체가 붕당

10) 붕당 간의 과도한 정쟁에 지친 영조가 신하들에게 군주를 한 붕당의 당수 정도로 취급하는 것이냐고 질책할 때 노론 신하들은 되려 "군주를 군자의 당으로 끌어들이라는 것은 주자의 가르침[引君爲黨說]"이라고 되받을 정도였다. 박광용, 『영조와 정조의 나라』, 푸른역사, 1998, p. 87 참조.

11) 사실 탕평론의 보다 더 이른 사고 기원은 율곡의 조제보합론(調劑保合論)이라고 볼 수도 있다. 율곡은 일찍이 최초의 동서 분당으로 사림이 갈등을 겪었을 때, 분쟁 사안이 국가 안위에 관계되는 것이 아니라면 서로 감싸고 화합할 것과 당파를 초월해 능력 있는 군자들을 섞어 쓸 것을 주장하였다. 실제로 조선 붕당의 발생과 분쟁에 대해 기록하고 편견 없는 중정(中正)의 황극(皇極)을 세워 붕당을 혁파하고자 하는 뜻을 담은 『황극편(皇極編)』의 서문에서 정조는 탕평의 대의를 설명할 때 이이와 영조의 뜻과 업적을 함께 언급하고 있다.

들에게 상시적 불안감을 심어주었고, 그로 인해 붕당들이 공공성을 상실한 자파 이기주의와 음모적 성향을 강화하도록 부추긴 셈이다.

영조와 정조의 탕평책(蕩平策)은 이런 배경 속에서 등장한 것이었다. 영조는 일찍이 "군자와 소인의 구별은 논할 것도 없고, 붕당이 나라를 망칠 것[君子小人, 固勿論, 朋黨之亡人國]"[13]이라는 위기의식을 깊이 가지고 있었다. 영조는 즉위 초부터 탕평을 표방하였고, 영조 17년에는 각 붕당의 전위조직처럼 되어 있던 이조전랑(吏曹銓郞)의 통청(通淸)권을 혁파하여 권한을 약화시켰다. 영조 시대의 탕평을 지지한 세력은 온건파인 완론(緩論)이었다. 영조는 군주의 뜻을 먼저 헤아려 자신의 정치 원칙과 조화시키는 온건한 인재들을 주축으로 탕평정치를 운영했다. 영조 후반기에 이르면 이들을 중심으로 소위 '탕평당'이라고 부르는 정파가 형성되며, 영조 즉위 초부터 탕평을 적극 지원한 소론과 노론의 온건파들도 대체로 탕평파에 속한다.[14] 영조 후반의 탕평당은 왕실 외척이 중심이 되었으며, 이들은 대체로 영조의 탕평정치를 지지해 군주권을 강화하고 사대부 정치의 폐단을 비판하는 정치 노선을 견지했다. 또한 정치이념과 원칙인 의리가 아니라 실무능력을 앞세워 출세한 관료출신이라는 점도 그들의 특징이다. 그런데 군주인 영조와 특별한 관계를 가진 인물들과 그들의 친인척 및 친우들로 구성된 탕평당은 탕평정치 이후 새로운 특권 문벌로 성장하기도 하였다.

각 붕당의 온건파(완론)에게 권력을 주어 탕평정치를 출발시킨 영조는, 당파에 관계없이 실무에 밝은 사람을 골라 추천하되 추천하는 이들을 반드시 당파별로 안배해서 올리게 하고, 다른 당파의 인물들이 서로 한 조를 이루어 업무를 관장하도록 하는 인사원칙, 이른바 호대쌍거론(互對雙擧論)에 따라 관료를 선발했다. 가령,

---

12) 박현모, 『정치가 정조』, 푸른역사, 2001, p. 110.

13) 『英祖實錄』, 7년 11월 12일.

14) 영정조 연간에는 노론, 소론, 남인, 북인이라는 4색 붕당의 호칭을 군주 앞에서 먼저 말하거나 상소문에서 언급하는 것이 법으로 금지되어 있었기에, 4색 붕당의 명칭 대신 각 붕당 안에서의 견해차를 의미하는 완론, 준론(峻論), 탁론(濁論)·탁류(濁流), 청론(淸論)·청류(淸流), 시론(時論)·시파(時派), 벽론(辟論)·벽파(辟派)와 같은 호칭들이 사용되었다. 전반적으로 행동이 온건하고 부드럽다는 뜻인 완론, 더러운 세상도 받아들인다는 뜻인 탁론, 시류에 그대로 따른다는 뜻인 시론이 대체로 탕평파에 속했고, 행동이 준엄하고 과격하다는 뜻인 준론, 사대부 공론에 따라 맑고 투명한 견해를 지킨다는 뜻인 청론, 시류에 따르기를 거부한다는 뜻인 벽론이 대체로 탕평을 추진하는 군주의 뜻을 거역하고 자신의 견해를 고집한 반대파에 속했다. 박광용, 『영조와 정조의 나라』, pp. 153-154 참조.

각조의 인사에서 판서와 참판, 참의 직에 각각 노론과 소론, 남인을 한 명씩 고르게 임명하는 것이다. 즉, 정국운영의 규칙은 유연화하고 그 과정에서 다양한 파당을 참여시킴으로써 붕당 간 공조체제를 구축하려 한 것이다. 단, 각 당의 강경파는 등용하지 않았다. 아마 이것을 오늘날의 연정(聯政)이나 거국내각과 비교하여 이해해 볼 수도 있을 것이다.

영조는 붕당을 타파하기 위해선 붕당을 기지로 삼은 정치세력부터 와해시켜야 한다고 믿었으므로, 각 당파가 중시하는 정치원칙은 모두 임의적인 당론에 불과하다고 치부했다. 따라서 각 붕당에서 시비판별에 사활을 걸었던 청요직 시비, 예송(禮訟)논쟁과 같은 복제 시비, 송시열(宋時烈, 1607~1689)과 윤증(尹拯, 1629~1714)의 시비와 같은 사대부의 여론과 공론에 대한 논쟁들을 모두 배척하는 경향을 보였다. 물론, 영조가 공론 자체를 부정한 것은 아니다. 영조는 당색이 조장한 여론이 공론을 자임하며 다투는 것에 거부감을 가지고 있었고, 그것의 실체는 대부분 당론에 불과한 것임을 간파하고 있었다. 영조는 당파를 넘어선 여론이야말로 공론이라고 인정하였다. 영조는 철저히 공공성과 공론을 중립지대에서 창출하려 한 것이라 볼 수 있다. 하지만, 다수 의견이라고 해서 곧 합리적이고 타당한 공론일 수는 없는 것처럼 회색분자의 의견이나 회색론 역시 공론이 되리란 보장은 없는 것이다. 오히려 어정쩡한 절충론은 정의에 비켜 서 있을 경우가 더 많다고 할 수 있으며, 실제로 영조의 탕평책은 공론정치와 공공성 회복에 그다지 성공적이지 못했다.

이에 비해, 정조는 영조의 탕평이 다분히 기계적인 조합에 그치는 경향이 있어 세도(世道)를 확립하기 어려운 미봉적인 것이라는 시각을 가지고 있었고, 따라서 자신만의 다른 원칙을 적용한 탕평정치를 구사한다. 정조는 즉위하자마자 이제껏 제대로 인정받지 못한 각 당파의 준론(峻論), 곧 선명강경파를 기용하여 참된 탕평을 성공시키겠다고 선언했다. 정조는 당파를 가리지 않고 '청명한 견해를 고집하며, 준엄한 정치원칙을 지키는 인물[執淸議, 持峻論者]'에게 권력을 주어 정국을 주도하게 하는 것을 탕평의 기조로 삼았다. 붕당 간의 '의리'와 '인재'를 혼합조제(混合調劑)하는 정조의 탕평은, 특히 정치에서 정당성을 중시하는 것으로서 '의리탕평(義理蕩平)' 또는 '준론탕평(峻論蕩平)'이라 불리며, 영조 대의 '완론탕평(緩論蕩平)'과 변별된다. 이것이야말로 논쟁을 회피하지 않고 활성화하는 진정한 의미의 '의견의 정치'에 해당한다고 할 것이다. 또한 의리와 준론을 탕평의 기조로 삼는 데에서 정조의 탕평은 단순한 관료 인사정책에 그치지 않고, 정치적 · 철학적 논의 운영을 아우르는 대동(大同)의 왕정운영론 내지는 왕정통치술의 지평에 올라서게 되는 것이다.

> 만약 단지 탕평 두 글자만 쓴다면 혼돈스럽게 될 염려가 없지 않다. 충신과 역적의 구분에 있어서도 이쪽이 곧고 저쪽은 굽은 것과 저쪽이 손님이고 이쪽은 주인인 구별을 분명하게 말하지 않을 수 없다. …… 탕평은 의리에 방해되지 않고 의리는 탕평에 방해되지 않은 다음에야 바야흐로 탕탕평평의 큰 의리라 할 수 있다. 지금 내가 한 말은 곧 의리의 탕평이지 혼돈의 탕평이 아니다. 若只書蕩平二字, 不無混淪之嫌. 至於忠逆之分, 不可不明言, 此直彼枉, 彼客此主之別矣. …… 蕩平不害於義理, 義理不害於蕩平, 然後方可謂蕩蕩平平之大義理. 今予所言, 卽義理之蕩平, 非混淪之蕩平也. (『正祖實錄』, 즉위년 5월 16일)

당대에 함께 견줄 만한 학자가 없을 정도로 탁월한 철학자이기도 했던 정조로서는 교조화된 주자학적 경학이 현실을 정복하고, 그러한 경학의 힘을 빌려 신하들이 군주를 억압하려 하는 상황을 허락할 수 없었다. 정조는 성리학자들이 존숭하는 「대학장구(大學章句)」에 있는 주자의 해석을 앞세워, 정치 · 교화의 주체인 이상적 군주상으로서의 '군사(君師)'를 당당히 자부했다. 이러한 자임의 배후에는 또한 도통(道統)과 왕통(王統)을 일치시키는 군주도통론(君主道統論)적 사유가 있었다. 즉, 이것은 도를 전할 자격과 책임이 군주에게 있다는 주장으로, 조선 사대부들의 이상인 '군신공치(君臣共治)' 체제를 탐탁지 않아 하는 군주 일인의 중앙집권적 지배 체제에 대한 구상의 산물이다. 정조는 군주 자신의 학문적 역량이 월등하였기에, 보통의 조선 왕들의 경우처럼 신하들이 도덕적 · 학문적 책임을 앞세워 군주를 견제하는 것이 아니라, 군주가 신하들에게 강하게 수신을 요구하며 견책하는 상황이었다. 왕권을 강화하는 동시에 강화된 왕권을 중심으로 다원적 공공성을 추구하는 정조의 원융(圓融)적 준론탕평, 비상한 소통의 리더십은 이런 맥락에서 등장한 것이다.

2 의견의 정치로 생산적 소통을 극대화하다[峻論蕩平]

정조는 침전에 '탕탕평평실(蕩蕩平平室)'이라고 적힌 편액을 걸어놓고 조석으로 보며 자신의 정치기조로 삼았다. 이 말의 출처는 『서경(書經)』「홍범(洪範)」의 "편벽됨이 없고 붕당을 이룸이 없으면 왕의 도가 광대[蕩蕩]해지며, 붕당을 이룸이 없고 편벽됨이 없으면 왕의 도가 순탄[平平]해지며, 도리에 위배됨이 없고 균형을 상실함이 없으면 왕의 도가 올바르게 된다[正直][無偏無黨, 王道蕩蕩. 無黨無偏, 王道平平. 無反無側, 王道正直]."는 구절이다. 언뜻 보면 '탕탕평평지도(蕩蕩平平之道)'의 내용이 화합과 공정무사의 원리 및 태도에 그치는 것으로 흔히 오해될 수 있겠지만, 실은 탕평이 『서경』「홍범」에서 강력한 제왕권을 구축하는 '황극지치(皇極之治)'의 이상적 방법으로 제시된 것임을 기억할 필요가 있다. 이때 '황극'에서 '황'은 임금이며, '극'은 치세의 법도이자 정치의 목표와 표준이다. 따라서 황극은 임금이 극을 세우는 것, 임금 주도로 세워진 확고부동한 치세의 목표와 법도를 의미한다.

앞서 살폈듯이 16세기 이래 유교 공론정치의 순기능을 담당해 왔던 붕당정치가 세월을 지속하는 과정에서 과열된 정치투쟁으로 변질되고 국정의 혼란과 왕권의 약화라는 극단으로 치닫자, 대화합과 안정의 필요에 의해 왕권 주도의 탕평책이 절실해진 것이었다. 정조는 자신의 정치적 목표를 공공연히 '탕평의 정치' 또는 '성왕(聖王)의 정치'라 표방했다. 나라 안의 대립과 다툼을 화동(和同)시키고 국왕을 중심으로 질서를 바로잡으며, 각종 시비의 판명자이자 정치세력의 중재자로서 국왕의 위상을 바로 세우는 정치를 구현하고자 한 것이다. 일차적으로 탕평은 국왕 중심의 국론 통일과 붕당 간 협력을 추진하기 위한 조화적인 인사정책을 근간으로 한다. 당시 사대부들의 정치적 의견과 학문적 견해는 그들이 속한 붕당의 당론에 거의 전적으로 지배를 받는 상황이었기 때문에 탕평은 붕당 및 계파를 의식한 인사정책에서부터 시작하지 않을 수 없었다.

정조는 즉위년 9월 다음과 같은 탕평윤음을 발표한다.

> 아! 탕평이란 곧 편당(偏黨)을 버리고 남과 나를 구분하지 않는 이름인데, ... 위에서 본다면 다 같은 한 집안의 사람들[一室之人]이고 동포인 자들이다.

착한 사람은 상을 주고 죄지은 자는 벌을 주는 것에 어찌 좋아하고 미워하는 구별이 있겠는가? …… 옛날 제갈량(諸葛亮)은 "궁중(宮中)과 부중(府中)이 모두 일체가 되어야 한다."고 말하였다. 하물며 한 하늘 아래 한 나라 안에서 함께한 사람을 높이며 같이한 임금을 섬기는 자들의 경우는 더욱 그렇지 아니한가? …… 지금 이후로 무릇 나를 섬기는 조정 신하는 노론 소론 말할 것 없이 모두 대도(大道)에 나오도록 하라. …… 오직 그 인물을 보아 어진 자는 등용하고 불초한 자는 버릴 것이다. 噫! 蕩平卽祛偏黨, 無物我之名, …… 自上視之, 均是一室之人同胞中物. 善則賞之, 罪則罰之, 有何愛憎之別? …… 昔諸葛亮猶曰: '宮中府中, 俱爲一體.' 況一天之下, 一國之內, 共尊一人, 同事一君者乎? …… 從今以後, 凡玆事我廷臣, 無曰老論少論, 偕底大道. …… 惟其人是視, 用賢而捨不肖. (『正祖實錄』, 즉위년 9월 22일)

이 윤음에서 정조는 탕평이란 편당을 제거하고 남과 나를 삿되게 구분하지 않는 것이라 규정하고 있는데, 왕도정치의 핵심이 불편부당한 '공정성'에 있음을 강조한 셈이다. 즉, 군주의 입장에서 보면 모든 신민이 한 가족 한 동포이므로 갈등이나 분쟁 국면에서 어느 쪽도 특별히 편들지 않은 채 대도(大道)의 차원에서 공정하게 시비를 가리고 중재하겠다는 뜻을 표명한 것이다. 그리고 그것을 임금의 역할이라 자임하고 있는 것이다. 또 그는 분열과 대결의 정치를 종식하고 임금을 중심으로 궁중과 관청이 일체가 되어서 서로 협력하고 공효를 거두는 것을 국정의 당면 과제로 보았다.

나아가 정조는 "오직 그 인물을 보아 어진 이를 등용하고 불초한 이를 버릴 것"을 인사기준으로 내세운다. 즉, 그가 속한 문벌이나 당파가 아닌 그가 지닌 능력에 따른 인재 중용을 천명한 것이다. 정리컨대, 탕평은 정조에게 작게는 공정하고 공평한 인사와 상벌이 행해지는 정치, 크게는 군주를 중심으로 모든 신민이 대일통(大一統)되는 대동(大同) 사회의 이상을 실현하기 위한 방책이자 방법론이었던 것이다. 또한 탕평은 각 붕당과 천하의 인재를 두루 함께 쓰고 각 붕당의 의리를 보다 높은 차원에서 종합하는 원융회통의 공공정치술이었다고도 할 수 있다.

정조는 실제로 지역 간 소통과 계층 간 소통을 극대화하기 위한 여러 정책을 실시했다. 먼저, 정조는 소외되고 배제된 지방의 인재가 등용될 수 있는 길을 열어 출신 성분과 지역을 가리지 않고 최대한 고르게 사람을 씀으로써[立賢無方] 정치적 주체를 확대하였다. 18세기의 조선은 정치권력과 부가 한양으로 과잉 집중되면서 수도와 지방 간의 정치·경제·문화적 격차가 심화되고 있었고, 황해도, 평안도, 함경도는 물론이요, 영호남 출신들의 관직 진출이 제한 받는 실정이었다. 이에 문제의식을 느낀 정조는 지방 유생을 대상으로 하는 빈흥과(賓興科)를 전국적으로 실시하였을 뿐 아니라 그 결과를 각종 빈흥록(賓興錄)으로 편찬해 남겼으며, 지방 유생들과의 접촉을 넓히면서 그들로부터 현지 정세와 여론을 적극 경청하였다.[15]

또한 정조는 왕의 행차 공간을 백성과의 소통 장소로 만들어 전례 없는 자유로운 의견 표출의 장을 창출하기도 하였다. 정조는 재위 기간 동안 능행(陵行)만도 총 66회를 다니는 등 크고 작은 거둥을 활용해 백성들을 불러 모아 볼거리와 함께 적극적인 상언(上言) 및 격쟁(擊錚) 기회를 제공하였으며, 그 상언과 격쟁의 신분 대상과 내용에 있어서도 제한을 두지 않는 대범한 경청 자세를 보였다.[16] 왕릉 참배인 능행을 비롯한 정조의 궁성 밖 행차의 총 횟수는 100회를 상회했다. 그는 재위 3년째에 상언과 격쟁의 제도에 딸린 모든 신분적 차별의 단서들을 철폐하여 누구든 억울한 일이라면 무엇이든지 가리지 않고 왕에게 직접 호소할 수 있도록 하고 능행 중에 그것들을 수시로 접수하였다. 『일성록(日省錄)』과 실록에 실린 상언·격쟁의 건수만도 5,000건을 넘는다. 또한 재위 13년째인 1789년에 아버지 장헌세자의 능을 수원으로 옮긴 뒤로는 능행의 범위가 한강 남쪽으로 크게 확대되었다.

어쨌거나 정조가 준론탕평을 펼쳤던 주된 이유는, 가깝게는 각 붕당의 명분과 개인의 명예를 회복하고 존중해 줄 때 비로소 사대부들의 국정 참여가 가능해지고 참된 통합의 정치도 이룩될 수 있다고 보았기 때문이다. 당시에는 거듭된 당쟁과 환국정치의 여파로 죄인으로 몰려 정치 일선에서 배제되고 처벌된 각 당파의 영수들과 후손들이 매우 많았기에, 다양한 인재들을 공적 영역으로 흡수할 수 있는 명분이 필요했다. 그러나 결국 근본적으로는, 정당한 권력의 창출은 도구적이고 기계적인 인력의 조합과 배열이나 실용적 임기응변에서 비롯되는 것이 아니라, '정의와 상식'(의리)에서 비롯되는 것이라는 정조의 통찰에 기인하는 것으로 보는 것이 합당하다.

---

15) 김문식, 『정조의 제왕학』, 태학사, 2007, pp. 263-269 참조.
16) 한상권, 「정조의 군주론과 왕정」, 김인걸 외, 『정조와 정조시대』, 서울대학교출판문화원, 2011, pp. 152-156 참조.

따라서 정조는 노론 청명당, 소론 준론, 남인 청론 세 정파[17]를 우대하여 척신당을 제압하고, 날선 긴장감 속에서도 재위기간 내내 그들과 절묘한 정치적 파트너십을 형성하였다. 특히, 여러 가지 차원에서 정치적 숙적일 수밖에 없었던 노론, 특히 노론 벽파 중에서도 의리가 철저하고 정밀한 인물이라면 오래도록 중용하였으며, 의리를 가리기 위한 그 누구와의 공적 토론도 마다하지 않았다. 정조는 그처럼 한 국가의 최고 지도자로서 이질적인 사람들을 최대한 많이 포용하고 나라를 위해 그들의 능력을 쓰게 하면서도 가능한 한 최대의 시너지 효과를 발생시키는 희대의 지혜를 발휘하였다.

> 이익을 따르고 권세에 빌붙어 아침저녁으로 바뀌고 변하는 자들인 소인들은 당이라 부르기에 부족하다. 오직 군자만이 도가 쇠잔해지는 시기에 비록 갖은 위험을 겪고 반평생을 힘들게 살더라도 끝까지 안면을 바꾸거나 뜻한 바를 바꾸려하지 않으니 이런 이들이라야 비로소 당이라 할 만하다. 小人之逐臭蝨附, 朝夕變化者, 不足謂之黨. 唯君子道消之時, 雖備經危險, 半世轗軻, 而終不肯爲換面改步計者, 方可謂之黨矣. (『弘齋全書』 卷172, 「日得錄」 12, ‘人物’ 2)

정조의 준론탕평을 뒷받침하는 중요한 정치운영방식으로는 ‘이열치열(以熱治熱)’의 대국(對局)정치와 ‘대승기탕(大承氣湯)’의 인사 원리를 꼽을 수 있다. 먼저, 이열치열의 대국정치란 숙종의 ‘이수치열(以水治熱)’식 환국정치에 대응하는 전법이다. 주지하듯 숙종은 한 당파의 반역을 다른 당파의 충성과 대비시켜 반역자가 나온 당파 전원을 숙청하고 상대 당파에게 전권을 주는 물갈이 방식을 선호했다. 그에 비해, 정조의 이열치열식 통치방식은 한 당파에서 반역자가 나오면 그를 반대 당파의 반역자와 대비시켜 다스리고, 한 당파에서 충신이 나오면 또 반대 당파의 충신과 대비시켜 표창하는 국면대칭[對局]적 방식을 취한다.[18]

---

17) 이들은 대체로 의리와 명절(名節)을 숭상하고 붕당의 타파를 병행하는 탕평을 주장한 강경 탕평파에 속한다.

18) 박광용, 앞의 책, pp. 317-318 참조. 정조 자신이 숙종의 정치 전략을 ‘이수치열’이라 일컬으며 위험하다 평가하고, 그에 비해 자신의 정치 전략은 더욱 효과적인 ‘이열치열’의 대국방식이라고 자처한 바 있다. 『正祖實錄』, 17년 4월 16일과 동년 5월 7일 기사 참조.

일찍이 숙종조에 있어 당파의 습성이 점점 고질화되어 수습할 수 없었기에 성상의 뜻에 따라 이쪽이 저쪽보다 낫다고 생각되면 오로지 이쪽만을 등용하였고, 혹은 저쪽이 이쪽보다 낫다고 생각되면 다시 저쪽만을 등용하였다. 우리 선왕조 초기에는 싸움만을 서로 일삼고, 엉킨 감정을 풀기가 어려웠다. (그러나) 선대왕(영조)께서 보합(保合)하고 감화시키는 교화로써 황극을 세운 탕평의 정사를 행하여 후손들을 위한 좋은 계책을 내게 남겨주셨다. 오직 나의 고심 역시 여기에 있다. 曾在肅廟朝, 黨習漸痼, 莫可收拾, 聖意或謂此勝於彼, 而專用之, 或謂彼勝於此, 而更進之. 逮我先朝之初, 戈戟相尋, 膠固難解. 先大王, 以保合陶甄之化, 行建極平蕩之政, 以貽我燕翼之謨. 惟予苦心, 亦在於此. (『正祖實錄』, 8년 12월 8일)

정조는 숙종의 환국정치가 오히려 사태를 더욱 악화시켰다고 평가한 것이다. 정조는 이열치열의 대국정치로 즉위 직후 정순왕후(貞純王后)의 동생 김귀주(金龜柱)가 이끄는 남당(南黨)과 혜경궁(惠慶宮)의 숙부 홍인한(洪麟漢)이 이끄는 북당(北黨) 두 외척 세력을 대역무도죄로 한꺼번에 제거했고, 집권 중반기에 노론이 천주교 신봉을 문제 삼아 남인을 공격하자 '문체반정(文體反正)'을 통해 노론계의 패관소품체(稗官小品體) 풍조를 금지시키며 양쪽을 동시에 견제한 바 있다. 하지만, 정조는 거기에 그치지 않고 문체반정 과정에서 노론의 정통 주자학과 남인의 육경(六經) 위주 원시유학의 장점을 동시에 취하여 하나의 표준 유학으로 수렴하기도 했다.

정조의 이 같은 탕평책은 시비론적 차원을 벗어나 우열론의 관점에서 정치를 보는 것이라 할 수 있다. 여기서 중요한 것은 누가 옳고 그른가 하는 것이 아니라 누구의 의견이 더 우수한가 더 합당한가 하는 것이다. 이것은 '붕당별로 의리와 인재를 분별한다'는 주희(朱熹)의 분별론과 대조를 이루는 것으로, 이념적 대립 구도로 경직되어 있던 당시의 정국에서 벗어나 실제적 우열 차원에서 유능한 인재를 초당파적으로 골라 쓰는 방법이었다.[19] 물론, 우열론적 정치관은 어떤 당파나 정파에서도 객관적 진리[道理]를 배타적으로 담보하고 있지 않다고 보는 데서 비롯한다.

정조가 생각하는 탕평의 세계에서는 어느 정파의 독단이 아닌, 어느 누구든 스

19) 박현모, 『정치가 정조』, pp. 119-120 참조.

스로 최적의 논리와 덕을 보여주는 것이 중요했다. 정조는 당리당략에 매몰된 당파성이 아닌 한, '의견의 완성'과 '의견의 겨룸'을 적극 긍정하고 장려하는 태도를 보인 것이다. 이 점은 정치를 진리나 도덕에 귀속되는 것이 아닌 덕의 분투적 행위와 자기 의견의 완성으로 본 한나 아렌트(Hannah Arendt, 1906~1975)의 관점을 생각나게 한다. 아렌트는 진리를 내세우는 정치는 다양한 의견을 배제하기 마련이며, 진리라고 주장되는 것이 건전한 내용으로 이루어져 있다 할지라도 그것은 결국 정치적으로는 폭정으로 귀결될 뿐이라고 보았으며, 그것을 두고 '진리의 폭정'이라 불렀다.

한편, 대승기탕의 탕평책도 주목되는데, 이는 일종의 균형과 중재의 리더십에 해당한다. 소위 대승기탕의 탕평책이란 군신좌사(君臣佐使)의 인사 원칙을 따르는데, "국왕의 정책을 지지하는 세력[君]과 반대하는 세력[佐]을 맞서게 하되 두 정치세력을 매개하고 조화시킬 수 있는 제3의 세력[使]을 함께 등장시켜 서로 조화를 이루고 각기 장점을 발휘할 수 있게 하는 방식을 가리킨다."[20] 군신좌사(君臣佐使)의 원칙을 적용하는 대승기탕은 본래 한방(韓方) 용어이다. 여기서 군은 군약(君藥)을 뜻하는 것으로, 하나의 처방에서 가장 주된 작용을 한다. 신약(臣藥)은 주된 작용 약물인 군약의 효력을 보조해주고 강화시키는 약물이다. 좌약(佐藥)은 군약이 유독(有毒)한 경우 그 독성을 완화해줄 때, 혹은 주된 증상에 수반되는 증상들을 해소할 목적으로 사용하는 약이다. 이때 유독함은 한열허실(寒熱虛實)의 불균형을 초래하는 것을 말한다. 사약(使藥)은 처방의 작용 부위를 질병 부위로 인도하는 작용과 여러 약들을 중화하는 역할을 한다. 이것을 한의학에서는 방제학(防除學)이라 한다.

정조가 탕평의 방법술로 대승기탕의 의학 원리를 적용할 수 있었던 것은 그 자신이 의학에도 상당히 밝았기 때문일 것이다. 정조는 어린 동궁시절부터 영조가 붕어할 때까지 무려 11년 간 친히 병수발을 들면서 의약서를 연구한 바 있다. 정조는 삼정승 인사에 있어 이 방법을 주로 사용하였고, '청요직 혁파'나 '금난전권 혁파'와 같은 각종 굵직한 개혁정책은 모두 이런 대승기탕의 세력구도 하에서 이루어진 것이다. 가령, 남인 재상 채제공이 발의하면 노론 신하들이 견제하고, 소론 신하들은

20) 위의 책, p. 122.

이를 중립적 입장에서 중재하려 애쓰는 가운데 힘의 팽팽한 균형이 이루어지면 국왕인 정조가 나서서 개혁지지 세력의 손을 들어주는 방식이었다.[21] 이는 영조가 택했던 온건파 위주의 관직 안배적 완론탕평책과 대비되는 매우 역동적이고 유기적인 인사정책에 해당한다.

준론탕평의 이념과 원리에 의한 정조의 정치를 들여다보면, 확실히 현대적 공론장을 떠오르게 할 정도의 말의 정치, 의견의 정치를 보장하고 그것을 활성화시키는 측면이 많다. 특히, 집권 전반기의 탕평은 준론을 적극 권장하고 정당한 준론을 우대 중용하는 방식으로 다양한 정치세력의 병립과 공론정치의 부활을 이끌어내고 사회적 활력을 불어넣는 데 상당한 기여를 했다. 광대하고 순탄하며 올바른[蕩蕩平平正直], 평화롭고 정의로운 대동 사회로 사람들을 이끄는 데는, 소통을 잘 시키는 것 만한 것이 없음을 우리는 정조가 실험한 탕평의 정치를 통해 자각할 수 있다. 그리고 생산적 소통을 사회적으로 극대화하는 가장 효과적인 길은 공론장을 살리고 의견을 자유롭게 살려주는 것임을 정조는 또한 보여주었다. 실로 정조는 다원적 의견의 정치, 설득의 정치, 합의의 정치라는 생략할 수 없는 정치적 가치의 의미를 잘 알고 있었으며, 소통적 리더십의 위력을 누구보다 잘 알고 있는 지도자였다 할 것이다.

3 진리의 정치로 시비를 가리다[皇極蕩平]

우리가 정조의 리더십과 소통 방식을 이해할 때 간과하지 말아야 할 것이 있다. 바로 그가 처해 있던 시대와 국가 체제의 독특함이다. 그가 살았던 조선이라는 나라는 오늘날의 한국과는 상당히 이질적인 국가이며, 신분제 사회에서 왕이 사용하는 소통 방식은 오늘의 민주주의 사회에서는 제아무리 대통령이라 할지라도 경험해볼 수 없는 매우 위계적이고 일방향적인 것이었다. 때문에 이런 특별한 조건에서 정조가 취했던 탕평의 또 다른 특징에 대해 살펴보지 않을 수 없다.

조선은 이념 왕조였다. 정치권력은 학문의 이념과 도덕적 정당성에 토대하고

21) 위의 책, p. 123 참조.

있었고, 그런 조선의 이념은 주자 성리학이었다. 그리고 도학, 곧 성리학은 여전히 공식적인 차원에서 굳건한 진리의 시금석으로 작동하고 있는 형편이었다. 따라서 주자학에 의해 정당화되지 못하는 현실 권력은 허약하기 짝이 없었다. 더구나 조선은 사대부가 주도하는 경향이 강했기에, 국왕도 주희가 세운 대일통의 의리를 따라야 한다는 논리로 왕권의 약화와 신권의 강화를 정당화하기 십상이었다. 한마디로 임금과 신하가 함께 통치한다는 '군신공치주의(君臣共治主義)'가 사실상 이론과 실제를 지배하고 있었다 해도 과언이 아니다.[22]

그렇다면 정조가 조성한 정국, 즉 각 준론이 맹렬히 격돌하는 준론탕평의 정국에서 덕과 의견들의 우열 여부를 판단하고 서로를 중재시킬 수 있는 합리적 권위는 어디에 위치하는가? 만약 그러한 권위 — 그것이 제도적 장치나 규범이든 인물이든 — 가 부재하다면 다원적 의견의 정치는 언제든지 회의적 상대주의의 늪이나 양보를 모르는 강경론들이 각축하는 난장판으로 추락할 위험을 안게 된다. 이것은 현재 한없이 평행선을 달리며 사회적 피로감을 주고 있는 한국의 보수 · 진보 세력 간의 대립과 갈등의 난국을 보더라도 충분히 예상이 되는 일이다.

보통의 봉건 왕조 국가에서 그러한 권위는 왕에게 주어진다. 그리고 이념 국가에서는 최고의 학자나 이념가가 그런 권위를 가질 수 있다. 그런데 조선은 이념 왕조국가의 속성을 갖는다. 그러니 준론탕평은 국왕의 탁월한 통합력과 신뢰성, 엄정한 중재자와 판단자로서의 능력이 전제될 때만이 정상가동할 수 있는 것이었고, 사대부 붕당 분열의 폐해가 극심한 상황에서는 국왕 자신이 현실상의 최고 학자라면 그런 최상의 준엄한 권위를 성공적으로 소유할 수 있는 것이었다. 때문에 정조는 탕평의 마지막 퍼즐 조각으로 황극을 건립하는 군사(君師)의 행보를 선택함으로써, 조선 사회의 소통 내용과 방식의 표준을 세우고 규제하는 권위적 판단자로 행세한다.[23] 뒤에서 더 살펴보겠지만, 이는 아렌트가 '의견의 정치'에 대립하는 것으로 상

22) 일반적으로 조선의 사대부는 국왕을 사대부의 한 사람으로 간주하려는 경향이 있었다. 예송논쟁에서 노론은 '천하동례(天下同禮)'를 당론으로 삼았다. 이에 반해, 남인은 국왕과 신하의 차별성을 강조해 '왕자예부동사서(王者禮不同士庶)'의 당론을 가지고 있었는데, 이는 정조와 남인의 교감을 가능하게 한 기본 관점이 되기도 한다.

23) 이한우는 정조가 군주도통설을 현실정치에서 전면 내세우고 나온 시기를 대략 정조 재위 19년과 20년 무렵으로 보고 있으며, 그런 정조의 시도를 이전까지의 조선 400년 전통을 뿌리부터 뒤집으려는 무모한 시도였다고 평가하고 있다. 이한우, 『정조 조선의 혼이 지다』, 해냄, 2007, p. 163 참조.

정한 '진리의 정치'와 맞닿아 있다.

정조는 임금과 신하의 관계를 두고 다음과 같이 선언한다.

> 내가 비록 덕이 모자라지만 의리에 관계되는 문제는 한 번 기준을 잡은 다음에는 조금도 흔들리지 않는데, 오늘날 신하로서 누가 감히 그에 반대하여 나를 이기려는 생각을 가질 것인가? 가령, 내가 지키는 의리가 완벽하지 못한 점이 있다면 그 어찌 나를 반대하는 자로 하여금 내말을 무조건 어기지 말라고 할 수 있겠는가마는, 천지자연과 부합되는 정밀한 의리를 세우는 데에 있어서야 또한 어찌 그들이 어지럽게 하는 대로 방치해서야 되겠는가? 『서경』에 "오직 임금만이 극을 만든다[惟皇作極]." 하지 않았던가? 위에서는 극을 세우고 아래서는 그 극을 돕는 것인데, 극이란 옥극(屋極)·북극(北極)과 같은 말이다. 집의 용마루[屋極]가 일단 세워져야 문지도리·문기둥·문빗장·문설주 등이 각기 제자리에 들어서고, 북극이 제자리에 자리 잡고 있어야 수많은 별들이 에워싸고 돌아가는 것이니, 황극(皇極)을 세우는 것도 또한 이와 마찬가지다. 予雖否德, 凡屬義理邊, 一番秉勢之後, 不容一毫移易, 今日臣子, 孰敢生意於背馳角勝之計哉? 假使予所勢, 有未盡處, 則寧或使之唯其言莫予違, 而至於建天地不悖之精義, 又豈可一任其蝃蝀乎? 書不云乎? '惟皇作極.' 建極在上, 協極在下, 極者, 卽屋極北極之謂也. 屋極一建, 而椳臬扂楔, 各得其所, 北極居其所, 而列宿環拱, 皇極之建, 亦猶是也. (『正祖實錄』, 24년 6월 16일)

붕어일(재위 24년인 1800년 6월 28일) 직전에 있었던 위의 선언에서 정조는 임금을 '집의 용마루' 또는 '북극'으로 비유하면서 성왕(聖王) 중심의 정치관을 확실히 하고 있다. "오직 임금만이 극을 만든다."라든가 "위에서 극을 세운다."라는 언급은 명실상부한 정치의 주체이자 능동적 정치행위자로서 군주의 위상을 세우고자 하는 의지의 피력인 것이다. 그 전에도 일찍이 정조는 황극정치의 의지를 거듭 표방하였는데, 가령 1784년(재위 8년) 『황극편』을 편찬하여,[24] 『서경』「홍범」에서 황극이라야 음붕(淫朋)과 비덕(比德)을 깰 수 있다고 말한 뜻을 이어 자신 또한 황극의 위

24) 『황극편』은 붕당의 역사를 상세하고 공정하게 기술하고 있으며, 붕당을 혁파하고 황극을 세우기 위한 목적으로 간행되었다. 국립중앙도서관에 소장된 12권 6책 본과 규장각에 소장된 13권 1책 본이 남아 있다.

치에서 현재의 붕당들을 혁파하려 함을 그 서문에서 설명하기도 했다.

> 이 책은 바로 붕당의 분쟁 내용인데 왜 황극이라 이름 붙였는가? 오직 황극이라야 붕당의 설을 깰 수 있기 때문이다. …… 지금의 붕당은 군자당과 소인당으로 나누어진 것이 아니라 다만 의론에 따라 갈라졌을 뿐이다. 저쪽에도 또한 하나의 시비가 있고 이쪽에도 또한 하나의 시비가 있으며, 저쪽 역시 군자도 있고 소인도 있으며 이쪽 역시 군자도 있고 소인도 있어 반드시 그 붕당을 깬 이후에야 군자끼리 모이고 소인이 교화될 수 있다. …… 지금의 붕당은 정도를 벗어난 붕당[淫朋]이다. 정도를 벗어난 붕당이라면 깨 버리지 못할 것이 어디 있겠는가? …… 진실로 자기 마음을 공평히 하고 이치를 공정하게 살펴 죄가 자기에게 있으면 자책하고 잘못이 상대에게 있으면 용서해서, 서로 훈계하고 가르쳐 자기 자리에서 평안히 함께할 수 있다면 이것이 곧 황극의 도인데 붕당이 따로 어디에 있겠는가? 此編卽朋黨分爭之說也. 奚以名皇極也? 惟皇極. 可以破此說故名也. …… 今則其爲黨也, 非君子小人也, 特歧於議耳. 彼亦一是非, 此亦一是非, 彼亦有君子有小人, 此亦有君子有小人, 必破其黨, 然後君子可萃, 而小人可化. …… 蓋今之朋, 淫朋也. 焉有淫朋而不可破者? …… 苟能平以秉心, 公以察理, 罪在己則訟之, 過在人則恕之, 胥訓告教誨, 靖共厥位, 斯卽皇極之道, 黨於何有? (『弘齋全書』卷8, 「序引」 1, ‘皇極編序’)

그리고 정조 재위 11년인 1787년에도 ‘황극’이란 제목의 책문을 지어 다음과 같은 바람을 내보였다.

> 아, 붕당이 혁파되면 국가의 명맥이 손상되지 않을 것이고 황극이 건립되면 왕도가 창성할 것이다. 烏虖朋黨破則國脈不傷, 皇極建則王道其昌. (『弘齋全書』卷50, 「策問」 3, ‘皇極’)

정조의 이 같은 국왕 중심의 정치권력관, 즉 ‘황극주권론(皇極主權論)’은 위임의 정치와 붕당정치론을 신뢰하는 사대부들의 입장과 대조된다. 주자 성리학을 존숭하는 조선의 사대부들이 모두 마찬가지였지만, 특히 송시열 이후 노론과 소론의 사대부들은 『서경(書經)』 「순전(舜典)」편에 근거해 현자를 중용하는 ‘위임의 정치’

를 강조해 왔던 것이다. 사실 주희의 입론대로라면 총명예지가 있어 자기의 도덕본성을 온전히 실현할 수 있다면 누구라도 군사가 되어 황극을 세울 수 있다고 가정되며, 이 점에서는 세습 군주와 일반 사대부 사이의 위상에 아무런 차이가 없다. 사실 이념적 차원에선 정조도 거기에 동의했지만, 실제 정치세계에서는 왕가에 태어나 현실적인 군왕의 자리에서 군도(君道)를 이미 성취한 자신만이 사도(師道)를 동시에 완수할 수 있는 유일한 인물이라 판단했고, 바로 이것이 신하들 앞에서 유학의 도통을 이은 스승의 위치를 자임할 수 있었던 까닭이었다.

따라서 정조는 집권 후반기에 가면 황극론을 통해 유일한 정통 권력의 소재처가 자기 자신임을 보다 분명히 하고,

> 포의의 권한이 무거울 때도 있고 재상의 권한이 무거울 때도 있고 조정이 총괄할 때도 있다. 포의의 권한이 무거우면 처사들이 손뼉 치며 세도를 마음대로 조정하고 왕공이 위엄을 잃으며, 벼슬아치가 기꺼이 사역을 당한다. 재상의 권한이 무거우면 사당(私黨)을 포진시켜 임금의 총명을 가리면서 주고 빼앗는 것을 자기 마음대로 해 위복(威福)이 아래로 옮겨간다. 좋은 것으로 말하면 또한 어찌 넘어지는 것을 부축하고 위험한 것을 지킨 때가 없겠는가마는, 좋지 않은 것으로 말하면 곧 앞에 말한 것과 같으니, 실패한 자취를 계속 이을까 두렵지 않겠는가? 내가 비록 덕이 없지만 고금을 대략 살펴보고 손익의 의리에 침잠해서 추이의 형세를 바로잡으니, 권력의 중추를 거두어 잡는 것이 즐거워서가 아니라 부득이 군사의 책무를 자임하는 것이다. 40년의 공부가 오직 천리를 밝히고 인심을 바로잡는 데 있었다. 그것을 밝히고 바로잡는 것은 밝히지 않을 수 없고 바로잡지 않을 수 없어서이다. …… 행동하고 말하는 데 있어 만일 옳지 않은 것이 있으면 비록 온 조정이 좋아하고 찬미해도 백세가 뒤에 있고 천세가 앞에 있으니 도리어 어찌 감히 속이겠는가? 말과 정사의 크고 작음에 상관없이 천리를 밝히고 인심을 바로잡는 데 관계된 것이 나의 가르침이 아니라면 어디를 따라서 황극에 모이겠는가? 有布衣權重之時, 有宰相權重之時, 有朝廷總攬之時. 布衣權重, 則處士抵掌, 捭闔世道, 王公失其威, 搢紳甘爲役. 宰相權重, 則布置私黨, 壅蔽聰明, 與奪惟意, 威福下移. 自其善者言之, 亦豈無扶顚持危之時, 而自其不善者言之, 卽前所云, 覆轍相尋, 可不懼乎? 予雖否德, 粗覽今古沉潛乎損益之義, 檃栝乎推移之勢, 非樂乎權綱之收攬, 不得不自任以君師之責. 四十年工夫, 惟在明天理正人心. 明之也正之也, 不可不

明之也, 不可不正之也. …… 動靜云爲, 如有否者, 雖擧朝容悅, 盈廷贊美, 百歲在後, 千歲在前, 顧焉敢誣? 而言無巨細, 政無大小, 凡有關於明天理正人心, 非予之敎是率安所會極乎? (『弘齋全書』 卷169, 「日得錄」 9, '政事' 4)[25]

등과 같이, 곳곳에서 자신이 군사의 책무를 맡아야 하는 이유와 자신의 가르침을 황극으로 삼아야 한다는 교육자적 입장을 역설했다.

군사로서의 고유한 권한에 대한 정조의 집요한 관심은 『논어(論語)』·『대학(大學)』·『서경』 등 여러 경전의 해석을 통해서도 드러난다. 정조는 『대학』에서 3강령 중 '신민(新民)' 구를 구본(舊本)대로 '친민(親民)'으로 읽어야 한다는 왕양명(王陽明, 1472~1528)의 설을 지지했다. '신민'이 아니라 '친민'으로 읽을 때, 비로소 군주가 무위(無爲)의 수신자(修身者)로서 절로 백성이 감화되도록 하는 데 그치지 않고 백성을 향한 적극적 예악형정(禮樂刑政)의 교화행위를 펼치는 정치의 주체가 될 수 있다는 것이 정조의 관점이었다.[26] 나아가 『대학』의 8조목 중 치국(治國)·평천하(平天下) 조는 군왕만이 학습할 수 있는 것이라고 선언하기도 했다.

또 정조는 「상서강의(尙書講義)」를 통해 왕과 신하의 덕을 동급으로 거론한 듯한 구절에도 불만을 표시했으며, 『서경』에 나오는 성왕을 재해석하여 자신의 재량권을 확대하고 국왕의 위상을 높이려 했다. 그에게 있어 군주는 주권의 소재자요 권력의 중추였기에, 국왕은 결코 수신(修身)에만 전념하는 무위의 소극적 상징 권력에 머물 수가 없는 것이었다. 정조에게 군주란 존재는 정치 현장의 한복판에서 정치의 표준을 세우고 정치를 주재하며 신민(臣民)을 교화하고, 정치적 혜택을 베풀어주는 적극적인 정치권력의 화신이었던 것이다. 이에 정조는 당쟁의 근원이 되었던 이조전랑과 한림(翰林)의 특권을 약화시키고, 대신 군주가 수월하게 통제할 수 있는 이조(吏曹)와 병조(兵曹)의 판서(判書)·참판(參判) 권한을 강화했으며, 임금과 백성 사이에서 농간을 부리는 중간 세력의 발호를 최소화하기 위해 대부분의 국정을 직접 챙기는 친정 정치를 견지했다.[27]

---

25) 이것은 정조 20년인 1796년의 기록이다.

26) 백민정, 「정조의 사대부 인식과 정치철학적 입장 연구」, 『한국실학연구』, 제20호, 한국실학학회, 2010, pp. 434-435 참조.

27) 박현모, 「정치운영방식, 그 연속성과 변화」, 강광식 외, 『한국정치사상사 문헌자료 연구(Ⅱ)』, p. 226 참조.

국왕의 자문기관인 규장각(奎章閣)과 젊은 우수 문신들의 재교육 제도인 초계문신제(抄啓文臣制)를 운영한 것도 정조가 행한 황극주권적 친정 개혁정치의 일환이었다. 규장각의 설치와 초계문신제 운영은 소속 당색은 물론 출신 성분과 계층을 가리지 않고 천하의 인재를 두루 중용하여 국가의 인적 에너지를 고효율적으로 쓰는 탕평의 이념에 충실한 것이다. 물론, 규장각 각신(閣臣)의 경우는 원년에 남인 채제공(蔡濟恭, 1720~1799)이 제학(提學)직에 제수된 일을 제외하면 노론과 소론계 경화사족(京華士族) 출신, 그중에서도 대개 시파적 성향을 가진 자들만이 임명되었다.[28] 하지만, 그것은 규장각이 정조의 사사로운 친위기관이라고 의심하는 노·소론계 보수 세력을 안심시키고 동시에 비교적 친왕적인 주류 정치 세력을 포섭해 두려는 정조의 정치적 안배였을 것으로 추정해 볼 수 있다.

또 초계문신의 경우에는 남인과 북인이 상당수 진출하였고, 그중에는 정약용(丁若鏞, 1762~1836)이나 서유구(徐有榘, 1764~1845) 같은 훗날의 대표적 실학자들도 포함되는 만큼, 탕평인사가 여전히 적용되었다고 보는 것이 적절할 것이다. 게다가 규장각의 6명 각신[제학 2명, 직제학(直提學) 2명, 직각(直閣) 1명, 대교(待敎) 1명] 아래로는 검서관(檢書官) 4명을 포함한 잡직(雜職)·이속(吏屬)의 관원이 100명 넘게 있었다. 이 중 특히 검서관 자리에는 기존에 관직에 나가지 못하던 서얼(庶孼)도 등용하여 서적의 교정과 필사 등 서적 관리를 맡겼으니, 그 의미가 크지 않을 수 없다.[29]

규장각과 초계문신제는 정조가 소유한 비상한 소통의 리더십을 보여주는 상징적 기관이자 제도이다. 하지만, 그러면서도 그것들은 한편으로는 준론탕평이 지닌 원대한 다원적 의견의 정치, 설득의 정치, 합의의 정치에 위배되는 반(反)탕평적인 성격도 동시에 갖고 있었다. 규장각 각신들과 그 산하의 초계문신들은 무엇보다 정조에 의해 직접 선발된 정조와 소위 코드가 맞는 인물들이었으며, 그들을 정조가 직접 가르치고 지휘했기 때문이다. 따라서 규장각 내에 반정조, 또는 비정조 세력이 있기는 어려웠으며, 규장각의 신하들은 정조의 뜻을 돕고 실행하는 아주 특별한 친위 세력이었던 만큼, 정작 정조와 그 핵심 측근들 사이에는 중립적 중간지대가 마련되어 있지 못했고, 정조가 탕평의 이념에서 내세운 다양한 준론들의 공개적 각

28) 김성윤, 『조선후기 탕평정치 연구』, 지식산업사, 1997, p. 196 참조.
29) 위의 책, pp. 197-198 참조.

축도 있을 수 없었다.[30] 그런 점에서 정조의 싱크탱크였던 규장각과 정조의 꿈나무였던 초계문신의 존재는 정조가 탄생시킨 가장 특징적인 당대의 정치적·학술적 산물이면서, 아울러 정조가 펼친 리더십의 빛과 그림자를 동시에 볼 수 있는 좋은 응축물이기도 하다.

정리하자면, 정조는 자신이 장려한 준론탕평의 의견 정치가 극단적 갈등이나 상대주의적 혼란에 빠지는 것을 막고 일정한 균형과 적절한 조절이 이루어질 수 있게끔 하고, 대공무사(大公無私)한 왕도정치를 구현할 수 있는 이념적 표준과 청사진을 확고히 세우고자 하였다. 그것이 바로 황극인 바, 황극은 모름지기 도통의 계승자인 군사(君師)만이 세울 수 있겠지만, 외로이 홀로 할 수 있는 것은 아니다. 팔로워십 없는 리더십이란 공허하고 무력한 것이기만 하기 때문이다. 따라서 정조가 자신과 함께 조선을 개혁할 이념을 강력히 공유하고 자신을 도와 황극을 바로 세울 충성스런 학문적·정치적 친위세력으로 양성한 것이 규장각신과 초계문신인 것이다.

그런 만큼 규장각신과 초계문신에 대한 정조의 애정과 배려는 각별했다. 그들에게는 많은 특권이 주어졌는데, 규장각신의 경우, 입직각신(入直閣臣)은 매일 아침저녁으로 왕을 문안하는 등 수시로 배알하고 의견을 개진할 수 있었다. 또 각신들은 백관(百官)을 탄핵할 수 있는 권한이 있었던 반면, 상대적으로 정작 그들은 각종 면책특권 등의 신분보장을 받을 수 있었다. 무엇보다 규장각 직각을 거치면 바로 전랑(銓郞)에 추천되는 자격이 주어졌다는 것은 상당한 메리트로 작용하였다. 의정부에서 뽑아 올린 37세 이하의 우수한 젊은 문신들로 구성된 초계문신들의 경우는 규장각 내각 소속이 되어 규장각의 주관 하에 사서삼경과 역사서를 교육받았고, 한 달에 두 번의 읽기 시험과 한 번의 글짓기 시험을 치러야 했다. 그중 한 번의 읽기 시험과 한 번의 글짓기 시험은 정조가 친히 참석해 주관하는 시험이었다. 이렇게 학업에 집중해야 하는 대신 잡무가 면제되었고 공동문집 간행 등의 몇 가지 특권이 주어졌다.[31]

---

30) 초계문신들이 모두 친왕세력이 된 것만은 아니다. 그들 중에도 정조의 정책이나 초계문신제 운영에 대해 비판적 입장에 서는 경우들이 있기는 했다. 그러나 애초 친왕세력 육성과 개혁논리의 개발 및 보급을 목표로 왕에 의해 직접 발탁되고 훈도된 인물들이 그런 입장에 서는 것은 쉽지 않은 일이었다.

31) 김성윤, 앞의 책, pp. 195, 197-198; 정옥자, 『조선후기 문화운동사』, 일조각, 1997, pp. 107-161

국가의 최고 지도자가 직접 나서 인재를 양성하고 그들과 허심탄회한 토론을 주고받을 뿐 아니라, 신분과 소속 붕당을 초월해 선발된 인재들이 치열하게 학문을 탐구하고 활발하게 토론할 수 있도록 안정된 여건을 조성하고, 나아가 규장각 신하들이 당시 각광받는 재야 지식인 모임이었던 '백탑파(白塔派)'나 '옥계시사(玉溪詩社)'와도 서로 지적 교류를 하게끔 후원했다는 것은, 참으로 탄복할 일이 아닐 수 없다. 그의 개방적이고 미래지향적인 리더십에 찬사를 보낼 뿐이다. 정조는 정녕 소통 리더십의 달인이라 해도 과언이 아닐 것이다. '그러나' 과유불급이라 했던가? 학문이 차고 넘치는 달변가였으며, 토론하기 좋아하고 에너지와 자긍심이 남달랐던 정조는 주로 지위고하를 막론하고 그의 신하들을 세세히 가르치려 들었으며, 갈수록 그 정도가 심해졌다. 정조의 정치는 어느덧 '의견의 정치'에서 '진리의 정치'에로 우회해갔다. 그의 빛나는 소통의 리더십에 어느덧 적색 경고등이 들어온 것이다.

제 3 절 탕평 소통의 정면교사와 반면교사 – 탕평 소통의 공공성과 권위주의

주지하듯 조선은 어떤 왕조들보다도 백성에 가깝게 다가가 그들의 공공복리를 최대화하려는 적극적인 위민(爲民)의 정치, 봉공멸사를 삶의 지배적 신념으로 공유하는 소통과 공감 중심의 도학정치를 이념으로 삼았다. 또한 일찍이 의정부 서사제와 간관제도, 경연제도 등을 통하여 군신공치의 초석을 마련한 이래, 사림의 조정 진출 이후에는 조정 밖의 '산림정치'와 조정 내의 '붕당정치'라는 이중적 구조를 정착시킴으로써 조선 특유의 군신공치적 공론정치 시스템을 완비하였다.

조선의 공론정치는 수렴된 여론과 민의의 공론화 과정을 통한 신중한 정책결정, 공정한 다수의 의견을 따르는 정치, 지식인 관료와 유생들로 이루어진 양반들이 공개적이고도 공식적으로 형성한 공론이 주도하는 정치를 지향했으며, 그것을 관습화하고 제도화했다. 따라서 조선의 정치는 이념적으로나 제도적으로 '공공복리'와 '공개성'의 요소를 강하게 갖추고 있었다는 점에서 오늘날 거론하는 '공공성'

참조.

을 국가의 주요 목적이자 중심 운영 원리로 삼고 있었다고 평가할 수 있다.

한편, 군신공치를 지향하는 주자 성리학의 이념을 받드는 조선의 태생적 한계로 인해, 조선의 군주는 성리학을 강하게 비호할수록 자신의 왕권이 위축될 수밖에 없는 얄궂은 운명에 처해 있었다. 게다가 지나치게 비대해진 사대부 주도의 정치 시스템은 왕권을 농락하고 있었고, 정조 또한 그 속에서 세손 시절 자신의 아버지를 비명에 보낸 희생자였다. 정조는 바로 이런 나라의 수장이었고 교조주의적 보수파 사대부(노론)가 실권을 장악한 시대를 살아야 했다. 따라서 사대부들에게는 최대의 공공성 확립을 보장하는 이상적인 정치 시스템으로 간주된 군신공치의 공론정치가 정조의 입장에서는 위협적인 장애물로 받아들여질 수밖에 없었다.

게다가 타락에 치달은 붕당정치는 정조가 보기에 공공의 적일뿐이었다. 정조의 시각에 의하면, 붕당의 당론은 사리사욕에 입각한 당리당략일 뿐 참된 공론이라 치부할 수 없었다. 아마 아렌트의 용어로 치자면 공적인 것을 가장한 가장 사적인 것에 해당할 것이다. 때문에 정조는 혼탁한 붕당정치를 정리하고 강력한 왕권을 수립하는 방식으로 공론정치를 재편하고 천리의 대변자이자 판단자로서 왕의 군사(君師)적 위상을 확립하여 본인이 직접 나라의 기강을 바로잡고 공공성을 주관하고자 하였다. 그 뜻을 이루기 위해 마련된 야심찬 기획이 바로 영조의 완론탕평과 차별화되는 의리(義理)의 준론탕평이었다.

정조의 탕평책은 문벌이나 당파 같은 출신 성분이나 지역을 가리지 않고 오직 그가 지닌 능력에 따라 사람을 쓰는 공정한 인사정책, 지역 간 소통 및 계층 간 소통을 극대화하는 소통의 정치행보, 의리에 철저한 준론의 활성화, 준론과 개혁 인사들의 활동을 지원하는 학문 공간과 토론정치 문화의 창출을 종합하는 성격의 것이었다. 특히, 정조의 준론탕평은 혼란과 갈등을 증폭시키는 일체의 논리와 주장, 그리고 행동들을 평정하고 공공성의 극치[大同]를 실현하려는 뜻(목표)을 가지고 있었다. 그러면서도 모든 의견들을 단일한 한 가지로 억지로 통일시키려 하지 않고 각각의 일리를 인정하며 만사를 아우르는 대승적 바탕을 제공함으로써, 다양성을 사장시키지 않고 각 의견이 서로의 장점을 경쟁하면서 각 진영과 논리 간의 화해 속에 궁극의 도(道)와 평화 상태로 이르는 것을 원리로 하였다는 점이 특징이다.

치우침의 제거와 남과 나를 특별히 가르지 않음, 배타적 진리의 독점 반대, 언어와 토론의 적극적 역할 인정, 자기모순을 최소화한 완성된 의견 지지,[32] 귀일하는 분명한 공공적 소재처 — 천리(天理)와 대동(大同) — 의 설정 등은 앞서 언급한 탕평의 원리로부터 뒤따르는 판단 귀결과 태도일 수밖에 없다. 대개 정조 재위 전반기에 보여준 이러한 탕평의 의지와 모습은 갖가지 어려운 정치 상황에도 불구하고 의견의 정치를 활성화시키는 준론탕평의 긍정적 가치가 돋보이는 편이었다. 탕평이 의견의 다양성을 적극 장려하고 학술·정치적 차이를 끌어안으면서도 극단적 상대주의나 허무주의를 허용하지 않고 안정적 통합력과 적절한 분쟁 해결력을 가질 수 있었던 것은 매우 주목할 만한데, — 물론 노론 벽파를 필두로 한 반탕평파의 저항이 없었던 것은 아니다 — 이는 도학적 황극을 세우려는 정조의 노력이 탕평과 조정 공론장의 굳건한 중심축이자 구심력으로 작동하였기 때문이라고 할 수 있다.

다만, 정조 탕평의 중심축인 황극은 군사일치(君師一致)의 유교적 성왕(聖王)이었고 무엇보다 정조 자신이었다. 사실상의 사대부 우위 정치인 군신공치의 이념을 혁파하는 황극주권론에 입각한 정조의 탕평은 특정한 중심축이 적극적으로 개입하고 시비를 판단하는, 강력한 권위에 의존하는 공공성을 추구하므로 엄밀히 말하자면 완전한 다원적 평등을 시행하기가 어렵다. 이것은 확실히 민주주의에 익숙한 오늘날의 우리에게는 주의를 요하는 점이라 하지 않을 수 없다. 실제로 정조 재위 후반기의 탕평 정국은 군주도통의 주장이 노골화되고 황극주권론이 강화되는 가운데, 정조 자신을 군주제 국가에서 있을 수 있는 가능한 정치적 수사를 넘어 진지하게 태극과 일치시키는 상황에 이르게 된다. '만천명월주인옹(萬千明月主人翁)'이라는 자호(自號)의 사용은 당시의 분위기를 극명히 보여주는 실례이다.

우리는 준론탕평의 역동적이면서도 원대한 소통정치가 그 결실을 잘 꽃피우기보다는, 어떻게 오히려 황극탕평의 위압적이고 경색적인 불통정치로 변질되는 조짐을 보일 수밖에 없었는가에 주목할 필요가 있다. 정조는 지나친 카리스마적 리더십으로 인해 진리의 독단자로 변해가면서 공론정치를 일방적으로 주도해나가는 모습을 보여주었다.

> 만천명월주인옹은 말하노라. …… 나는 물과 달의 모습을 관찰하면서 태극과 음양오행의 이치를 깨달았다. 달은 하나며 물은 수만이지만, 물로써 달을 담으니

32) 준론이 살아야 공론이 산다! 아렌트적 용어로 하자면 의견이 보장되고 각자의 의견이 서로 분투하는 속에서 정치가 살아남으로써 공적인 것이 실현된다.

앞에 흘러가는 물에도 달이요, 뒤에 흘러오는 물에도 달이다. 달의 수와 냇물의 수가 같으니 냇물의 수가 만개라면 달의 수도 만개이다. 이렇게 되는 것은 하늘에 있는 달이 본시 하나이기 때문이다. …… 근래에 와서 다행히 태극과 음양오행의 이치를 깨닫게 되었고, 또 사람은 각자 생김새대로 이용해야 한다는 이치도 터득했다. 그리하여 대들보감은 대들보로, 기둥감은 기둥으로, 오리는 오리대로, 학은 학대로 살게 하여 천태만상을 나는 그에 맞추어 필요한 데 이용만 하는 것이다. 이에 그의 단점은 버리고 장점을 취하며, 선한 점은 드러내고 나쁜 점은 숨겨주고, 잘한 일은 안착시키고 잘못한 것은 뒷전으로 미루며, 규모가 큰 자는 진출시키고 작은 자는 포용하고, 재주보다는 뜻을 더 중히 여겨 양단(兩端)을 잡고 거기에서 중(中)을 택했다. 萬川明月主人翁曰. …… 觀乎水與月之象, 而悟契於太極陰陽五行之理焉. 月一也, 水之類萬也, 以水而受月, 前川月也, 後川亦月也. 月之數與川同, 川之有萬, 月亦如之. 若其在天之月, 則固一而已矣. …… 近幸悟契於太極陰陽五行之理, 而又有貫穿於人, 其人之術. 莛楹備於用, 鳧鶴遂其生, 物各付物, 物來順應. 而於是乎棄其短而取其長, 揚其善而庇其惡, 宅其臧而殿其否, 進其大而容其小, 尙其志而後其藝, 執其兩端而用其中焉. (『弘齋全書』, 卷10, 「序引」 3. '萬川明月主人翁自序')

이 정도면 이미 정조는 초월적 수준의 인격으로 자처하고 있다고 보아도 좋을 것이다. 우선, '만천명월주인옹'이란 것은 정조 본인을 가리키는 자호인데 일전까지 사용하던 '홍재(弘齋)'란 호 대신 새로 지은 것으로, '삼라만상의 실체적 근원'이란 매우 거창한 뜻이다. 정조가 '만천명월주인옹'이란 자호를 처음 사용한 것은 재위 말년인 22년(1798년) 12월 3일이었다. 이만수(李晩秀)가 쓴 '정조대왕행장'에는 이런 글귀가 있다.

침전(寢殿)에는 '탕탕평평실(蕩蕩平平室)'이라는 편액을 달고, '정구팔황(庭衢八荒)'이라는 네 개의 큰 글자를 침전 벽에다 써 걸었으며, 또 '만천명월주인옹'이라 하여 그 서(序)를 썼는데, 거기서 이르기를, '달은 하나요 물의 흐름은 일만 개나 되는데, 물은 이 세상 사람들이요 달은 태극(太極)이며, 그 태극은 바로 나이다.'라 하였다. 嘗扁寢殿曰: '蕩蕩平平室.' 書'庭衢八荒'四大字於殿壁, 又著'萬川明月主人翁序,' 有曰: '月一也, 水之類, 萬也, 水者, 世之人也, 月者, 太極也, 太極者, 吾也.' (『正祖實錄』, 「附錄」, '正祖大王行狀')

이런 태극(太極)적 위치를 자임하면서 국정을 틀어쥐고 대신들을 지휘하며 공론을 홀로 권위적으로 집정한다면, 이것은 실상 공론정치라기보다는 정치의 사유화에 해당한다고 볼 수 있다. 물론 정조는 자타공인 그럴 만한 실력을 소유하고 있었지만, 정조의 학문적인 거드름과 신하들을 무시하는 처사에 대해 신하들의 불만은 적지 않았다. 가령, 장령(掌令) 오익환(吳翼煥)은 왕의 자만과 신하들을 무시하는 태도, 그리고 그런 왕의 눈치 보기에 급급한 신하들의 풍속과 그로 인한 소통의 경직에 대해 우려하는 상소를 올린 바 있다.

> 엎드려 생각건대 전하께서는 타고난 자질이 총명하시고 성학(聖學)이 고명하십니다. 그런데도 아직 도를 통하지 못하시고 풍속을 아름답게 변화시키지 못하신 것은 진실로 지혜가 사람들보다 뛰어나시어 신하들을 가볍게 대우하는 마음이 있고, 생각이 온갖 단서에 두루 미쳐 모든 것을 알고 모든 것을 삼간다는 생각이 있기 때문입니다. 총명을 믿으면 도리어 자만하게 되고, 실질과 허위[情僞]를 지나치게 살피면 억측을 하게 됩니다. 가르칠 수 있는 상대를 신하로 삼기 좋아하시어, 기를 꺾고 윽박지르는 위엄이 간혹 언관[諫臣]에게까지 가해지고, 신하들을 싫어하고 박대하시어 업신여기는 뜻이 측근[貴近]에까지 드러납니다. 그리고 또 승평(升平)의 운세(運勢)를 타시어 항상 조심하고 두려워하시는 생각이 부족하십니다. …… 이로 말미암아 대관(大官)들은 오직 임금의 뜻을 받들어 따르기만을 힘쓰고, 관료들은 임금의 명에 달려가 순종하기만을 일삼아, 진퇴를 명하는 대로만 하여 자신의 지조는 돌아볼 겨를이 없으며, 아첨이 풍습이 되어 혹시라도 충직(忠直)을 바치는 사람이 없습니다. 간혹 (대전을) 물러나서는 천정을 바라보며 비록 앞날을 걱정하는 탄식을 하기도 하지만, (대전에) 들어가면 칭찬을 늘어놓으며 도리어 임금의 은총을 얻길 바라는 지경입니다. 伏惟殿下, 天姿聰睿, 聖學高明. 然猶道未交泰, 俗未於變, 誠以智出庶物, 有輕待群臣之心; 思周萬幾, 有兼知庶愼之意. 騁聰明, 則反涉於自用, 察情僞, 則有近於臆逆. 好臣所教, 而摧折之威, 或加於違咈; 厭薄具僚, 而狎侮之旨, 或示於貴近. 且撫升平之運, 常欠兢業之慮, …… 由是匡弼, 惟務於將順, 庶僚但事於趨走, 進退惟命, 不暇自顧於廉隅; 容悅成習, 罔敢或輸其忠直. 至或退則仰屋, 雖發危明之嘆; 入則譽樹, 反效希旨之恩. (『正祖實錄』, 12년 1월 23일)

또 평소 정조가 거만하게 스스로 성인을 자처하며 신하들의 의견을 무시하고 독단이 잦아지고 있다고 자주 지적하던 노론의 영수 김종수(金鍾秀)는, 정조가 급기야 신하들의 학문 수준에 실망하여 경연을 소홀히 하자 정조의 목전에서 대놓고 불만을 토로하기도 했다.

> 도대체 어찌하여 근년 이래로 강연(講筵)을 정지하는 날이 점점 많아지는 것입니까? 비록 성학(聖學)이 이미 고명(高明)한 경지에 이르기는 하였지만, 성인(聖人)과 광인(狂人)의 경계선에 대해서는 옛사람도 경계를 하였으니, 학문을 힘쓰다 말았다 할 염려를 어찌 잊을 수 있겠습니까? 의논하는 자들이 '이렇게 되는 것은 강관(講官)들을 점차 적임자로 얻지 못하여 성상께서 비록 경연에 임하여 주위를 둘러보고 물어보아도 누구 하나 성상의 뜻에 합당한 사람이 없기 때문에 성상의 뜻이 점점 더욱 시들해지는 것 같다.'고 합니다. 하지만, 지혜 있는 자도 한 번은 실수하고 어리석은 자도 한 번은 제대로 맞추는 것은, 비록 글의 뜻에 있어서도 또한 그러한 것이니, 어찌 아랫사람들이 성상의 뜻을 만족시키지 못한다고 하여 학문에 힘쓰는 일을 폐지하려 하신단 말입니까? 엎드려 바라건대 이제부터는 하루 세 차례의 강론과 소대(召對)하는 것을 큰 연유가 없는 한, 한 번도 거르지 말아서 학문을 빛낼 수 있는 바탕을 삼으소서. 夫何近年以來, 講筵之停, 漸多曠日? 雖聖學已臻高明, 而聖狂之分, 昔人攸戒, 則一曝十寒之慮, 烏得以忘之哉? 議者以爲, '此似由於講官, 漸不得人, 聖上雖臨筵顧問, 而無一可以當聖意者, 故聖意漸益闌珊,'云. 而智者一失, 愚者一得, 雖於文義亦然, 則何可以下之人, 無足當聖意者, 而遂廢典學之工也哉? 伏願繼自今, 三講及召對, 非有大故, 毋或闕一, 以爲緝熙之地焉. (『正祖實錄』, 13년 11월 17일)

심지어는 정조의 각별한 신임을 받던 초계문신 출신 정약용마저도, 정조가 이미 과거에 급제하여 검증이 끝난 이들을 다시 모아 번거로이 재교육시키며, 상시적으로 숙제하고 시험을 치르게 하는 등 호되게 다루는 것은 유능한 인재를 대우하는 도리가 아니라면서 초계문신제도에 대해 회의적인 태도를 보였다는 것은 의미심장하다.[33] 정조 본인도 인간인 한 무결점의 존재일 수는 없으며, 따라서 국가적인 차원에서 진리의 최종 판단자가 정조로만 압축된다는 것은 많은 문제를 내포할

33) 丁若鏞, 『經世遺表』 卷1, 「春官禮曹」 第3, '禮官之屬' 참조.

수밖에 없었다. 정조는 조선 왕조에서 전통적으로 우대받았고, 17세기 이후로는 정국운영의 막후 세력으로 군림해 온 산림(山林)의 위상과 정치관여도 부정하였다.[34]

훗날 개혁의 화신으로 여겨지는 정조답지 않게 그는 조선 정치의 꽃이라 할 수 있는 청요직을 혁파해 버리고 경연제도마저 폐기해 버렸으며, 초계문신과 규장각을 활용해 대신들을 직접 장악한 채 정무를 처리하였다. 정조는 집권 후반기로 갈수록 언관의 발언권을 제한하거나 금령(禁令)을 내려 언로 자체를 막아버리곤 했으며, 청요직의 인사권을 사실상 전권하던 이조전랑의 인사권을 무력화시키고 승진상의 특혜가 보장된 예문관(藝文館) 검열(檢閱) 한림의 선발을 추천제에서 왕이 선택하는 권점 방식으로 바꾸었다.

반면에, 대신(大臣)들의 권한을 강화하고 자신이 통제 가능한 측근들을 그 자리에 앉혔다. 그 과정은 정조 자신이 직접 하늘의 달과 지상의 산천 사이를 가로막는 구름들을 제거하여 달의 밝은 빛을 선명히 드러내겠다고 비유한 것과 같이, 정치구조에서 중간세력은 약화시키고 중앙집중적 관료체계를 강화하여 국왕의 정치적 통제력이 견제 없이 밑바닥까지 손쉽게 미칠 수 있도록 하는 것이었다. 그 결과, 현묘한 준론탕평의 전개에도 불구하고 사림의 목소리는 공론으로 존중받지 못했으며, 국왕의 목소리만이 공론과 등치되었다.

정조에 의한 언관과 사관 제도 폐지나 약화—자체 인사권이나 면책특권 박탈 등을 포함한—는 왕권과 권신·척족의 전횡을 견제하기 어렵게 만들었으며, 조선 정치의 시대적 진보성, 또는 탁월함의 상징이었던 공론정치를 변질시키는 결과를 가져왔다. 그 때문에 정조의 개혁들은 비단 노론 보수파의 반동적 공격 때문만이 아니더라도 시스템적으로 견고성과 영구성을 확보하기 어려운 면이 있었다고 여겨진다. 정조 사후 그가 이룬 대부분의 개혁이 전복되고 일시적인 노론 반동 정국이 전개된 뒤, 마침내 척족세도정치(戚族勢道政治)가 발호한 것은 결코 우연이 아니다.[35]

이상과 같이, '탕평'을 중심으로 정조의 정치와 리더십을 조명해보자면, 정면교

34) 유봉학, 「18·9세기 노론학계와 산림」, 『한신대논문집』, 제3집, 한신대학교, 1986; 유봉학, 『조선후기 학계와 지식인』, 신구문화사, 1998, pp. 46-55 참조.
35) 유봉학, 『개혁과 갈등의 시대-정조와 19세기』, 신구문화사, 2009, pp. 17-18; 박현모, 『정조 사후 63년』, 창비, 2011, pp. 89-147 참조.

사적 측면과 반면교사적 측면이 함께 발견된다. 쉽게 말해 배울 점과 경계할 점이 둘 다 있다는 것이다. 정조의 평등하고 개방적인 태도가 비교적 두드러졌던 집권 전반기는, 정조가 생각하는 탕평의 원론적 이상과 그가 임하는 적극적 경청 중심의 소통 행위가 매우 긍정적인 가치를 드러낸 시기였다. 이때의 탕평은 '준론탕평' 자체로서, 준론탕평은 아렌트의 용어로 치자면 '의견의 정치'를 활성화시키고 사회적으로 소통이 원활해지도록 만드는 훌륭한 동력이었다. 아마 순조롭게 탕평이 조선사회를 계속 움직여 나갔다면 사회의 온갖 적폐를 씻어내고 누구도 상상 못할 대화합의 역동적 발전을 이루어냈을 것이란 기대를 갖게 된다. 준론탕평을 지휘한 정조의 소통력과 리더십은 모든 리더들의 귀감이 되지 않을 수 없다. 그때의 정조는 한마디로 "꽤 멋있었다!"

그러나 정조의 권위적이고 자의적인 태도가 강해진 집권 후반기에는, 준론의 각축이 탕평을 와해시킬 수 있는 준론탕평의 논리적 결함을 막고 현실상의 반탕평파 내지는 반왕파(反王派)를 제압하기 위한 필요로 인해, 군사도통논리의 황극 주장이 거세지면서 탕평이 제 갈 길을 잃어갔다. 이때의 탕평은 준론탕평이 변질된 '황극탕평'으로서, 황극탕평은 아렌트의 용어로 치자면 '진리의 정치(폭정)'와 다름없으며, 사회적으로 소통을 경색시키고 다원성을 억압하는 반민주적 기제가 된다. 황극탕평에 매료된 '만천명월주인옹'은 공론정치의 붕괴를 자초하며 시스템의 정치[法治]보다는 사람의 정치[人治]만을 남기는 위험한 리더십의 전형을 보여준다. 그의 의도는 아니었겠지만, 실제로 정조는 그의 갑작스런 이른 붕어 후 후세에 세도정치의 도래를 물려주었다.[36]

반면교사적 결론으로만 보자면, 붕당정치의 왜곡과 파국이 가져온 공론정치의 단점 극대화를 준론탕평이라는 한층 세련되고 진일보한 의견의 정치로 대체하고, 근대적 공론장을 예비했을 수도 있었던 기회를 정조 본인이 스스로 날려버렸다는 비판이 가능하다. 그는 조선의 도학적 공론정치에서는 내장되어 있었을지라도 현대적 공론정치에서는 거부되는 '진리의 정치'를 지양하지 못하고, 일면 오히려 다

36) 김기봉은 프랑스의 루이 14세와 정조를 비교하면서, 서로 유사한 역사적 환경의 조건과 압박 속에서 두 사람이 비슷한 행보를 보였고, 사후 두 나라에 도래한 미래도 비슷했다는 흥미로운 연구를 보여준다. 김기봉, 「태양왕과 만천명월주인옹: 루이 14세와 정조」, 역사학회 편, 『정조와 18세기』, 푸른역사, 2013, pp. 270-305 참조.

른 방식[황극탕평]으로 그것[진리의 정치]을 더 강하게 지향함으로써, 준론탕평의 원융적 아름다움과 다원적 의견의 정치, 아렌트가 예찬하는 '행위자들이 서로 탁월함(arete)을 뽐내는' 정치의 요소와 성격을 더 발전시키고 만개시키지 못하였다. 마치 공론을 정치체제의 중핵으로 여겼으나 어느새 공론의 주적이 되어 버린 사대부 붕당인들처럼, 정치 파국의 문제를 바로잡고 공공(公共)의 대동천하를 이룩하고자 분투한 정조 그 자신 또한 아이러니하게도 공론의 파괴자가 되어갔다는 것은 참으로 씁쓸한 일이다.

제 4 절 민주 시대의 탕평 소통과 공공 리더십: 사이-소통 리더십, 소통-열음 리더십

연이은 '불통'령 정부가 이어지면서 그 어느 때보다 우리가 갈망하는 것은 소통이 되었다. 관련하여 우리가 정조의 정치에서 주목하고 배워야 할 것은 다름 아닌 '준론'탕평이다. 그리고 준론탕평을 기획하고 진두지휘할 수 있었던 정조의 '철학이 있는' '소통적 리더십'도 같이 배울 필요가 있다. 준론탕평의 핵심은 바로 소통이고, 준론탕평의 소통은 배타와 편파를 버린 중정(中正)의 경청과 이해에 기초한 '토론하는 소통', '논쟁하는 소통'이다.

또한 이것이 가능하기 위해서는 다양한 의견들의 존재가 전제되어야 하는 만큼, 준론탕평의 소통은 다양성[다양한 입장과 의견]을 살리는 공생(共生)과 상생(相生)의 민주적이고 살림살이적인 소통일 수밖에 없다. 그리고 이런 소통은 민주적이고 공화적인 '의견의 정치'를 열고, 사회적으로 '공공성'을 크게 증대시킬 것이다. 따라서 이런 원융의 철학과 실천성을 갖춘 소통의 리더십을 우리는 '공공 리더십'이라고 불러도 좋을 것이다. 이 공공 리더십은 다양한 영역과 층위에서 요구되는 바, 특히 현재 한국 사회의 총체적 불통과 심각한 공공성의 상실을 생각하면 국가적 지도자들에게 더더욱 필요한 리더십이 될 것이다.

막힘없이 흘러 다니는 것이 소통이다. 즉, 소통엔 장벽이 없어야 하고, 한 쪽으로만 흐르지 않아야 하며, 허위가 없어야 한다. 장벽이나 장애가 있으면 서로 다 교통(교류)할 수 없으며, 어느 한 쪽에서 다른 한 쪽으로만 일방적으로 흐르면 얼핏 소통하는 것 같지만, 그것은 한 쪽의 힘과 의지, 욕망의 일방적 관철이나 타자에 대한 계몽에 불과한 반쪽짜리 소통이지, 서로 주고받는 감응의 소통이 아니기 때문에 감복과 심복이 따르지 않을 수 있게 되며, 허위로 말하고 들으면 진정성이 결여되어 감동이 없고 앙금이 남아 해소가 없는 가짜 소통이 된다. 정조가 준론을 통해 더 정확히는 준론들의 자웅을 겨루는 논쟁을 통해 탕평을 이룰 수 있다고 본 것은 바로 그런 이유에서이다.

준론탕평의 원리에 맞춰 이상적인 토론의 조건을 그려보자면 다음과 같을 것이다. 먼저, 토론의 장에서는 어떤 입장도 인정받을 수 있어야 하고 어떤 의견도 개진될 수 있어야 한다. 적어도 공론장으로의 입장이 마땅한 이유 없이 제지당해서는 안된다. 일단 토론이 시작되는 순간 무엇이 옳고, 무엇이 그르냐 하는 확신 판단은 잠시 유보하는 것이 좋다. 공론장 내에서 의견을 가진 각자는 모두 자신들이 옳다고 믿고 있는 사실과 판단을 지니고 있는 다원적 상태일 것이기에 선입견과 아집에서 자유로워질 필요가 있다. 우선은 차이를 인정하고 최종 판단은 토론 이후로 미루는 것이 좋다.

그렇다고 자신이 처음 소유하고 있던 소신을 숨기거나 버리고 토론을 수행해 나갈 필요는 없다. 토론 과정이나 그 귀결에서 기계적인 중립이나 회색론을 취할 필요도 없다. 정조에 의하면, 이런 자세는 자기에게도, 공론장에 참여한 타인에게도, 공론장 전체에게도 도움이 되지 않는다. 그것은 오히려 탕평을 어렵게 만드는 미숙한 대처가 될 뿐이다. 생산적 토론을 위해서는 확고한 신념과 강하고 선명한 주장이 더 도움이 된다. 해당 신념과 주장을 가진 이가 좋은 경청과 열린 수용 자세를 함께 갖고 있기만 하면 된다. 중요한 것은 차이 간의 합리적 경쟁이다.

다양한 의견이 전개되고 준론들이 주도하는 속에서 논점의 차이가 분명해지면 점차 서로 치열하게 공박하며 상대의 논리적 허점을 파고들고 그와 동시에 자신의 논증을 강화해 나간다. 이 과정에서 발생하는 갈등은 기피할 필요가 없다. 갈등은 차이가 발생시키는 자연스런 부산물이다. 오히려 갈등이야말로 소통의 중요성을 일깨우는 계기라고 이해해야 한다. 그리고 계속 이어지는 논쟁 과정에서 보다 타당하고 합리적인 의견을 수용하고 그렇지 못한 의견은 수정하거나 폐기해야 한다. 제대로 된 논쟁이라면 누구든 자기 의견을 펼 자유를 얻되 자기 의견을 개선하거나 철회할 수도 있어야 한다. 한마디로 준론은 제대로 된 소통이 보장되는 한 치열한 토론의 과정에서 갈등을 심화시키고 공론을 분열시키기보다는 토론 참가자들의 숙의 수준을 높이고 건전한 합의를 확대해주는 역할을 한다.

토론 기반 소통으로서의 '준론탕평'의 매력은 분명하다. 그것은 민주 시대에 요구되는 소통의 지향 방향(소통방식)과 정치적 리더십의 핵심 성격이 무엇이어야 할지에 대해 강한 시사점을 던져준다. 준론탕평의 이념과 원리는 언어를 가진 인간의 소통은 '토론'을 생명으로 한다는 것을 깨닫게 해준다. 특히, 아렌트가 예리하게 짚어낸 것처럼 복수의 인간들(men 또는 multitude)이 모여 세계를 구성하는 정치 영역에서는 그것이 더욱 분명해진다. 그리고 소통을 제대로 완수하는 토론은 아무래도 '완론'— 회색론, 온건한 중립적 주장과 토의적 결과 도출 — 이 아니고 '준론' — 다원적이고 역동적인 논쟁적 토론, 의견의 완성 — 이 될 것이다. 아렌트가 인간의 말과 행위는 자신의 탁월함(arete)을 뽐내는 분투 행위로서 의미를 갖는다고 말한 것처럼. 그럼 우리에게 기대되는 정치적 리더십은 소통의 정치적 리더십이라고 해도 좋을 것이다. 그렇다면 그러한 정치적 리더십은 어디에 역량을 집중해야 좋을까?

우리는 이미 앞에서 탕평 소통의 리더십을 '공공 리더십'이라 호명하였다. 그리고 이어서 인간의 정치적 소통에서 가장 중요한 것, 곧 정치적 소통의 본질은 '토론'이라고 한 만큼, 정치적 소통의 리더십인 공공 리더십 역시 '토론'을 가장 중요한 덕목으로 삼아야 할 것이고, 정치적 리더는 거기에 역량을 집중해야 할 것이다. 그리고 국가 지도자는 그 관심과 역량의 규모를 국가적 차원으로 확대하기만 하면 될 것이다. 그런데 차원의 확대를 염두에 둔다면, "'정치적 소통'의 리더십"이란 표현으로는 우리가 애써 준론탕평에서 길어온 깊은 의미를 담기가 부족하므로, "'소통의' 정치적 리더십"이라는 표현이 더 적합해 보인다. 사통팔달로 소통을 극대화하는 리더십, 곧 '소통의 정치적 리더십'은 지도자 스스로 먼저 소통을 트고 자신과 다른 집단 구성원들 사이에, 그리고 집단 구성원들 각각 간에 소통이 막힘없이 이루어질 수 있도록 돕고, 그걸 가능케 하는 사회적·정치적 소통 조건을 구축하려 애쓰는 '사이-소통'의 리더십, '소통-열음'의 리더십이어야 한다.

그것은 국가운영의 차원에서도 토론정치를 기반으로 해야 하는 바, 국가운영의 차원에서 '사이-소통' 리더십 또는 '소통-열음' 리더십은 대략적으로 다음과 같은 방향을 지향해야 할 것이다. ① 강제와 위압이 아닌 비전과 토론을 통한 평화적 절차의 국가운영, ② 기득권 세력과 개혁 세력 간, 또는 이익 위주 공동체(여당, 보수 세력 등)와 가치 위주 공동체(야당, 진보·개혁 세력 등) 사이의 갈등을 숙의 과정을 통해 최소화하는 중재와 합의의 국가운영, ③ '보통사람'들의 생각을 묻고 들어 수렴함으로써 전체 국가 구성원들의 가치와 동기를 활성화하는 국민참여형 국가운영, ④ 계층과 계파를 초월하여 덕망과 능력을 겸비한 인재를 기르고 등용하는 도덕적인 교육과 검증된 인사 정책을 가지는 국가운영.

이것은 정조가 탕평윤음 등 준론탕평의 구상 속에서 추진하였던 정치 및 국가 모델과도 크게 다르지 않다. 그만큼 정조의 의리탕평, 곧 준론탕평의 이념과 기획이 갖는 보편적 가치가 크다는 반증일지도 모른다. 물론, 위에서 정리한 방향은 아직은 매우 대략적인 것이고, '사이－소통' 리더십 내지 '소통－열음' 리더십의 특징과 역량, 그 묘용 등에 대해서는 장차 별도의 논의와 연구가 필요할 것이다.

그리고 이번 연구를 두고 다음과 같은 문제제기가 뒤따를 수도 있을 것이다. 토론을 본령으로 하는 정치적 소통이 사회적 차원의 다른 소통 방식과 충돌을 일으키지는 않을 것인가? 아마 최대한 그렇지 않아야만 그것이 탕평 소통이 될 수 있지 않겠는가? '소통의 정치적 리더십'을 논하는 과정에서 '공감', '상상력', '몸과 침묵' 등의 또 다른 정치현상학적 요인들을 생략하고 오직 '의견과 토론' 일변도로만 관심을 집중한 것은 타당한가? 지면과 논점의 제약 상 그와 같은 문제들을 한번에 이곳에서 다 다룰 수는 없었다. 하지만, 생각건대 반드시 짚고 넘어가야 할 주제라 여기기에 이들에 대한 논의는 후일을 기약하고자 한다.

정조는 자신과 동시대를 살았던 신민(臣民)에게 어떤 통치자로 기억되었을까? 다음은 정조의 묘지문의 일부이다.

> 정자(程子)·주자(朱子) 시대가 멀어지자 사설(邪說)들이 또 일어나고 중구난방으로 떠드는 통에 표준도 법식도 없었는데, 이때 하늘이 문운(文運)을 열어 우리 도[吾道][37]가 드디어 우리나라로 오게 된 것이다. 우리 선왕(先王)께서 왕위에 오르시고 천명을 지키면서 임금으로서 스승까지 겸하셨기에 덕이 높고 행실이 빈틈이 없었으며 학문이 높고 업적이 많으셨다. 주경(主敬)으로 근본을 다

37) 성리학을 자칭하는 말.

지고, 궁리(窮理)로서 앎을 넓혀나가셨다. 오묘한 성명(性命)의 이치를 터득하고 조화(造化)의 원리를 꿰뚫어보는 지(知)와 만물을 한 몸으로 생각하고 천하를 한 집으로 여기는 인(仁)과, 사사로운 자아를 극복하고 유구한 사업을 성취할 수 있는 용(勇)을 겸비하셨다. …… 왕은 성인이셨다. 사도(斯道)[38]의 본 모습을 밝혀내고 사도가 지향할 바를 주장하셨다. 왕이 하신 일은 복희(伏羲)·신농(神農)·문왕(文王)·무왕(武王)이 했던 일이며, 왕이 하신 말씀은 공자·맹자·정자·주자가 한 말이었다. 程·朱旣遠, 邪說又作, 衆口爭愿, 靡所準式, 天開奎運, 吾道遂東. 我先王正位凝命, 以君兼師, 德尊而行備, 學崇而業廣. 主敬以立其本, 窮理以致其知. 知有以窮性命之奧, 而達造化之原, 仁有以同萬物之體, 而普天下之公, 勇有以克有我之私, 而成悠久之業. …… 王, 聖人也. 發明斯道之體, 主張斯道之命. 其事則羲·農·文·武, 其言則孔·孟·程·朱. (『正祖實錄』, 「附錄」, '墓誌文')

비록 군왕에게 바쳐진 존례의 글이라고는 하나, 정조는 사후 중국 고대의 제왕들과 공·맹·주자 이후 끊어진 유학의 도통을 동방에서 이어받은 군사요, 성인이었다고 극찬받았다. 또한 그는 대한제국에 와 고종에 의해 선황제(宣皇帝)로 추존되기에 이른다. 우리에게 소통의 간절함을 일깨워 준 대한민국의 대통령들은 어떻게 역사에 기억될지 궁금하다.

38) 성리학을 자칭하는 말.

참고문헌

『書經』

『朱熹集』

『英祖實錄』

『正祖實錄』

『弘齋全書』

『日省錄』

『三峰集』

『栗谷全書』

『經世遺表』

강광식(2009). 『유교 정치사상의 한국적 변용』. 백산서당.

강광식 외(1998). 『조선시대 개혁사상 연구』. 한국정신문화연구원.

______(2005). 『한국정치사상사 문헌자료 연구(Ⅱ)』. 한국학중앙연구원.

김문식(2000). 『정조의 경학과 주자학』. 문헌과해석사.

______(2007). 『정조의 제왕학』. 태학사.

김성윤(1997). 『조선후기 탕평정치 연구』. 지식산업사.

김영수(2005). 「조선 공론 정치의 이상과 현실(Ⅰ)－당쟁 발생기 율곡 이이의 공론 정치론을 중심으로」. 『한국정치학회보』, 제39집 제5호. 한국정치학회.

김인걸 외(2011). 『정조와 정조시대』. 서울대학교출판문화원.

김찬호(2014). 『모멸감: 굴욕과 존엄의 감정사회학』. 문학과지성사.

박광용(1998). 『영조와 정조의 나라』. 푸른역사.

박현모(2001). 『정치가 정조』. 푸른역사.

______(2004). 「조선왕조의 장기 지속성 요인 연구 1: 공론 정치를 중심으로」. 『한국학보』, 제30집 제1호. 일지사.

______(2011). 『정조 사후 63년』. 창비.

백민정(2010). 「정조의 사대부 인식과 정치철학적 입장 연구」. 『한국실학연구』, 제20호. 한국실학학회.

역사학회 편(2013). 『정조와 18세기』. 푸른역사.

유봉학(1986). 「18・9세기 노론학계와 산림」. 『한신대논문집』, 제3집. 한신대학교.

______(1998). 『조선후기 학계와 지식인』. 신구문화사.
______(2009). 『개혁과 갈등의 시대－정조와 19세기』. 신구문화사.
이명박(1995). 『신화는 없다』. 김영사.
이성무(2000). 『조선시대 당쟁사』(전2권). 동방미디어.
이승환(2005). 「동양에서 '공적 합리성'의 특성과 근대적 변용－성리학적 공론관을 통해 본 '진리의 정치'와 '관용의 정치'」. 『철학연구』, 제29집. 고려대학교 철학연구소.
이태진(1990). 「조선왕조의 유교정치와 왕권」. 『한국사론』, 제23권. 서울대학교 국사학과.
이하배(2013). 『소통 열음: 한국사회의 소통문화를 통틀어 묻는다』. 논형.
이한우(2007). 『정조 조선의 혼이 지다』. 해냄.
이현출(2002). 「사림 정치기의 공론 정치 전통과 현대적 함의」. 『한국정치학회보』, 제36집 제3호. 한국정치학회.
정옥자(1997). 『조선후기 문화운동사』. 일조각.
정옥자 외(1999). 『정조시대의 사상과 문화』. 돌베개.

제 3 부

소통학의 응용과 탐사

제 10 장 소통, 정의, 그리고 연대*

이 상 형

제 1 절 서론: 소통윤리학의 필요성

하버마스(J. Habermas)에게 있어 현대는 다원주의 시대로 특징지워진다.[1] 따라서 상이한 가치와 문화를 가진 사람들의 공동생활을 가능하게 하기 위해 오늘날 윤리학의 시급한 과제는 이 상이한 문화나 규범들 사이의 충돌을 해결하기 위한 기준을 정당화하는 것이다. 상이한 문화나 규범이 하나의 공동체에서 만날 가능성이 증가하는 만큼 이의 해결은 시급할 수밖에 없으며, 이 해결을 위해 모두가 동의할 수 있는 상위의 기준이 필요하게 된다. 따라서 이런 시대인식은 규범과 규칙들이 올바른가를 검증하는 규범 정당화 문제가 윤리학의 최우선 과제로 등장하며, 윤리학은 이의 해결을 위한 공정한 기준을 세워야 한다는 요구에 직면한다.[2]

---

* 이 글은 필자의 논문 "정의와 유대성－하버마스의 정의 개념과 그 한계"(『동서사상』, 제10집, 2011)을 수정·보완한 것이다.

1) 박구용에 따르면, 현대를 다원성의 시대로 특징짓는 것은 이제 일반적인 일이 되었으며, 그것은 사회구조의 변화에 수반되는 현실적인 요구이기도 하다. 따라서 하버마스는 다원주의의 사실성을 인정하면서, 이 다원주의로부터 제기되는 문제를 우선적으로 해결하고자 한다(박구용, 『우리 안의 타자』, 철학과 현실사, 2003, p. 98 참조).

2) 아펠 또한 다원주의와 현대의 전 지구적 위기에 직면하여 상호주관적으로 타당한 윤리를 정당화하는 것이 현대만큼 시급한 적이 없다고 말한다(K.－O. Apel, *Diskurs und Verantwortung*, Ffm.

그러나 실천영역에서의 이런 절대적인 소통원칙 또는 공정함의 기준에 대한 요구는 칸트(I. Kant)에 대한 헤겔(G. W. F. Hegel)의 비판을 상기시킨다. 만약 규범정당화를 위한 도덕법칙이 그 보편성, 형식성으로 말미암아 현실로부터 벗어나게 된다면 도덕법칙은 현실에 어떤 영향도 끼치지 못하는 이상적 기준으로만 머물게 될 것이다. 이런 이상적 보편성과 현실성 간의 모순관계는 헤겔에 의하면 다시금 현실에서의 긴장관계로 완화되어야 한다. 그러나 이런 이상과 현실의 괴리에 대한 해결은 이전까지의 방식으로는 가능하지 않다. 현실의 비판을 위해 신을 상정한다든지 선험적 원리에 의존하는 것은 오늘날 합리적 사유방식에 적합하지 않은 듯이 보인다. 왜냐하면, 현대는 또한 탈형이상학적 시대로 규정되기 때문이다. 즉, 절대적 원칙에 대한 요구와 현실에 대한 고려를 모두 충족시키는 방식은 탈형이상학적 시대에 있어 현실 속에서 합리적인 방식으로 정당화되어야 한다는 것이다. 다시 말해, 보편적 정의원칙은 생활세계 내에서 정당화되어야 한다. 이런 칸트와 헤겔의 현대적 의미에서의 종합에 대한 요구로 인해 하버마스는 생활세계에 위치한 의사소통적 행위 속에서 소통의 원칙으로서 정의의 원칙을 도출하고자 한다. 그는 담론윤리학을 "헤겔의 근본의도를 수용하며, 칸트적 수단을 통해" 구성하고자 한다.[3)]

이런 기획 하에서 전개된 하버마스의 담론윤리학은 결국 증대되는 다원성의 문제에 주목하여 이 다원성을 해결하기 위한 방법으로 누구나 인정할 수 있는 정의원칙을 정립하는 것이라 할 수 있다. 그러나 이 정의원칙은 물론 현실의 맥락에서 도출되어야 하며, 따라서 현대의 현실적인 생활세계에서 의사소통적 전제들을 통해 정의원칙을 도출하고자 한다. 의사소통적 행위는 다원주의 하에서 필연적으로 문제될 수밖에 없다. 서로 다양한 생각과 가치를 가진 사람들이 만나 문제를 해결하기 위해 의사소통은 필연적이다. 이는 정치적 행위뿐만 아니라 일상의 영역에서도 문제시된 규범의 정당화를 검증하기 위해 의사소통을 통한 합의만이 유일한 통로이기 때문이다. 힘이나 권력에 의한 규범의 정당화가 현실에서 발생할지라도 이런 규범에 대한 인정은 자율적 행위에 기반하지 않기에 타의에 의한 복종이며, 이는 언제든지 그 타당성이 문제시될 수 있다.

따라서 담론윤리학에서 정의원칙을 도출하고자 하는 시도는 이제 의사소통행

1992, p. 16 참조).

3) J. Habermas, *Erläuterungen zur Diskursethik*, Ffm. 1991, p. 17.

위 속에서의 공정한 판단형성을 위한 관점을 형성하는 작업으로 구체화된다. 그러나 이런 이상과 현실의 종합을 단지 의사소통행위에서 정의의 원칙을 찾으려는 것으로 마무리되어서는 안된다. 왜냐하면, 정의의 원칙만으로는 공동체의 통합에 기여하기에 한계가 있기 때문이다. 정의를 통해 다원성으로부터 유발되는 갈등과 충돌을 해결할 수 있을지라도 공동체 구성원들의 연대와 통합은 또 다른 문제이다. 왜냐하면, 사회통합과 그에 따른 사회의 안정은 정의뿐만 아니라 이웃의 복지에 대한 배려를 요구하기 때문이다. 즉, "정의의 원리를 일반적 복지 및 이웃사랑의 복지에 대한 염려의 원리"와 분리하여 대립시킨다면 정의와 연대성은 도덕적 근본현상의 통일성을 제대로 파악할 수 없게 된다.[4] 다원주의와 사회적 통합이라는 이중적 요구에 대한 도덕의 응답은 따라서 정의와 연대성 모두를 만족시키는 도덕규범을 요구하게 된다. 뿐만 아니라 이 도덕규범은 허공에 떠 있는 이상에 머무는 것이 아니라 현실에 기반한 이념으로 작동할 수 있어야 한다.

이런 도덕성에 대한 요구와 이상과 현실의 조화에 대한 필요는 하버마스로 하여금 정의의 원리와 이를 보완하기 위한 연대성을 우리의 의사소통행위 안에 실현하도록 한다. 즉, 정의는 도덕성의 보편주의적 요구를 충족시키며 연대성을 통해 현실의 생활세계적 맥락 또한 고려해야 한다. 그리고 이런 정의와 연대성의 계기는 하버마스에 따르면, 성공적 의사소통행위를 위한 전제들 속에 동시에 포함되어 있다. 따라서 정의와 연대를 현실의 맥락에서 재구성하려는 하버마스의 담론윤리학은 의사소통행위를 재구성함으로써 보편주의적 도덕원칙을 수립하며, 이를 통해 의사소통공동체 구성원으로서의 담론참여자들 간의 연대성을 보호하고자 한다.

그러나 필자는 이런 담론윤리학을 통한 정의와 연대성의 종합이 결국 정의의 우위에 기반한 종합으로서 다시금 현실의 비판에 직면함을 보여주고자 한다. 왜냐하면, 담론윤리학은 그의 종합의 기획에도 불구하고 규범정당화를 위한 이상적 도덕원칙의 마련에 집중함으로써 의사소통행위의 생활세계적 연관을 잃어버리기 때문이다. 즉, 하버마스의 정의 원칙은 이상적 조건 하에서만 가능하기 때문에, 그를 통한 연대성과의 종합은 결국 연대성의 현실적 공동체적 의미를 박탈하게 된다. 결국, 하버마스는 현실과 멀어지고 이상에 가깝게 접근하게 된다. 이런 정의와 연대

4) 위의 책, p. 63.

성의 종합은 다시금 현실에 기반한 선 윤리학의 관점에서만 가능하다는 것이 필자의 입장이다.

제 2 절 소통윤리학의 조건: 하버마스의 도덕적 관점

하버마스에 따르면, 칸트(I. Kant)적 유형의 윤리학은 다음의 비판에 직면해 있다.[5] 첫째, 도덕적 행위 동기에 있어서 의무를 강조함으로써 '좋은 삶이 무엇인가'에 대한 문제와 인간의 자연적 본성으로 인한 경향성과 욕구의 문제를 도덕의 영역에서 배제한다. 이는 칸트 윤리학에서 도덕적 행위를 어떻게 발생시키는가, 또는 동기화시킬 수 있는가라는 도덕적 행위의 동기화문제를 일으킨다. 둘째, 칸트 윤리학에 따르면, 올바른 도덕 판단은 현실에 대한 반성을 가능하게 하는 탈관습적 보편주의적 차원에서 가능한 것이다. 이를 위해 우리의 실천적 이성은 보편성을 인식할 수 있는 높은 차원의 합리성을 스스로에게 부과한다. 이런 합리성으로 고양된 실천이성이 올바른 판단을 위해 도덕원칙에 따라 문제시되는 규범과 규칙을 검사하는 것이다. 그러나 이런 규범이나 규칙의 검사를 가능하게 하는 최상위의 도덕원칙이 무엇이냐는 것과 이 도덕원칙을 통해 규범의 타당성을 검사하는 것은 규범정당화의 문제로써, 이 규범들이 어떻게 현실에 적용가능한가라는 규범적용의 문제는 규범정당화와 다른 차원의 것이다. 일반적으로 타당한 규범이 어떻게 특수한 상황이나 현실에 적용될 수 있는가는 최상위의 도덕원칙을 인식할 수 있는 높은 차원의 합리성이 아니라 아리스토텔레스(Aristoteles)가 말하는 '실천적 지혜(pronesis)'가 필요하다. 그러나 칸트 윤리학은 규범이 어떻게 적용되는가라는 문제에 직접적인 대답을 하지 않는다. 셋째, 규범정당화를 위한 보편주의적-형식주의적 도덕법칙의 수립은 결국 특수한 구체적 현실을 추상화함으로써 가능하다. 이는 개별적인 생활형식들 속에서만 구체적 내용을 가질 수 있는 가치를 규범의 영역에서 제외하는 것이다. 규범정당화에 참여하는 사람들은 그들의 모든 생활형식에서 나오는 구

5) 위의 책, p. 87 참조.

체적 가치로부터 거리두기를 요구하게 된다. 왜냐하면, 구체적 생활연관에 얽매인 참여자들은 규범정당화 과정에서 결코 모두를 위한 규범에 합의를 이루기 힘들기 때문이다.

따라서 이런 칸트주의적 윤리학에 대한 비판은 다원주의 시대에 정의의 원칙을 수립하고자 하는 하버마스에게 선택을 강요한다.[6] 즉, 비판이 출발하는 아리스토텔레스주의나 헤겔주의로 돌아가든지 아니면 이런 반박을 고려하여 칸트 윤리학을 수정하는 것이다. 그러나 하버마스에 따르면, 첫 번째 대안은 형이상학적 사유방식을 부활하는 것이다. 즉, 그에 따르면, 하나의 선 개념으로부터 출발하는 도덕이론은 모든 다른 선 표상에 대한 우위를 주장하며, 이는 결국 어떤 형이상학적 전제를 통해서만 가능하게 된다. 그러나 오늘날 탈형이상학적 시대에서 이런 시도는 보편주의적 정당성을 획득하지 못한다. 형이상학적 전제 없이 아리스토텔레스를 부활시키고자 하는 현대의 신아리스토텔레스주의자는 다음의 어려움에 부딪힌다.[7]

첫째, 현대 사회의 다원주의에서는 좋은 삶에 대한 다양한 생각과 이념이 존재한다. 다원주의에서는 서로 경쟁하는 삶의 방식을 위계질서지우는 것이 아니라, 다양한 삶의 방식을 인정하면서 동시에 공동생활을 가능하게 하는 규범원칙을 정당화하는 것이 중요하다. 둘째, 도덕적 행위를 위한 방향을 설정하는 인식능력인 프로네시스(Phronesis)가 형이상학적 토대의 도움을 받지 못할 때, 실천이성은 더 이상 특정한 삶의 방식의 옳음을 정당화하지 못한다. 왜냐하면, 무엇이 최고선인가에 대한 목적 지향점이 없다면 프로네시스는 단지 개인적 세계관 형성을 위한 상식 수준에 머물기 때문이다. 실천적 지혜가 최고선의 부재로 의해 지향점을 잃어버릴 때 그것은 일상적 삶에서 합목적적 기능을 가진 실용적 지식으로 기능한다. 셋째, 기존의 제도나 전통 속에서 좋은 삶의 이념을 찾는 신아리스토텔레스주의자는 "도덕적 보편주의의 해방적 내용"을 포기해야 한다.[8] 윤리적 명제의 옳음을 상위규범에서가 아니라 전통이나 관습인 에토스에서 찾으려는 시도는 기존제도나 관습의 규범타당성을 인정하는 것이며, 따라서 기존제도들의 구조적 모순을 비판할 가능성을 잃어버리는 것이다. 탈전통적, 보편주의적 관점에서만 도덕 판단들은 기존 실

6) 위의 책, p. 87 참조.
7) 위의 책, pp. 87-92 참조.
8) 위의 책, p. 90.

천제도들의 한계로부터 벗어나서 삶의 해방적 내용에 기여할 수 있다.

이런 어려움에 직면하여 아리스토텔레스 윤리학을 오늘날 탈형이상학적 사유의 토대에서 새롭게 구성하려는 시도는 선택가능하지 않다. 따라서 하버마스는 현대적 조건 아래에서 칸트 윤리학을 수정하는 대안을 선택한다. 즉, 칸트 윤리학의 근본의도에 따라 공정한 판단을 위한 보편주의적 관점을 형성하며 동시에 칸트 윤리학에 대한 비판을 고려하는 것이다. 이런 의도에 따라 먼저 하버마스는 공정한 판단형성을 위한 규범정당화원칙으로서 보편타당한 기준을 마련하려는 점에서 칸트를 따른다. 하버마스가 구성하려고 노력하는 "도덕적 관점(der moralische Gesichtspunkt)"은 칸트가 주장했던 도덕적 관점(der moralische Standpunkt)과 동일한 것이다. 왜냐하면, 칸트가 구성하려는 도덕적 관점은 도덕적 문제들을 공정하게 판단할 수 있는 관점을 의미하며, 하버마스에게 도덕적 문제란 공정한 판단을 형성하기 위한 "도덕적 관점"을 세우는 것이기 때문이다. 이 도덕적 관점을 통해 하버마스는 오늘날 다원주의에서 공동생활을 위해 필수적인 도덕적 구속력을 정당화하는 물음에 답하려 한다.

따라서 이런 입장, 즉 공정한 판단을 형성하기 위한 관점을 세우는 입장은 곧 정의 문제로 귀결된다. 왜냐하면, 공정한 판단을 형성하기 위한 원칙을 수립한다는 것은 올바른 행위와 제도를 판단하기 위한 보편타당한 기준, 즉 정의원칙을 수립하는 것이기 때문이다. 그리고 이런 정의 개념으로부터 칸트 윤리학의 보편주의적 권리주장을 수용하여 현대적 의미에서 개인의 보편주의적 인격과 권리를 보장하고자 한다. 다시 말해, 하버마스가 주장하는 담론윤리학은 보편주의적 입장 하에서 올바른 의사소통행위를 통해 개인의 동등한 권리와 자율적인 참여를 보장하고자 하기에, 칸트 윤리학에서의 자율성과 양심의 자유를 계승한다고 할 수 있다. 다수의 판단에 대하여, 또는 사회의 선입견에 대하여, 개인의 자유와 권리를 보호하는 것은 현대 윤리이론의 의무이다.

이런 배경 하에서 또한 하버마스는 칸트 윤리학을 수정·보완하고자 한다. 그 방향은 결국 도덕원칙을 통한 규범정당화의 문제, 즉 정의원칙의 수립에 집중하나 이 정의원칙을 생활세계의 맥락에서 가능하게 만들고자 하는 것이다. 이를 위해 첫째, 담론윤리학은 모든 개별자가 지성의 세계에서 규범정당화를 위해 스스로 수행하는 칸트의 독백적 수단을 극복해야 한다. 독백적 수단을 통한 규범정당화는 결국 그 정당성의 근거를 자기에게만 두는 것이다. 그러나 상호주관성이 강조되는 오늘날 이런 규범의 정당화방식은 타당하지 않다. 둘째, 도덕적 행위를 위해 단지 욕구와 경향성에 대비되는 순수의지만이 강조되는 칸트의 엄격한 윤리학을 개별자들의 이해관심에 기초한 상호주관적 검증의 차원으로 확장하여야 한다. 도덕적 행위를 가능하게 하는 선의지는 현실의 이해관계를 벗어나기를 요구한다. 칸트에게 도덕적 행위란 오로지 도덕적으로 행동하고자 하는 의지에 있기 때문이다. 그러나 오늘날 각 개인에게 자신의 이해관계를 벗어나 판단하길 요구하는 것은 너무 엄격한 도덕적 기준을 요구하는 것이다. 셋째, 도덕원칙은 각 개인들의 이해관심뿐만 아니라 행위의 결과를 상호 간의 검증을 통해 고려할 수 있어야 한다. 동기의 순수성만을 강조하는 칸트와 달리 오늘날 결과에 대한 고려도 도덕적 행위의 옳고 그름을 판단하는 데 배제되어서는 안된다.[9)]

규범정당화가 개인의 고독한 반성에서가 아니라 다수가 참여하는 담론에서 가능하다는 것, 담론적 절차에서 개인의 이해관심과 그 결과가 고려된다는 것을 통해 하버마스는 칸트 윤리학을 상호주관성에 근거한 담론윤리학으로 변형시킨다. 그리고 이와 같은 칸트 윤리학의 보존과 극복을 통해 하버마스는 동시에 두 마리의 토끼를 잡으려 한다. 한편으로 칸트의 의도에 따라 다양한 삶의 방식을 가진 행위자들이 공동생활을 할 수 있게 하는 도덕의 정의원칙을 확보하고자 하며, 다른 한편으로 헤겔(Hegel)의 의도에 따라 실질적이고 구체적인 현실을 고려하고자 한 것이다. 이는 곧 하버마스에 따르면, 생활세계의 의사소통적 행위를 재구성함으로써 가능하다. 규범정당화를 위한 담론에서 대화참여자들은 공정한 합의에 이르기 위해 모든 이가 보편타당한 규범적 전제를 따를 것을 요구한다. 소통을 통해 합의에 이

9) 하버마스에 따르면, 담론윤리학은 다음과 같이 칸트 윤리학을 극복하고자 한다. ① 담론윤리학은 규범의 보편타당한 구속력을 일상실천의 언어에서 찾으려 하기 때문에 칸트 윤리학의 두 왕국 학설을 포기한다. ② 담론윤리학은 규범정당화를 위한 칸트의 내적인, 고독한 개인의 반성을 극복하고자 한다. 모든 개인들이 자신의 행위준칙의 검사를 고독한 내면의 영혼에서 수행하는 칸트의 자아는 준칙의 정당화를 위해 자기 자신과 대화하는 반면에, 담론윤리학은 이해관심의 일반화를 위한 의사소통을 상호주관적으로 구성된 공적인 담론의 결과로 간주한다. ③ 담론윤리학은 칸트가 결국 이성의 사실이라 말하는 도덕원칙의 정당화문제를 논증의 일반적 구조로부터 도출함으로써 해결하고자 한다(위의 책, pp. 20－21 참조). 이와 같은 칸트 윤리학의 세 가지 문제들을 담론윤리학은 현대의 탈형이상학적 시대에서 형식적－대화적 보편주의를 통해 극복하려고 한다 (A. Wellmer, *Ethik und Dialog*, Ffm. 1986, p. 10 참조).

르기 위해서는 모든 이가 지켜야 할 보편적 절차가 있어야 한다. 그러나 그럼에도 불구하고 이 절차는 일상생활의 현실적인 언어사용 속에서 기대되는 것이다. 생활세계는 문화와 전통이 서로서로 얽혀 있는 곳으로 현실적 실천의 영역으로 간주되며 이 영역 내에서 의사소통행위가 발생한다. 의사소통행위는 항상 생활세계의 맥락 내에서 움직이며 그로부터 벗어날 수 없다. 좋은 삶에 대한 물음이 발생하고 답해지는 지평을 형성하는 생활세계 내에서 정의의 물음이 제기되는 것이다.[10] 따라서 보편적인 것과 구체적인 것의 대립은 담론윤리학에서 이제 의사소통적 일상실천에서의 긴장관계로 완화된다. 그러나 이제 이 생활세계 내에서 정의의 원칙이 어떻게 정당화되며 기능하는지가 구체적으로 밝혀져야 한다. 즉, 문제는 구체적인 생활세계와 보편적인 정의원칙의 조화가능성이다.

제 3 절 소통의 원칙: 담론윤리학의 정의원칙

이 절에서는 하버마스의 도덕적 관점을 구체화하기 위한 정의원칙이 해명되며 이를 통해 어떻게 규범정당화가 가능한지가 밝혀져야 한다. 이 정의원칙이 해명됨으로써 그것과 생활세계를 결합하고자 하는 하버마스 전략의 성공 여부가 밝혀질 것이다. 그러나 칸트적 의도에 따라 정의의 보편타당한 기준을 마련하려는 시도는 정의원칙을 합리성의 높은 수준에 위치시키기에 이상적 조건 또는 인위적인 조건에서만 가능하게 된다. 이런 정의개념은 결국 하버마스의 의도와는 달리 현실과의 괴리라는 한계를 가질 수밖에 없다. 따라서 하버마스는 연대성을 통해 이를 극복하고자 한다.

10) J. Habermas, *Moralbewusstsein und kommunikatives Handeln*, Ffm. 1983, p. 117 참조.

1 이상적 도덕원칙

담론윤리학에서 규범정당화는 이중적으로 발생한다. 먼저, 하버마스는 일반규범과 규칙들의 정당화를 위한 상위의 도덕법칙을 정당화하고자 하며, 다시 이를 통해 일반규범들이 정당화되어야 한다고 말한다. 따라서 담론윤리학은 정의의 원칙을 통해 올바른 행위를 정당화하기 위한 절차라고 말할 수 있다. 그리고 이 정의의 원칙은 이제 상호주관적 행위, 즉 언어행위의 재구성을 통해 획득될 수 있다. 왜냐하면, 성공적 의사소통행위를 위해 우리는 규범적 전제를 필연적으로 가정해야 하기 때문이다.

의사소통적 행위 속에서 화자와 청자는 상호대칭적인 합리적 주체로 인정된다. 그들은 이 의사소통적 행위를 통해 그들의 타당성 주장을 제기한다. 언어 화용론의 성과를 윤리학에 도입하려는 하버마스의 의도에 따르면, 일반적으로 화자는 진리, 정당성, 진실성에 대한 타당성 주장을 담론에서 제기한다. 그런데 전략적 행위가 "한 사람이 다른 사람에게 경험적으로 제재의 위협을 가하거나 보상을 기약함으로써 그에 대해 영향을 미쳐 바라던 상호작용의 지속을 유도하는 반면, 의사소통적 행위는 일자가 타자에 의해 모종의 동조적 가담행위를 하도록 합리적으로 동기지우도록 노력한다."[11]

의사소통적 행위에서 담화자들이 제기하는 타당성 주장은 상호주관적 인정, 또는 합의에 의해 결정된다. "참여자들이 그들의 행위계획을 합의적으로 조정하는 상

행위유형[12]			
언어사용	행위자 태도		
	객관화하는 태도	발화수행적 태도	
비의사소통적	목적지향적 개입	–	비사회적 행위
상호이해지향적	–	약한 의사소통적 행위	사회적 상호작용
합의지향적	–	강한 의사소통적 행위	
결과지향적	전략적 상호작용		

11) 하버마스, 황태연 역, 『도덕의식과 소통적 행위』, 나남출판, 1997, p. 96 참조.
12) 하버마스, 윤형식 역, 『진리와 정당화』, 나남출판, 2008, p. 162.

호작용을 의사소통적"이라고 부르는 하버마스에 따르면, 행위자들은 언어적인 협의과정을 통해 "그 무엇에 대해 의견을 서로 주고받으면서 그들의 언어행위와 함께 각기 상황에 따라 타당성 주장들, 즉 진리 주장, 정당성 주장 및 진실성 주장을 제기" 하는 것이다.'[13] 그리고 이 타당성 주장이 해결되는 것은 화자가 자신의 발화행위를 통해 제기한 타당성 주장에 대한 수신자의 '예' 또는 '아니오'이다. 그리고 수신자의 이런 긍정 또는 부정은 화자의 발화행위가 이해가능하고 수용가능한지의 여부에 달려 있다.[14]

따라서 의사소통적 행위가 성공적이기 위해서는 언어 속에 합의를 위한 필수적인 전제가 포함되어 있으며, 이 전제들은 어떤 도덕적 내용을 포함하는 구조를 가진다는 것이 하버마스의 발견이다. 담론윤리학은 이런 의사소통행위를 위한 규범적 전제들의 반성적 재구성 이외 다른 것이 아니다. 특히, 담론윤리학은 화자가 규범적 정당성에 대한 타당성 주장을 제기하고 이를 해소하기 위한 과정에서 지켜야 할 규범적 내용을 재구성한 것이다. 행위자는 의사소통행위 속에서 상호 간에 옳음에 대한 타당성 주장을 제기하고 그것을 해소하고자 한다. 타당성 주장을 해결하기 위해 의사소통행위의 목표로서 합의 또는 승인이 정당화되어야 한다. 의사소통행위에서 이 합리적으로 정당화된 합의를 통해 규범적 옳음이 보장되는 것이다. 이런 의미에서 담론윤리학은 합의를 위한 언어행위의 일반적인 필수적 조건들을 합리적으로 재구성하는 형식화용론 내지 보편화용론으로 간주된다. 이 조건들은 곧 "공동생활을 올바르게 규제하기 위한 규범들의 발견과 생성에 기여하는 논증과정의 구조와 절차"들이다.[15]

그러나 언어 속에서 도덕적 행위를 위한 합리적 계기 또는 규범적 내용을 찾는 하버마스의 전략은 문제시된 규범들의 타당성 물음에 합의를 도출하기 위한 의사소통행위의 조건들을 이상적인 방법으로 전제해야 한다.[16] 의사소통행위에서 합의

---

13) 하버마스, 황태연 역, 앞의 책, p. 96 참조.

14) 하버마스, 윤형식, 역, 앞의 책, pp. 140－141 참조.

15) J. Habermas, *Die Einbeziehung des Anderen*, Ffm. 1996, p. 55.

16) 이런 하버마스의 전략은 이미 그의 초기 저작 『인식과 관심』(1973)에서 드러나고 있다. 이 책에서 하버마스는 헤겔의 초기 사상을 받아들여 언어와 노동을 인식론적 관점에서 인간 본질의 실현을 위한 수단으로 파악한다. 물론, 여기서 언어는 정체성 형성을 위한 하나의 상호작용 형식으로 파악되나 아직 규범적 타당성을 위한 토대로서는 발전되지 않았다. 『소통행위이론』(1981)에서 이 상호작용의 개념은 의사소통행위에로 환원된다. 여기서 의사소통행위의 개념은 언어에 의해

에 도달하기 위해 어느 정도 규범적 내용을 가진 담론규칙을 언어에 전제할 수 있으나 하버마스는 한 걸음 더 나아간다. 올바른 의사소통을 위한 전제로부터 보편주의적 도덕원칙을 도출하고자 하기에 담론규칙은 강한 규범적 전제를 갖춘 이상적 조건으로 구성된다.[17] 정당성에 대한 타당성 주장을 논증적인 방식에서 해결하기 위해 담론참여자들은 논증의 전제조건 ― 출입의 공공성, 평등한 권한을 가진 참여, 참여자들의 진실성, 입장표명의 비강제성 등 ― 을 설정해야 한다.[18] 왜냐하면, 하버마스는 논증을 "합의지향적 행위의 반성형식"으로 파악하기 때문이다. 하버마스에 따르면, 이 이상적 전제조건들로부터 우리는 도덕원칙을 직관적으로 도출할 수 있다.

담화참가자로서 타당성 주장을 제기하고 해소하고자 할 때 화자가 논증에 들어서는 것은 필수적이다. 그리고 논증에서 타당성 주장의 해소를 위해, 즉 합의를 도출하기 위해 모든 논증참가자들은 논증의 전제조건을 지켜야 한다. 이 논증의 전제조건은 합의를 목적으로 하는 논증참가자들이 지켜야 할 전제들이다. 논증의 전제조건 하에 타당성 주장을 해소할 때 그 합의는 주장에 대한 타당성을 보장하는 것이다. 그렇다면 이제 합의는 다음과 같을 때 가능하다. "실천적 논의 속에서 모두의 동의를 얻을 수 있는 규범만이 타당성을 주장할 자격이 있다."는 것이다.[19] 담

매개된 상호작용의 형식으로서 권력이나 이데올로기에 의해 왜곡되지 않은 의사소통으로의 지향을 통해 이성비판과 사회비판을 위한 수단으로서 파악된다. 상호작용 또는 상호주관적인 이해를 목적으로 하는 행위 분석을 통해 하버마스는 사회비판을 위한 의사소통적 합리성개념과 규범척도를 마련하려는 것이다.

17) 하버마스는 먼저, 『도덕의식과 소통적 행위』(1983)에서 담론규칙으로부터 도덕원칙을 도출하기 위해 담론규칙들을 강한 규범적 내용을 가진 것으로 이해한다. 그러나 도출되어야 할 도덕원칙(U)의 내용이 이미 전제 속에 포함되어 있다는 비판에 직면하여 『담론윤리학의 해명』(1991)에서 이 담론규칙은 넓은 의미에서의 규범적 내용을 가진 것으로, 『이질성의 포용』(1996)에서는 도덕적 의미의 어떤 규범적 내용도 가지지 않은 단지 실천적 담론을 위한 인식적-선험적 필요라고 말한다. 담론참여자들은 논증에서 규범정당화를 위해 이 담론규칙들을 항상 전제해야 하고 따라서 그 규칙들은 (U)의 정당화에 기여한다는 것이다. 그러나 만약 담론규칙들이 어떤 규범적 내용을 가지지 않은 인식적 의미만을 가진 것이라면 이로부터 (U)가 어떻게 도출될 수 있는지 말해질 수 없다. 또한 정의와 연대성의 가치를 실현하고자 하는 담론윤리학은 이 담론규칙들에 정의와 연대성이 함축되어 있다고 말한다. 이런 의미에서 담론규칙들은 규범적 내용을 가진 것으로 전제되어야 한다(Lee, Sang Hyung, *Moralität und Sittlichkeit*, Ergon, 2011, pp. 187-188 참조).

18) 하버마스, 이진우 역, 『담론윤리의 해명』, 문예출판사, 1997, p. 163. 하버마스에 있어서 논증(Argumentation)은 의사소통행위의 반성적 형식을 뜻한다. 규범정당성의 타당성 주장은 논증형식에서만 해결될 수 있다.

론원칙 (D)로 표현되는 이 최상위의 원칙은 논증적 합의가 획득되는 방도를 제시한 것이다.

그렇다면 이제 문제는 논증에서 어떻게 이런 합의가 도달될 수 있는가이다. 최상위의 담론원칙 (D)에 이르기 위해 하버마스는 교량원칙을 제시한다. 즉, "어떻게 도덕적 규범이 논증될 수 있는지를 보여주는 논증규칙"이 필요하다.[20] 논증규칙이자 도덕원칙인 보편화원리(U)는 다음과 같이 정식화된다. "어떤 규범은 모든 당사자들이 각 개인의 이익상황과 가치지향에 대해 일반적 규범준수로부터 생겨날 수 있는 예견적 결과와 부작용을 공동으로 강제없이 수락할 수 있는 바로 그 경우에 타당하다."[21] 그러나 이 표현에서 ① 모든 당사자들의 일반적 규범준수, ② 그로부터 생겨나는 결과와 부작용의 고려, ③ 모든 당사자들의 이익상황과 가치지향의 만족 등과 같은 표현에서 규범정당화를 위한 보편화원리의 이상적 조건이 드러난다. 담론참여자들이 상호 충돌하는 이해관심을 가질 때, 그들은 합의에 도달하기 위해 어느 정도까지 그들의 이해관심을 포기하거나, 혹은 수정해야 하는가? 과연 어느 정도까지 예견적 결과와 부작용을 고려할 수 있으며, 모든 당사자들의 이익상황과 가치지향이 논증에서 얼마만큼 고려될 수 있는가?

논증참여자들은 이런 이상적인 도덕원칙을 통한 규범정당화를 수행하기 위해 그들의 모든 생활연관적 타당성 근거로부터 벗어나기를 요구받는다. 자신의 고유한 생활세계로부터의 추상화를 통해 행위자들은 탈관습적 관점에 이르며, 보편주의적 도덕의 관점에서 (U)를 통한 규범정당화에 참여할 수 있다. 왜냐하면, 논증에서 합의에 도달하기 위해 논증참가자들이 서로 다른 문화나 가치에 따라 타당성 주장을 검증한다면 합의는 불가능하기 때문이다. 따라서 이런 탈관습적 관점 하에서 담론참여자들은 합리적으로 근거지워진 합의에 도달하기 위해 이상적 담론상황을 구성해야 한다. 올바름의 타당성 주장을 해소하기 위한 참된 합의를 위해 선험적 전제가 기능하는 이상적 담론상황이 요청되는 것이다. 합의가 이상적 담론상황의 조건 아래에서 이루어질 때 합의는 비이성적이고 기만적인 합의와 구별될 수 있고, 성공적 의사소통을 위한 이성적 합의에 도달할 수 있다. 따라서 이상적 담론

---

19) 하버마스, 황태연 역, 『이질성의 포용』, 나남출판, 2000, p. 67.
20) 위의 책, p. 68.
21) J. Habermas, *Die Einbeziehung des Anderen*, Ffm. 1996, p. 60.

상황이 보장될 때 합의를 목표로 하는 논증은 도덕원칙에 따라 타당성 주장의 해소를 위한 충분한 기준이 될 수 있다.

이런 관점에서 이제 현실의 이상화는 담론윤리학에서 이중적으로 전개된다. 첫째, 절대적 정의원칙을 도출하기 위해 언어행위의 이상적 조건을 가정하였다. 의사소통행위의 이상적 전제 하에서 담론원칙 D가 도출될 수 있었다. 둘째, 이 담론원칙을 통해 규범을 정당화할 때 이상적 담론상황에서 논증은 발생한다. 그렇지 않다면 의사소통행위의 목적인 합의가 어려울 뿐만 아니라 기만적 합의와 진정한 합의가 구별되지 않기 때문이다. 따라서 규범의 타당성을 검증하기 위해 참여자들은 자신의 생활세계적 맥락을 벗어나 보편적 관점에서야 합의에 도달할 수 있다. 그러나 보편주의적 관점을 통한 이상적 담론상황에서의 합의는 현실과의 관계를 잃어버리기 때문에 다시금 이 합의된 것을 구체적 현실세계에서 회복해야 하는 문제가 발생한다. 선험적인 것을 통해 타당성 근거를 보장하려는 시도는 합의를 위해 출발해야 하는 역사적이고, 구체적인 생활세계 연관들을 선험적이고 이상적인 조건으로 변형하는 것이다. 그러나 결국 의사소통적 행위는 단지 언어행위의 선험적 조건에서만 그의 목표를 이룰 수 있기 때문에 옳음에 대한 타당성 주장은 현실맥락을 잃어버리게 된다. 이와 같이 하버마스의 담론윤리학은 보편타당한 관점을 획득하기 위해 자신의 현실과 점점 멀어지게 된다.

2 담론윤리학의 전제

하버마스가 규범정당화를 위해 요구하는 이상적 담론상황이 결국 현실에서 발생하기 위해 담론윤리학은 몇 가지 전제조건을 내세운다. 규범정당화를 위한 이상적 도덕원칙의 수립과 선험적 조건의 구성은 엄격한 보편적 도덕의 요구에 기인한다. 그러나 이런 보편적 도덕에 대한 요구는 개인이나 공동체의 가치문제나 선 표상의 배제를 통해 가능하다. 왜냐하면, 보편적 정의에 대한 요구는 공평한 판단이 가능한 영역에서만 가능하기 때문이다. 특정한 개인이나 집단의 가치와 선 표상이 관련될 때 공평한 관점을 형성하는 것은 어려운 일이다. 따라서 "선에 대한 옳음의 우선성 없이는 어떤 윤리적으로 중립적인 정의개념도 존재"할 수 없다.[22] 옳음과 좋음의 구별과 좋음에 대한 옳음의 우선성 테제로 표현되는 이것이 공정한 판단형성을 위한 보편적 도덕개념에 전제된다.23) 이 정의의 관점에서 "도덕의 문제들은 근본적으로 합리적인 방식으로 결정될 수 있는 반면에, 좋은 삶의 문제는 역사적으로 구체적인 생활형식, 또는 개인적인 삶의 영위의 지평"에서 해명될 수 있는 가치평가적 문제로 간주된다.24)

칸트가 이성의 사용방식을 기술적, 실용적, 도덕적인 방식25)으로 구분하듯이 하버마스 또한 담론윤리학에서 실천이성은 실용적, 윤리적, 도덕적 방식26)으로 사용된다고 말한다. 이때 실천이성의 실용적 사용은 목적-합리적 사용방식을 의미하며, 윤리적 사용은 좋은 삶의 문제와 관련된 것이다. 즉, 칸트에게서 행복의 문제와 하버마스에게서 좋은 삶의 문제는 도덕의 문제는 아닌 것이다. 왜냐하면, "도덕적 관점"에서 도덕은 공정한 판단을 위하여 무조건적이고 보편타당한 원칙을 수립하여 이를 통해 규범을 정당화하려는 것이기 때문이다. 그러나 좋은 삶이 무엇이냐는 문제는 이런 관점 하에서 공평하게 판단될 수 있는 것이 아니다. 즉, 하버마스에 따르면, 좋은 삶과 관련된 문제는 병리학적 문제로서 다양한 방법에 따라 다양한 곳에 이르는 삶의 치료적 문제이다. 도덕의 문제는 그에 반해 공정한 판단의 관점에서 해결되어야 하는 공동생활을 위한 규칙이나 규범의 문제에 제한된다.27) 단

---

22) 위의 책, p. 42.

23) 보편적 정의개념을 옹호하는 아펠과 롤스 역시 옳음과 좋음의 문제를 구별하며, 이때 옳음은 좋음에 대한 제한조건으로서 기능한다. 올바름이 선에 대한 제한조건으로서 기능하고 선이 단지 이 영역 내에서 가능하다고 주장하는 것은 선에 대한 옳음의 우위의 관점에서 보편적이고 절대적인 정의 개념을 주장하는 것이다. 따라서 그들에게 있어 윤리학의 제1과제는 이 영역 테두리를 만들기 위한 조건, 즉 정의원칙을 수립하는 것이다.

24) J. Habermas, *Moralbewusstsein und kommunikatives Handeln*, Ffm. 1983, p. 190.

25) I. Kant, *Grundlegung zur Metaphysik der Sitten*, p. 46.

26) J. Habermas, *Erläuterungen zur Diskursethik*, Ffm. 1991, p. 101 참조.

27) J. Habermas, *Die Einbeziehung des Anderen*, Ffm. 1996, p. 40 참조. 하버마스의 텍스트에서 선, 또는 좋음의 개념은 다음과 같이 변화하고 있다. 『소통행위이론』(1981)에서 선은 아직 고유한 영역으로서, 그리고 고유한 합리성의 영역으로서 자신의 고유한 독립적인 타당성 유형을 가지지 못한 것으로 파악된다. 그러나 『담론윤리학의 해명』(1991)에서 선 개념은 찰스 테일러, 가다머 등의 반론에 직면하여 선은 일종의 합리성 개념으로 따라서 정체성과 콘텍스트에 관련한, 그리고 가치평가적인 것으로 설명된다. 이런 견해는 『이질성의 포용』(1996)에서 선을 개인의 가치지향적인 총체로서 파악하는 것으로 이어진다. 따라서 개인이 이 선의 형성과 실현 과정에서 어떤 곤란을 겪을 때 선에 관한 물음은 결국 좋은 삶은 무엇인가에 대한 병리학적 물음으로 간주된다(W. Schaupp, *Gerechtigkeit im Horizont des Guten*, 2003, pp. 42-43 참조).

지 규칙이나 규범만이 이 정의의 관점에서 해결될 수 있기 때문이다. 따라서 이제 도덕의 과제는 도덕의 영역, 즉 규범과 준칙들이 모든 사람들의 관점에서 일반화될 수 있는가를 탐구하는 영역에서만 가능하고, 하버마스는 이 전제 하에 그의 담론윤리학을 정의의 문제에 국한시킨다.[28] 담론윤리학은 좋은 삶에 대한 문제를 해결할 수도 없고 해결하고자 하는 것이 아니다. 좋음에 대한 옳음의 관계설정을 통해 윤리학의 과제와 본성이 해명되는 것이다.

좋음에 대한 옳음의 우선성을 통해 보편적 정의원칙의 가능성을 실현하고자 하는 담론윤리학은 이를 위해 다음의 추상화를 실행하여야 한다.[29] 즉, 정의문제를 다루기 위한 보편주의적 관점에 도달하기 위해 다음의 세 가지 추상화과정이 발생한다. 첫째, 요청되는 동기들의 추상화: 담론이성이 도덕의 영역에서 목표로 하는 것은 담론참여자들이 도덕적 문제를 해결할 때 지켜야 하는 공정한 절차의 확립이다. 담론윤리학은 자기정체성과 자기이해에 대한 문제를 포함하는 좋은 삶에 대한 물음을 문제시하지 않기에 "내가 왜 도덕적으로 행위해야 하는가?"라는 물음에 답하지 못한다. 왜냐하면, 이와 같은 도덕적 행위에 대한 동기화문제는 자기정체성과 자기실현의 문제와 밀접하게 관계 맺고 있기 때문이다. 둘째, 주어진 상황으로부터의 추상화: 규범윤리학은 공정한 관점을 통한 규범정당화의 문제에 집중함으로써 결국 각각의 구체적 상황으로부터 추상화된 관점을 요구한다. 왜냐하면, 구체적 이해관계와 상황으로부터 공평한 판단은 가능하지 않기 때문이다. 셋째, 구체적 인륜성으로부터의 추상화: 정의를 위한 보편주의적 관점을 요구하는 담론윤리학은 기존제도나 전통의 타당성 영역을 초월하기를 요구한다. 즉, 담론참여자들은 문제시된 규범을 정당화하기 위해 기존 생활형식을 규제하는 타당성 영역으로부터 거리

28) 도덕의식의 발달단계를 확인함으로써 하버마스는 그의 주장의 근거를 확보하고자 한다. 콜버그에 따르면, 도덕의식은 6단계의 발달과정을 거치며 그중 최상위의 단계는 탈관습적·보편적 도덕의식으로 나타난다. 이 보편적 관점에서 문제시되는 것은 각 개인의 선 표상이 아니라 상호 개인 간의 관계를 규제하는 규칙들이다. 그러나 이런 콜버그의 주장은 검증되어야 할 이론을 이미 검사에 전제하고 있는 것이다. 왜냐하면, 콜버그는 이미 보편주의의 관점에서 도덕의식의 발달을 단계적으로 해석하고 있기 때문이다. 따라서 하버마스 스스로 이런 규범윤리의 전제에 대한 타당성을 이미 전제하는 경험이론은 규범윤리를 위한 독립된 증거로서 사용될 수 없다고 말한다. 단지 콜버그의 경험이론은 담론이론이 개연성을 가질 수 있다는 것을 말해 줄 수 있을 뿐이다(Lee, Sang Hyung, *Moralität und Sittlichkeit*, Ergon, 2011, pp. 204-205 참조).

29) J. Habermas, *Erläuterungen zur Diskursethik*, Ffm. 1991, pp. 83-87 참조.

를 두어야 한다. 이런 초월적·탈관습적 관점에서 보편주의적 정의개념은 가능한 것이다.

그러나 담론참여자들이 그들 자신의 고유한 생활맥락을 추상화하여 공동의 이상적 상황을 구성할 수 있지만, 이렇게 얻어진 관점이 현실에서 어떤 의미를 가질 수 있는가의 문제가 발생한다. 왜냐하면, 현실에서 해방적 계기는 역사나 현실사회의 초월을 통해서가 아니라 현실 속에서 인간이 그들의 조건을 규정하는 존재방식을 확인하고, 그의 역사적·문화적 조건을 해명하는 과정에 있기 때문이다. 결국, 이상적인 정의원칙과 그를 위한 담론윤리학의 전제들은 — 좋음과 옳음의 분리와 생활세계의 추상화 — 정의의 문제를 해결할 수 있지만, 그로부터 얻어진 정의가 나에게, 또는 우리에게 과연 좋은 것인가의 물음이 발생하게 된다. 추상적-형식적 보편주의로부터 얻어진 공평한 관점은 결국 비인간적 관점일 수 있다. 정의는 항상 무엇에 대한 정의이고, 이는 곧 차이와 맥락에 근거한 구체적 생활세계에 의존하는 것이다. 따라서 하버마스는 그의 정의개념을 어떻게 그의 의도에 따라 현실성을 회복할 수 있는지, 즉 생활세계를 고려한 정의개념을 어떻게 회복해야 하는가의 문제에 다시 직면한다. 그리고 이때 담론윤리학의 콘텍스트 초월적인 이념의 관점이 어떻게 문화·생활형식의 다양성의 사실적 맥락들과 조화될 수 있는지가 관건인 것이다.

제 4 절 담론윤리학을 통한 정의와 연대성의 종합

물론, 하버마스는 항상 차이에 민감한 도덕에 대해 말한다.[30] 그에 따르면, 담론윤리학이 도덕적 문제를 해결하는 과정인 담론은 차별을 배제하고 소외된 것을 포용하려는 방법이다. 차별과 소외를 통해 이뤄진 담론은 그 정당성을 획득하지 못하기 때문이다. 따라서 담론의 과정에서 행해지는 이런 이질성의 포용은 담론참여자들의 상호호혜에 바탕한 연대성을 통해 가능하다. 문제시된 규범과 관련된 모든

30) J. Habermas, *Die Einbeziehung des Anderen*, Ffm. 1996, p. 58 참조.

담론가능자들은 동등한 지위에서 참여가능하며, 그 구성원들은 상호호혜의 원칙에 입각하여 규범정당화를 수행하는 담론참여자들인 것이다.

그러나 하버마스는 담론에서의 상호호혜의 원칙 이외에 규범정당화의 역할을 수행하는 담론이 그 기능을 잘 수행하기 위해 담론참여자들 사이의 연대를 요구한다. 이런 담론참여자들 사이의 연대성을 통해 담론참여자들은 서로를 이웃으로 파악하길 요구하는 것이다. "이웃의 복지에 대한 감정이입과 배려"를 요구하는 연대성은 형제자매처럼 밀접한 관계를 맺고 있는 동료들의, 상호주관적으로 공유된 생활형식과 연관이 있다.[31] 담론참가자들은 서로를 알지 못하지만 그렇다고 서로 동떨어진 사람이 아니다. 규범을 문제시하고 그 규범의 타당성을 검증하는 것은 그 규범에 관련된 당사자들이기 때문이다. 서로 그 규범에 관련되어 같은 생활형식을 공유하기에 그 규범을 함께 검증하는 것이다. 이렇게 서로를 같은 공동체의 일원으로 보는 것, 또한 같은 공동체의 운명을 함께 부담하고 있는 이웃으로 보는 것이 필요하다. 따라서 보편주의적 정의원칙을 위해 실행한 구체적 생활세계의 추상화로부터 드러나는 문제점을 극복하기 위하여 하버마스는 이제 정의 외에 담론참여자들 모두에게 상대방에 대한 연대성을 요구한다.

연대성은 첫째, 사회를 통해 개인화되는 인간의 정체성 보호를 위해 요구된다. 왜냐하면, 인간의 정체성은 오직 상호적으로만 인정될 수 있고 따라서 이 상호호혜적 인정의 상호주관적 관계들은 보호되어야 하기 때문이다. 상호 간에 존중하는 연대 없이 성공적 정체성 형성은 어려울 수 있다. 둘째, 전 지구적 위기에 직면하여 사회의 모든 구성원들이 타인과 그들 사회 전체를 도덕적으로 적극적인 방식으로 고려하기를 요구하는 책임윤리학이 요구된다. 사회 구성원들 상호 간의 연대성을 통해 도덕은 이 사회에서, 그리고 이 세계에서 함께 서로를 도덕주체로 고려하고 상호 간의, 그리고 공동체의 복지를 지향한다. 그렇지 않다면 오늘날 서로의 유대망 속에 형성된 지구는 함께 멸망할 수 있기 때문이다. 따라서 하버마스는 정의뿐만이 아니라 연대성이 도덕의 두 가지 뿌리 중 하나임을 말한다.[32] 그리고 이런 연대성이 담론윤리학에서 실현되고 있는 것이다. 왜냐하면, 담론에서 의사형성의 절차는 모든 담론참가자들의 동일한 권리를 인정하고 그를 통해 이상적으로 정당화

---

31) J. Habermas, *Erläuterungen zur Diskursethik*, Ffm. 1991, p. 16.

32) 위의 책, p. 16 참조.

된 합의를 도출하는 데 있기 때문이다. 따라서 상대방에 대한 동등한 대우와 연대성의 가치는 합의를 위한 담론에서의 담론참여자들 상호 간의 호혜적 인정관계를 이루고자 하는 담론윤리학에서 실현되는 것이다.[33] 이 연대성의 실현을 통해 결국 하버마스는 정의의 원칙과 연대성의 종합을 기획한다.

연대성을 통해 공동체 구성원 상호 간의 일반적 복지를 지향하는 공동체주의 윤리학의 관점은 상호이해를 추구하는 담론윤리의 상호호혜관계 속에서 정의와 내면적 연관을 가진다. 그러나 이때 정의의 보편주의적 관점을 유지하는 한 연대성은 또한 이 담론의 이상적 조건 하에서만 가능하다. 즉, 탈관습적으로 파악된 정의는 연대성이 담론적 의사형성의 이념의 관점에서 가능한 것으로 파악될 때만 자신의 상대짝으로 연대성과 일치할 수 있다.[34] 왜냐하면, 담론의 이상적 조건에서만 담론참여자들은 상호호혜적 관계 속에서 서로를 인정할 수 있기 때문이다. 따라서 담론윤리학이 주장하는 연대성은 담론의 이상적 조건을 통해 가능하게 되는 상호호혜에 기반한다. 이 담론적 조건들이 이상화됨으로써 담론참여자들은 의사소통적 행위의 이상적인 대칭조건과 호혜성의 기대 속에서 연대성과 정의를 함께 발견하는 것이다. 이 이상적 의사소통공동체, 또는 이상적 담론상황에서 담론참여자들이 정의의 관점 하에서 규범정당화담론에 참여할 때 상호 연대성을 발전시킬 수 있다. 그러나 그렇다면 보편주의적 정의의 관점에서가 아니라 자신의 생활세계와 자신이 속한 공동체의 관점에서 상대방을 바라보는 참여자는 정의의 입장을 갖지 않기에 연대의 대상이 되지 않는가? 즉, 이상적 언어공동체의 조건을 만족시키지 못하는 구성원은 연대의 공동체에서 배제해야 하는가라는 질문이 등장한다.

이해지향적 행위가 이상적 언어공동체 내로 확장됨으로써 정의와 함께 연대성은 언어능력과 행위능력을 갖춘 모든 주체들에 관련된다. 그러나 이렇게 확장된 연대성 개념은 담론참여자로서 타자의 동일한 권리를 인정하는 최소한의 인정에 근거한다. 연대성이 이상적 조건에서 가능하며 담론에서 합의를 위한 상호호혜에 기반할 때, 이런 이상적 차원에서의 연대성은 보편주의적 도덕의 구성요소로서 특수한 공동체 내에서의 자기이해에 기반한 연대성의 의미를 잃어버린다. 이런 상호 형식적 인정을 통한 연대성 개념으로부터 실질적인 이웃의 복지에 대한 연대성은 발

33) 위의 책, p. 155 참조.
34) 위의 책, p. 71 참조.

전될 수 없다. 왜냐하면, 연대의 감정은 구체적이고 특수한 상황에 대한 고려에서 출발하기 때문이다. 어떤 이가 소수자로서 차별을 받고 있다든지, 또는 어떤 이가 특수한 상황에서 어려움을 겪고 있다든지 연대는 공감에서 출발해야 한다.

비록 이상적 조건 하에서 실현된 연대성이 모든 인간존재에 적용될 수 있을지라도 이는 곧 타인을 담론가능자로만 인정하는 형식적-추상적 의미만을 가질 뿐이다. 하버마스 스스로 인정하듯이 담론윤리학에서 형식적 조건의 인정을 통해서는 실질적이고 윤리적인 문제들은 — 제3세계의 기아와 빈곤, 사회재화의 불공평한 분배, 생태위기 등 — 해결될 수 없다.[35] 왜냐하면, 그의 윤리학은 규범정당화의 문제에 집중함으로써 도덕의 좁은 개념에 만족하기 때문이다. 따라서 보편주의적 관점에 일치하여 일상실천 내에서 의사소통지향적 언어사용이 갖는 공동의 전제에 포함되는 연대성과 일반복지에 대한 관심은 구체적·실제적 윤리문제의 해결을 위한 출발점이 아니라 이상적 담론상황에서 합의를 가능하기 위한 조건일 뿐이다. 그러나 현실에서 시민들의 모든 특수한 이해관심과 정체성을 초월하는 데서 발생하는 연대성은 결국 차이를 무시한 공허한 평등에 머물게 된다. 연대성이 탈관습적, 탈전통적 차원의 수준 높은 합리성에서 가능하다는 것은 "추상적 이념의 요구일 뿐 구체성을 갖지 못한다."[36]

이제 담론윤리학이 실제로 견지한 연대성은 특수한 공동체 내에서 경험할 수 있는 구체적 연대성이 아니라, 이상적 언어공동체 내에서 가능한 추상적이고 공허한 연대성으로 파악된다. 왜냐하면, 연대성이 공동체 구성원에 대한 실질적 배려와 일반복지로 발전하기 위해서는 우리가 동일한 공동체 내에서 같은 선 표상을 공유하며 공동의 복지를 지향한다는 인식에서 출발하기 때문이다. 우리가 스스로를 공동의 현실적 사회조건에 놓여있는 사회적 존재로 이해할 때 연대성은 구체적 현실의 조건에서 가능해진다.[37] 연대성이 이런 공동체 의식에서 출발할 때 비로소 이웃과 공동체의 복지에 대한 배려가 시작될 수 있다. 따라서 연대성은 이상적 조건 아래에서 수준 높은 합리성의 차원에서 발생하는 것이 아니라, 현실의 조건에서 공

---

35) 위의 책, p. 30 참조.

36) 박구용, 『우리안의 타자』, 철학과 현실사, 2003, p. 107.

37) 인간이 사회적 존재라는 것은 인간은 공동체 내에서만 자신의 정체성을 형성하고 자아를 실현할 수 있다는 의미 외에 다른 것이 아니다.

동체 구성원이 자아실현을 위한 인정투쟁을 통해 밑에서부터 확장되는 것이다.[38] 왜냐하면, 우리의 자아실현은 공동체의 가치와 공동체의 구성원에 의지하기 때문이다.

제 5 절 소통의 관점에서 정의와 연대성의 종합

하버마스에 따르면, 공정한 판단의 관점은 모든 사람들이 바랄 수 있는 규범을 타당한 것으로 규정하는 보편화의 원리를 통해 보장된다. 보편타당한 관점에서 소통의 원칙에 입각하여 모든 이를 규제할 수 있는 규범을 정당화하는 것이다. 그러나 이때 보편타당한 관점을 형성하는 것이 과연 가능하며, 또한 이런 합리성의 수준에서 이루어진 소통의 원칙이 얼마만큼 구체적 현실을 반영할 수 있을지 의문이 제기된다. 즉, 공평한 보편주의적 관점을 획득할 수 있는지, 그리고 이것이 구체적이고 개별적인 가치관로부터 독립하여 가능할 수 있는지의 물음이 제기된다. 왜냐하면, 찰스 테일러(Ch. Taylor)에 따르면, 규범의 고유한 의미를 형성하는 것은 가치에 대한 표상이며, 따라서 올바름의 관점은 공동체 구성원들의 가치관에 근거하기 때문이다.[39] 그에 따르면, 이 올바름에 대한 객관적인 선 표상은 우리에게 좋은 것은 무엇이냐에 대한 답으로서 규정된 것이고 따라서 선의 다양한 표상들이 상호소통과 인정투쟁을 거쳐 모두에게 좋은 규범으로서 동의될 때 형성된다. 우리는 때로 현실에서 다양한 문화배경과 가치맥락을 가진 사람들이 소통할 때 서로 다른 생활환경이나 가치관 때문에 진정한 소통이 이루어지지 못하는 경우를 목격하기도

---

38) 여기서 말하는 인정투쟁은 자아가 어떤 공동체 내에서 자신의 선 표상에 대해 타당성 주장을 할 때 타인과 맺게 되는 관계를 의미한다. 따라서 이 인정투쟁은 헤겔적 의미의 인륜적 관계 내에서 발생하는 것으로 어떤 선천적 의식구조나 이상적 모델이 아니라, 개별자아가 정체성을 형성하고 자기를 실현하기 위해 구체적 타자와 가지는 역동적 과정을 의미한다(L. Siep, *Anerkennung als Prinzip der praktischen Philosophie*, 1979, p. 128 참조).

39) Ch. Taylor, *Quellen des Selbst*, Ffm. 1996, p. 172 참조. 테일러에 따르면, 올바름에 대한 관점은 인간 본성에 대한 숙고와 인간의 사회적 조건에 의지한다. 왜냐하면, 인간존재는 공동의 가치표상에 의해 구성되며 이 가치표상들이 올바름에 대한 포괄적인 이해를 형성하기 때문이다(Ch. Taylor, 같은 책, p. 55 참조).

한다. 이런 경우, 모든 사람을 규제하는 올바름의 관점은 모든 다양한 가치관의 관점이 오랜 역사 동안 상호타협과 화해의 과정에서 발생하게 된다.

따라서 정의의 물음, 즉 "모든 사람에게 동등한 정도로 좋은 것은 무엇이냐?"는 결국, 나에게 좋은 것은 무엇이냐는 물음에서부터 출발하여 우리에게 좋은 것은 무엇이냐는 물음에 대한 대답인 것이다. 왜냐하면, 올바름에 대한 물음은 사회 구성원들이 가지는 자기이해와 세계이해의 지평을 넘어서 답해질 수 없기 때문이다. 따라서 공정한 판단을 형성하기 위해 모든 담론참여자들의 이해관심을 고려할 때 항상 담론참여자들은 자신의 정체성에 대한 물음, 즉 '윤리적 인식'을 고려해야 한다. 이러한 고려에 기초해 정당화된 도덕규범만이 담론참여자들의 진정한 동의를 획득할 수 있기에 그 규범은 정당한 구속력을 가질 수 있다.[40] 대화참여자들의 이런 구체적 인간의 관점에서만이 우리는 인간을 구체적으로 조건지워진 존재로, 그리고 규범을 우리의 정체성을 형성하는 의미체계연관 내에서 해명할 수 있다. 정의라는 관념은 사회마다 다를 수 있으며, 정의가 무엇인가라는 내용을 이루는 것은 결국 사회 구성원들의 구체적 가치관이기 때문이다.

이런 관점에 따르면, 우리는 상이한 생활방식들 속에서 다양한 선 표상들의 전제하에서 의사소통행위에 참여하는 것이다. 그러나 상호주관적 실천 속에서 선험적 토대를 전제하고 이를 통해 규범적 내용을 도출하려는 하버마스의 시도는 이미 보편주의적 의도가 숨어있는 것이다. 이 의도에 따라 하버마스는 현실이 보편성의 힘 아래에서 움직이도록 현실을 구성하며 의견의 차이나 우연의 근본적인 차이에 대해 눈감을 수밖에 없다. 이런 방식으로 구성된 이상적 담론상황이라는 이상적인 세계는 보편주의적 의도에 따라 인위적으로 계획된 세계이다. 그러나 실질적인 도덕적 행위를 정당화하기 위한 방법은 현실에서 출발하여 정당화되어 가는 과정으로 파악되어야 하며, 그때 인간은 역사적·문화적 언어공동체를 통해 조건지워진

---

40) 어떤 사람이 특정한 경우에 어떤 규범의 타당성을 검사할 때 이 정당화물음은 이 규범이 이 상황에서 나에게 좋은가라는 물음의 형식으로 고려된다. 따라서 이 규범은 먼저 자신의 고유한 선 표상을 통해, 그리고 타인이 이를 인정함을 통해 정당화되는 것이다. 이 과정은 규범들이 이미 나에게 또는 우리에게 좋은 것은 무엇이냐는 가치명제들과 관련을 맺고 있다. 투겐트하트(E. Tugendhat)에 따르면, 가치평가의 관점과 관련 없이는 어떤 사회규범의 정당화에 대해서도 말할 수 없다. 왜냐하면, 도덕적 명제는 규범과 관련 맺고 있는 가치명제들이기 때문이다(E. Tugendhat, *Philosophische Aufsätze*, Ffm. 1992, pp. 286-288 참조).

존재로 이해되어야 한다. 이럴 경우 소통이 보편주의적 목적에 지배받지 않고 서로에 대한 차이에 기반해 삶을 변화시킬 수 있는 진정한 소통이 가능할 것이다.

만약 정의가 좋은 삶이 무엇이냐에 대한 공동체의 합의에 근거한 것이라면 정의의 정당화에 대한 문제도 변하게 될 것이다. 즉, 정의가 좋은 삶이나 선의 표상에 대한 한계개념으로 상정되지 않는다면, 따라서 정의의 우선성이 주장되지 않는다면, 이상적인 또는 인위적인 방법에 의한 정의의 절대적 타당성이 주장될 필요는 없다. 정의개념이 좋은 삶의 표상에 의지하는 한, 정의는 좋은 삶에 대한 표상들의 소통과 인정투쟁에 의해 성립되는 것이다. 즉, 어떤 정의원칙이 적절한가를 결정하기 위해 우리는 좋은 삶에 대한 공동체의 이해에 의존해야 한다. 이것이 비록 정의의 타당성에 대한 보편적 구속력을 산출하는 것은 아니지만, 정의의 객관성, 구속력을 해명하는 것이다. 정의를 근거지우는 선 이념의 객관성이 해명되는 한 하버마스의 선 윤리에 대한 첫 번째 비판, 즉 선의 다양성은 규범을 정당화하지 못한다는 비판은 약화될 수 있다.

우리 사회가 어떤 사회이며 어떤 사회이어야 하는가에 대한 이해와 그 속에서 분배되는 재화와 의무의 의미는 서로서로 제한한다. 정의는 한 사회의 구성원들이 그들의 공유된 의미이해에 따라 어떻게 재화를 분배하는지를 규정하는 방식에 의존한다. 정의는 철학적 발견이나 발명의 결과가 아니라 무엇이 우리 공동체에서 좋은 삶인가에 대한 인정을 통한 구성원 공동의 이해 산물로서 구속력을 가진다. 이렇게 정의가 공동체 구성원들이 스스로에게 부과한 의무로서, 모든 이에게 동등한 정도에서의 선이라는 의미를 가질 때, 연대성과 정의는 실질적인 의미에서 서로서로 제약하며 보완한다. 왜냐하면, 정의를 형성하는 것이 우리의 좋은 삶에 대한 표상이고, 이 표상이 우리 공동체의 일반적 의지에 의지함을 인식할 때 우리는 좋은 삶에 대한 합의를 위해 서로를 친구로서, 동일한 공동체 내에서 좋은 삶을 추구하는 타자로서 인정하기 때문이다. 연대성이 우리-공동체(Wir-Gemeinschaft)의 인식에 의지하는 한, 그리고 정의가 이 공동체의 의미연관 속에서 규정되는 한, 연대성과 정의는 실질적인 내용을 가지고 상호 보완할 수 있다. 따라서 정의와 연대성의 종합은 보편주의적 이상화를 통한 형식적 차원에서가 아니라, 구체적 인간과 공동체의 관점에서 현실로부터 이상에 이르는 과정 속에서 도달될 수 있는 것이다. 왜냐하면, 개별적인 구체적 생활형식을 넘어서 있는 이상 속에서는 단지 공허한 개념만이 존재하기 때문이다. 이 이상은 좋은 삶이 무엇인가에 대한 공동체 구성원들의 상호 경험적 지평이 넓어지고, 그 경험지평이 세계해명에 기여할 때 도달될 수 있다. 이런 삶의 조건에 대한 해명의 점진적인 확장과정 속에 올바른 삶을 위한 해방의 계기가 존재하는 것이다.

제 6 절 결 론

오늘날 소통의 중요성이 점점 부각되는 시점에서 소통의 원칙을 마련하려는 하버마스의 시도는 큰 의미가 있을 것이다. 특히, 나는 소통하고 있다고 생각하는데 상대방은 그렇지 않을 경우 상대방을 동동한 대화자로, 상호호혜의 원칙 하에 소통의 원칙을 실현하고자 하는 담론윤리학은 소통의 기준을 시사할 수 있다. 그러나 보편주의적 관점에서 절대적 정의기준을 마련함으로써 모든 문제시된 규범의 타당성을 검증하려는 시도는 현실과의 괴리로 인해 연대성을 잃어버릴 위기에 처할 수 있다. 또한 과도한 보편주의적 기준은 이를 지키지 못하는 상대방을 억압하거나 배제하는 무기가 될 수도 있다. 이는 결국 구체적 현실에 담론원칙이 어떻게 적용되어야 하는가의 문제를 발생시키기에 담론윤리학 전체의 위기로 파악될 수도 있다. 따라서 이제 높은 정의의 원칙 하에 연대성을 맞추는 것이 아니라 연대성의 수준으로 정의를 내릴 방법을 모색해야 한다.

이를 위해서는 먼저 상대방의 처지와 입장에 대한 공감이 필요하다. 소통의 원칙이 현실에서 작용하기 위해서는 역할이나 입장을 바꿔 생각하기가 필요하다. 상대방의 입장에서 문제를 바라볼 때 실질적 소통이 이루어진다. 그리고 이 소통의 목적은 결국 공동체 구성원 모두의 행복, 좋은 삶에 맞춰져야 한다. 나만의 이해관심을 관철하고자 할 때 붕괴되는 것은 남뿐만 아니라 공동체 전체이며, 이는 다시 나의 삶에 대한 실패로 귀결될 수 있다. 그렇기에 상대방 또한 함께 공동체의 운명을 결정짓는 운명공동체의 구성원임을 인식하고, 이를 통해 실질적인 처지를 고려한 소통의 원칙이 실현되어야 한다.

참고문헌

박구용(2003). 『우리안의 타자』. 철학과 현실사.

하버마스(2008). 윤형식 역. 『진리와 정당화』. 나남.

Apel, K.-O.(1992). *Diskurs und Verantwortung: Das Problem des Übergangs zur postkonventionellen Moral*(2.Aufl.), Ffm.

Habermas, J.(1981). *Theorie des kommunikativen Handelns*. Bd. 1 u. 2, Ffm.

______(1983). *Moralbewusstsein und kommunikatives Handeln*, Ffm.[하버마스, 황태연 역. 『도덕의식과 소통적 행위』. 나남출판. 1997.]

______(1991). *Erläuterungen zur Diskursethik*, Ffm.[하버마스, 이진우 역. 『담론윤리의 해명』. 문예출판사. 1997.]

______(1996). *Die Einbeziehung des Anderen*, Ffm.[하버마스, 황태연 역. 『이질성의 포용』. 나남출판. 2000.]

Kant, I., *Werke in sechs Bänden*. von Wilhelm Weischedel(Hg.). Darmstadt 1956ff.

Sang Hyung Lee(2011). *Moralität und Sittlichkeit*. Ergon.

Schaupp, W.(2003). *Gerechtigkeit im Horizont des Guten*. Freiburg Schweiz.

Siep, L.(1979). *Anerkennung als Prinzip der praktischen Philosophie*. Freiburg/München.

Taylor, Ch.(1996). *Quellen des Selbst. Die Entstehung der neuzeitlichen Identität*. Ffm.

Tugendhat, E.(1992). *Philosophische Aufsätze*. Ffm.

Wellmer, A.(1986). *Ethik und Dialog*. Ffm.

제 11 장 소통과 분배적 정의: 분배정의에 대한 시민 선호와 한국복지제도의 실증적 평가*

천민경 · 이성우

제 1 절 서 론

복지국가의 최상위 목표는 분배적 정의(distributive justice)의 구현에 있다. 분배적 정의는 공공정책에 관한 논쟁에서 효율성과 더불어 가장 핵심적인 주제의 하나이다. 역사적으로 볼 때 사회적 가치의 집단적 분배원칙과 관련하여 공리주의 원칙, 파레토 최적 원리, 절대적 평등, 공정성으로서의 정의나 비례적 형평의 원칙 등이 다양하게 제시되어 왔다. 분배적 정의 또는 형평의 본질에 대해서 합의된 이론이나 패러다임이 형성되지 못한 이유는 '정의'라는 추상적 존재 개념에 대한 학자들의 인식론적 다양성이 있기 때문이다. 더욱이 철학자가 아닌 일반 시민들이 인지하고 정치사회적으로 반응하는 복지정책에 대해서는 특정인 또는 특정집단에게는 공정하다고 이해되는 정책이 다른 사람 또는 집단들에게는 불공정한 정책으로 비판받을 가능성이 높기 때문이다.

전통적으로 분배적 정의의 개념은 '각자에게 응분의 몫을 분배한다'라는 것으로 아리스토텔레스적 비례적 평등원칙으로 규정되어 왔다(Miller, 1976). 그러나 정의

* 이 글은 천민경(2014)의 박사학위 논문을 기초로 하여 수정 · 재구성되었으며, 한성대학교『사회과학논집』(2015. 8) 게재논문을 재인쇄(reprint)한 글이다.

로운 분배의 원칙이 최대다수의 최대행복이라는 벤담의 공리주의 원칙에 따라서, 또는 파레토 최적원칙, 절대적 평등원칙, 또는 욕구나 요구수준에 따라서 아니면 존 롤즈의 차등의 원칙이나 맥시민 원리에 의해서 각자에게 응분의 몫이 결정되어야 한다고 달리 생각할 수도 있다. 이렇듯 분배적 정의의 개념이 다양하게 규정되거나 제시될 수 있기 때문에 민주복지국가의 분배원칙이나 복지정책에 대한 국민적 선호도 체제와 나라에 따라 다양하게 나타날 수 있다. 마찬가지로 한 나라의 사회복지제도 등 분배제도의 특성은 기본적으로 그 사회 구성원들의 집단적 선택이 복합적으로 결합되어 결정된다고 볼 수 있다(Gilbert, 1993).

분배적 정의의 실천이 최우선적 정치행위인 점은 정치학에 대한 현대적 정의 중 가장 대표적인 것으로서 이스턴(Easton, 1964)의 "사회적 제가치의 권위적 배분행위에 관한 연구" 또는 라스웰(Lasswell, 1958)의 "누가 무엇을 언제, 어떻게 얻는지에 대한 연구"라는 점을 보아도 명확하다. 분배적 쟁점이 상품과 서비스, 부와 수입, 건강과 질병, 혹은 기회와 불리한 조건이든지 간에 분배는 공공정책에 관한 논쟁에서 핵심이다. 그것은 평등, 공정성이나 형평성이 보는 사람의 입장에 따라 얼마나 다양한 차원으로 존재하며, 특정 집단에게는 공정하다고 판단되는 정책이 다른 집단에게는 불공정한 정책으로 비판의 대상이 되기 때문이다. 미국의 여성 정치학자 스톤(Stone, 2002)은 형평성이 목적인 공공정책을 둘러싼 이해관계자 집단들 사이의 갈등을 공정성의 다차원적 측면과 상대적 관점에서 체계적으로 정리하고 있다(이성우, 2013: 221-223).

주관적 인식의 다양성이 존재하는 분배정의 원칙에 관한 사회적 규범의 수립을 위하여 포퍼와 하버마스의 주장을 중심으로 논의한다. 우선, 포퍼(Popper, 1973: 123)는 다음과 같이 3세계 이론을 주장한다. "우리는 다음과 같은 세 가지 세계 또는 우주를 구별할 수도 있습니다. 첫째는 물리적 대상이나 물리적 상태의 세계, 둘째는 의식상태나 정신적 상태, 또는 행태적 행위성향의 세계, 그리고 셋째는 사상, 특히 학문적 시적 사유와 예술작품이 갖고 있는 사유의 객관적 내용의 세계 등이 바로 그것입니다"(하버마스 저, 서규환 외 역, 1995: 99). 그 뒤에 포퍼는 세 번째 세계를 '인간정신 생산물' 세계라고 일반적으로 말했다. 분배적 정의 관념은 물리적 상태의 세계가 아닌 추상적인 관념으로서 둘째 세계와 셋째 세계에 속한다. 아리스토텔레스 이래 20세기 후반의 롤즈의 정의론에 이르기까지 그동안 수많은 철학자들이 제시하여 왔던 분배정의의 원칙들은 주관적, 선험적, 논리적 세계에 소속되지만, 하버마스의 소통적 합의를 거친 사회적 규범에는 미치지 못하는 것들이다.

하버마스(서규환 외 역, 1995: 116)는 포퍼의 객관적 세계, 주관적 세계, 사회적 세계에 기초하여 그의 소통행위이론을 심화하였다. 하버마스는 객관적 세계의 의미가 사태들의 실상이 존재함을 참조함으로써 해명될 수 있는 것과 마찬가지로 사회적 세계의 의미도 규범들이 '존속함'을 참조함으로써 밝혀질 수 있다고 주장한다. 규범은 규범수용자들이 그것을 타당한 것으로, 또는 정당화된 것으로 승인할 때 존재하게 된다고, 또는 사회적 통용성(soziale Geltung)누리게 된다고 말한다. 하버마스(서규환 외 역, 1995: 116)에 의하면, 어떤 규범이 이상적으로 타당하다는 말은 곧 그 규범이 모든 관련자들의 공동이해 관계에서 발생하는 행위문제를 규제하기 때문에, 그들의 동의를 얻을 만한 자격이 있음을 뜻한다고 한다. 이와는 대조적으로, 어떤 규범이 실제로 존속하고 있다는 말은 그 규범이 수반하는 타당성 요구를 관련자들이 승인하고 있으며, 이러한 상호주관적인 승인이 그 규범의 사회적 타당성(soziale Geltung)을 정초하고 있음을 뜻한다고 한다.

복지국가의 분배원칙들은 일반적으로 소득이나 자산을 둘러 싼 재분배원칙으로서, 자본주의 시장경제체제에서 이루어지는 일차적 분배의 수정을 목표로 하고 있다. 그러므로 복지국가의 정당성은 바로 이 재분배제도나 정책의 공정성 여부에 대한 국민적 판단에 의해 평가될 수 있다. 그러나 스톤(Stone, 2002)이 논의하다시피 다차원적 형평성 기준에 대한 사회적 합의의 도출은 쉬운 과제가 아니다. 민주사회에서 만장일치적 합의가 불가능하다는 애로우(K. Arrow)의 불가능성의 정리(Impossibility Theorem)의 시사점이다. 그동안 우리 학계에서는 국민일반이 인식하고 선호하는 분배적 정의의 원칙을 탐색하고자 하는 체계적 또는 정합적 노력은 충분하지 않았다고 평가된다. 결과적으로, 분배적 정의론에 기초한 우리나라 복지제도의 문제점 진단과 패러다임 시프트에 대한 진지한 노력은 더욱 미흡하였다고 진단된다.

이 연구는 우리 사회 구성원들의 분배적 정의관은 어떠한 것이며, 우리 사회가 선호하는 정의로운 분배상태는 어떠한 것인가를 소통적·실증적으로 진단하고 평가해보고자 한다. 또한 현재 우리 사회 구성원들의 불평등 정도에 대한 인식과 분배제도의 공정성 평가를 통하여 앞으로의 발전방향을 모색하고자 한다. 이를 위하여 분배정의론에 관한 정치철학적 이론을 고찰하면서 그로부터 각 정의론에 연계된 분배원칙을 도출하는 작업을 수행한다. 우리나라 사람들의 분배정의에 대한 인식과 선호를 실증적으로 연구하기 위하여 설문조사를 수행하였다. 본 연구에서는 형평원칙과 평등원칙을 독립변수로 설정한다. 그리고 사회의 불공정성 인식을 매개효과로 설정하여 분배제도의 공정성 평가에 대한 영향을 연구하고자 한다.

제 2 절 분배정의론에 대한 이론적 고찰

1 정치철학적 분배정의론

1) 자유주의적 정의론: 공리주의와 소유권리론

공리주의(utilitarianism)는 가치판단의 기준을 효용(utility)으로 보는 입장이라고 할 수 있으며, 벤담(J. Bentham)의 '최대다수의 최대행복(the greatest happiness of the greatest majority)'의 원리로 나타난다. 공리주의는 행복의 총합을 계산할 경우에 각 사람의 행복을 똑같이 중요한 것으로 취급하는데, 즉 각자의 개별적 행복에 동등한 가중치의 부여가 가능한 경우에는 평등의 원칙을 선호하게 되는 것이다. 하지만, 자원을 생산하는 데에 투여된 개인들의 공적에 관한 정보가 주어지게 되면, 공리주의자들은 형평원칙을 옹호하게 된다. 왜냐하면, 자원 생산에 관련한 공적은 곧 총효용의 극대화에 영향을 미치고 생산에 기여한 자들은 총효용의 증가를 위해 보다 많은 비효용(disutility)의 비용을 투입했기 때문에 그에 대해 보상해야 하기 때문이다(Plant, 1991: 159-160; 이재율, 1995: 105). 공리주의는 어떠한 상태로 분배가 되던 그 결과로서의 행복의 총합이 극대화되면 가정을 어떻게 하느냐, 그리고 무엇을 중시하느냐에 따라 그 어떠한 분배원칙이든 선호할 것이다.

노직(R. Nozick)의 정의론(Nozick, 1974)은 흔히 소유권리론(the entitlement theory)으로 불리는 자유의지론(libertarianism)으로서, 정당하게 취득된 개인의 권리는 어떠한 경우에도 침해될 수 없고, 본인의 동의가 없이는 희생되거나 사용되어서는 안된다는 것이다. 즉, 실제로는 분배정의라는 개념이 의미가 없다는 것을 주장하기 위한 것이다.

노직의 소유권리론은 간단하게 말하면, 첫 번째 과정으로서 취득에서의 정의의 원리(the principle of justice in acquisition)로 소유물(holdings)에 대한 권리(소유권리)를 정의의 원칙에 따라 정당하게 취득하였다면 그는 그 소유물에 대한 정당한 소유권리를 갖게 되고, 두 번째 과정으로 이전에서의 정의의 원리(the principle of justice in transfer)로서 소유물에 대하여 정의의 원칙에 따라 타인에게 정당하게 이전(transfer)하였다면 그것을 이전받은 사람도 그 소유물에 대해 정당한 소유권리를 갖게 되는 것이며, 세 번째 과정으로는 교정의 원리(the principle of rectification of injustice)로 만일 위의 두 과정에서 불의(injustice)가 발생하였다면 이를 수정해야 한다는 것으로 말할 수 있다(Nozick, 1974: 150-153). 다시 말해, 노직에게는 분배 과정을 거쳐 나타난 결과는 중요한 것이 아니다. 그에게 중요한 것은 최초 취득과 이전에 있어서 절차상의 정의가 확보되는 것뿐이다. 그러므로 복지정책도 사람들 간의 자유로운 교환에 의해 이루어질 문제이지 정부가 나서서 자원을 징수하고 분배할 문제가 아닌 것이다. 결국, 노직은 인간은 자기 자신을 소유하므로 자신의 능력도 자신의 소유이고 따라서 자신의 능력을 발휘하여 외부자원을 소유하는 것은 그로 인해 타인의 물질적 상황을 악화시키지 않는 한 정당하다고 주장하는 것이다.

노직의 소유권리론을 구성하는 원리 중 논리적으로 선행하는 것은 최초 소유권리 취득의 원리이지만, 이전의 원리가 갖는 중요성도 매우 크다(Wolff, 1991: 79). 이전의 원리는 정의로운 상황으로부터 정의로운 단계를 거친 소유권리의 이전은 그것이 어떤 것이든 정의롭다(Nozick, 1974: 151)는 것으로 요약될 수 있다. 하지만, 노직의 소유권리론은 일반적인 상식과 상당히 벗어난 논리도 가지고 있다. 예를 들면, 현재 많은 국가가 장기이식을 목적으로 한 장기 거래를 금지하고 있는데, 노직의 원리에 의하면 내가 내 몸을 소유했다면, 내 몸의 일부인 장기를 내 마음대로 자유롭게 거래할 수 있어야 한다. 그러나 장기판매를 옹호하는 사람 중 자유지상주의의 논리를 그대로 받아들이는 사람은 많지 않다는 것이다.

그러므로 노직에게 있어 정의로운 분배는 바로 정당한 소유권리의 취득을 의미하므로 조세정책이나 사회보장정책 등을 통한 정부의 간섭을 반대하고 있다. 하지만, 소유물의 최초 획득의 절차와 소유물의 이전 원리를 정당화하는 노직의 논의는 형평 개념에 상당히 근거하고 있다고 할 수 있다. 또한 노직은 그의 저서 『무정부, 국가, 유토피아』에서 형평성의 기준으로서 과정과 절차를 옹호하는 견해를 피력하였는데 자발적이고 공정한 과정을 통해 분배가 이루어졌다면 정의롭다는 것이다(이성우, 2013: 223).

하이에크(Hayek, 1960)도 노직과 마찬가지로 정치적인 결정에서 개인의 자유에 대한 강제와 간섭하는 분배를 거부한다. 하이에크가 분배를 거부하는 것은 그가 가진 자유의 개념에서 비롯된다. 이를 시장에 적용하여 시장은 의도를 가질 수 있는 존재가 아니기 때문에 시장에서 교환행위의 결과는 그것에 대해 정의롭다, 정의롭지 못하다는 평가와는 별개의 문제라고 주장한다(Hayek, 1976: 31). 만일 시장의 결과에 대해 분배정의라는 기준을 가지고 개입하게 되면 이는 부당한 목적을 가지고 사회를 교정하려는 것이다. 하이에크(F. Hayek)의 주장은 시장은 가장 효율적이며 이는 어떤 개인이나 조직이 제공할 수 있는 것보다 그 이상의 지식과 정보를 제공하고 있기 때문에 시장을 따라 올 다른 제도는 없다는 것이다. 이러한 이유로 하이에크는 분배원칙으로 형평(equity)이라는 기준을 마지못해 인정하게 된다(Plant, 1991: 94).

2) 롤즈의 자유주의적 평등주의(liberal equality)

자유주의적 평등주의에 속하는 정의론을 전개한 대표적인 학자인 롤즈(John Rawls)의 분배정의 원리는 사회계약론을 바탕에 두고 있다. 롤즈의 분배정의론은 자유와 평등을 하나의 이론체계로 결합시키는 독창성을 볼 수 있다. 롤즈가 의미하는 정의는 아무런 원칙이 없는 상황에서 사람들이 원칙에 합의해 가는 과정에서 나타난다. 이러한 가상의 상황에서 누구도 자신이 장래에 사회에서 어떤 위치를 차지할지 모르고 있으며, 자신의 능력이나 체력 등이 어떠한 수준일지 모르는 원초적 상황으로 무지의 베일(veil of ignorance)에 가려져 있다고 가정한다. 롤즈는 무지의 베일 하, 즉 불완전한 정보 하에서 인간이 취하게 될 가장 합리적인 전략은 최소극대화 전략(maximin strategy)이라고 주장하였다(Rawls, 1971: 152-154). 롤즈는 무지의 베일 하에 있는 사람들이 정의로운 사회를 구성하기 위해 어떠한 사회조직 원칙을 합의할 것인가를 구명하는 데 중점을 두어 그러한 사회조직 원칙으로 두 가지 정의 원칙을 제시하였다(Rawls, 1971: 60-61, 302-303).

롤즈에게 있어서 정의로운 사회는 첫째, 분배원리는 평등한 자유의 원칙으로 기본적인 자유가 최대한 평등하게 분배되어 있으며(제1원칙), 둘째, 사회·경제정의의 기본원리를 담고 있는 사회·경제적인 불평등이 있지만, 그것이 기회균등과 차등원칙이 보장된 상태에서의 불평등이 인정되는 사회(제2원칙)이다. 제2원칙은 정당화될 수 있는 불평등(justifiable inequality)의 기준을 위한 원칙이라 할 수 있다. 롤즈의 사회정의 원리는 제2원칙이 제1원칙을 우선할 수 없음을 말하고 있다.

결국, 롤즈는 권리와 자유가 평등하게 분배된 사회, 기회균등의 조건 하에서 권력이 불평등한 사회, 최소 수혜자에게 최대의 이익이 보장되는 조건 하에서 소득과 부가 불평등한 사회를 주장하고 있는 것이다. 이로써 롤즈는 특정한 분배원칙을 지지하지 않았지만 제1원칙을 통하여 평등원칙과 제2원칙을 통하여 형평의 분배원리를 암묵적으로 옹호하고, 또한 그로인해 발생하는 불평등도 옹호하고 있음을 알 수 있다. 그리고 차등원칙을 복지국가와 연관시켜 해석한다면 롤즈의 정의론은 국가차원에서 재분배장치의 설치를 요구하는 논리이며, 곧 사회복지제도와 연결될 수 있다.

3) 샌델의 공동체주의(communitarianism)

공동체주의는 자유주의의 지나친 개인주의적인 요소의 비판에서 시작되었으며 자유주의자들이 말하는 자기결정의 능력을 타고난 자아의 개념을 거부한다는 데 있다. 공동체주의자들은 자아는 개인이 속한 공동체에 의해 결정되는 것이라고 주장하면서, 그러한 공동체와 무관하게 자아가 존재할 수 있다고 주장하는 자유주의자들의 생각에 동의하지 않는다.

샌델(M. J. Sandel)은 정의란 미덕을 키우고 공동선을 추구하는 것이라고 한다. 그러므로 진정한 인간의 실질은 공동체인 사회와 별개로 생각할 수 없는 존재로서 공동체 내에 존재하는 다양한 가치관의 영향을 받아 비로소 하나의 개인으로 형성되며, 이에 기초하여 사회적 연대와 공동선을 추구하며 시민의 미덕을 강조하는 공동체주의를 지향하고 있다. 따라서 특정 개인이 자원을 독점하거나 과도하게 소유하는 경우에는 공동체에 의한 재분재가 일어날 수 있다는 입장으로 보인다. 또한 불평등이 시민에게 미치는 결과와 그것을 바로잡을 방법에 초점을 맞춘다면, 재분배 주장으로는 불가능한 바람직한 정책을 찾아내 사람들의 호응을 이끌어낼 수 있을 것이며, 분배 정의와 공동선의 연관성을 강조할 수도 있다고 한다(Sandel, 2009: 360 – 369).

왈저(M. Walzer)는 각 정의 영역에 고유한 정의원칙을 존중하면서 상이한 가치는 상이한 기준에 따라 상이한 방식으로 분배되어야 한다는 것으로 이를 복합평등(complex equality)이라 하는데, 이러한 복합평등이 실현되는 사회가 왈저에게 정의로운 사회이다. 복합평등의 개념을 이해하기 위해서는 왈저가 말하는 지배와 독점의 개념을 알아야 한다. 지배(dominance)는 어떤 재화의 소유로 인해 다른 재화를 통제할 수 있는 것을 의미하며, 독점(monopoly)은 어떠한 재화이든 그것을 소수의 사람이 소유하는 것을 의미한다. 따라서 지배가 이루어지게 되면 분배원칙은 무용지물이 되는 것이다. 그러므로 왈저는 지배를 방지하는 것을 더 선호한다. 즉, 사회의 부정의는 부가 불평등하게 분배되는 것에 기인하는 것이 아니라, 부를 가진 자가 교육이나 의료 등 다른 영역의 재화까지 침범하는 데 기인한다고 본다. 이에 왈저는 각 영역에서 설사 재화에 대한 독점이 이루어지더라도 각 재화가 각 영역을 초월하는 일반적인 교환이 허용되지 않는 상태를 복합평등사회(complex egalitarian society)라고 한다.

이렇듯 분배정의에 관련하여서도 공동체주의는 분배대상에 따라 공동체가 부여하는 의미가 다르기 때문에 분배의 대상이 무엇인가에 따라 분배원칙은 달라져야 한다는 점을 주장한다.

4) 마르크스주의(Marxism)

마르크스(K. Marx)가 파악한 자본주의 사회의 분배정의는 자유와 평등, 그리고 공평에 근거한 정의였다. 동등입장에서 자유의사에 따라 합의한 것이 정의에 부합되는 것이지만, 이는 표면상의 정의의 평등에 불과하고 실제로는 평등하지도 자유롭지도 못하며, 사실상 불평등이 만연되어 있다고 보았다.

마르크스주의자들에게 정의로운 사회는 생산수단에 대한 사유가 철폐되고 계급이 없는 사회에서 이루어질 수 있으며 분배정의 능력에 따라 일하고 욕구원칙에 따라 분배하는 것이다.

2 분배정의의 원칙과 분배제도

존 스튜어트 밀이나 밀러, 페렐만 등 여러 학자들이 평등과 형평에 대하여는 공통의 분배기준으로 내세우고 있다. 본 연구에서도 평등과 형평을 분배정의의 원칙으로 본다.

1) 분배정의의 원칙들

(1) 평등의 원칙

평등기준의 분배관은 모든 인간은 똑같은 인간이며, 모두에게 어떤 절대적 인권들이 똑같이 부여된다는 인간의 존엄성에 기반을 두고 있다. '평등'을 처음으로 체계화한 사람은 아리스토텔레스로서 현재까지도 널리 사용되는 '산술적 평등(arithmetical equality)'과 '비례적 평등(proportionate equality)'의 개념을 전개하였다(박호성, 2002: 29－30). 자유지상주의자인 노직이나 하이에크는 자발적인 교환으로 얻은 소유권은 그 자체 그대로 인정하는 것이며, 자연적 능력의 차이도 있는 그대로 인정하는 것이라고 할 수 있다. 롤즈는 권력이나 소유물에 접근할 수 있는 기회가 동등하게 주어지는 것으로 평등을 개념화하고, 기회균등이 보장된 상태에서는 사회적 불평등은 허용되어야 한다고 주장한다(Rawls, 1958: 220).

결국, 평등의 개념으로 기회의 평등과 결과의 평등, 그리고 조건의 평등이라는 세 가지 개념을 가질 수 있다. 자유주의에 속하는 이념은 모두 불평등론이며, 기회의 평등이다. 그리고 조건의 평등과 결과의 평등은 마르크스주의(Marxism)와 연관되는 개념이며, 공동체주의자들은 소유권을 성격에 따라 세 가지 평등의 개념 중 특정한 것을 옹호할 것이다.

(2) 형평의 원칙

형평성의 핵심은 '제 몫을 갖게 하는 것'이다. 제 몫을 판단하는 기준은 학자마다 다양하나 형평은 '동일한 것은 동일하게', 그리고 '다른 것은 다르게'의 기준을 적용하는 이념이다. 왈저는 사회적 삶을 영역을 동일한 것과 동일하지 않은 것으로 분리하고 각각의 영역에서 중요한 가치를 확인하여 그 가치의 본질에 적합한 분배 방식을 적용하는 것이 형평성을 제고하는 길이 된다는 것이다. 돌바크도 정의의 본질을 형평성으로 파악한다. 그는 정의의 개념은 각자의 재능과 공적에 따라 대우하는 것으로서 그 결과로 발생하는 불평등은 당연하다고 주장한다(d'Holbach, 1776: 105-106; 이종수, 2013: 153). 달리 표현하면, 각자에게 노력한 만큼 보상한다는 형평원칙은 분배가 공정함을 보장하는 불가분의 조건이다(이성우, 1983: 106-107).

2) 분배제도

분배정책이란 분배적 불균형, 즉 부의 편재, 구성원 간의 욕구 불충족으로 인한 갈등을 완화 또는 해소하기 위한 국가의 행위로서 좁은 의미와 넓은 의미로 구분할 수 있다. 전자는 '소득이나 자산의 분배과정에 국가가 개입하는 일련의 행위'이다. 사회 구성원 간 나눔의 대상을 소득과 자산으로 할 경우 분배정책의 활동영역이 제한될 수 있다. 후자는 '정치적 · 경제적 · 사회적 권리가 사회 정의의 차원에서 사회 구성원 상호가 동등하기 보장될 수 있도록 하는 국가의 정책'을 의미한다(강용욱 외, 2004: 104-114).

현대 자본주의 사회에서 공정한 소득분배를 구현할 수 있는 정책수단으로 이 연구에서는 사회보장제도와 조세정책, 의료보험제도, 주택정책, 그리고 국민연금제도에서 분배원칙에서 형평원칙과 평등원칙 중 어느 것이 선호되는지 알아보았다.

제 3 절 연구설계

1 연구모형

본 연구에서 독립변수로 다룰 분배원칙은 평등원칙과 형평원칙이다. 형평원칙은 일반적인 의미 그대로 분배 몫을 받을 사람이 가진 긍정적인 특성을 고려하여 그

그림 11-1 연구모형

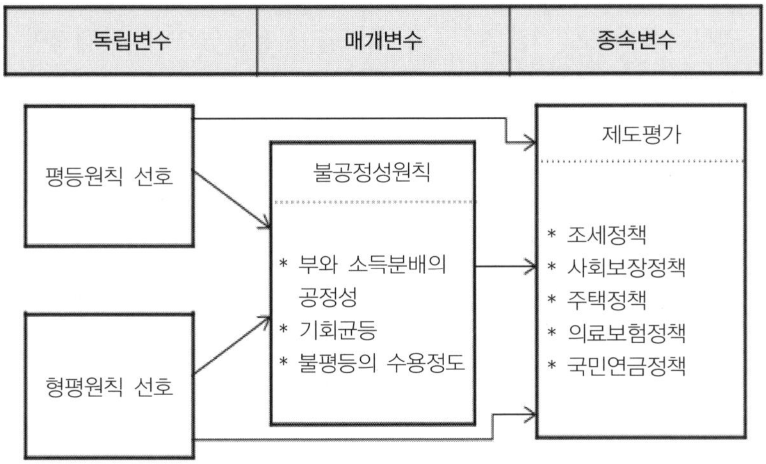

특성에 비례하도록 분배 몫을 나누어 주는 것을 의미한다. 평등원칙은 분배 몫을 받을 사람이 가진 부정적 특성을 고려하여 부정적 특성과 분배대상이 되는 욕구의 원칙을 전체적으로 적용시키는 것을 의미한다. 연구모형은 [그림 11-1]과 같다.

종속변수는 우리나라의 현재 분배제도에 대한 시민들의 공정성 평가이다. 공정성 평가의 대상 제도는 조세제도, 사회보장제도, 의료보험제도, 주택제도, 국민연금제도 등이다. 매개변수는 시민들의 부와 소득분배의 공정성과 기회균등, 불평등의 수용정도 또는 불공정성 인식이다. 성별, 연령, 학력, 개인소득, 개인이 인식하는 주관적 계층인식, 생활의 만족도, 거주지, 주거형태 등은 통제변수이다.

2 설문문항 설정

설문문항은 독립변수로는 분배원칙 선호에서 분배제도의 형평원칙 선호에 대한 6문항, 평등원칙 선호에 대한 6문항으로 작성되었으며, 종속변수로는 분배제도 중 조세정책, 사회보장정책, 주택정책, 국민의료보험정책, 국민연금정책의 제도공정성 평가에 대한 5문항으로 설정하였다. 그리고 불공정성의 인식의 경우 Muller의 공정성 인식 조사 문항 중 부와 소득분배의 2문항, 기회균등의 2문항, 불평등의 수용정도는 3문항을 이용하였다. 모든 설문문항의 작성은 지도교수의 지도 아래 작성되었다. 설문문항의 모든 질문은 5점 척도를 사용하였으며, 구체적인 설문문항 구성은 <표 11-1>과 같다.

표 11-1 분배원칙 선호와 분배제도 평가 연구 설문문항 구성

영 역		내 용	비 고
독립 변수	분배정의 기준 선호도	사회보장정책(평등, 형평, 욕구)	
		의료보험정책(평등, 형평, 욕구)	
		주택정책(평등, 형평, 욕구)	
		국민연금정책(평등, 형평, 욕구)	
		소득격차부문(평등, 형평, 욕구)	
		복지혜택확대(평등, 형평, 욕구)	
매개 변수	사회적 불공정성 인식	부와 소득분배의 공정성	
		기회균등	
		불평등의 수용정도	
종속 변수	현 분배제도에 대한 공정성 평가	조세정책, 사회보장정책, 주택정책, 국민의료보험제도, 국민연금제도	

3 자료수집 및 분석방법

자료수집 방법은 우선 일반인 대상의 경우, 서울·경기 통계청 인구자료와 비교하여 성별, 연령별, 행정구역별 등이 고르게 분포되도록 확률표본 추출방법으로 서울 거주자, 수도권과 광역도시 거주자, 기타 도시 및 농어촌 거주자로 구분하여 435명을 선정하였다.

공무원 대상의 경우 복지 관련 업무에 종사하는 부서를 대상으로 서울은 보건복지부 근무자 59명, 서울시청 근무자 30명, 구청의 경우 강남과 강북으로 구분하여, 강남지역 근무자 52명, 강북지역의 근무자 55명 대상으로 하였다. 경기도의 경우에도 남과 북으로 구분하여 남쪽 지역 근무자 87명, 북쪽 지역의 근무자 67명을 대상으로 공무원은 총 350명을 대상으로 하였다. 그리고 정치인의 경우, 국회의원

보좌관을 대상으로 하였으며, 새누리당 소속 46명, 더불어민주당 소속 34명으로 80명을 대상으로 설문을 실시하였다. 설문대상은 총 865명이며, 설문기간은 2013년 10월 15일부터 11월 6일까지이다.

이 글에서 제시된 통계자료 분석의 기초가 된 천민경의 박사학위 논문(2013. 12)에서 선택한 분석방법은 기술통계, 집단 간 평균차의 검증, 상관관계 분석, 경로분석 등이다. 기술통계는 질문별로 응답 범주별 빈도분석과 평균의 제시가 이루어졌다. 집단간 평균차의 검증은 분배원칙 선호와 불공성성 인식, 제도공정성 평가를 대상으로 이루어졌는데, 이를 위해 요인분석을 통하여 분배원칙과 제도공정성 평가가 통계적으로 각각의 요인으로 묶이는가를 검증하였으며, 독립변수에 이어 매개변수가 종속변수에 미치는 영향 검증을 위하여 다중회귀분석을 실시하였다. 또한 구조방정식 모형의 분석을 통하여 변수 간의 인과관계를 실증적으로 확인하였다.

제 4 절 연구결과

1 조사대상의 일반적 특징

성별과 거주지역에 있어서 남자(45.4%)와 여자(54.6%)의 비중 및 서울 거주자(57.7%)와 수도권 등 기타 도시로(42.3%)의 비중이 거의 비슷한 것으로 나타났다. 주거형태별로 조사대상자를 보면 자택을 가진 사람(56.5%)이 전세나 월세 등 그 외 거주자(43.5%) 보다 더 많은 것으로 나타나고 있다. 공무원 집단 350명과 국회의원 보좌관 80명에 있어서 학력은 대졸자 비율이 65.0%로 높게 나타났다고 볼 수 있다. 조사대상자 가구소득은 월 평균 4,375천 원이고, 개인소득 평균은 2,303천 원으로 나타났다. 주관적 계층인식은 중상층 이상이 8.9%, 중간층이 49.7%, 중하층이 35.9%, 하층이 5.6%의 인식을 보였다.

복지혜택 확대를 위한 세금인상 방식에 대한 분석결과, 전체 대상자의 경우, '소득이 높을수록 세율도 올라가는 누진제 방식'을 응답한 사람이 586명(69.3%)으로 가장 많았으며, '소득의 일정비율을 정해서 더 내는 방식'을 응답한 사람은 227명(26.9%)으로 두 번째로 많았다. '모두 똑같이 더 내는 방식'을 응답한 사람은 20명(2.4%), '기타'의 경우 12명(1.4%)으로 나타났다. 공무원, 일반인, 정치인으로 집단을 구분 후 빈도를 분석한 결과, '소득이 높을수록 세율도 올라가는 누진제 방식'이 세 집단에서 모두 가장 높은 빈도를 나타났다.

무상급식, 무상보육과 복지제도 일반에 대하여 선택적 복지방식과 전면적 복지방식으로 구분하여 지지응답을 응답을 설문한 결과, 무상급식정책에서 선택적 무상급식을 지지한 비율은 527명(62.2%), 전면적 무상급식을 지지한 비율은 320명(37.8%)으로 나타났다. 무상보육정책의 경우에도 선택적 무상보육을 지지한 사람

표 11-2 복지혜택 확대를 위한 세금인상 방식

구 분	공무원 (N=350)	일반인 (N=435)	정치인 (N=80)	전체 대상자 (N=865)
	빈도(비율)	빈도(비율)	빈도(비율)	빈도(비율)
모두 똑같이 더 내는 방식	5(0.6)	13(1.5)	2(0.2)	20(2.4)
소득이 높을수록 세율도 올라가는 누진제 방식	246(29.1)	286(33.8)	54(6.4)	586(69.3)
소득의 일정비율을 정해서 더 내는 방식	86(10.2)	121(14.3)	20(2.4)	227(26.9)
기 타	5(0.6)	3(0.4)	4(0.5)	12(1.4)

표 11-3 복지정책 지지의견

구 분		공무원 (N=350)	일반인 (N=435)	정치인 (N=80)	전체 대상자 (N=865)
		빈도(비율)	빈도(비율)	빈도(비율)	빈도(비율)
무상급식	선택적 무상급식	207(24.4)	275(32.5)	45(5.3)	527(62.2)
	전면적 무상급식	137(16.2)	149(17.6)	34(4.0)	320(37.8)
무상보육	선택적 무상보육	229(27.0)	268(31.6)	47(5.5)	544(64.2)
	전면적 무상보육	114(13.5)	156(18.4)	33(3.9)	303(35.8)
복지제도	선택적 복지제도	214(25.4)	199(23.7)	41(4.9)	454(54.0)
	보편적 복지제도	131(15.6)	219(26.0)	37(4.4)	387(46.0)

544명(64.2%), 전면적 무상보육을 지지한 사람 303명(35.8%)으로 선택적 방식을 더 선호하였으며, 마지막으로 선택적 복지제도와 보편적 복지제도 중 어느 제도를 더 선호하는지에 대한 응답도 선택적 복지제도가 454명(54%), 보편적 복지제도가 387명(46%)으로 나타났다.

2 분배원칙 선호도 및 불공정성에 대한 인식도 비교

1) 형평원칙에 대한 선호도

공무원, 일반인, 정치인 모두 '조세정책'에 있어서 형평원칙을 가장 선호하는 것으로 나타났으며, 사회보장정책과 복지혜택확대에 대한 형평원칙의 선호도가 상대적으로 낮게 나타났다. 집단별로는 공무원 집단이 형평원칙을 가장 선호하는 것으로 나타났다. 또한 월 평균소득 400만 원 이상 집단은 '주택정책'에 있어서 형평원칙의 선호가 가장 높았다. 월 평균소득 400만 원 이상의 소득자 집단이 형평원칙을 전반적으로 선호하는 것으로 나타났다.

표 11-4 형평원칙에 대한 선호도

구 분	공무원 (N=350)		일반인 (N=435)		정치인 (N=80)		전체 대상자 (N=865)	
	평 균	표준편차	평 균	표준편차	평 균	표준편차	평 균	표준편차
전 체	3.412	0.49	3.305	0.519	3.404	0.454	3.357	0.504
사회보장정책	2.9	0.867	2.731	0.923	2.588	0.774	2.786	0.892
의료보험정책	3.206	0.908	3.06	1.021	3.45	1.018	3.155	0.983
주택정책	3.84	0.854	3.756	0.9	4.025	0.779	3.815	0.874
국민연금정책	3.699	0.819	3.728	0.824	3.638	0.815	3.708	0.821
조세정책	3.937	0.617	3.805	0.815	4.075	0.725	3.883	0.737
복지혜택확대	2.869	1.013	2.768	1.027	2.65	0.887	2.798	1.01

2) 평등원칙에 대한 선호도

공무원, 일반인, 정치인 전체대상자 모두 '의료보험정책'에서 평등원칙을 매우 높게 선호하였으며, '국민연금정책'을 가장 낮게 선호하였다. 그리고 평등원칙을 선호하는 집단은 정치인이 가장 높게 나타났으며, 공무원이 가장 낮게 나타났다. 일반인이 정치인 집단보다 평등원칙을 더욱 선호하는 부문은 복지혜택확대와 국민연금정책으로 나타났다. '200만 원 미만'의 소득자가 평등원칙을 가장 선호하는 것으로 나타났다.

표 11-5 평등원칙에 대한 선호도

구 분	공무원 (N=350)		일반인 (N=435)		정치인 (N=80)		전체 대상자 (N=865)	
	평 균	표준편차	평 균	표준편차	평 균	표준편차	평 균	표준편차
전 체	3.5	0.562	3.661	0.575	3.725	0.606	3.602	0.579
사회보장정책	3.682	0.823	3.88	0.794	4.025	0.779	3.814	0.812
의료보험정책	3.951	0.677	4.002	0.805	4.1	0.704	3.991	0.747
주택정책	3.694	0.757	3.767	0.746	3.812	0.843	3.742	0.76
국민연금정책	2.699	1.039	2.951	1.042	2.913	1.081	2.846	1.05
조세정책	3.573	0.883	3.720	0.981	3.950	0.778	3.681	0.93
복지혜택확대	3.397	0.998	3.636	0.974	3.55	1.042	3.531	0.995

3) 불공정성에 대한 인식도

불공정성에 대한 인식의 평균분석 결과, 일반인, 공무원, 정치인 모두 '부와 소득분배의 공정성'과 '기회균등'은 전체 대상자 모두 3점 이하의 부정적인 태도를 보이고 있다. 특히, '경제성장으로 얻어진 부와 소득의 공정 분배'와 '제도와 정부정책 등은 개인이 능력을 발휘해서 성공할 수 있도록 마련되어 있다'의 부문에서 상당히 부정적인 응답을 하였다. 반면, 불평등의 수용정도는 3점 이상의 긍정의 응답을 하였다. 이는 현재 분배의 공정성에 관해서는 부정적이지만, 불평등을 정당화하는 수용정도는 긍정적인 태도를 보인다고 할 수 있다.

4) 현 분배제도에 대한 공정성 평가

공무원, 일반인, 정치인 모두 평등원칙이 선호되었던 '의료보험정책'을 가장 공정하게 평가하였고, 형평원칙이 선호되었던 '조세정책'이 가장 낮게 평가되었다. 이는 의료보험정책의 경우 평등원칙에 맞춰 보편적 서비스로 소득 등에 관계없이 서비스를 제공하고 있으나, 조세정책의 경우 형평원칙에 따라 소득에 비례하여 세금이 책정되지 않음에 대한 결과로 볼 수 있다.

표 11-6 현 분배제도에 대한 공정성 평가

구 분	공무원 (N=350)		일반인 (N=435)		정치인 (N=80)		전체 대상자 (N=865)	
	평 균	표준편차	평 균	표준편차	평 균	표준편차	평 균	표준편차
전 체	2.657	0.544	2.702	0.612	2.68	0.528	2.682	0.578
사회보장정책	2.668	0.801	2.701	0.844	2.6	0.628	2.678	0.809
의료보험정책	3.095	0.788	3.131	0.829	3.375	0.753	3.139	0.808
주택정책	2.56	0.746	2.59	0.833	2.55	0.777	2.574	0.793
국민연금정책	2.65	0.738	2.596	0.895	2.55	0.778	2.614	0.824
조세정책	2.298	0.876	2.506	0.914	2.325	0.742	2.405	0.889

3 다중회귀분석 결과

회귀분석의 선행단계로서 상관관계 분석을 실시하였다. 상관관계 분석은 피어슨(Pearson) 상관계수를 사용하였으며, 양측검증(two-tailed)으로 분석이 이루어졌다.

상관분석 결과 통계적으로 유의미한 결과만 살펴보자. 부와 소득분배 공정성에 대해서는 평등, 학력, 평균소득(년 2,400만 원 이상), 주택소유 여부가 음(−)의 상관관계가 있었다. 주관적 계층인식, 나이2(노년층), 생활수준 만족도는 양(+)의 상관관계가 나타났다.

기회균등에 대해서는 성별, 학력, 거주지2(기타 도시·농어촌), 주택소유가 음(−)의 상관관계가 있었다. 반면, 형평, 노년층, 주관적 계층인식, 년 평균소득(2,400

만 원 이상), 생활수준 만족도는 양(+)의 상관관계가 나타났다.

불평등의 수용정도는 평등, 나이1(청년층), 학력, 주관적 계층인식, 거주지2(기타 도시·농어촌)가 음(-)의 상관관계가 나타났다. 반면, 년 평균소득(2,400만 원 이상), 거주지1(서울)은 양(+)의 상관관계가 나타났다.

다중회귀분석 결과는 다음과 같다. 부와 소득분배 공정성, 기회균등, 불평등의 수용정도에 대한 독립변수 및 통제변수들의 회귀분석모형의 적합도 등의 모델 요약은 <표 11-7>과 같다.

표 11-7 매개변수 회귀모형 요약(전체)

변 수	R	R^2	수정된 R^2	F값	유의도
부와 소득분배 공정성	.327	.107	.091	6.755	.000
기회균등	.410	.168	.154	11.373	.000
불평등의 수용정도	.386	.149	.134	9.862	.000

매개변수들에 대한 전체 조사대상자들의 다중회귀분석 결과, 부와 소득분배 공정성의 경우 $R^2(adjR^2)$값은 0.107(0.091)로 나타나, 전체 회귀모형의 약 10.7%의 모델 설명력을 가지는 것으로 나타났다. 기회균등의 경우, $R^2(adjR^2)$값은 0.168(0.154)로 나타나 전체 회귀모형의 약 16.8%의 모델 설명력을 가지는 것으로 나타났다. 불평등의 수용정도의 경우 $R^2(adjR^2)$값은 0.149(0.134)로 나타나, 전체 회귀모형의 약 14.9%의 모델 설명력을 가지는 것으로 나타났다.

1) 평등과 형평에 대한 인식이 불공정성 인식에 미치는 영향 분석

(1) 전체 조사대상자

부와 소득분배의 공정성에 대한 회귀분석 결과 노년층이 청년층에 비해 부와 소득분배 공정성에 대한 인식이 높은 것으로 나타났다. 학력에서는 전문대졸 이하의 집단이 대졸 이상에 비해 부와 소득분배 공정성에 대한 인식이 더 낮았다. 상대적으로 저학력자 집단이 더 불공정하다고 인식하는 것으로 볼 수 있다. 주관적 계층인식에서는 스스로 상층이라고 생각하는 사람들의 공정성에 대한 인식이 높았다. 소득수준별로는 400만 원 이상 고소득자들이 200만 원 이하 저소득 집단에 비해 부와 소득분배 공정성에 대한 인식이 높은 것으로 나타났다. 생활수준 만족도에서도 생활수준에 만족하는 사람일수록 부와 소득분배에 대한 공정성이 높다고 인식하였다.

기회균등에 대한 회귀분석 결과 성별에서는 남자에 비해 여자의 기회균등에 대한 인식이 더 낮았다. 여성의 사회진출이 활발하면서, 과거에 비해 양성평등이 정착되고 있으나, 여전히 여성들의 체감 성차별이 존재하는 것으로 볼 수 있다. 연령에 따라서는 청년층에 비해 노년층의 기회균등 인식이 더 높았다. 학력별로는 대졸 이상 고학력자들에 비해 전문대졸 이하의 저학력 집단의 기회균등에 대한 인식이 낮은 것으로 나타났다. 한국의 학연에 의한 사회진출 제약의 모습을 보여준다고 볼 수 있다.

거주지에 따라서는 서울과 비교하여 수도권·광역도시는 기회균등에 대한 인식이 높아지는 것으로 나타났으나, 기타 도시·농어촌 거주자들은 기회균등이 낮다고 인식하였다. 이는 지역 불균형의 모습을 반영한다고 할 수 있다. 생활수준 만족도에 대해서는 생활에 만족하는 사람일수록 기회균등의 인식이 높게 나타났다.

불평등의 수용정도에 대한 회귀분석 결과 여자가 남자에 비해 불평등의 수용정도의 인식이 낮은 것으로 나타났다. 앞서 기회균등과 마찬가지로 여성의 성차별에 대한 인지가 여전하다는 것을 알 수 있으며, 양성평등채용 등 여러 제도에도 불구하고 불평등의 수용정도가 낮은 것으로 나타났다. 연령별로는 청년층에 비해 중·장년층은 불평등의 수용정도가 높은 것으로 나타났다. 거주지에 따라서는 서울지역에 비해 수도권·광역도시의 불평등에 대한 수용정도가 높게 나타났다.

(2) 공무원

중·장년층이 청년층에 비해 부와 소득분배 공정성에 대한 인식이 높은 것으로 나타났다. 생활수준 만족도에 대해서는 만족도가 높을수록 부와 소득분배 공정성에 대한 인식이 높아지는 것으로 나타났다. 기회균등에 대한 회귀분석 결과 학력에서 전문대졸 이하보다 대졸 이상 고학력자들의 기회균등에 대한 인식이 높은 것으로 나타났다. 생활수준 만족도에서는 만족도가 높을수록 기회균등에 대한 인식이 높았다. 불평등의 수용정도에 대한 회귀분석 결과 서울지역에 비해 수도권·광역도시의 공무원들의 불평등의 수용정도가 더 높은 것으로 나타났다.

(3) 일반인

부와 소득분배 공정성에 대한 회귀분석 결과 노년층이 청년층에 비해 부와 소득분배 공정성에 대한 인식이 높은 것으로 나타났다. 학력에서는 전문대졸 이하의 집단이 대졸 이상에 비해 부와 소득분배 공정성에 대한 인식이 더 낮았다.

기회균등에 대한 회귀분석 결과 성별인식 차이가 남자에 비해 여자의 기회균등에 대한 인식이 더 낮았다. 연령에 따라서는 청년층에 비해 노년층의 기회균등 인식이 더 높았다. 학력별로는 대졸 이상 고학력자들에 비해 전문대졸 이하의 저학력 집단의 기회균등에 대한 인식이 공무원보다 40% 높은 수치로 낮게 나타났다. 거주지에 따라서 서울과 비교하여 수도권·광역도시는 기회균등에 대한 인식이 높아지는 것으로 나타났으나, 기타 도시·농어촌 거주자들은 기회균등이 낮다고 인식하였다. 생활수준 만족도에 대해서는 생활에 만족하는 사람일수록 기회균등의 인식이 높게 나타났다.

불평등의 수용정도에 대한 회귀분석 결과 여자가 남자에 비해 불평등의 수용정도의 인식이 낮은 것으로 나타났다. 연령별로는 청년층에 비해 중·장년층은 불평등의 수용정도가 낮아지는 것으로 나타났다. 학력에서는 대졸 이상 고학력자에 비해 전문대졸 이하 저학력자의 불평등의 수용정도가 낮았다. 주택소유 여부에 따라서는 주택 무소유 집단이 주택 소유 집단에 비해, 불평등의 수용정도가 낮은 것으로 나타났다.

(4) 정치인

기회균등에 대한 회귀분석 결과 주관적 계층인식이 높을수록 기회균등에 대한 인식은 오히려 낮아지는 것으로 나타났다. 주관적 계층인식이 높을수록 불평등의 수용정도에 대한 인식은 낮아지는 것으로 나타났다.

2) 복지제도평가에 대한 영향관계 분석

여자가 남자에 비해 복지제도평가를 더 낮게 인식하는 것으로 나타났다. 연령에서는 노년층이 청년층에 비해 제도를 더 높게 평가하였다. 학력에서는 전문대졸 이하의 집단이 대졸 이상에 비해 복지제도평가에 대한 인식이 더 낮았다. 상대적으로 고학력자 집단이 복지제도를 높이 평가하는 것으로 볼 수 있다. 주관적 계층인식에서는 스스로 상층이라고 생각하는 사람들일수록 제도평가에 대한 인식이 높았다. 거주지에 따라서는 수도권·광역도시 거주자들이 서울 거주자에 비해 복지제도를 더 높이 평가하는 것으로 나타났다. 생활수준 만족도에서도 생활수준에 만족하는 사람일수록 제도를 더 높이 평가하였다.

공무원의 경우에는 주관적 계층인식이 높을수록, 생활수준에 대한 만족이 높을수록 제도에 대한 평가가 높았다. 또한 거주지에 따라서는 수도권·광역도시 거주자들이 서울에 비해 제도평가에 대한 인식이 높은 것으로 나타났다.

일반인의 경우에는 성별에서는 여자가 남자에 비해 제도평가를 더 낮게 인식하는 것으로 나타났다. 연령에서는 노년층이 청년층에 비해 제도를 더 높게 평가하였다. 학력에서는 전문대졸 이하의 집단이 대졸 이상에 비해 제도평가에 대한 인식이 더 낮았다.

제 5 절 결 론

이 글은 복지국가의 정책들을 분배정의의 실천을 위한 제도로 간주하고 각 정책들은 다양한 분배정의 원칙을 통하여 사회의 자원을 분배한다는 점을 전제로 한다. 특히, 다양한 분배원칙들이 정치철학적 분배정의론에서 어떻게 주장되고 있는지를 고찰하고, 그에 따른 분배정의 원칙의 개념을 규명하였으며, 또한 그러한 다양한 분배원칙들이 일반인들과 공무원, 정치인들에게 어떻게 인식되며, 분배제도의 공정성 정도에 대하여 어떻게 평가하고 있는가를 실증적 연구를 통해 고찰하였다. 또한 평등 및 형평의 분배원칙 선호가 불공정성 인식에 영향을 미치므로 분배제도의 공정성 평가에 어떠한 영향을 미치는지를 고찰하였다.

제도의 공정성 평가의 경우 평등원칙의 선호가 가장 높게 나타난 의료보험제도를 가장 공정한 제도로 평가하였다. 둘째로 사회보장정책, 셋째로 국민연금제도, 넷째로 주택정책, 그리고 형평원칙의 선호도가 가장 높았던 조세정책을 가장 공정하지 못한 정책으로 평가하였다. 그리고 공무원집단이 제도의 공정성을 가장 낮게 평가하였다.

분배제도 중 조세정책은 형평의 원칙을 선호하나 현 제도의 평가는 가장 낮게 나타났다. 우리나라는 2010년을 지나면서 간접세 비중이 50%를 상회하면서 OECD 평균 61%보다 훨씬 낮은 수치라 할 수 있는데, 이렇듯 간접세 위주로 조세제도를 운영하는 것은 불평등을 더욱 심화시킬 가능성이 있다. 세수증대는 개인소득세의 점차적 증세를 추진하는 것이 각자 경제적 능력에 따라 조세부담을 하는 것이 공정한 사회를 건설하기 위한 필요조건이 될 것이다.

의료보험제도는 평등의 원칙을 선호하고 있으며, 현 제도의 공정성 평가는 5개 정책 중 가장 높게 나타났다. 이는 모든 국민을 대상으로 하는 보편적 복지를 실현하고 소득 수준에 따라 보험료를 징수하고, 모두에게 평등한 서비스를 제공함에 따른 결과로 보인다. 그러므로 요즘에 대두되고 있는 의료민영화에 본 연구결과를 접목해보면, 국민건강보험과 민간 건강보험의 서비스 차등화 등 의료보험제도에 형평의 원칙이 투영됨에 따라 제도 공정성 평가에서 지금같은 높은 인식을 나타내지 못할 것이다.

주택정책은 형평의 원칙을 선호하고 있으며 현 제도의 공정성 평가는 조세정책 다음으로 낮게 평가하였다. 이는 부동산 투기로 발생한 불로소득에 대한 조세정책의 미미한 대응과 연결되어 있다고 볼 수 있다. 그리고 최근 가계부채의 증가 원인을 보면 가계부채의 상당부문이 주택마련을 위한 대출 및 전세대출의 증가 때문인 것으로 파악되고 있다. 이에 주택마련 약자에 대한 집중적인 정책 시행 등이 필요하다고 본다.

사회보장제도 및 국민연금정책의 경우 하위 분위에서 정의 영향을, 상위 분위에서 부의 영향으로 재분배 기능이 있으므로, 4대 보험의 사각지대에 위치한 비정규직 종사사자에 대한 가입율을 극대화시키고 최저수준의 급여를 적절히 보장하는 정책을 지속적으로 시행하는 것이 필요하며, 사회보장정책의 경우 복지의 사각지대가 넓고 전달체계의 비효율로 인한 중복서비스가 발생하거나 아예 서비스의 부재가 발생하기도 한다. 이는 정책의 대상이 되는 인구집단을 좁게 설정했다고 볼 수 있다. 그러므로 대상자의 선정의 폭을 넓히고 동시에 급여수준의 향상도 필요하다고 보여진다.

평등원칙이 시장적 분배를 수정할 수 있는 원칙임을 감안할 때 본 연구의 결과는 교육수준이 높고 젊은층에 속하고 우리 사회의 공정성에 보다 비판적인 태도를 취하는 사람들이 평등원칙을 조금 더 선호하지만, 그러한 태도가 정책을 통해 분배를 수정하는 데까지는 아직 미치지 못하고 있음을 보여준다.

'공정사회의 실현'이나 '정의사회의 실현'은 멋진 정치적 슬로건이 될 수 있다. 공정한 정책추진을 미리 반대하는 사람은 아무도 없을 것이기 때문이다. 그러나 공정성 판단은 매우 주관적이고 다차원적이기 때문에 정부가 내세운 어떠한 공정기준도 모두를 만족시킬 수는 없을 것이다. 오히려 가장 공정하다고 내세운 기준이 각자가 처한 입장과 기준에 따라서는 가장 불공정할 수도 있다. 역으로, 가장 불공정한 정책이 특정 집단에게는 가장 공정할 수도 있다. 따라서 정부가 '이것이 공정한 정책기준이다'라고 공정성을 특정하여 구체적 정책기준으로 제시하는 것은 매우 위험하다. 왜냐하면, 사람들은 다른 사람들이 주장하는 공정성 주장에는 반대할 관점과 명분이 너무도 많기 때문이다. 그러나 사람들은 "이 정책은 불공정하다"라는 주장에 대해서는 찬성하는 경향이 높다. 정부는 현 사회의 불공정을 해소해 나가는 데 더욱 중점을 두어야 하며, 만약 공정성 기준을 마련하고자 할 때에는 보다 민주적이고 투명한 방식으로 사회적 합의를 도출하는 것이 현명한 정책추진의 방식이 될 것이다(이성우, 2014).

참고문헌

강용욱 외(2004). 『21세기 사회복지정책』. 청목출판사.

김기덕 · 손병돈(1996). “소득보장정책의 소득재분배 효과.” 『사회복지연구회』, 7(1): 123–168.

김대호(2011). “이명박 정부의 ‘공정한 사회’ 무엇이 문제인가?: 정의의 개념적 이해와 공정사회론 비판.” 『공정사회론의 쟁점과 행정정의의 확립』. 행정언어와 질적연구학회. 사회디자인연구소. 토지자유연구소 춘계공동학술대회.

박호성(2002). 『평등론』. 서울: 창작과 비평사.

서규환 외 역(위르겐 하버마스 저)(1995). 『소통행위이론: I. 행위합리성과 사회적 합리화』. 서울: 의암출판문화사.

소광희 · 이석윤 · 김정선(1974). 『철학의 제문제』. 서울: 지학사.

신청호(2007). “분배정의 실현을 위한 정책적 과제: 빈곤문제를 중심으로.” 『한국동서경제연구』, 19(1): 165–195.

이성우(1983). 『복지국가의 이념과 복지정책의 기준에 관한 연구』. 서울대학교 석사학위논문.

______(2013). 『정책분석론: 이론과 기법』. 서울: 조명문화사.

______(2014). “공정사회와 규제개혁: 정치철학과 공익이론의 통합적 접근.” 『사회과학논집』, 28(1). 한성대학교 사회과학연구원.

이재율(1995). 『경제윤리』. 서울: 민음사.

이정전(2011). “경제학자가 말하는 정의.” 『공정사회론의 쟁점과 행정정의의 확립』. 행정언어와 질적연구학회, 사회디자인연구소, 토지자유연구소 춘계 공동 학술대회 자료집.

이종수(2013). 『대한민국은 공정한가?』. 서울: 대영문화사.

이창신 옮김(2010). 『정의란 무엇인가』. 서울: 김영사. Michael J. Sandel.

______(2009). *Justice: What's the right thing to do?*

이혜경 외(1997). 『배분정의와 사회복지 1차년도 보고서』. 한국학술진흥재단.

천민경(2014). 『분배정의 선호와 분배제도의 평가에 관한 연구』. 한성대학교 박사학위논문.

Arrow, Kenneth J.(1976). *Social Choice and Individual Values*(2nd ed.). New York: Wiley.

Easton, David(1964). *A Systems Analysis of Political Life.* New York: John Wiley & Sons.

Gilbert, Neil, Specht, Harry & Terrell, Paul(1993). *Dimensions of Social Welfare Policy* (3rd ed.). Englewood Cliffs. N.J.: Prentice-Hall.

Lasswell, Harold(1958). *Politics: Who Gets What, When, How.* New York: Mcgraw-Hill. 1936; 2nd ed. Cleveland: World Publishing.

Miller, David L.(1976). *Social Justice,* Oxford, Oxford University Press. Muller, W. (1993). 'Social structure, perception and evaluation of social inequality and party preference'. Dagmar Krebs and Peter Schmidt(eds.). *New Directions in Attitude Measurement.* Berlin: Walter de Gruyter.

Nozick, Robert(1974). *Anarchy, State and Utopia.* New York: Basic Books.

______(1993). *The Nature of Rationality.* N.J.: Princeton University Press.

Perelman, Charles(1963). *The Idea of Justice and the Problem of Argument.* (trn.) John Petrie. London: Routledge and Kegan Paul.

Plant, Raymond(1991). *Modern Political Thought.* Oxford: Blackwell.

Popper, Karl(1973). *Objective Erkenntnis.* Heidelberg.

Rawls, John(1958). *Justice as Fairness. in Philosophy and Public Affairs,* vol. Ⅰ.

______(1971). *A Theory of Justice.* Cambridge, Mass.: Harvard University Press.

Stone, Deborah A.(2002). *Policy Paradox: The Art of Political Decision Making.* New York: W.W. Norton & Company.

Walzer, Michael(1983). *Spheres of Justice.* A Defense of Pluralism and Equality. Oxford. Blackwell.

Wolf, Jonathan(1991). *Robert Nozick: Property, Justice and the Minimum State.* California: Stanford University Press.

제 12 장 소통의 방법과 전략: 한국 행정의 주민참여 실태와 활성화를 위한 제언*

은 재 호

제 1 절 문제 제기: 규범과 당위의 소통에서 실천의 소통으로

현대 행정의 중심 이슈로 국민과 정부, 정책담당자와 정책대상집단(target population) 사이의 소통(communication)이 부상하고 있다. 소통은 양방향의 반복적 상호작용을 전제하며 상호이해와 양해, 또는 합의를 지향한다는 점에서 일방적 '홍보'나 '설득'과 다르다. 현대 한국 사회에서 국가 행정의 중심 이슈로 소통이 부상하기까지는 제주 해군기지 건설, 4대강 사업, 밀양 송전탑 건설 등 국익과 국가안보를 위해 반드시 필요한 주요 국책사업이 해당지역 주민들과 이해관계자 집단의 반발로 좌초되거나 지연된 집단적 경험이 잠복해 있다. 소통부재가 정책과 사업 효율성은 물론 효과성마저 저해한다는 반성이다. 여기에는 인터넷, SNS, 이동통신 등 뉴미디어의 등장에 따른 소통 패러다임의 급변으로 고전적 형태의 소통 기제로는 다

* 이 글은 『한국사회와 행정연구』, 제24권 제4호(pp. 161－185)에 실린 정정화 · 은재호 · 남재걸의 논문 "한국 행정의 주민참여 정책과정 연구: 참여 형태와 내용을 중심으로"(2014. 2)를 이 책의 기획의도에 맞게 수정 · 보완한 것이다. 공동 연구자로서 분석틀을 다듬고 정책적 함의를 끌어내기 위해 열띤 토론을 벌인 정정화(강원대) · 남재걸(단국대) 교수님의 열정에 감사드린다. 아울러, 거버넌스에 대해 유익한 논평을 주신 장현주(한국외대) 교수님과 공무원 인식조사과정을 함께 해주신 행정자치부 이인재 · 송재환 국장님, 그리고 조병곤 사무관님께도 깊이 감사드린다.

기화하고 다변화하는 현대 행정환경에 대응할 수 없다는 위기의식 또한 잠복해 있다고 볼 수 있다. 여기에는 물론 전통적인 홍보 수단이나 설득 전략이 더 이상 유효하지 않다는 정책담당자들의 자각이 있다.

이처럼 소통이 현대 행정의 중심 이슈로 자리 잡은 것은 비단 우리나라만의 경우에 한정되지 않는다. 비록 다른 행정환경과 사회적 맥락이지만 이미 서구 선진국에서도 소통 부재 → 사회적 공감대 형성과 협력적 관계 형성 실패 → 주요 국책사업과 정책 표류라는 공식이 여러 번 반복된 바 있거니와, 21세기 행정 패러다임으로 정식화된 거버넌스(Governance, 민・관 협치) 역시 이러한 경험의 산물이라고 해도 과언이 아니다. 거버넌스는 1980년대 초반에 앵글로색슨 국가군(群)을 중심으로 부상하며 이념적 논란의 중심에 섰지만, 2000년대에 접어들어서는 이념적 색채를 벗고 현대 정치・행정 시스템의 구성 원리이자 국정운영의 새로운 패러다임으로 자리 잡았다.[1] 이처럼 거버넌스가 전 지구적으로 국정운영의 패러다임으로 자리 잡기까지는 전통적인 정부형태와 관료제에 만연한 비효율과 무능에 대한 반성, 정부가 독점하는 의사결정과정에 대한 시장과 시민사회의 참여 요구, 그리고 이를 통한 국가 경쟁력 강화의 필요성을 빠트릴 수 없을 것이다.

곧, 거버넌스가 현대 행정의 한축을 이루며 각국 정치・행정 시스템에 적극적으로 도입된 까닭은 거버넌스 체제를 구축함으로써 다양한 행위자(집단) 간 소통을 용이하게 하여 협력을 증진시키고, 이를 통해 행정의 효율성과 효과성을 제고함으로써 해당 국가의 경쟁력 강화를 기대할 수 있다는 믿음 때문이라고 할 수 있다(은재호, 2011: 3). 환언하면, 거버넌스는 시장과 시민사회는 물론 다양한 이해관계자의 참여와 이들 사이의 협력을 기반으로 공유재를 효율적으로 관리하며 공동의 목표를 효과적으로 달성하고자 하는 현대 국가의 운영원리이자 새로운 소통기제라고 해도 무방하다는 것이다.

---

1) 주지하다시피 초기의 거버넌스 패러다임은 (특히, 영・미권의 패러다임은) 신자유주의와 결합된 이념적 색채를 띠었으나 점차 서유럽 국가 일원을 시작으로 가치중립적인 국정운영 원리로 정립되기에 이르렀다. 그래서 흔히 '신자유주의의 전도사'로 일컬어지는 IMF, World Bank 등과 같은 초국가적 국제금융기구뿐 아니라 UN, EU, OECD 등과 같은 관리 지향적 국제기구와 후기 복지국가(post-Welfare State)를 표방하며 신자유주의의 부상을 경계하는 중・서부 유럽국가군 정부 역시 거버넌스 패러다임에 입각한 행정개혁과 국가현대화계획을 추진하고 있다. 김대중 정부 이래 한국 정부 역시 이러한 국제적 추세에 부응하여 국정운영 원리로 거버넌스 도입을 천명했고, 실제 인사동 거리조성, 서울 숲 조성, 북촌 마을 만들기 등의 성공사례도 창출한 바 있다.

거버넌스는 논자에 따라 다양한 함의를 지녀 보편적 정의(definition)조차 끌어내는게 쉽지 않지만 크게 보면 최광의와 광의, 그리고 협의라는 아래 3수준에서 논의될 수 있다.

- 최광의의 거버넌스는 체제와 시스템, 프로세스를 의미한다. 이 차원에서의 거버넌스는 공적인 관심사와 관련하여 권력이 행사되고, 시민들의 의견이 제시되고, 의사결정이 이루어지는 방법을 결정하는 전통・제도・절차를 의미한다. 따라서 거버넌스는 본질적으로 정치적인 성격을 내재한다는 것이 Osbourne & Gaebler(1992)의 주장이고, 이러한 개념은 다양한 참여자 간의 협상과 타협, 승자와 패자의 존재를 상정하여 군주정, 귀족정, 민주정 등과 같이 정체(regime)의 개념과 동일시될 수 있다. 그렇다면 거버넌스란 일군의 학자들이 주장하듯이 네트워크에 기반하는 현대 정치・행정시스템만의 고유한 속성이 아니라 다른 네트워크 구조와 다른 네트워크 규칙을 가지고 작동되는 모든 형태의 사회적 조정기제를 의미해 자연스럽게 두 번째 개념으로 연결된다.
- 두 번째 광의의 거버넌스는 사회적 조정기제를 의미한다. 공식적 권위 없이 다양한 민・관 행위자(정부, 시민사회, 시장)가 공동의 문제해결을 위해 자율적인, 그리고 호혜적인 상호 의존성에 기반하여 협력하도록 하는 제도 및 조정 형태를 의미한다. 따라서 사회적 조정기제로서의 거버넌스는 정부의 명령에 따른 일방적인 법집행이 아니라, 정부와의 협상을 통한 상호작용이 중요한 변수로 부상하여 '네트워크'가 중심 개념으로 자리 잡는다(Pierre, 2000; 이명석, 2002). 이러한 관점에서의 네트워크는 비공식적이고 유동적인 존재로서 구성원이 빈번하게 교체되고 권리와 의무의 모호함이 내재하여 정부주도형에 가까운 민・관 파트너십(Public-Private Partnership)과 상이하다는 점에 유의할 필요가 있다.
- 협의의 거버넌스는 위에서 언급한 민・관 파트너십(PPP)을 의미한다. 정부와 민・관 파트너십은 정부와 시민의 관계를 수직적 관계가 아니라 수평적 관계로 보는 새로운 행정관을 반영하되 행정의 하향적 접근방식에 상향적 방식을 보완・접목한 것(Rosenau, 2000; 문인수・이종열, 2002)으로, 사회적 조정기제로서의 거버넌스와 달리 정부와 시민의 관계를 완전히 대등한 관계로 보는 것은 아니다. 다만, 쌍방향적 소통을 기반으로 할 경우 합리적 토론을 통해 정책방안을 생산하는 자율적 역량이 시민들에게 있음을 인정하고, 파트너십의 근

간으로 시민참여의 중요성을 강조한다는 점에서 기존의 관료제 명제와 확연히 구별되는 특징을 가진다(Council of Europe 2004, OECD 2001).

이 연구는 이상의 세 가지 거버넌스 개념 가운데, 특히 세 번째 협의의 개념에 의존하며 한국 행정의 거버넌스 실태를 진단하되, 특히 민·관 파트너십의 기초를 이루는 주민참여의 관점에서 거버넌스 실태를 진단하고자 한다.[2] 주민참여는 행정의 오랜, 그리고 진부한 과제이지만 그것이 일방향적 홍보와 설득의 기제가 아니라 양방향적 소통의 기제로 자리매김하기 위한 노력은 상대적으로 미흡했다는 반성이 필요한 시점에서 이를 집중적으로 살펴본다는 것은 적지 않은 의미가 있을 것이다.

먼저, SNS 등 새로운 소통 채널의 등장은 주민과 정부 간에 접촉 지점과 영역을 변화시켰고, 이는 주민참여의 모습을 근본적으로 변화시키고 있다(하혜영·이재성, 2008; 정진우, 2006). 즉, 이제 정책대상집단도 과거 개발연대(정부 1.0 시대)나 민주화시대(정부 2.0 시대)에서처럼 정부의 일방향적 홍보나 설득에 무방비로 노출되어 있지도 않거니와, 오히려 자신의 의견을 개진할 수 있는 수단을 광범위하게 소유하고 있다. 트위터, 블로그, 페이스북과 같은 개인적 수단은 물론 인터넷 라디오, 팝캐스트와 같은 양방향 소통매체가 그것으로 이제 우리 행정도 이같은 양방향적·다회적 소통(정부 3.0)을 지향하는 주민참여 기제를 고민할 필요가 있다.

또한 주민참여에 대한 기존 연구는 주로 지방자치단체 차원에서의 참여에 초점을 두고 있어, 중앙부처 차원에서의 시민참여 실태와 활성화 방안에 대한 논의가 부족한 편이다(류영아, 2013; 백형배·김필두, 2011; 강인성, 2008; 박기관·조석주, 2005). 게다가 '정부 3.0'을 강조하는 박근혜 정부의 관심과는 달리 한국 행정의 주민참여 현황을 체계적으로 분석한 연구도 드물다. 나아가 새로운 참여 기반 소통 프로세스(participation-based communication process)를 설계하기 위해서는 중앙부처와 지방자치단체를 망라해 우리나라 주민참여 실태에 대한 체계적인 분석이 필요하다고 하겠다. 특히, 정책대상집단인 주민들과의 접촉지점에서 일하는 중앙과 지방자치단체 공무원들의 참여에 대한 인식은 우리나라 주민참여의 현주소를 설명하는 기초자료로 활용될 수 있으며, 이에 대한 체계적인 분석은 새로운 참여

2) 그리고 이를 바탕으로 대부분 당위와 규범의 차원에 갇혀 있는 소통에 관한 담론을 구체적인 실천기제와 전략의 차원에서 논의할 수 있는 단초를 마련해보고자 한다.

기제를 마련하는 데 많은 시사점을 제공할 수 있을 것이다.

이 연구는 이러한 인식을 바탕으로 38개 중앙행정기관과 13개 광역자치단체, 그리고 128개 기초자치단체의 631개 주민참여 사례를 분석하고 담당 공무원들의 인식조사를 실시하는 경험적 분석을 시도했다. 분석은 다음과 같은 연구 질문을 중심으로 진행되었다. 첫째, 현재 중앙행정기관과 지방자치단체에서 이루어지는 주민참여는 어떤 수준에서 이루어지고 있는가? 둘째, 주민참여의 구체적인 형태와 방법은 무엇인가? 셋째, 정부와 정책대상집단 사이의 쌍방향적 소통을 활성화할 수 있는 참여기제는 무엇인가?

이러한 질문에 답하기 위해 이 연구는 먼저, 선행연구를 검토하고 주민참여 사례에 대한 사전조사(pilot research)를 통해 주민참여의 형태와 내용을 측정할 수 있는 분석틀을 마련하고, 현장 사례 담당 공무원들에 대한 설문조사와 담당자 전화 인터뷰 및 문헌분석을 통한 사례연구를 실시, 631개 사례의 정책적 함의를 도출하고자 했다(cf. [그림 12-1]).

그림 12-1 연구 절차

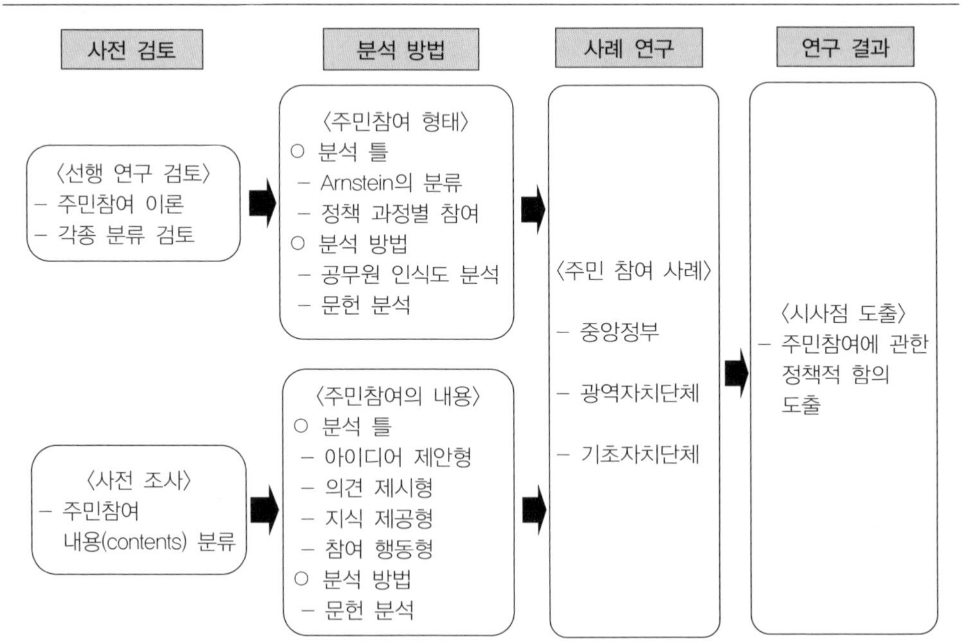

제 2 절 이론적 논의 및 선행연구 검토

1 이론적 논의: 주민참여의 흐름

1) 협의에서 능동적 참여로

현대 행정의 대안적 패러다임으로 부상하고 있는 거버넌스는 20세기 정부실패[3]의 원인으로 정부신뢰의 하락을 지목하며 정부의 불합리하고 일방적인 권력 행사, 정책과 서비스의 비효율성, 정부와 시민 사이의 인식차이(King & Stivers, 1998; Berman, 1997) 등으로 인한 정부의 지속적인 성과 하락이 정부신뢰의 위기를 가져온 것으로 진단하고 있다. 따라서 정부신뢰를 회복하고 정부실패를 예방하기 위해서는 정부·시민 파트너십의 강화가 절실하다고 지적한다(Putnam et al., 2000). 민·관 파트너십은 정부와 시민의 관계를 수직적 관계가 아니라 수평적 관계로 보는 새로운 행정관을 반영하고 있다. 이는 행정의 하향적(top-down) 접근방식에 상향적(bottom-up) 방식을 보완·접목(Council of Europe, 2004; OECD 2001, 2005, 2008, 2009)하는 것으로 이해된다. 민·관 파트너십을 강조하는 이론적 배경에는 위기에 처한 정부신뢰를 시민의 국정참여로 회복할 수 있다는 기대가 잠복해 있다.

최근에는 이러한 민·관 파트너십의 원칙에 대한 논의가 보다 구체적으로 이루

3) 정부실패(government failure)는 시장실패와 대칭되는 개념으로서 시장에 대한 정부의 개입이 오히려 자원의 비효율적 배분으로 이어지는 현상을 지칭한다. 정부실패가 일어나는 이유로는 첫째, 규제의 불완전성이다(불완전한 지식·정보에 기초한 규제, 규제수단의 불완전성, 또는 규제의 경직성 등). 둘째, 정부의 독점적 지위(무경쟁 상태와 성과 유인체계 부재)에서 파생하는 무능과 비효율이다. 시장실패(market failure)는 '보이지 않는 손'이 제대로 작동하지 못하여 시장에 의한 자원 배분이 최선의 상태에 이르지 못하는 현상, 즉 효율적인 자원 배분이 이루어지지 못하는 상태를 시장실패라고 한다. 시장실패를 초래하는 주요 원인으로는 시장의 불완전성을 초래하는 외부성, 불완전 경쟁, 불완전 정보 등과 상품 또는 서비스(특히, 공공재)의 내재적 특성에서 기인하는 소비의 비배제성과 비경합성 등이 있다. 시장기능이 불완전하게 작동되어 시장실패가 일어날 경우 정부가 개입하여 이를 보완할 필요가 있다는 주장이 역사적으로(특히, 제2차 세계대전 이후 1970년대까지 영·미경제학의 주류를 이룬 신고전주의 경제학이) 정부개입을 정당화했다(cf. Woolf 1988; 최병선 2006).

어지고 있다. OECD(2001, 2009)는 정부와 정책의 투명성과 책무성(accountability)을 향상시키는 새로운 원리로 등장한 민·관 파트너십의 2개 원칙을 제시했다. 하나는 개방성이다. 여기서 개방성이란 시민들에게 정보를 제공하고 정책과정을 접근가능하고 호응적인 것으로 만든다는 것을 의미한다. 다른 하나는 포용성이다. 이는 정책결정과정에 가능한 한 광범위한 시민들의 다양한 목소리를 포용하는 것을 의미한다.

각국의 민·관 협치 또는 주민참여에 대한 다양한 현실을 종합하여 OECD는 정책과정 단계를 활용하여 시민참여의 역할을 정보→협의→능동적 참여로 갈수록 더 적극적이며 능동적으로 발전한다는 것을 제시했다. 여기서 능동적 참여는 거버넌스가 진전됨에 따라 확대될 것으로 예측하는 것이며, 정보와 협의는 정부가 시민에게 제공 또는 제시하는 일방향적 소통이 지배적이지만, 능동적 참여는 정부와 시민의 쌍방향적 소통을 의미한다.

표 12-1 시민의 정책과정 참여 유형

정책과정 단계	정 보	협 의	능동적 참여
설 계	- 백서, 정책 문서 - 입법프로그램 - 법률 및 규제 초안	- 대규모 의견조사 - 토론회 또는 시민패널 활용 - 법률안에 대한 의견 수렴	- 법률이나 정책의 대안 제시 - 정책의제 및 대안에 대한 공적 토론
집 행	- 새로운 정책 혹은 규제 시행	- 부수적 법률안 마련을 위한 포커스 그룹 활용	- 시민사회단체와 협력, 법률에 대한 순응 확보를 위해 정보 제공
평 가	- 평가 및 참여기회에 대한 공지	- 정부평가프로그램 및 결과 검토 시 이해관계자 참여	- 시민사회단체에 의한 독자적 평가

자료: OECD(2001: 22).

OECD에서 정부·시민 관계를 모색하는 가장 새로운 영역으로의 능동적 참여는 시민들이 토의하고 정책방안을 생산하는 자율적 역량을 인정하고, 정부가 의제설정단계에서부터 시민과 정책형성을 공유하고 공동의 대안모색을 통해 정책결정을 하는 것을 의미한다. 능동적 참여는 활용되지 않는 사회적 자원을 유용한 자원으로 전환하고, 정부의 조장자 역할을 강화시켜 정부의 역량과 정통성을 제고하는 데 기여할 것으로 기대된다.

최근 이러한 주민참여에서 능동적 참여가 중요시되는 배경은 첫째, 모든 국가들이 당면하는 거버넌스 도전은 사회의 모든 자원(인적 자본, 정책 아이디어)의 동원을 요구하고 있다. 이러한 자원의 동원은 적극적이고 자발적이며 능동적인 주민들의 참여를 통하여서 가능하기 때문이다. 둘째, 시민들은 자신들의 삶에 영향을 미치는 정책에 대한 자신들의 목소리가 반영될 것을 요청하고 있다. 주민들은 이제 정책이 이루어지는 모습을 바라보는 방관자가 아니며, 단순히 자신의 의견만을 제시하는 사람도 아니다. 자신의 견해가 정책에서 수행되어지는 것을 바라보고 싶어 하는 사람들인 것이다. 셋째, 정부의 역할은 점차 개인들과 단체들이 시장과 시민

표 12-2 주민참여의 법 · 정책 · 제도 및 도구

		입 법	정 책	제 도	도 구
정보	소극적	• 소극적 정보자유법	• 응답시간제한제	• 집행: 모든 행정기관 • 법적용: 법원, 옴부즈맨	• 등록제 • 정보관리체계 • 정부 포털
	적극적	• 적극적 정보자유법 (뉴질랜드 등)	• 정부의 커뮤니케이션 정책	• 정부 정보담당기관의 선제적 정보제공	• TV • 라디오 • 인쇄매체 • 인터넷 방송
협의	비권유적			• 집행: 민원기관 • 법적용: 법원, 옴부즈맨	• 자료분석 소프트웨어 • 이메일 주소
	권유적	• 환경영향평가법	• 규제영향평가 • 협의정치(사회적 파트너십)	• 행정기관 • 중앙정부의 전략지원 기관	• 설문조사 • 공청회 • 시민패널 • 포커스그룹 • 협의가이드라인 • 온라인 채팅
참여	정부 주도	• 주민투표 • 새로운 제도 창설 (연구)	• 시민참여정책 • 민관파트너십	• 행정기관 • 중앙의 전략지원기관	• 합의회의 • 시민배심원제 • 공공대화 • 온 · 오프라인 토론
	시민 주도	• 주민발의	• 정책대안 개발 • 자율적 규제	• NGO • 학계 • 싱크탱크	• 오프라인 토론 • 독립적 웹사이트 • 온라인 채팅그룹

자료: OECD(2001).

사회에서 자신들의 활동과 관계를 조직하는 준거틀을 마련해주는 역할로 전환 중이다. 능동적 참여의 구체적인 정책수단은 <표 12－2>에 잘 나타나 있다.

2) 오프라인 참여에서 온라인 참여로

최근에는 SNS 등을 활용한 온라인 참여의 중요성이 부각되고 있다. 특히, 온라인 자원을 동원하여 기존의 참여자원을 재구조화하고 이를 통하여 우리 행정시스템의 토양과 환경에 조응하는 한국형 주민참여시스템의 구축이 가능하다는 견해가 제시되고 있다(주성주, 2005; 윤상오, 2003). 특히, 우리 정부의 강점이라고 할 전자정부와 결합할 경우, 국민소통 활성화를 기초로 하는 주민참여방식에 있어서 획기적인 협치모델 구성이 가능하다는 것이다.

전통적 관료제는 합리적 설명과 호소에 의존하는 고전적인 형태의 국민－정부 간 소통 프로세스를 고집함으로써 홍보 채널 다변화 등의 노력에도 불구하고, 정부가 국민에게 정보를 제공하고 설득하고자 하는 일방향적, 단회적(unilateral and single－loop) 소통에 국한되고 있어 의사소통(communication)의 한계에 직면하고 있다. 특히, 국민과 정부 간 소통이 방송, 신문, NGO, 국회와 정당 등 대의민주주의의 고전적인 커뮤니케이션 수단에 의존하는 간접 소통방식에 의존하는 경우가 많았다. 그러나 '맞춤형 공공서비스의 생산과 전달'을 지향하는 정부 3.0의 비전과 미션에 대응하기 위해서는 양방향적이고 다회적(interactive and multi－loop)인 소통 채널의 구축이 필요하며, 이를 위해 특히 온라인 국민소통 프로세스를 재정립할 필요성이 대두되고 있다. 온라인 소통은 첨단 IT 기술을 기반으로 다중(multi publics)과 저렴한 비용으로 동시적 소통이 가능하고, 특히 상대적으로 젊은 세대에 대한 호소력이 강하여 많은 경우 정부 정책에 가장 적극적인 반대세력으로 부상할 가능성이 있는 젊은 세대(young generations) 및 시대적 변화에 적응력이 뛰어난 행위자 집단(early adaptors)과의 소통 시스템으로 부상하고 있다. 따라서 이러한 새로운 환경에 걸맞는 주민참여 체계를 정립하기 위해서는 정책형성·집행·평가 및 환류에 이르는 정책과정 전반에 대한 쌍방향적, 다회적 소통이 가능한 온라인 업무 프로세스 재설계가 필요하다는 주장이 제기되고 있다.

그러나 온라인 참여방식에는 한계가 내재하므로 이를 충분히 고려한 도입이 필요하다. 즉, 온라인 토론은 여러 가지 긍정적인 측면을 지니고 있지만 정보가 과부하되거나 비동시적인 대화의 진행으로 왜곡을 초래할 우려도 있으며, 비대칭적인 소통으로 대표성의 부재를 가져올 수 있다. 또한 훈련되지 않은 불특정 다수의 참여로 진행되는 온라인 토론은 비용 대비 편익에 있어 의미 있는 결론을 산출하지 못할 가능성이 상존하며 이에 대한 정부기관의 회의감으로 활성화되기 어려운 내재적 한계를 나타낼 수 있다.

표 12-3 온 · 오프라인 참여의 특징 비교

특 징	오프라인 참여	온라인 참여
정체성	면대면 소개와 인사는 일반적으로 상호신뢰를 형성함	익명성으로 인해 신뢰구축이 어려움
대화의 균형	특정 주제를 중심으로 집중적인 대화와 토론이 가능함	대화는 상대적으로 적은 포스터들에 의해 구동됨. 항상 토론의 '주요 단계'가 있지만, 다수의 하위 대화들이 발생함
타이밍	참여자들은 '라이브' 또는 실시간으로 대화를 함	대부분의 온라인 숙의들은 비동기적임. 이는 참여자들이 시간에 상관없이 토론에 자유롭게 들락날락할 수 있음을 의미함
관 찰	연구 분석을 위한 관찰이 참여자의 주목을 받지 않고 이루어질 가능성이 거의 없음	상대적으로 많은 숫자가 참여하는 온라인 숙의의 절차를 숨어서 관찰할 수 있음
집중도	모든 참여자들에게 적극적인 청취가 요구됨	독해가 듣기 능력을 대체함. 사용자들은 지식을 습득하기 위해 기본적인 독해 능력을 가지고 있어야 함
분 석	데이터를 생성하기가 상대적으로 매우 어렵고 비용 집약적임	Computer mediation skill을 사용하면 토론을 기록, 정량화 및 해석이 가능함
타임라인	상대적으로 짧은 기간에 이루어짐	종종 몇 주 동안 이루어짐
자 원	상대적으로 정보 자원의 부족이 발생함	대화의 내용과 질을 향상시키기 위해 언제든지 고유 정보에 접근할 수 있으며 정보를 실시간으로 확인할 수 있음
환 경	물리적 환경의 형태에 영향을 받아 참여자 개개인에게 맞춤형 환경을 제공할 수 없음	사용자들은 물리적으로 편안한 환경에서 토론을 follow할 수 있음
위 치	발언을 위해서는 물리적 공간의 중앙으로 이동해야 하고, 이목의 집중을 받게됨	컴퓨터를 사용할 수 있다면 지리적 제약을 받지 않음

자료: OECD(2001).

2 주민참여 유형에 대한 선행연구 검토

앞에서 주민참여의 현대적 흐름에 대해 살펴보았다. 여기서는 현실의 주민참여를 분류하고 유형화하기 위해 기존 학자들이 수행한 주민참여 유형에 관한 연구를 검토하기로 한다. 주민참여 현황분석에 있어서 핵심적인 질문은 '어떤 분류방식으로 현장을 바라보느냐'이다. 방법론적 관점에서 보자면, 현재 우리나라의 주민참여 현황을 이해하기 위해 지금까지 연구자들이 제안한 다양한 분류방식을 살펴보고 적절한 분류 틀을 선택하는 것이 중요한 문제로 떠오르기 때문이다.

주민참여의 형태나 구체적인 내용에 대해서는 다양한 의견이 존재한다. 우선, 주민참여에 관하여 가장 광범위하게 사용되는 방식은 Arnstein(1969)의 8단계 분류이다. 이는 오래된 분류 체계이지만 오늘날 국내·외 학자들에게 널리 활용되고 있는 분류체계이다(김병준, 2010: 610). Arnstein(1969)은 시민참여의 영향력을 기준으로 비참여(계도단계/교정단계), 형식적 참여(정보제공/의견수렴/유화단계), 실질적 참여(동반자/권한위임/시민통제)로 크게 3분류하고 이를 다시 8단계로 세분화했다.

표 12-4 Arnstein의 시민참여 8단계론

8단계	시민통제(Citizen Control)	실질적 참여
7단계	권한위임(Delegated Power)	
6단계	동반자(Partnership)	
5단계	유화단계(Placation)	형식적 참여
4단계	의견수렴(Consultation)	
3단계	정보제공(Informing)	
2단계	교정단계(Therapy)	비참여
1단계	계도단계(Manipulation)	

자료: Arnstein(1969: 217).

한편, Zimmerman(1986: 6-13)은 참여의 적극성을 기준으로 수동적 참여와 능동적 참여로 구분했다. 수동적 참여는 관료가 제공하는 정보를 통하여 공직자와 정책을 판단하는 소극적 태도를 취하는 것을 말한다. 능동적 참여는 주민 스스로 주민총회, 주민투표 등에 적극적으로 참여하는 것을 말한다.

표 12-5 Zimmerman의 수동적·능동적 참여

수동적 참여(passive form)	- 설문 응답, 정부주도 공청회 참석
능동적 참여(active form)	- 주민총회, 주민자문위원회에 적극 참여 - 주민투표, 주민발의, 주민소환에 적극 참여

표 12-6 Percy의 분류: 정부 및 주민들과의 협력 여부

정부와의 협력 여부		주민들과의 협력 여부	
		개별적 활동	집단적 활동
	비협력(소극적)	- 집에 경보기 설치 - 집 밖에 보조 등 설치	- 시민자율순찰대를 조직하여 지역 순찰 - 로비그룹 형성
	협력(적극적)	- 자원경찰로 근무 - 경찰관과 함께 순찰	- 경찰이 조직한 시민순찰대에서 봉사 - 경찰과의 협조로 범죄예방단체 조직

자료: Percy(1983), 김병준(2010: 646)에서 재인용.

Percy(1983)는 정부와 주민들 간의 협력 여부를 기준으로 개인이 소극적 또는 적극적으로 참여하는 경우와 집단이 소극적 또는 적극적으로 참여하는 4가지 경우로 나누어 분류했다.

주민참여를 정부의 정책과정을 중심으로 분류하는 방식도 광범위하게 사용되고 있다(조석주 외, 2006; OECD, 2001). 이러한 분류방식은 정부정책의 흐름에 맞추어 주민참여를 파악할 수 있어 정책흐름과 각 흐름별 참여 형태와 수단을 명확히 파악할 수 있는 장점이 있다. 즉, 정책과정을 의제설정→정책형성→정책집행→정책평가의 단계로 나누고 각 단계별 참여를 파악하는 것이다. 그러나 주민을 중심으로 참여를 분류하는 것이 아니라 정부정책을 중심으로 참여를 분류하여 정부중심의 분류라는 비판을 받기도 한다.

이 연구에서는 학자들이 가장 광범위하게 사용되는 Arnstein의 분류방식을 활용한다. Arnstein의 분류는 주민참여의 영향력을 기준으로 분류한 것으로 본 연구 설문조사 대상이 공무원이므로 공무원이 인식하는 주민의 영향력을 보는 것은 우리나라 주민참여를 분석하는 데 유용할 것으로 보여진다. 또한 공무원을 대상으로 한 설문조사에서 조사대상자인 공무원이 상대적으로 인지하기에 편리한 정책흐름별 구분을 활용했다.

제 3 절 사전 조사(pilot research) 및 분석틀

1 사전 조사(pilot research)

선행연구를 통해 도출된 Arnstein의 분류와 정책흐름별 분류방식 이외에 우리나라 현실에서 나타나는 주민참여의 특징을 파악하여 이를 연구분석에 활용하기 위하여 사전 조사를 실시했다. 즉, 사전 조사의 목적은 선행연구의 검토를 통하여 도출된 분석틀은 오프라인 참여를 위주로 설명하던 시대의 분류 유형이므로 최근 우리나라의 주민참여에 적용하기에는 환경적인 괴리가 있을 수 있기 때문이다. 따라서 본 연구에서는 행정자치부가 최근 제시한 중앙행정기관, 광역자치단체 및 기초자치단체의 주민참여 대표 모범사례 35개를 사전 조사하여 주민참여의 내용을 분석하기 위한 프레임워크(framework)를 도출했다.

행정자치부는 2013년 7월 중앙행정기관 및 지방자치단체(광역 및 기초)의 주민참여 모범사례로 35개를 선별했다(행정자치부, 2013). 이들 모범사례를 통하여 현재 중앙 및 지방정부의 주민참여의 모습을 어느 정도 확인할 수 있었다. 이 연구에서는 이들 모범사례들을 '주민참여의 내용(content)' 중심으로 분석하는 새로운 분류방식을 시도했다. 대체로 주민이 행정에 참여할 경우에 제공하는 것은 '아이디어 제안', '의견 제시', '전문적 또는 경험적 지식 제공', 그리고 '활동에 직접참여'하는 형식으로 분류할 수 있다. 주민이 참여하는 각각의 사례가 반드시 어느 하나에 한정적인 것은 아니었으며, [그림 12-2]에서 나타나듯이 복합적인 측면을 내포하고 있다.

그러나 주민참여의 내용을 중심으로 분류하는 것은 주민참여의 정책방향을 설정할 경우에 중요한 시사점을 제공할 수 있을 것으로 기대된다. 왜냐하면, 이러한 분류방식은 주민의 입장에서 행정에 접촉하는 이유(reason) 또는 내용(content)에 대한 분석을 가능하게 하기 때문이다. 따라서 이를 통하여 주민참여를 주민의 입장에서 재분석하고 재설계하는 데 정책적 시사점을 도출할 수 있을 것이다. [그림 12-2]는 사례를 중심으로 분석하여 4개의 카테고리를 발견한 것을 나타내고 있다.

그림 12-2 주민참여의 유형화: 주민이 제공하는 내용 중심의 분류

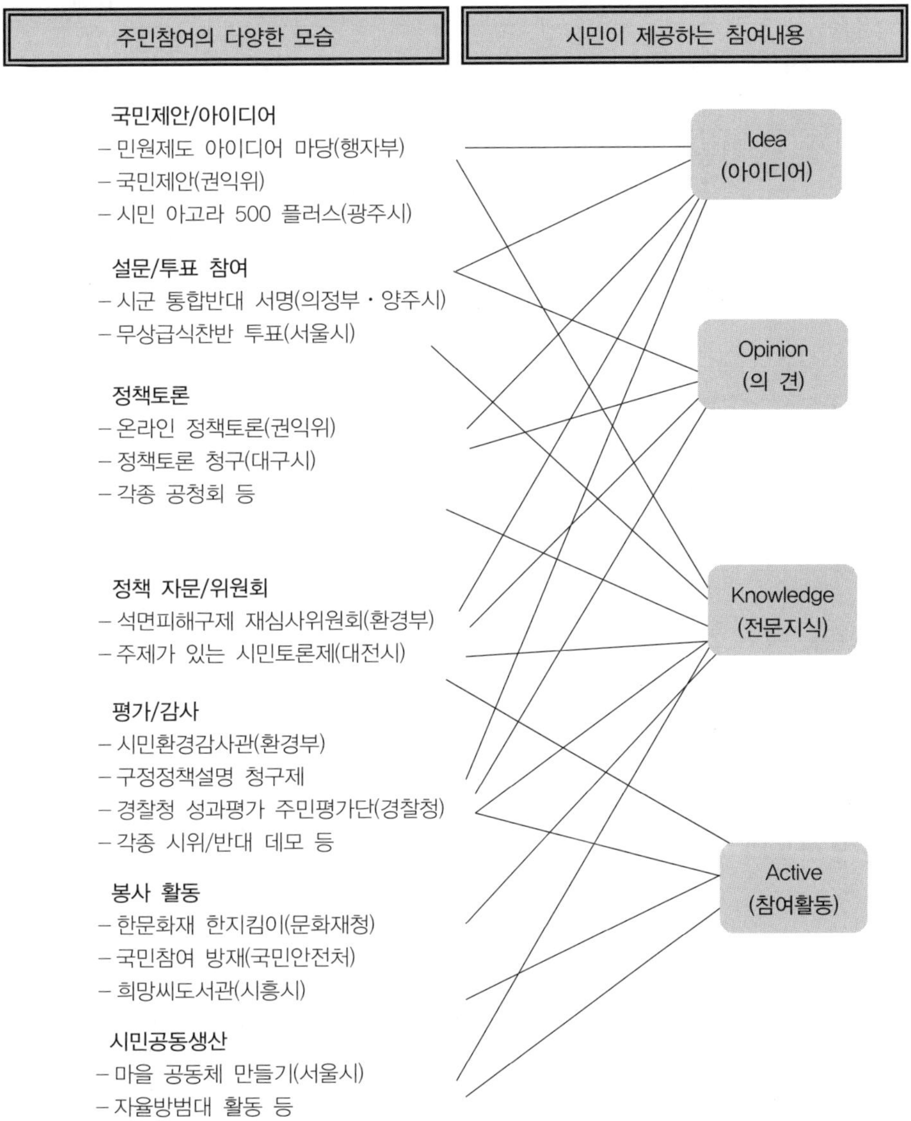

<표 12-7>은 귀납적으로 도출된 아이디어(idea) 제안형, 의견(opinion)제시형, 지식(knowledge)제공형, 참여활동(active)형 등 4가지 카테고리에 대한 특징과 사례를 연역적 방법으로 재분류한 것이다.

표 12-7 주민참여 유형별 특징 및 사례

유 형	특 징	사 례
아이디어(idea) 제안형	– 정책의 전단계에서 국민이 아이디어를 제시하는 유형 – 국민들의 창의적인 생각을 정책에 반영하기 위한 유형임	– 국민제안 – 아이디어 마당 – 각종 시민제안
의견(opinion) 제시형	– 정책의 전단계에서 국민이 자신의 주장을 제기하거나 평가 및 감사를 청구하는 유형 – 국민 개인이나 단체가 가지고 있는 찬반의견, 자신들의 관점, 갈등사안 등을 정책에 흡수·반영하기 위한 유형임 – 의견제시형은 상대적으로 다른 유형에 비하여 갈등, 주민투표 등을 포함하여 민감한 사항에 대한 주민참여가 많이 포함되는 특징이 있음	– 찬반투표 – 정책토론이나 공청회에서 의견제시 – 정책갈등
지식(knowledge) 제공형	– 정책의 전단계에서 국민이 자신의 경험이나 지식을 제공하여 정책의 효과를 높이는 유형 – 주로 관련 분야에 전문가나 장기간 근무하여 경험이 풍부한 사람, 또는 대표관료제로 표현되는 집단의 대표들로 구성되어 지식이나 경험을 행정에 반영하기 위한 유형임	– 각종 위원회 – 자문회의, 평가회의 – 심사위원회 – 민·관합동 평가 – 감사 및 평가 (시민감시단 및 평가단)
참여활동 (active)형	– 정책의 전단계에서 실제 국민이 개인 또는 단체를 이루어 직접 참여하여 활동함으로써 행정서비스를 공동생산하는 유형 – 개인들의 개별적 봉사활동뿐 아니라 시민단체나 비영리 법인의 다양한 활동을 포함함	– 마을 공동체 만들기 – 자율방범대 – 시민단체의 활동 – 협의회, 동호회 등의 집단적 참여 활동

2 분석틀과 분석방법

이 연구는 중앙행정기관(38개 기관)에서 실시하고 있는 176개의 참여사례, 광역자치단체(13개 단체)의 61개 사례, 그리고 기초자치단체(128 단체)의 394개 주민참여 사례를 중심으로 분석했다. 사례분석은 주민참여 업무를 담당하는 공무원에 대한 설문조사와 전화 인터뷰, 문헌분석을 통해 실시했다. 총 179개 기관을 대상으로 각 기관의 담당자에게 서술식과 기입식 질문에 답하도록 했으며, 서술식은 이미 각 행정기관에서 시행 중인 주민참여 사례의 운영 주체, 목적, 활동 빈도, 의사결정 방식 등 핵심 특징을 서술하도록 했다.

분류 및 기입식 질문은 Arnstein이 제안하는 '참여의 사다리' 8단계를 적절하게 변형하고 정책단계를 교차시켜 만든 32개 매트릭스를 기초로 했다(cf. <표 12-8>). 즉, 응답자로 하여금 주어진 사례에서 관찰되는 참여단계와 정책단계를 동시에 고려하여 가장 부합하는 칸에 해당 사례 번호를 기입하도록 함으로써 32개 주민참여 유형을 맵핑했다.4)

표 12-8 32개 매트릭스 유형

구 분	가. 의제선정단계	나. 정책결정단계	다. 정책집행단계	라. 정책평가단계
1. 시민 직접통제형태	1-가	1-나	1-다	1-라
2. 시민에게 권한위임형태	2-가	2-나	2-다	2-라
3. 시민과 공동협력형태	3-가	3-나	3-다	3-라
4. 시민참여적 기획형태	4-가	4-나	4-다	4-라
5. (숙의적)자문형태	5-가	5-나	5-다	5-라
6. 일시적 자문형태	6-가	6-나	6-다	6-라
7. 쌍방향 정보소통형태	7-가	7-나	7-다	7-라
8. 일방향 정보소통형태	8-가	8-나	8-다	8-라

또한 공무원의 인식조사를 병행하기 위해 Arnstein의 참여 사다리 8단계에 대한 명확한 개념과 특징을 제시했다. 그리고 <표 12-9>와 같이 담당 공무원들이 해당 사례의 특징과 내용, 그리고 사례명을 32개 메트릭스 내에 기입할 수 있도록 했다.

또한 이 연구는 공무원의 자기 인식에 따른 사례 분류와 사례에 대한 간단한 서술에 이어 1~2쪽 분량에 이르는 비교적 구체적인 서술에 대한 문헌분석을 진행했다. 문헌분석은 사례에 대한 공무원의 인식과 사례의 실제 내용이 차이를 드러내는지 살펴보기 위해서 또는 주민참여의 구체적인 내용을 탐색하기 위해 실시했다.

4) 본 연구에서는 Arnstein의 8단계 구분을 설문에 응답하는 공무원들의 오류를 줄이기 위하여 참여 수준이 가장 높은 순으로 배열하되 번호를 위에서부터 부여했다. 따라서 단계별 번호를 중심으로 보면 Arnstein의 분류와 반대로 나타나지만 위에서 아래로의 참여 순서는 동일하다. 이하 분석은 설문지와 혼동하지 않기 위하여 본 연구에서 적용한 변형된 형태로 서술했다.

표 12-9 시민참여단계별 특징

참여단계 (유 형)	내 용	사 례
1. 시민 직접통제	국민이 원하는 때에 자발적, 적극적으로 정책과정에 개입할 수 있는 권리를 보장하고 공무원은 이를 의무적으로 수용	예 주민투표, 주민감사, 주민소환, 주민조례 제정·개폐 청구 등
2. 시민에게 권한위임	특정 정책을 입안하고 추진하는 과정에서 주민들이 공무원보다 지배적인 의사결정권을 갖는 경우	예 주민들에게 정책에 대한 거부권 보장 (주민들의 동의가 없이는 계획이나 프로젝트가 실행될 수 없음)
3. 시민과 공동 협력 (파트너십 기반)	특정 정책에 대해 결정을 내릴 때 주민대표와 공무원이 협상을 통해 공동으로 결정을 내리고 공동책임을 지는 경우 * 단, 주민대표의 반대가 있어도 공무원이 해당 정책을 추진할 수 있다는 것이 권한위임과 다른 점	예 협의회, 공동 위원회 형식 등
4. 시민참여적 기획	정책입안(형성) 단계에서 특정 민·관 정책기획위원회를 구성하고 주민 대표를 포함시켜 그 의견을 청취하는 한편, 공무원이 그 의견을 합당하다고 판단할 경우 이를 정책에 반영	예 정책의제선정, 정책문제 정의 등
5. (숙의적) 자문	과학적이고 체계적인 방식으로 주민들의 의견을 수렴하는 방식 단, 수렴된 의견을 공무원이 반드시 반영할 의무는 없으며 이를 의무적으로 수용해야 한다면 권한위임이라고 볼 수 있음	예 시민배심원제, 정책자문위원 등
6. 일시적 자문	단순히 주민들의 의견을 구하는 행위. 자문위원회에서 자문위원들의 의견을 청취하되 의견을 수용하고 반영할지 여부를 공무원이 결정, 단 의무적으로 반영해야 하는 경우는 권한위임이라고 볼 수 있음	예 여론조사, 패널조사 등 ※ (패널조사) 조사대상 집단을 고정시키고 동일한 질문을 반복적으로 하는 방식으로 시장조사, 여론조사 등에 활용
7. 쌍방향 정보소통	공무원의 계획에 대해 주민들이 의견이나 반론을 제시할 수 있는 권리를 보장하고 이를 청취	예 공청회, 포커스 그룹 인터뷰/페이스북, 트위터 등 SNS에서 정책을 알리고, 그에 대한 반응을 채집해 정책에 반영하는 경우 등
8. 일방향 정보소통	정부가 주민들에게 행하는 모든 종류의 일방적 홍보	예 기관 웹사이트를 통한 홍보, 정보공개, 대중 캠페인 등

또한 문헌분석을 통해 확인이 어려운 사례의 경우에는 담당자에게 전화 인터뷰

를 요청하고, 공무원의 인식과 연구진이 제시한 이론적 기준이 일치하는지, 혹은 그 반대인지를 측정함으로써 사례 현장에 접근하기 위해 노력했다.

표 12-10 분석방법

구분	내용
연구대상	• 179개 기관 631개 사례 – 중앙행정기관(38개 기관) 176개 – 광역자치단체(13개 단체) 61개 – 기초자치단체(128개 단체) 394개의 주민참여 사례를 분석
사례수집	• 주민참여 업무를 담당하는 179개 기관 공무원에 대한 설문조사를 통해 수집
설문조사 (2013. 8)	• 설문의뢰기관 총 300개 기관 중 응답기관 총 179개 기관(응답률 59.6%) • 설문은 서술식 정성지표와 분류 · 기입식 정량지표로 구성 – 서술식: 이미 각 행정기관에서 시행 중인 민 · 관 협치 사례의 운영주체, 목적, 활동빈도, 의사결정 방식 등 핵심적인 특징을 조사하는 한편, 주민참여에 대한 공무원의 인식을 측정 – 분류 · 기입식: 서술식에서 열거한 사례들의 성격과 특징을 파악하여 8개 주민참여 수준과 4개 정책과정을 교차하는 매트릭스의 해당 칸에 사례 번호를 기입하도록 함으로써 32개 민 · 관 협치 유형을 맵핑
문헌분석	• 공무원이 직접 서술한 사례 내용과 구체적인 내용에 대해서는 해당사례 관련 보고서를 참조하는 문헌분석 실시 – 문헌분석은 해당 사례를 매트릭스로 분류한 공무원의 인식을 검토하고 주민참여의 구체적 내용을 분석하기 위해 실시
인터뷰	• 문헌분석을 통해 확인이 어려운 사례의 경우, 담당자 전화 인터뷰 실시

제 4 절 주민참여의 형태와 내용

1 주민참여 형태 분석

1) 중앙행정기관의 주민참여 형태

38개 중앙행정기관의 176개 사례들을 분석한 결과, 응답 분포도의 평균은 0.32로 나타났다. 이는 평균적으로 시민과 공동협력형태를 보이고 있다는 응답결과이다. 참여수준이 가장 높은 시민직접통제(1), 시민에게 권한 위임형태(2)와 가장 낮은 수준의 참여인 일방향 정보소통의 형태(8)는 모두 평균 이하 수준에서 미미하게 나타났다. 주민소환, 주민소송, 주민참여예산제 등 시민직접참여 형태가 지방자치법에 규정되어 있으며, 국가기관에는 법적 규정이 없어 1번과 2번 형태의 주민참여는 현실적으로 어렵다고 볼 수 있다.

반면에, 5－가(숙의적 자문형태－정책의제형성단계)와 5－나(숙의적 자문형태－정책결정단계)는 각각 1.09와 1.06으로서 평균보다 현격히 높은 값을 보였다. 주로 공무원들은 숙의적 자문형태로 인식하고 있는 것은 '자문회의', '정책국민점검단', '정책자문위원', '심의위원회', '전문가 참여 대책위원회' 등이다. 또한 정책의제설정단계(가)에서 일시적 자문형태(6번)에 대한 응답률도 상당히 높게(0.5) 나타났다. 설문에 응답한 공무원들의 일시적 자문(6번)과 숙의적 자문(5번) 간의 구분을 혼동하는 경우가 많았다. 실제 '정책자문위원회', '협의회', '자문단' 등을 일시적 자문으로 인식하고 있었다.

또한 정책집행단계에서 시민과 공동협력 형태(3－다)의 비율이 상대적으로 높

그림 12-3 중앙행정기관의 주민참여 형태

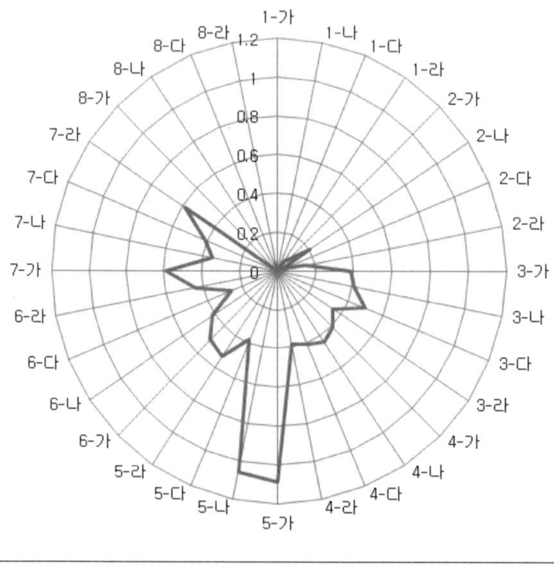

게 나타났다. 이러한 주민참여의 사례로는 '○○○네트워크', '민 · 관 합동 캠페인', '심사위원회', '운영위원회', '○○예방을 위한 민 · 관 협력' 등이었다. 이러한 '3-다'의 비율이 높은 것은 중앙부처가 주민참여에 상당한 정책적 노력을 하고 있다는 것으로 볼 수 있다. 왜냐하면, 5-6번의 경우는 정책을 주로 결정하는 중앙부처의 고유의 속성에서 나오는 특성으로 볼 수 있으나, 3번의 경우는 실제 주민과 소통하고자 하는 노력의 모습이기 때문이다.

그러나 공무원들이 제시된 사례에 대한 세밀한 문헌분석을 통하여 공무원들의 인식과 실제 주민참여 간에는 괴리가 있음을 발견했다. 우선, 가장 많은 것으로 나타난 '5-가'와 '5-나'에 대해 실제 중앙행정기관에서 숙의적 자문이 이루어지고 있느냐에 대해서는 의문의 여기가 많다. 즉, 각종 자문회의와 위원회는 위원의 구성이 관료가 선택한 위원으로 구성되는 경우가 많으며, 각종 자문회의가 형식적으로 이루어지는 경우가 많기 때문이다. 특히, 각 부처의 정책자문위원, 심의위원회 등이 객관적이고 독립적인 결정을 하기보다는 통과를 위한 명분 또는 요식행위로 지나치는 경우가 많기 때문이다.

2) 광역자치단체의 주민참여 형태

13개 광역자치단체의 61개 주민참여 사례에 대한 공무원의 인식을 분석한 결과, 응답한 분포도의 평균은 0.38로 나타났다. 중앙행정기관과 마찬가지로 참여수준이 가장 낮은 8번과 가장 높은 1-2번에 대한 답변은 낮게 나타났다.

그러나 5번 숙의적 자문이 높게 나타난 중앙행정기관과는 달리 4-가(시민참여적 기획형태-정책의제형성단계), 4-나(시민참여적 기획형태-정책결정단계)와 4-라(시민참여적 기획형태-정책평가단계)가 각각 1.2, 1.1과 1.1로서 평균보다 현격히 높은 값을 나타냈다. 담당 공무원들이 시민참여적 기획형태로 분류한 것은 '○○천 재생 프로젝트를 위한 시민위원회', '마을만들기 지원센터', '토론 청구제', '○○미관 개선사업' 등이다.

광역자치단체의 공무원의 경우 3번(시민과 공동협력 형태)과 4번(시민참여적 기획형태)에 대한 분류 설문에서 혼동하는 경우가 많았다. 실제 문헌분석과 전화인터뷰를 통하여 담당 공무원은 3번으로 분류하였으나 실제 기획형태로 나타나는

그림 12-4 광역자치단체의 주민참여 형태

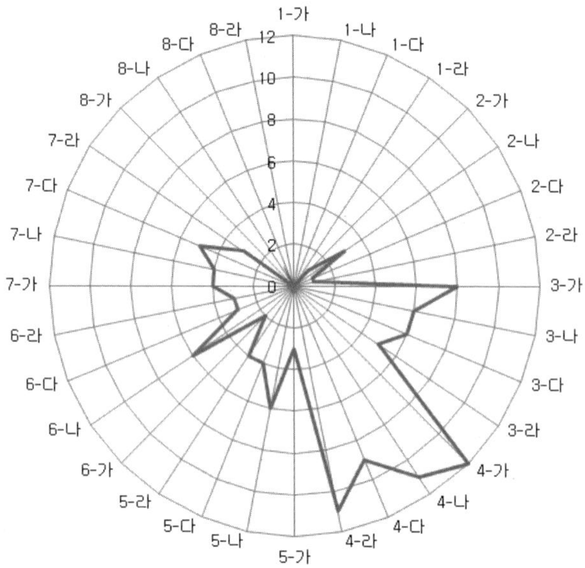

경우도 있었으며 그 반대의 경우도 있었다. 예를 들면, 마을만들기 지원센터의 경우에는 기획형태로 분류하였으나 실제는 공동협력 형태인 것으로 확인되었으며, '○○○농촌유학 거버넌스'의 경우에는 시민과 공동협력의 형태로 인식하고 있었으나 실제는 시민참여적 기획형태 또는 자문형태로 운영되고 있었다.

동일한 명칭의 위원회 또는 협의회지만 중앙행정기관의 참여의 내용과 광역자치단체의 참여의 내용은 달랐다. 중앙기관의 경우는 전술한 바와 같이 전문가가 잠시 참여하여 자신의 전문지식이나 의견을 제시하는 수준이지만, 광역자치단체의 경우 비전문가인 주민이 실제 자신의 직업이나 갈등과 관련된 부분에 참여하는 위원회와 협의회가 상당수 있었다.

광역자치단체의 주민참여 사례들은 크게 두 가지로 분류되었다. 하나는 광범위한 시민들의 참여를 유도하는 방식이다. 예를 들면, '미소친절 ○○프로젝트', '정책토론청구제', '소통 토론회', '시민과 만남의 날' 등은 일반 시민들이 언제나 참여할 수 있는 개방형 참여의 모습을 보이고 있었다. 다른 하나는 일부 관련 주민이나 단체를 대상으로 갈등해소 또는 업무 추진을 위한 협조를 구하는 것이다. 주로 '협의회', '환경위원회', '투자유치 협의회' 등이다. 이러한 두 가지 사례들 모두 1-8번 및 가-다에 이르는 다양한 참여의 모습이 나타나고 있었다.

그러나 광역자치단체의 주민참여의 실질적인 내용을 엄밀히 분석하면 실제 3-4번이라기보다는 5번형의 숙의적 자문이나, 6번의 일시적 자문인 경우가 많았다. 실제 이해 관계자나 갈등의 당사자가 참석할지라도 갈등의 내용을 협의하기보다는 이미 조정된 내용에 대한 통과의례나 요식행위인 경우가 대부분을 차지하고 있었다. 따라서 광역자치단체의 경우 공무원의 인식은 4번에 머무르고 있으나, 실제 참여의 내용은 5-6번의 수준에서 머무르고 있었다.

3) 기초자치단체의 주민참여 형태

128개 기초자치단체에서 실시하고 있는 394개의 주민참여 사례를 조사한 결과, 공무원의 주민참여에 대한 응답 분포도의 평균은 0.42로 나타났다. 중앙행정기관이나 광역자치단체와 마찬가지로 1-2번과 8번에 대한 주민참여는 현격히 낮게 나타났다. 그러나 2-나와 2-가에서는 중앙 및 광역단체와는 다르게 평균에 근접한 수준을 나타내고 있었다. 담당자가 2번으로 표기한 경우는 '부동산평가위원회', '사전재해영향성검토위원회', '지역사회복지협의체', '유통업상생발전협의회' 등이다. '지역사회복지협의체'의 경우는 지역의 사회복지사업에 관한 중요사항과 지역사회 복지계획을 심의하거나 건의하고 평가하며 연 5~6회 개최된다. 그런데 공무원들이 2번 시민에게 권한위임 형태로 분류하였으나, 실제 이러한 위원회나 협의회와 협의체 등이 시민들이 직접 중요사항을 결정하는 위임형태로 보기에는 한계가 있다. 위의 복지협의체의 경우도 실제 중요사항은 이미 시장이나 담당공무원에 의해 결정되어 있고, 요식행위로 검토하는 경우가 많기 때문이다. 따라서 실제 2번으로 표기된 경우는 실제 6번의 일시적 자문의 형태일 경우가 많은 것으로 확인되었다.

한편, 3-나(시민과 공동협력형태-정책결정단계), 4-가(시민참여적 기획형태-정책의제형성단계), 4-나(시민참여적 기획형태-정책결정단계), 5-가[(숙의적)자문형태-정책의제형성단계], 5-나[(숙의적)자문형태-정책결정단계]는 각각 0.88, 0.86, 0.85, 0.96, 1.09로서 평균보다 현격히 높은 값을 보였다. 대체로 4번의 참여적

그림 12-5 기초자치단체의 주민참여 형태

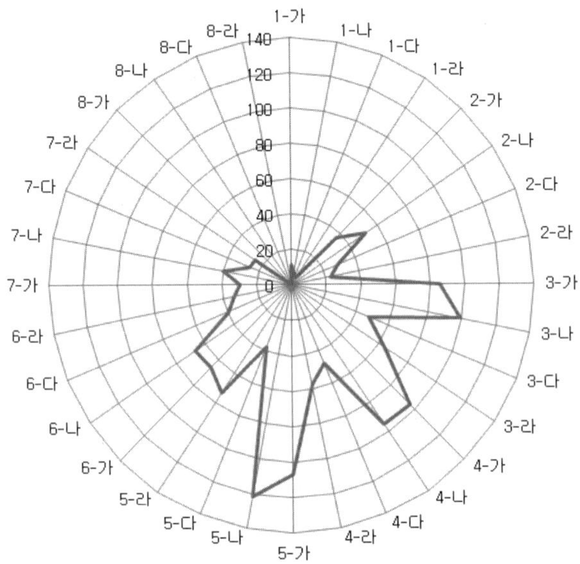

기획형태로 분류한 것은 '건강생활실천협의회', '안심보육모니터링단', '여성친화도시조성위원회', '정책자문단', '공약이행 평가단' 등으로 나타났다. 그런데 기초자치단체의 경우 3－6번이 혼재하고 있어, 4－5번으로 분류된 경우도 동일한 내용인데도 불구하고, 공무원 간의 편차가 중앙 및 광역자치단체보다 심했다. 그 이유는 비록 동일 용어일지라도 자치단체장의 성향에 따라 달리 운영되는 경우도 있지만 대체로 자치단체 공무원들의 주관적 인식에 따라 분류된 것으로 나타났다.

기초자치단체의 경우, 법적인 참여제도가 다양하게 마련되어 있다. 지방자치법에서 주민소환, 주민소송, 주민투표, 주민감사청구, 주민참여예산제도, 조례제정 및 개폐청구 등이 있다. 그러나 본 연구에서 공무원들이 사례로 제출한 것은 주민참여예산제도로 한정되어 있었다. 이것은 공무원들이 법에 규정된 주민참여제도 이외에 가능한 제도들에 한정하였기 때문인 것으로 인식된다. 만일 이러한 지방자치법상 직접 참여의 제도들이 포함될 경우 기초자치단체의 주민참여는 2번에서도 상당수의 빈도가 나타날 것으로 예상된다.

표 12-11 지방자치단체의 주민직접 참여 제도

참여 제도	내 용
조례 제정·개폐 청구	- 지방자치법: 1999년 8월 관련 규정 제정 - 일정 주민 수 이상의 연서로 당해 자치단체장에게 조례 제정이나 개정, 폐지를 청구할 수 있는 제도
주민감사 청구	- 지방자치법: 1999년 8월 관련 규정 제정 - 지자체의 사무처리가 법령에 위반되거나 공익을 현저히 해친다고 인정될 경우 청구하는 제도
주민투표	- 지방자치법: 1994년 3월 관련 규정 제정 - 주민투표법: 2004년 1월 관련 규정 제정 - 지방자치단체의 주요 결정사항에 대해서 주민투표를 통해 주민이 직접 결정하는 제도
주민소송	- 지방자치법: 2005년 1월 관련 규정 첨가 - 지방자치단체의 위법한 재무회계 행위에 대하여 지역주민이 자기의 권리나 이익에 관계없이 그 시정을 법원에 청구하는 제도
주민참여 예산제도	- 지방재정법: 2005년 8월 관련 규정 첨가 - 지역주민들이 예산편성과정에 참여하여 우선순위를 반영하는 제도
주민소환	- 지방자치법: 2006년 5월 관련 규정 제정 - 주민소환에 관한 법률: 2007년 5월 법률 제정 - 선출직 지방공직자에 대하여 소환투표를 실시하여 그 결과에 따라 임기 종료 전에 해직시키는 제도

결국, 기초자치단체의 경우도 중앙행정기관과 마찬가지로 자문형태의 참여가 정책의제설정과 결정단계에서 높게 나타났지만, 문헌 분석결과 시민공동협력형태에서 일시적 자문형태까지 다양한 형태로 나타나고 있었다.

4) 종합 분석

앞의 3개 기관에 대한 매트릭스를 종합적으로 분석하면 다음과 같은 특징이 도출된다. 첫째, 각 기관들에서 주민참여 형태는 큰 차이를 보이고 있다. 우선, 중앙행정기관의 경우, 공무원들은 숙의적 자문형태가 주를 이루는 것으로 인식하고 있으나, 문헌분석 결과는 주로 일시적 자문형태의 주민참여가 다수를 차지하고 있었다. 광역자치단체의 경우는 공무원들은 시민참여적 기획형태로 인식하고 있으나, 문헌분석 결과 주로 자문형태를 나타내고 있었다. 기초자치단체의 경우는 공무원

들은 참여적 기획형태와 공동협력형태로 인식하고 있었으나, 문헌분석 결과 일시적 자문형태에서 시민과 공동협력형태에 이르기까지 다양하게 펼쳐져 있었다. 둘째, 정책단계별 분류를 보면 중앙행정기관의 경우는 주로 정책형성과 결정단계에서 주민참여가 이루어지고 있으며, 광역자치단체의 경우는 정책형성에서 평가까지 비교적 고르게 분포하며, 기초자치단체의 경우는 정책형성에서 집행까지는 참여가 어느 정도 이루어지지만 평가부분이 활성화되지 않은 것으로 나타났다.

그림 12-6 주민참여 형태에 대한 종합 분석

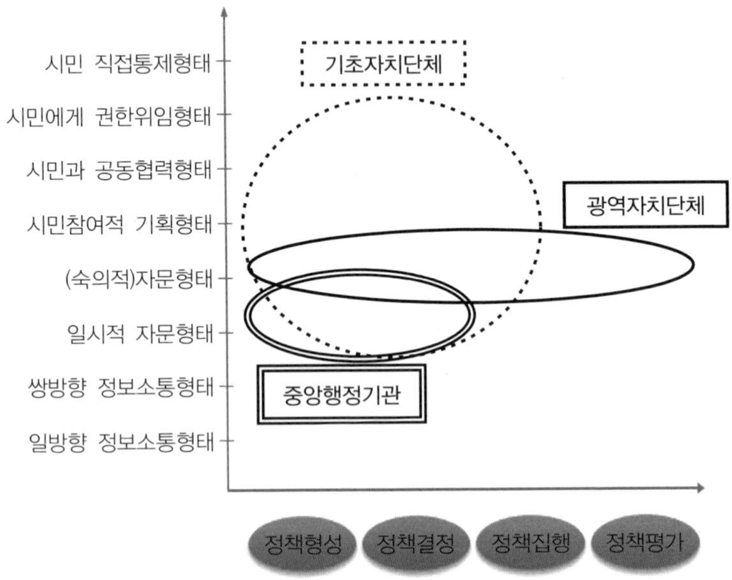

2 주민참여의 내용

사전 조사에 의하여 도출된 주민참여의 4가지 내용인 아이디어(idea) 제안형, 의견(opinion)제시형, 지식(knowledge)제공형, 참여활동(active)형으로 구분하여 중앙행정기관과 지방자치단체의 총 394개 사례를 분류했다. <표 12-12>에서 나타난 바와 같이 중앙행정기관의 경우는 지식제공형이 61.4%로 가장 많았으며, 다음으로 의견제시형이 26.1%, 참여활동형이 8.0%, 제안형이 4.5%를 차지하고 있었다. 광역자치단체의 경우는 지식제공형이 47.5%로 가장 많았으며, 다음으로 의견제시형이 36.1%, 참여활동형과 제안형이 모두 8.2%로 나타났다. 기초자치단체의 경우는 지식제공형이 48.2%로 가장 많았으며, 의견제시형이 39.1%, 참여활동형이 6.6%, 제안형이 6.1%를 차지했다.

표 12-12 주민참여의 내용

구 분	제안형	의견제시형	지식제공형	참여활동형	총 계
중 앙	8(4.5%)	46(26.1%)	108(61.4%)	14(8.0%)	176(100%)
광 역	5(8.2%)	22(36.1%)	29(47.5%)	5(8.2%)	61(100%)
기 초	24(6.1%)	154(39.1%)	190(48.2%)	26(6.6%)	394(100%)

3개 행정기관의 주민참여 내용을 [그림 12-7]을 통해 비교하면 각 기관별 주민참여의 내용에 큰 차이가 있음을 알 수 있다. 중앙행정기관의 경우는 지식제공형이 과반 이상을 차지하고 있으며, 광역과 기초자치단체의 경우는 지식제공형이 가

그림 12-7 행정기관별 주민참여 형태

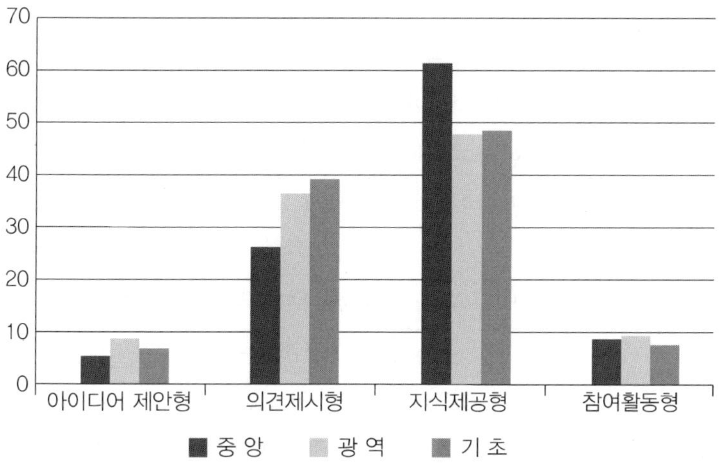

장 많지만, 의견제시형과 10% 내외의 차이를 보이고 있다. 반면에, 제안형과 참여활동형은 3개 기관 모두 저조한 수준을 나타내고 있다. 동일한 지식제공형이지만 중앙행정기관과 지방자치단체 간에 약간의 차이점이 발견되었다. 중앙행정기관의 지식제공형은 주로 전문가들의 조언이나 심의를 위한 위원회, 자문회의 등이 주를 이루었다. 반면에, 지방자치단체의 경우는 주로 학자들의 지식제공형도 있지만, 현업에 종사하거나 갈등 사안에 대해 현장의 경험을 활용하는 지식제공형이 많았다. 예를 들면, '○○○협의회', '○○○협의 위원회', '○○○이전 추진 위원회' 등이다.

아이디어 제안형의 경우는 그 특성상 많은 비율을 차지할 수 없지만 참여활동형의 경우는 더 활성화되어야 할 것으로 파악된다. 기획이 주가 되고 집행이 종이 되는 중앙행정기관의 경우에는 주어진 업무 성격으로 인해 참여활동형이 활성화되기는 어렵겠지만, 대민 접촉이 가장 활발한 기초자치단체의 경우조차 참여활동형이 6.6%에 머무르는 것은 상당히 저조한 수준이라고 볼 수 있다. 가장 적극적인 주민과의 양방향 소통형태가 참여활동형이라면 최소한 기초자치단체 수준에서나마 이를 더욱 활성화할 필요가 있겠다.

제 5 절 결론 및 정책적 시사점

이 글은 지금까지 우리나라의 중앙행정기관, 광역자치단체, 그리고 기초자치단체 수준에서 이루어지는 주민참여(의 형태와 내용) 실태와 공무원의 인식조사, 그리고 문헌분석을 실시하고 한국 행정의 주민참여 실태를 진단했다. 이 분석에 따르면, 현 시기 대한민국의 주민참여 형태와 내용을 다음 두 가지로 요약·정리할 수 있다.

첫째, 공무원의 인식과 연구자가 진행한 문헌분석 결과 사이에는 상당한 차이가 있다. 즉, 공무원들은 이론적 이상형이 제시하는 낮은 수준의 참여를 높은 수준의 참여로 받아들이는 경향이 있다. 예를 들어, 중앙행정기관이 구성한 '○○○협의회'의 경우, 담당 공무원은 이를 숙의적 자문형태로 인식하지만 실제 자문회의 방식, 위원 선정 방식, 위원회 결정 방식 등을 자세히 살펴보면, 담당 공무원이 암묵적이든 명시적이든 결정적인 영향력을 행사해 숙의적 자문이라기보다는 일시적 자문에 가까웠다. 이러한 현실과 인식의 괴리는 아직 행정이 자신의 결정권을 외부에 개방하고 주민들과 공유하겠다는 준비가 되어 있지 않은 상태에서 어떤 이유로든 외부에 의사결정과정을 공개하고 결정권을 분점해야 하는 상황에 대한 소극적·방어적 대응양태일 것으로 추축된다. 주민참여를 통한 거버넌스의 실현을 보다 적극적이고 전향적인 관점에서 이해하고 해석하기 위해서는 주민참여가 공무원의 합리적 의사결정과정과 권한을 제약하는 요인이 아니라, 오히려 사회적·절차적 정당성을 부여하는 대의민주주의의 보조 장치라는 인식을 공무원들이 공유할 필요가 있다.

즉, 공무원들은 전통적인 관료제적 관점에서 주민참여를 비효율의 근원으로 보는 경향이 강하지만, 하위정치영역(sub-arena politics)[5)]이 확장되는 현대 행정의 정치·사회적 맥락을 고려하면 주민참여로 대표되는 소통기제의 확산과 정착이 행정 효과성을 높일 수 있다는 의견에 주목해야 한다. 서론에서 소개한 Putnam et al.(2000)과 OECD(2001, 2009) 등이 지적한 바와 같이 현대 사회에서 시민의 국정참여는 정부신뢰를 높이고 정책 효율성과 효과성을 함께 제고하는 수단이 될 수 있다는 것이다.

그리고 물론 이러한 주민참여에 대한 긍정적 인식의 공유와 확산을 위해서는 정부 관료제의 한 축을 이루는 행정절차 규정과 성과평가제도, 예산회계시스템, 감사제도 등을 점검하여 주민참여를 막는 장애요소가 없는지를 살피는 것이 선행요건이다. 주민참여를 통한 거버넌스 구축과 이를 통한 적극적 소통을 행정시스템이 비용으로 인식하고, 정책목표를 달성하는 데 불필요한 절차 정도로 규정하는 한,

---

5) 하위정치(subpolitics)란 울리히 벡(Ulrich Beck, 2006)이 '위험사회'의 특징으로 제시한 일 현상이다. 즉, 정당인, 직업정치인, 압력단체 활동가, 언론인 등 기존의 제도적 행위자들뿐 아니라 일반 시민도 공론장 형성에 참여할 수 있으며, 게다가 집합적 행위자뿐 아니라 개인도 자기 수준의 권력 형성을 위해 경쟁한다는 점에서(기든스, 1998: 49) 근대 사회의 정치현상이 거대 공공성 형성을 위한 정치와 생활정치가 구분될 수 있다고 지적했다. 이를 환언하면, 기존 제도정치의 정당성과 효과성에 회의적인 일반 시민이 대의민주주의 체제에서 이미 제도화된 공식적 채널, 즉 정당, 의회, 정부 등의 공식적 권위를 부정하고 자신의 정치적 의견을 관철시키기 위해 시위, 연서(연판장 등 집단 청원), 레퍼렌덤 등 직접 행동에 나서는 것을 하위정치 현상이라고 볼 수 있다. 한국사회 역시 이같은 하위정치 현상으로부터 자유롭지 않으며, 오히려 급속한 민주화와 지방화로 인해 NIMBY, PIMFY, BANANA, LULU 현상 등이 더욱 격렬하게 나타나고 있다.

공무원 개인의 선의나 의지만으로는 이러한 제도적 장벽을 넘거나 우회하는 데 한계가 있을 수밖에 없기 때문이다.

주민참여 사례에 대한 실태조사와 인식조사 결과가 드러내는 두 번째 관찰 포인트는 주민참여의 형태와 내용이 3개 기관별로 차별화될 수 있음을 보여준다는 점이다. 중앙행정기관의 경우에는 숙의적 자문이, 광역자치단체의 경우에는 참여적 기획형태가, 기초자치단체의 경우에는 숙의적 자문과 참여적 기획형태가 가장 많이 나타난다. 또한 3개 기관은 주민참여 기제를 활용하는 정책단계에서도 차이점을 드러냈다. 중앙행정기관의 경우에는 정책형성과 결정단계에서, 광역자치단체의 경우에는 정책형성단계부터 평가단계에 이르기까지 비교적 고르게, 그리고 기초자치단체의 경우에는 정책형성부터 집행단계까지만 주민참여를 활용하는 경향이 있다.

그러나 이러한 차이에도 불구하고 3개 기관 간 주민참여의 내용을 자세히 살펴보면 중앙과 지방 간에는 큰 차이를 보이지만 같은 지방자치단체, 즉 광역과 기초자치단체 간에는 상대적으로 유사성을 보인다는 특징이 있음을 쉽게 알 수 있다. 중앙행정기관의 경우는 지식제공형이 61.4%로 나타났으나, 광역과 기초의 경우는 각각 47.5%와 48.2%로 나타났다. 아이디어 제안형과 의견제시형, 참여활동형의 경우에도 중앙행정기관보다 양자 간에 더 유사성을 보인다. 이는 지방자치단체장이 선출직인 반면, 중앙행정기관의 장은 임명직이며 전자가 기획과 집행을 동시에 담당하는 반면, 후자는 주로 기획을 담당한다는 기능상의 편차에서 기인하는 것으로 보인다. 그렇지만 정책형성단계에서부터 시민참여형 또는 시민주도형 정책형성이 가능하다는 점에서 주민참여에 대한 중앙행정기관의 감수성을 보다 더 높일 필요성이 있다고 하겠다. 이러한 차별성은 일정 부분 해당 기관의 업무 속성을 반영하는 것이겠지만, 주민참여 기제에 대한 공무원의 인식정도와 무관하지 않다는 점에서 향후 참여 기제를 설계할 때 참고할 수 있는 자료라고 하겠다. 그리고 이때 각급 행정기관은 기관 고유의 정체성뿐만 아니라 정책대상집단 등 이해관계자 집단과 정책목표와 정책수단 등 해당 정책의 특성과 사회적 맥락을 종합적으로 고려하여 주민참여 기제를 설계할 필요가 있다고 하겠다. 즉, 3개 기관 모두 주어진 미션과 고유한 기능이라는 관점보다 더 유연한 관점에서 주민참여 기제를 설계할 때 현대 행정에 요구되는 하위정치의 니즈(needs)에 보다 부합하는 행정 서비스를 제공할 수 있다는 것이다.

그럼에도 불구하고 조속한 시일 내에 우리 사회에 거버넌스가 안착될 것을 기대하는 것은 무리일 것으로 보인다. 이 연구가 진행한 소수 정책담당자에 대한 인터뷰 결과에 따르면, 행정 현장에서 관찰되는 소극적 주민참여 기제 이면에 공무원과 정책대상집단 사이에 가로놓여 있는 과거의 부정적인 경험과 그로 인한 상호불신이 있기 때문이다. 주지하다 싶이 거버넌스의 출발점은 해당 공동체의 구성원 모두 주어진 규칙에 따라 행동한다는 가정에서 출발하여 공동의 목표(shared goal)와 문제해결에 대한 인식을 공유한다는 전제 아래 자발적인 참여와 자치이다. 그러나 정책담당자가 보는 현실은 준법을 통한 합리적 대화보다 자신의 이익을 앞세우는 '떼법'에서 출발하며 우선 해결해야 할 문제의 의미와 문제해결의 방법조차 다른 상황에서 참여자 모두 각자의 목표만을 추구하여 광범위한 참여가 반드시 협력으로 이어지는 것은 아니며, 자치에 따른 책임도 회피하는 게 문제라는 입장이다. 반면, 시민사회가 보는 현실은 정부가 규칙제정권을 독점하며 정보마저 독점하는 시작부터 불공정한 게임이고, 이미 일방적으로 설정한 목표를 향해 정부가 형식적인 대화를 진행하며 주어진 일정대로 사업을 추진하는 상황에서 자치에 필요한 권한위임에는 소극적인 것이 문제라는 입장이다.

즉, 정부는 정보의 선택적 공개가 불가결하다고 주장하며 자치에 걸맞는 책임을 요구하는 한편, 정부가 공적 기능을 담당하는 독점적 지위를 포기할 때 나타날 수 있는 혼란을 우려하는 반면, 시민사회는 정보공개와 개방성을 주장하며 다양한

표 12-13 거버넌스 현실에 대한 대립적 시각

거버넌스 3요소	정부 정책담당자의 시각	시민사회의 시각
규칙준수	준법을 통한 합리적 대화보다 자신의 이익을 앞세우는 이부 시민사회단체의 떼법	정부의 규칙제정권과 정보 독점이 초래하는 불공정 게임
공동의 목표와 문제해결에 대한 인식 공유	문제정의(problem definition)가 다른 상황에서 각자의 목표만을 추구	정부가 일방적으로 설정한 목표를 향해 형식적인 대화를 진행하며 주어진 일정대로 사업을 추진
자발적인 참여와 자치	광범위한 참여가 반드시 협력으로 이어지는 것은 아니며, 자치에 따른 시민사회의 책임 회피가 문제	정부는 자치에 필요한 권한위임에 소극적

이해당사자에 대한 포용성을 바탕으로 의사결정과정에서 정부와 동등한, 또는 자율적인 지위와 권한을 부여해주기를 희망해 끝없는 긴장이 형성되어 있다는 것이다. 그리고 바로 이 부분이 우리 행정의 일선관료제(Street-level bureaucracy)와 정책과정에 참여를 희망하는 시민사회가 함께 풀고 넘어가야 할 숙제라고 하겠다. 일방향적 홍보나 설득이 아니라 소통이 우리 행정을 둘러싼 상호작용의 중심 기제로 자리 잡아야 하는 이유이다.

참고문헌

강인성(2008). 지방정부 주민참여제도의 정책과정과 참여유형에 따른 영향력 분석: 16개 광역자치단체를 중심으로. 『한국행정학보』, 42(3): 215-238.

김병준(2010). 『지방자치론』. 법문사.

류영아(2013). 시민참여 활성화 영향요인 연구. 『지방정부연구』, 17(2): 317-338.

문인수 · 이종열(2002). 거버넌스 패러다임으로서 파트너십 전략의 활용 방안. 『한국정책과학학회보』, 6(3): 53-76.

박기관 · 조석주(2005). 민선자치시대 주민정책참여의 성과평가와 과제: 민선 10년의 성과를 중심으로. 『지방정부연구』, 9(4): 111-130.

백형배 · 김필두(2011). 주민참여제고 방안에 관한 실증적 연구: 통합창원시를 중심으로. 『지방행정연구』, 25(1): 117-136.

앤소니 기든스 · 울리히 벡 · 스콧 래쉬(임현진 · 정일준 역)(1998). 『성찰적 근대화』. 한울.

울리히 벡(홍성태 역)(2010). 『위험사회, 새로운 근대(성)를 향하여』. 새물결.

윤상오(2003). 전자정부의 시민참여에 관한 연구. 『한국정책과학학회보』, 7(1): 79-104.

은재호(2011). EU 거버넌스 연구의 동향과 쟁점: 국가 거버넌스 체계 구축방안 연구를 위한 제언. 『EU 연구』, 28: 3-33.

이명석(2002). 거버넌스의 개념화: 사회적 조정으로서의 거버넌스. 『한국행정학보』, 36(4): 321-338.

정정화 · 은재호 · 남재걸(2014). "한국 행정의 주민참여 정책과정 연구: 참여 형태와 내용을 중심으로". 『한국사회와 행정연구』, 24(4): 161-185.

정정화 · 은재호 · 남재걸 · 정명운(2013). 『민 · 관 협치 강화를 위한 국민참여 모델개발 및 법적 근거 연구』. 안전행정부.
정진우(2006). 국내외 사례비교를 통한 온라인 주민참여 활성화 전략 탐색. 『한국지역정보화학회지』, 9(1): 59-77.
조석주 외(2006). 『지방자치단체의 주민참여 수준진단과 발전방안』. 한국지방행정연구원.
주성수(2005). 국가정책결정에 국민여론이 저항하면? 심의민주주의 참여제도의 탐색. 『한국정치학회보』, 39(3): 147-65.
최병선(2006). "신제도경제학에서 본 규제이론과 정책: 이견과 확장". 『행정논총』, 44(2).
하혜영 · 이재성(2008). 지방정부의 정책과정에서 온라인 주민참여 활용에 관한 연구. 『지방행정연구』, 22(1): 107-134.

Arnstein, Sherry R.(1969). A Ladder of Citizen Participation, *Journal of the American Institute of Planners*, Vol. 35(4).
Berman, E.(1997). Dealing with Cynical Citizens. *Public Administration Review*, 57(2): 105-112.
Council of Europe(2004). *Developing Democracy in Europe*. Belgium: Council of Europe Publishing.
King, C. & Stivers, C.(1998). Introduction: The Anti-Government Era. King and Stivers (eds). *Government Is Us: Public Administration in an Anti-Government Era*. Thousand Oaks: Sage.
OECD(2001). *Citizens as Partners: Information, Consultation and Public Participation in Policy-making*. Paris.
______(2003). *Promise and Problems of E-Democracy: Challenges of Online Citizen Engagement*. Paris.
______(2005). *Evaluating Public Participation in Policy Making*. Paris.
______(2008). Mind the Gap: Fostering Open and Inclusive Policy Making. http://www.olis.oecd.org/olis/2008doc.nsf/linkto/GOV-PGC-OPEN(2008).
______(2009). *Focus on Citizens: Public Engagement for Better Policy and Services*. Paris.
Percy, Stephen(1983). Citizen Coproduction: Prospects for Improving Service Delivery. *Journal of Urban Affairs*, 5(Summer).
Pierre, J.(2000). 'Introduction: Understanding Governance'. In Pierre, J.(ed.) Debating Governance. Authority, Steering, and Democracy. Oxford: Oxford University Press.

Pierre, J. & Peters, B. G.(2000). Governance, Politics and the State. Basingstoke: Macmillan.

Putnam, R. Pharr, S. & Dalton, R.(2000). Introduction: What's Troubling the Trilateral Democracies?. Pharr, S. & Putnam, R.(eds). *Disaffected Democracies*. Princeton: Princeton University Press.

Rosenau, J. & Czempiel, E.-O.(1992)(eds). Governance without Government: Order and Change in World Politics. Cambridge: Cambridge University Press.

Wolf, Jr., Charles(1988). Market or Governments: Choosing between Imperfect Alternatives. The Rand Coorporation.

Zimmerman, Joseph(1986). *Participatory Democracy: Populism Revisited*. N.Y: Praeger.

제 13 장 시장에서의 의사소통에 관한 고찰: 해석학적 방법론의 원용을 통하여

이 광 석

제 1 절 서 론

인간은 세 가지 수준에서 커뮤니케이션을 한다. 경제활동(재화・서비스의 교환), 언어활동(메시지의 교환), 그리고 친족제도(여자의 교환)가 그것들이고, 이에 따르는 교환의 장(場)이나[1] 나름의 규칙이나 문화가 각각 형성된다(Uchida, 2011). 이런 관점에서 시장은 경제학적이 아닌 관점에서 파악할 필요가 있다. 그러나 지금까지는 경제학이나 경영학에서의 시장 개념 논의가 '다른 관점에서의 논의'를 압도하였다. 이 글은 그 다른 관점을 보여주려는 데 목적이 있다. 먼저, 경제학적으로 시장은 지금까지 사람이 만들어낸 제도 중 가장 위대한 것으로서(이준구, 2004: 11), '수요・공급이 계속적으로 나타나서 상품의 가격이 형성되고 상품의 매매가 규칙적으로 일어나는 추상적인 기구'(박홍립, 1993: 219)로 정의하기도 하고, '어떤 상품의 수요자와 공급자가 상호작용하여 그 가격과 수량을 결정하는 장치'(Samuelson & Nordhaus, 1989: 39)라고 정의한다. 경제학에서의 시장 개념의 핵심은 가격이나 수량에 있다.

1) Braudel(1996)은 교환을 담당하는 물질문명이 기저층에 있다고 한다. 이는 교환이 시장기능의 중심임을 의미하는 것으로 레비스트로스의 견해와 상통한다(Uchida, 2011).

경제학이나 경영학에서의 시장 개념도 사회과학적 관점에서는 표현되어야 하고 표현된 것은 해석되어야 한다. 표현되고 해석되어 이해하는 데는 일정한 규칙이 있다. 인간의 사회생활도 질서있는 구조를 갖게 되는 것은 규칙이 있기 때문이고, 이들 규칙은 의사소통(communication)에 기초하고 언어분석에 의해서 파악된다. 시장이란 정부와 국민 사이의 대화는 열린 마음의 표상으로서 서로에 대한 이해를 요구하고, 시장과 관계있는 이들의 사회적 행동은 언어기호들 사이의 상호관계들로 분석되므로 시장현상의 이해는 경험적으로 묘사·분석할 수 있다(Ineichen, 1998: 15). 존재는 언어를 통해서만 그 자신을 드러낸다(Heidegger, 2005; 이규호, 2007)는 명제를 수긍한다면 시장을 드러내는 것은 어떤 형태든 언어를 통해서 드러난다.[2] 여기서 시장현상을 어떻게 이해할 것인가에 대한 논쟁이 시작된다.

실증주의가 방법론적 일원론을 추구하고 계량을 지향하는 데 비해,[3] 그와 다른 흐름(해석학)은 언어를 중심으로 판단한다.[4] 해석학이란 자연과학이 자연을 설명하는 데 비해, 정신과학에서는 정신생활을 이해하는 방법론을 해석학이라 하고, 이해(understanding, verstehen)의 현상 그 자체에 관한 보편적 법칙을 파악하려 한다(이규호, 2005: 3). 이때 전제될 것은 언어이고 먼저 발견될 것도 언어라고 본다[5]

2) 이론은 언어의 체계이기에 행정이론도 언어체계라 할 수 있다(Farmer, 1999). 철학의 과제도 언어의 이론적 분석이라고 한다. 철학은 모든 현상의 기본원리가 무엇인가에 관한 전체적 통찰을 얻는 학문인데, 학문의 분과화로 진행된 현대에서 언어의 이론적 구조를 해명한다는 것은 인간을 포함한 모든 존재세계에 관한 이해양식이라고 한다(이명현, 1994: 303-317).

3) 실증주의가 행동으로 표출된 경험(experience)만을 경험으로 보는 데 대한 비판이 있다. 예컨대, 현상학에서는 마음 속의 경험(appears in mind), 즉 주관적 의미도 아우른다. 따라서 전자는 'true'와 'false'가 분명한 것만 다루고 주체는 확실한 근거에서 객체를 바라보았다(김종술, 1983). 그러나 주체의 불확실성의 문제가 Husserl에 의해 제기되었고, 그 후 점점 사회현상을 정신과학으로 보게 되었다. 이런 경향의 흐름은 'true'와 'false'가 분명하지 않는 것도 다룬다는 데 장점이 있고, 객관주의에서 배제된 행복과 같은 가치문제(주관적 차원)를 인식하고 객관에 암시된 것을 포함하려 애쓴다. 여기서 경험(experience)과 체험(lived experience)을 어떻게 구별할 것인가가 문제이다. 대체로 전자는 감각으로 인식한(sensation: external) 것으로 passive(겪었고) 성격이며, 후자는 몸소 경험한(living through) 것으로 active(sensibility+understanding+reason; external+internal) 성격이다(김종술, 2010).

4) 해석학은 플라톤에게서 그 기원을 두는데 신의 뜻을 인간이 이해할 수 있는 말로 해석하는 것이라고 한다(이규호, 2005: 314). 해석학에서의 이해는 언어의 보편적 의미와 특수한 의미의 상호의존을 구성하는 것이 '이해'라는 관점을 취한다(이정민·배영남, 1990). 이는 "해석학이 언어적 형성물을 이해하고 해석하는 기술론으로서 발전하였다(Ineichen, 1998: 16)"는 관점과 같은 맥락으로 보인다.

(이정민 · 배영남, 1990). 해석이나 해석학에서 문제 삼는 것은 "명확하고 흔들리지 않는 필연적인 논리의 법칙을 따라 전개하는 직선적인 인식론이 불가능하다."는 것이다. 이는 자연히 "앎의 현상을 추구하고 해석하는 길은 순환적인 전개뿐이다"(이규호, 2005: 34). 이는 '해석학적 순환'으로 정확한 지식의 추구는 일정한 이해로부터 출발한다. 슐라이에르마허(F. Schleiermacher) 해석학의 탁월한 점은 이해의 프로세스를 언어에서부터 찾았으므로, 그의 말에 따르면 '해석학의 과제는 언어의 해석'이라고 선언한다[6](이규호, 2005b). 그 후 딜타이(W. Dilthey)에 와서 이해는 삶을 파악하는 카테고리로 체험, 표현과 더불어 파악되었다. 하이데거(M. Heidegger)에서는 텍스트(text)가 사회 · 문화 현상 전체로 바뀌었다. 즉, 해석철학=철학의 관점으로 전환하고(김종술, 1983), 이들을 관통하여 '언어는 존재의 집'이라 선언한다.[7] 나아가 세계를 해석하는 방식은 사용하는 언어의 함수(Eagleton, 1990: 135)라는 명제 앞에서 언어와 사고의 밀접한 관계를 알 수 있다.

언어와 사고의 관계를 보는 관점상의 차이는 첫째, 행동주의에서는 언어가 사고를 결정한다고 보는 언어 우위론의 입장을 취했다. 둘째, 변형문법에서는 언어 능력은 선천적으로 타고난 보편적인 능력으로 인지 능력과는 별개로 보았고, 인지언어학에서는 인지 능력이 언어 능력을 결정한다고 보는 사고 우위론의 입장을 취하고 있다[8](하치근, 2010: 5).

이 글은 해석학 방법론을 전개한 다음 현장에서 일어나는 대화와 의사소통의 자료를 통해 시장의 형태가 다름에 따라 시장에서의 의사소통이 다름을 보여주고

---

5) 해석학은 철학적으로 뿐만 아니라 신학적, 언어학적으로 지평을 넓혀야 한국 행정학계에 유용하리라 생각한다. 이런 관점은 Osborne(1991: 5-15)과 이규호(2005: 155-168; 2005b)를 참조하라. 이하의 서술은 이들에게 힘입었다.

6) 그에 의하면, 모든 낱말은 하나의 보편적인 의미영역을 갖고 있으며, 그 의미영역은 그 사용에 의해 나타나게 된다. 구체적으로 사용된 하나하나의 경우의 의미는 그 전체적인 의미영역을 통해서 바로 이해된다(이규호, 2005b).

7) 이규호(2005b)는 해석학의 특징을 6가지로 요약한다. 그는 언어와의 관계를 특히 중요시한다.

8) 요즈음은 인지 능력과 언어 능력은 독립적인 관계가 아니고 상호 작용하되, 일정한 시기까지는 인지 능력이 언어 능력을 좌우하다가 그 이후가 되면 언어 능력이 인지 능력을 좌우하게 된다고 보는 관점이 설득력을 얻고 있다. 두 능력이 상호 작용하는 양상에는 범주화의 능력과, 원근화법(어떤 경험에 초점과 배경의 관계를 조성해 나가는 능력), 도상화의 능력(기호와 의미 사이에 관련성을 맺어주는 능력), 문법화의 능력(언어 변화에 사람의 인식 체계를 반영하는 능력), 비교와 비유의 능력(우리의 경험 세계에서 공통성을 걸러내는 능력) 등이 있다(하치근, 2010: 5).

그 행정학적 함의를 추구하는 데 있다. 현재의 질적 방법에 기초한 연구의 다수는 대화자료나 인터뷰 방법을 통해 자료를 수집하여 분석하고 그 결과의 의미를[9] 해석한다(Lee, 2004; Ham, 2010). 이 글은 더 나아가 후술하듯이 방법(method)을 방법론(methodology)으로 확립하려는 의도에서 대화와 의사소통 자료를 해석학적 방법론으로 분석하는 방법을 형성하려는 것이다.

글의 순서는 제2절에서 통시적으로 언어를 어떻게 보았는가 하는 점을 정리하고 실제의 응용하였던 방법을 제시하고, 제3절에서 시장에서의 대화와 의사소통 자료의 일부를 분석을 하고, 제3절 5항에서 행정적 함의를 찾고, 제4절에서 결론을 담는 순서로 진행하고자 한다.

제 2 절 의사소통 분석을 위한 틀

1 언어를 바라보는 관점의 통시적 고찰

Winch(1958)에 따르면, 사회과학의 주제는 인간행위에 대한 이해가능성을 발견하는 것이며 그것은 또한 인간활동의 의미와 연관되고, 알게 모르게 어떤 규칙을 지향한다. 여기서 규칙은 자연과학적 법칙이 아니며 어떤 해석학적 노력과 연관되어 있다고 본다. 따라서 언어구조는 의식구조를 결정하고 언어가 다르면 사상이 다르다. 그러면 언어와 철학은 어떤 상관성을 맺는가? 이에 관한 선행연구는 김종술(1983), 엄정식(1983), 허발(1985), Lyons(1984), Palmer(1988), 강돈구 외(1990), Chomsky(1990), Osborne(1991), Alston(1992), Weisgerber(1993), 정시호(1994), 이규호(1980, 1989, 2007), 이명현(1994), 박영식(1995a, 1995b), Harris(1999), 김형엽(2001), Fann(2005), 박이문(2009), 하치근(2010) 등이 있다. 먼저, 이들의 연구를 종

9) 의미가 무엇인가는 Ogden & Richards(1990)에서 상세히 논의되었다. Lyons(1984: 20－21)는 What is meaning?에 대해 There is no such thing. Don't look for the meaning: look for the use이라 대답한 비트겐슈타인(Wittgenstein)의 견해를 소개하고 좀 더 상세히 자신의 의견을 전개하였다.

합해서 설명해 보기로 한다.

20세기 철학에 있어서 특기할 만한 사항 중의 하나는 언어에의 관심이라고 한다.[10] 여기에서 철학이란 논리적 분석을 말하고, 그 대상을 언어로 본다. 행정을 비롯한 사회현상은 언어현상으로 환원되는 언어적 전회(Linguistic turn)도 같은 맥락이다(Farmer, 1999; 이규호, 1980; Winch, 1958; Song, 1984; Kim, 2008). 대체로 언어적 관점으로 설명할 때 언어관은 네 가지로 정리할 수 있다(이규호, 2007). 논리실증주의 논리적 언어분석(논리실증주의 언어관), 철학적 언어분석(일상언어의 분석의 언어관), 과학적인 언어학과 구조주의, 그리고 훔볼트(A. Humboldt)의 사상에 기초한 해석학적 언어관이 그들이다. 이들 네 유형들이 단선적인 흐름으로 발전해 온 것은 아니고 서로 영향을 주고받으며 서로 의존하고 교차하는 관계를 갖고 있다(이규호, 2007; 이명현, 1994). 여기서 의미를 두는 언어관은 해석학적 언어관이지만 차례로 이들의 기본 특색을 살펴보자.[11]

논리실증주의 언어관은 인공언어와 관련되는 흐름으로 철학이 다루었던 영역들을 여러 분과학문이 차지하여 실증적 방법으로 그 현상의 구조를 설명하게 되었다. 따라서 철학의 기본과제는 과학의 기초작업을 하는 일[과학기초론]로 과학적 언어를 획득하기 위한 '언어의 논리적 분석'이다.[12] 여기서 언어는 하나의 순수한 기계적인 체계의 구조로 관찰되므로, 언어의 구조는 실재세계의 구조와 일대일 관계에 있다.[13]

철학적 언어분석은 비트겐슈타인(Ludwig Wittgenstein)의 후기 견해가 그 대표

---

10) 수학이나 기하학, 또는 언어가 어떻게 가능한가? 인간에게 수학적, 기하학적, 또는 언어적 인식 능력이 있다고 생각한다. 즉, 산수의 경우에서 보듯 순서지우는 능력이나 앞선 세대가 내뱉는 조그만 양의 문장을 듣고 수없이 많은 문장을 만들어내는 언어 능력을 보면 경험 이전에 선험이라는 능력이 있다(Chomsky, 2006).

11) 이하 언어관의 정리는 이명현(1994)과 이규호(2007)를 중심으로 정리한 것이다. 이외의 인용은 표시하기로 한다.

12) 학문의 분과화에 따라 존재하는 현상의 성질이나 구조의 설명은 여러 분과 학문에게 맡기고 이들 학문의 이론을 논리적으로 분석하는 것이 철학의 임무라고 철학의 자기 규정이었다. 그런데 그 이론은 언어의 체계에 지나지 않는다(이명현, 1994: 303－317; 이규호, 2007).

13) 비트겐슈타인(Wittgenstein)의 초기 언어이론[언어사상론(言語寫像論)]은 "언어의 본질은 실재세계(사실의 총화) 묘사에 있다."라고 주장한다. 언어의 본질은 사실의 기술에 있고, 언어가 어떤 사실을 기술할 수 있는 것은 언어와 사실의 총화로서의 세계와 구조적 동일성을 가지고 있기 때문이다. 비트겐슈타인의 초기의 언어관이 함축하는 것은 언어는 언어 사용자인 인간의 조건과 무관하다는 것이다(이명현, 1994: 303－317).

인데, 이에 따르면 언어는 그 사용자인 인간의 삶의 조건과 밀접한 관련을 가진다. 그는 언어의 모습을 밝히기 위해 말놀이(language game: 언어 게임)라는 개념을 도입하는데 언어의 '놀이'는 삶의 '놀이'의 표현인데, 여러 가지 놀이들은 서로 다른 성격과 규칙을 갖고 있어서 하나의 보편적인 규칙이나 논리에 의해서 다루어질 수도 없고 연역될 수도 없다. 이 규칙이 어떻게 해석되고 적용되느냐 하는 것은 그 언어 사용자의 삶의 양식에 의존한다. 따라서 규칙의 체계로서의 언어는 인간의 삶의 양식들 속에서만 그 생명을 얻게 된다.[14] 이 흐름에서는 보편어(universal language)는 사라지고 화용론(pragmatics)의 중요성이 부각된다.

셋째 유형은 과학적 언어학 이론으로 언어는 객관적이고 체계적인 구조이기에 그것을 사용하는 인간의 주체성에 의존함이 없이 분석하고 설명할 수 있다고 본다. 이 흐름은 일상언어(=특수한 경험적인 언어)를 대상으로 분석하지만 그 특수한 언어를 넘어서 모든 언어의 보편적인 구조를 연구한다. 이 보편적 구조는 인공언어의 규칙에 의하여 체계적으로 표현될 수 있고,[15] 여기에 기초하여 한 특수한 언어에서 다른 특수한 언어로의 번역을 위해 수학적 논리학이나 컴퓨터를 이용하기도 한다.

같은 흐름이지만 이와는 조금 다른 모습이 레비스트로스(C. Lévi-Strauss)의 구조주의 언어관이다. 보편적인 언어체계의 법칙을 탐구하는 데는 셋째 유형과 같으나 의식적인 언어현상이라는 표층를 넘어서 무의식적인 심층구조에서 이를 찾는다. 즉, 언어가 인간의 삶의 형식이라는 철학적 언어분석의 기본전제에 기대어 언

---

14) 후기 비트겐슈타인(Wittgenstein)의 언어이론의 의미를 요약하면, 첫째, 기호체계로서의 언어가 어떻게 적용되느냐를 결정하는 것은 언어 사용자이지, 그 기호체계 자체는 아니다. 둘째, 말의 의미는 언어기호가 언어공동체에 의해서 어떤 방식으로 사용되었는가를 안다는 것이고 그 말이 삶의 맥락에서의 역할이 무엇인가를 아는 것이다. 다양한 언어의 행태는 그 사용자인 인간의 삶의 조건 속에 뿌리박고 있는 고유한 논리를 가지고 있기 때문에 자연언어는 인공언어에로 일률적으로 환원될 수 없는 다면적인 구조를 지니고 있다는 것이 일상언어학파에 속한 사람의 신념이다(이명현, 1994: 303-317).

15) 이 흐름의 대표적인 학자가 촘스키(Chomsky)이고 전기 비트겐슈타인(Wittgenstein), 러셀(Russel), 카르납(Carnap) 등의 견해와 유사하다. 그러나 전기 비트겐슈타인, 러셀이 언어의 보편적 구조를 언어가 묘사하는 실재세계의 구조에 의존한다고 보았음에 반하여, 촘스키는 언어의 보편적 구조를 인간의 마음 속에 주어진 선천적 규칙들 속에서 발견하려 한다. 촘스키에 따르면, 언어에 음성학적, 기호적 요소에 의해 표현되는 표층구조와 의미론적으로 확인되는 심층구조라는 이중적 구조가 있다고 한다(이명현, 1994: 303-317).

어에서 발견된 보편적 구조를 통해서 인간의 본질을 파악하려 한다.

이상의 흐름들과는 달리 해석학적인 언어철학은 언어의 본질을 주체적인 인간과의 관계에서 이해하고 일상적인 언어현상을 삶의 현상의 핵심으로 해석한다(이규호, 2007). 따라서 "실존 이해나 존재 이해는 모두 언어 안에서 표현된다."(Ricoeur, 2000: 15; 김한식, 2008: 147에서 재인용)라는 명제에서 보듯이 언어를 주체적이고 생동적인 힘으로 바라본다.

이와 관련하여 해석학은 세 가지 관점을 지니고 있다(Osborne, 1991: 5). 첫째로, 해석학은 해석원리(law of interpretation)에 논리적이고 질서있는 분류(orderly classification)를 제공하므로 과학이라는 관점이다. 둘째로, 해석학은 관련된 텍스트(text)에 그 해석원리를 응용하는 능력과 상상력(imagination)을 필요로 하는 습득된 기교(skill)이기에 기술(art)이라는 관점이다.[16] 셋째는 물리적 실체를 넘어 정신적 교감(spiritual act)의 관점으로 위에서 언급한 생동적인 힘과 상통한다.

2 의사소통의 개념화와 개별화

논리실증주의자는 현실에 문제가 있다고 보고 이성에 의해 현실에서의 문제를 없애는 방향으로 나아간다. 그럴수록 현실에서 멀어진다는 비판이 있는데, 후설(E. Husserl)의 명제에 따르면, 개념화할수록(달리 말해 추상화할수록)[17] 체험에서부터 멀어진다(Carr, 1970). 반면, 현실이 삶이라는 관점에 서면, 개념이 힘을 얻기 위해서는 체험과 연결되어야 한다. 그래서 하이데거(M. Heidegger)는 개념이라는 말 대신에 실존범주(개체성을 살리는 범주)라는 용어를 쓰기도 한다.

현실의 삶 속에서 의사소통은 한사람의 이야기(story)가 다른 사람에게 그 이야기(story)를 전달하는 과정으로 정의된다. 그 이야기는 이해를 위하여 의사소통의 단위로 분절되어 전달된다. 그 단위를 보통 문장으로 정의한다(Zifonun, 2002). 그런데 문장은 철학적 측면에서도 살펴볼 수도 있고, 형식적 측면이나 기능적 측면에

16) 이런 부류를 강조하는 분야는 신학이라고 한다(Osborne, 1991: 5).
17) 'abstract'라는 단어에서 'ab-'라는 접두사의 의미가 '떨어진다(from)'라는 뜻이다. 즉, 추상화할수록 체험에서 멀어지고 이를 현상학에서는 경계한다(Carr, 1970).

서도 살펴볼 수 있다. 철학적 측면에서는 서론에서 언급했고 기능적 측면은 3항 구조적 조직화에서 언급하겠기에 여기에서는 형식적 측면에서만 보자. 형식적 측면의 문장은 세 부분으로 나뉜다[S= Np+ Vp+ pp].[18] 여기서 중요한 것은 Np와 Vp이다. 먼저, 논의할 것은 Np인데 앞서 언급한 "개념화할수록 체험에서부터 멀어지는데 개념이 힘을 얻기 위해서는 체험과 연결되어야 한다."라는 해석학적 명제에 비추어 볼 때 추상화된 보편 개념은 그 힘을 갖기 위해 개별화하여야 한다. 이를 S 속에 Np가 담당한다.[19] 이 관점은 시장을 어떻게 보느냐라는 주제 영역이 어떤 토대를 갖느냐에 관해 개별화를 통해 내적 계기를 끌어내는 데(즉, 한국적 특수성에) 주목할 수도 있고, 보편적 이론에 관심을 보여주기도 한다. 그림으로 이해를 돕도록 나타낸 것이 [그림 13-1]이다.

그림 13-1 개념화와 개별화

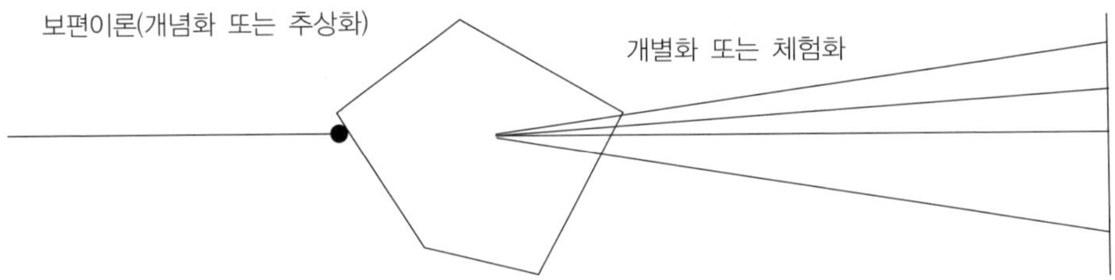

개념화의 대표는 촘스키(N. Chomsky)이고 그가 주장하는 보편주의는 추상화의 대표이다(Cook, 1992). 이는 [그림 13-1]에서 오른쪽에서 왼쪽으로 진행하는 방식인데, 일상언어(=특수한 경험적인 언어)에서의 자료를 통해 보편어를 추구하는 방법이다. 반면에, 개별화의 주장에 속하는 이들은 후설(E. Husserl), 비트겐슈타인(L. Wittgenstein), 훔볼트(A. Humboldt) 등이다(Carr, 1970; 이명현, 1994; 이규호, 2007).

---

18) S는 Sentence, Np는 Noun Phrase, Vp는 Verbal Phrase, pp는 Prepositional Phrase를 말한다.

19) 다른 견해에 따르면, 개별화 방법은 문장에서 행위자(Agent), 피영향자(patient), 수혜자(benefactive), 여격(dative or goal), 도구(instrument), 장소(place), 시간(time) 등의 의미로 나누어진다(Lyons, 1991; Fillmore, 1988; 박승윤, 1990: 140). 그리고 이들이 이른바 목적어로 올 확률(목적어 선택 순위)는 피영향자(patient) > 여격, 수혜자(benefactive), 장소 > 도구의 순서이다(박승윤, 1990: 142). 여기서는 개별화 방법으로 의미성보다는 문법성으로 이들을 다루었다.

비트겐슈타인의 언어분석이론에서 갈파한 '삶이 언어'라는 주장은 개별화 또는 체험화를 대표한다(Cook, 1992; Wittgenstein, 2006; Fann, 2005; 엄정식, 1983). 이는 [그림 13-1]에서 왼쪽에서 오른쪽으로 진행하는데, 일상언어(=특수한 경험적인 언어)를 존중함을 의미하고 보편어를 추구하지 않는다.

괴테(J. W. von Goethe)가 지적하였듯이 학문이나 이념에 대해 이상적 태도를 보이더라도 실제적 작업을 위한 구체적 방도가 보이지 않으면 공론이나 공담이 되기 쉽고, 사회과학도는 그렇게 되지 않도록 실마리를 찾아야 한다(허발, 1985: 5 참조). 서론에서 언급한 바처럼 현재의 질적 방법에 기초한 연구의 다수는 인터뷰나 설문지를 통해 자료를 수집하여 분석하고 그 결과의 의미를 해석한다(Ham, 2010). 여기에서의 문제점은 분석에서의 과정이다. 인터뷰를 하여 자료를 수집한 경우 그 의미가 그대로 보존되는가에서부터 그 의미의 범위는 어느 정도인지 등등의 문제를 해결하지 않고 있고, 설문지를 통한 자료의 수집은 설문지의 언어구성이 올바른지에 관한 원초적 문제에 부딪힌다(이광석, 2009). 이 글은 이들 방법(method)에 그 논리를 부여하여 방법론(methodology)으로 확립하려는 의도에서 해석학적 방법론을 형성하려는 것이다.

해석학적 방법론은 어떻게 하는가? 이 부분의 선구는 신학이지만(Osborne, 1991; Palmer, 1988), 해석학의 핵심은 과학주의 관점에서의 방법론이 아니라 정신과학의 관점에서 방법론으로 자리매김하는 데 있다는 점이다(이규호, 2005). 심리학 분야에서는 Moustakas(1990)가 방법론으로서 self-dialogue, tacit knowing, intuition, indwelling, focusing, the internal frame of reference를 들고 있다.

앞서 언급한 대로 해석의 방법론은 신학에서 유래하였기에 이 분야의 연구는 사회과학에서도 참조할 만한 부분이 많다. 신학적 해석학에 기초한 Osborne(1991)은 해석하기 위해 맥락(context)과 언어, 그리고 장르로 나눈다. 먼저, 역사적 관점(historical context)에서 또 논리적 관점(logical context)에서 맥락을 분석하고 이어서 언어적 분석을 행한다(grammar, semantics, syntax 등). 이어서 장르분석(genre analysis)을 통해 신학적 관점의 해석학을 보여주고 있다.

그러나 사회과학에서는 단계적 해석(학)이 적합할 것 같다. 해석의 단계를 넷으로 하여 살펴보면(허발, 1985: 86-90), 첫째는 Np, Vp와 pp로 나누는 형태 중심의 고찰이며, 둘째는 나누어진 형태를 내용에 따라 살펴보는 내용 중심의 고찰(이 첫째와 둘째를 열거와 분류로 합칠 수 있다), 셋째는 구조적 조직화를 하는 기능 중심의 고찰, 넷째는 그 의미 작용을 살펴보는 의미 중심의 고찰이 그것이다.[20] 첫째는 쉽게 접근할 수 있기에 설명을 줄이고, 둘째인 내용 중심의 고찰을 여기서 살피고, 다음 항에서 셋째 구조적 조직화를 하는 기능 중심의 고찰을, 이어서 그 의미를 파악하는 의미 중심의 고찰의 순으로 글을 이어 간다. 둘째 단계부터 살펴보자.

논의할 것을 Vp를 보기로 하여 설명하자. 의미란 살아가는 삶 속에서 나올 때 그 힘을 갖는다고 본다(김재철, 2010). 그런데 살아가는 것은 행위(performance)함을 말하고 행위 속에서의 의미는 그 구성물과 연관을 맺는다. 예를 들어, '잔다(sleep)'는 행위는 '침대에 잔다(sleep in bed)'처럼 의식된다. '잔다'는 것은 행위 의미이고, '침대'라는 것은 내용 의미(또는 구성물)이고, '에'는 연관 의미이다. 따라서 의미는 셋으로 나눌 수 있는데 행위 의미, 연관 의미,[21] 그리고 내용 의미이다. 이를 달리 표현하면, 침대에 잔다(sleep in bed)는 V+pre+N으로 분석된다.[22] 여기서 내용 의미는 잠을 자는 삶의 경향을 나타내는 것으로 삶을 위해 침대를 만들었다는 뜻으로 이를 달리 표현하면, 삶의 경향성(다른 말로 자기만족성)을 위해 구성물(침대)이라는 과학을 창조해 내었다.[23] Vp= V+pre+N에서 사회규약은 V(행위 의미)에도 제약이나 조장을 가하기도 하고, N(내용 의미)에 정책을 하고 관리를 하고 사회적 영향력을 남기기도 한다. 이를 통해 V나 pre와 상관성을 맺기에 V와 N을 논의하여야 한다. 따라서 방법론은 Np로서 어떤 주체가, Vp의 V로서 어떤 행위를, pp로서 어떤 지향으로, N으로서 무엇을 하였는가를 살펴보면 된다. 이를 다음과 같이 나타낼 수 있다.

첫째, 주체[누가(Np)] 행렬을 열거하고 분류한다. 그리고 구조적으로 조직화한다.

---

20) 이들 단계는 언어적 방법론이나 낱말밭 이론을 위해 개발된 것으로 네 단계 중 마지막 단계는 원문에서는 작용중심의 고찰로 명명하나(허발, 1985: 89-90). 여기에서는 의미중심의 고찰로 본다.

21) 연관 의미를 통하여 세계와의 관계를 맺고(이를 지향성이라 한다) 내용이 생기는데 하이데거(Heidegger)는 이를 'care'라고 하였다.

22) V(잔다: sleep)+pre(에: in)+N(침대: bed)으로 분석된다[V: verb, pre: preposition, N: noun]. 관련성이 크게 없는 관사는 언급할 수도 있으나, 여기서는 본질적 요소가 아니기에 언급하지 않는다.

23) 현상학에서는 지금은 이것이 역의 관계로 바뀌었음이 문제점이라고 지적한다. 칸트(Kant)는 수의 범주는 하나/다/전체로 나눌 수 있다고 한다. 이는 하이데거(Heidegger)에 따르면, 사람의 하나라는 개념과 사물의 하나라는 개념으로 섞여서 사물범주화된다. 주민등록번호는 그 대표적 보기라 할 수 있다(김재철, 2010).

둘째, 어떤 행위(Vp) 행렬을 열거하고 분류한다. 그리고 구조적으로 조직화한다.
셋째, 어떤 지향(pre) 행렬을 열거하고 분류한다. 그리고 구조적으로 조직화한다.
넷째, 객체, 또는 대상[무엇(Np)] 행렬을 열거하고 분류한다. 그리고 구조적으로 조직화한다.[24)]

이를 <표 13-1>과 같은 틀로 시장에서의 의사소통을 분석할 수 있고, 이를 적용하여 도표로 정리하면 <표 13-1>과 같다.

표 13-1 해석학 관점의 분석 틀

기 술 \ 행 렬	주체(Np)	객체(Np)	어떤 지향(pre)	어떤 행위(Vp)
열거 및 분류 (description & classification)				
구조적 조직화 (structural organization)				

주) 이 표는 한국어 순서로 짠 것이다. 익히 알다시피 영어를 중심으로 하면 주체(Np)–어떤 행위(Vp)–어떤 지향(pre)–객체(Np)의 순서이다.

3 의미 확정의 기준으로 구조적 조직화

색(色)은 하나의 연속체(continuum)이지만 특정한 언어체계에 따라 구조적 조직화(structural organization)로 인해 개념화된다. 영어의 red는 scarlet, crimson, vermillion 등을 포괄하고 따라서 이들 어휘는 같은 낱말밭에 있으므로[25)] red를 일

24) 이는 Osborne(1991)을 기초로 하고, Chomsky(1990), Cook(1992), Smith & Wilson(1980) 등을 참고하였다. 물론, 이 과정은 많이 섞여서 나타난다. 어떤 지향과 객체 또는 대상은 종종 섞인다. 여기서도 섞여서 나타나는 대로 적는다.

25) 이를 낱말밭 이론(field theory: 어휘장 이론)이라고 하는데 낱말밭이란 내용상으로 보아 밀접하게 인접하고 있고, 상호 의존관계에서 그 기능이 규정되는 한 무리의 낱말들을 말한다(허발, 1981: 37; 정시호, 1994: 52). 이 이론은 훔볼트(Humboldt)와 헤르더(Herder)에서 유래하며, 트리어(Trier) 등에 의해 1920년대와 1930년대에 발전되고, 그 후 바이스게르버(Weisgerber)에 의해 승계되었다(정시호, 1994; 허발, 1985; 이정민 · 배영남, 1990). 실제로 이 방법은 조사방법론에서 많이 쓰인다. 예컨대, '절대 찬성–찬성–중간–반대–절대 반대'의 선택지를 부여하는 것은 이와 같은 이

컫는 것으로 짐작할 수 있다.

앞서 보았던 Np(예를 들면, window라는 낱말)는 Vp(예를 들면, open이나 close와 같은 낱말)와 밀접한 관계를 갖는다. 이들 관계는 Np와 Vp의 구조적 조직화라 할 수 있다. 여기서 더 중요한 의미를 갖는 것은 Np와 Vp 내부에서도 구조적 조직화가 형성되고, 이를 포착하는 것이 연구자의 임무라는 것이다. 예를 들면, go, march, run, step, tramp, walk, toddle, waddle, stride, trudge, shuffle, plod, tread 등의 어휘가 인터뷰 자료나 대화자료에서 나타났다면, 이는 '사람에 의한 장소 이동'을 나타낸다. 즉, Vp 내부에서 구조적 조직화가 이루어진 것이다(허발, 1985: 81). Np나 pp도 이와 같이 분석을 한다.[26] 이어서 이런 방법을 다음 절에서 실제로 적용하여 보자.

제 3 절 시장에서 의사소통 분석

1 두 가지 유형의 세계

앞서 보았듯이 경제학에서의 시장 개념의 핵심은 가격이나 수량에 있지만 하버마스 사회학의 체계에 따르면 사회는 사회체계와 생활세계로 구성되며 사회체계는

론이다(허발, 1985: 98). 이런 관점에서 설문지 방법도 언어적 방법론에 많이 의존한다. 더 나아가 설문의 방식도 응답자에게 영향을 미친다. 예컨대, 2008년에 정부의 방침은 장기요양보험을 안정시키려고 가능한 한 더 많은 recipient에게 혜택을 주기로 하였다. 이에 따라 개개인의 적부심(適否審)의 인터뷰에서 가능성 있는 예비 recipient에게 부정적 질문의 형태를 취했다(예를 들면, 혼자서 식사를 못하시지요). 그 후 정부는 재정적 부담 때문에 recipient를 줄이는 방침을 취했고 이는 질문방식의 변화를 가져왔다. 즉, 가능성 있는 예비 recipient에게 긍정적 질문의 형태를 취했다(예를 들면, 혼자서 식사를 하시지요)[출처: 국민건강보험 공단의 실무담당자 인터뷰 결과]. 여기서 긍정형식의 물음과 부정형식의 물음 차이를 알 수 있다.

26) 더 나아가 필요한 경우 이들을 연속선상에 배치할 수도 있다. 예컨대, 본문에 언급된 장소 이동의 동사를 속도라는 관점에서 배열할 수도 있다. 대표적으로 우리말 누렇다－누르스름하다－노랗다－노르스름하다 등의 배열도 같은 이치이다. 다만, 여기서는 그 필요성이 없기에 여기까지 다루지 않는다.

표 13-2 사회체계와 생활세계

생활세계의 제도적 서열	교환관계	매체로 조정되는 하위체계
사적 영역	노동력(P) → ← 임금(M) 상품 및 서비스(M) ← → 수요(M)	경제체제
공적 영역	조세(M) → ← 조직적 행위의 결과(P) 정치적 결정(P) ← → 대중적 복종	통치체제

출처: 김문조(1990).

"금전이나 권력과 같은 것을 매개로 한 일종의 자율적 행위체계"인 데 비해, 생활세계는 "상징적 공간(symbolic space)으로서 문화전통, 가치, 윤리규범 등이 재생산되는 터전"(김문조, 1990)이라고 한다. 사회체계와 생활세계의 관련성을 살펴보면, 생활세계는 사회체계에 대응하여 개인 및 가정으로 대표되는 사적 생활세계와 지역사회 및 매스컴으로 대표되는 공적 생활세계로 나눠지며, 생활세계와 사회체계는 화폐(M)나 권력(P)이라는 체계의 매체에 연계되어 있다(김문조, 1990). 이를 나타낸 것이 <표 13-2>이다.

그러나 <표 13-2>는 Lockwood(1976; Rodger, 2000: 38-39에서 재인용)에 따르면, 전통적인 마르크시스트(Marxist)의 하부 구조(economic infrastructure)와 상부 구조(ideological superstructure)의 재해석에 불과하다고 말한다. 따라서 이 견해를 받아들이고 관점을 달리하여 의사소통의 분석을 위해서는 <표 13-2>를 재편성할 필요가 있다. 재편성은 Rodger(2000)에서 제시된 개념적 구분으로 사회의 제도적 체계 안에서 일어나는 갈등과 모순에 기초한 변화와 개인적 상호작용(interpersonal interaction)에 기초한 갈등에서 유래하는 변화를 구별하였다. 전자를 체계(system)로 부르고 이는 사회적 의미에서 조직체제이며, 공적 영역이다. 반면에, 후자는 생활세계(lifeworld)로 부르고[27] 사적 영역이다. Rodger(2000)에서 제시된 생활세계(lifeworld)와 체계(system)의 구분은 Braudel(1996; 김응종, 2006: 113)의 물질문명인 기저층과 시장경제와 자본주의가 있는 위층에 대응한다.[28]

또 다른 들을 만한 견해는 폴라니(K. Polanyi)의 시장개념이다. 그는 경제의 문명사라는 관점에서 전통사회, 시장사회, 사회주의로 분류하였으나, 이 글을 진행함에 있어서 폴라니의 시장개념 분류에서 사회주의는 의미가 없으며, 실제로는 전통사회와 시장경제의 2분법이라 할 수 있다. 폴라니는 전통사회 및 시장사회의 변별력을 경제와 사회의 관계, 경제의 기본성격, 경제의 의미라는 관점에서 고찰하였는데, 경제와 사회의 관계에서 사회에 착근된 경제(전통사회) vs 사회로부터 이탈된 경제(시장사회), 경제의 기본성격에서는 살림살이 경제(전통사회) vs 효율성과 탐욕의 경제(시장사회), 경제의 의미에서는 경제의 실체적 의미(전통사회) vs 경제의 형식적 의미(시장사회)로 정리할 수 있다[29](이병천, 2004; 2009).

위에서 언급한 하버마스(Habermas), 로저(Rodger), 브로델(Braudel), 폴라니(Polanyi) 등의 분류를 이 글의 연구에 알맞게 생활세계에 가까운 시장과 조직체제에 가까운 시장으로 나눌 수 있고, 전자가 주로 생활에 밀착된 인간관계를 보이는 데 비해, 후자는 그렇지 않다. 또 전자는 말에 의한 의사소통에[30] 의존하는 데 비해, 후자는 글에 의한 의사소통[31]에 의존한다. 이를 나타내면<표 13-3>이 된다.

---

27) 이는 후설(Husserl)의 관점과 용어인 듯(Carr, 1970)하다.

28) 브로델(Braudel)의 시장개념은 실제로는 교환을 중심으로 하는 기저층, 경쟁(2층)과 독점(3층)이다. 기저층은 교환을 특징으로 하는 물질문명이며, 2층은 경쟁을 특징으로 하는 시장이고, 3층은 독점을 특징으로 하는 자본주의이다. 여기서는 기저층과 위층(2층의 시장과 3층의 자본주의)을 하나로 묶은 2분법을 취한다.

29) 여기서 실체적 의미란 인간생활에서 발생하는 여러 욕구들을 충족하는 데 필요한 물적 수단을 조달하는 행위로서의 경제를 의미한다. 반면에, 형식적 의미란 무한한 욕구들을 충족하는 데 유한한 물적 수단을 조달하는 선택의 행위로서의 경제를 의미한다(홍기빈, 2009). 자세한 설명은 이병천(2009)을 참조하라.

30) 예를 들면, 제3자의 일에 관한 gossip으로 '누구 집 딸 치운다더라'와 같은 담화가 전형적이다.

31) 이런 관점에서 베버(Weber)의 관료제 이론은 상당한 의미를 지닌다고 하겠다. 즉, 관료제의 특징으로 문서에 의한 행정을 꼽은 형식화라는 비판(박동서, 2005: 314-315)을 넘어 글에 의한 의사소통을 나타낸다.

표 13-3 두 유형의 시장

	생활세계에 가까운 시장	조직체제에 가까운 시장
Braudel	교환	경쟁 또는 독점
K. Polanyi	전통사회	시장사회
특 징	말에 의한 의사소통	글에 의한 의사소통

<표 13-3>의 두 유형 중에서 경제학이나 경영학 및 기타 학문의 주류의 연구에서는 후자에 치중해 왔다. 그러나 이들 후자의 연구는 장에 가는 것이 왜 즐거운가? 장돌뱅이는 왜 존재하는가? 하는 데 대해서 설명하지도 않고 의문을 풀어 주지 못한다. 이 글은 이들 이론적 설명을 넘어 시장에 무엇이 있다는 가정을 한다. 그것이 무엇인가는 <표 13-3>에서 보인 생활세계와 조직체제 사이에서 생활세계에 가까운 시장일수록 생활세계의 정보를 얻는 즐거움이나 만남을 통한 즐거움이 그 속에 있고 조직체제에 가까운 시장일수록 신기한 것이나 획득의 즐거움이 있기 때문이라고 설명한다. 그것이 물건일 수도 있고, 사람일 수도 있다.

생활세계에 가까운 시장을 잘 관찰한 장흥섭(2010)에 따르면, 생활세계에 가까운 시장은 인간미 넘치는 문화와 놀이의 터전(전통시장)이며, 조직체제에 가까운 시장은 유통구조의(고급화) 지향이라고 한다.[32]

2 한국 유통에서의 지향

자원의 배분이라는 관점에서 보아 배분의 주체에 따라 둘로 나누어 볼 수 있다(홍기빈, 2009; 이병천, 2004). 공공서비스를 배분하는 행정은 국가 영역의 핵심이고,[33] 유인체제에 기초하는 시장은 또 다른 유형으로 나눌 수 있다. Braudel(1996)이 주장한 것처럼 교환을 담당하는 물질문명 위에 위치하는 시장은 경쟁을 의미하고 경쟁은 독점으로 이어질 가능성이 많다. 요즘 문제가 되는 기업형 슈퍼마켓

32) 장흥섭(2010)은 유통산업의 측면에서 백화점, 대형마트, 편의점, 온라인 쇼핑몰, 전통시장으로 나누어 고찰한다.

33) 이는 Top-down에 기초한다.

(SSM: Super Supermarket)이 그 가능성을 대표적으로 보여주고 있다.[34] 현재 한국의 사회상은 효율성 패러다임에 기초하므로(이광석, 2011) 시장에서도 기업형 슈퍼마켓(SSM)과 대형마트가 주된 흐름으로 형성되었으며, 이들이 동네 슈퍼들을 고사(枯死) 위기로 이끈다. SSM 주변 가구 수가 '시장의 2배'를 차지하며, 전통시장의 반경 500m 안에 SSM과 대형마트의 점포 50개가 자리 잡고 있었다. 이는 목 좋은 곳은 SSM의 영향권으로 편입되었고 또 되고 있다는 의미이고, 상생법과 유통법이 제정되었으나 '때늦은 입법'으로 시장의 몰락을 막기는 역부족이라고 한다[35](한겨레신문, 2011. 2. 17). 이를 나타낸 것이 [그림 13－2]이다.

[그림 13－2]가 의미하는 바는 경제적 효율성의 기준에 따라 생활세계에 가까운 시장으로의 방향이라기보다는 조직체제에 가까운 시장으로 나아간다. 그러나 이에 대한 엄밀한 장·단점의 검토는 경제학적·경영학적 관점에서만 이루어지고 다른 영역에서는 거의 없었다(장흥섭, 2010). 대체로 정부의 정책은 SSM의 확산을 통한 경제적 효율성을 지향하지만, 지역 영세상인과 재래시장 등을 살리기 위해서도 노력하고 있다(서울신문, 2010. 8. 26). 이러한 분위기 속에서 행정학의 시각으로 전통시장의 범주에 드는 시장의 영역도 그 나름의 역할이 있고, 그것을 효율성 패러다임의 정책이 놓치고 있다고 주장한다. 더 나아가 SSM이나 대형마트에서는

---

34) SSM은 대기업이 직접 운영하는 중소 규모의 기업형 슈퍼마켓으로, 이들이 주택가까지 진출해 동네 슈퍼들을 고사 위기로 몰아넣어 갈등의 대상이 되어 왔다. 특히, 최근에는 SSM에 대한 규제를 피하고자 직접 운영이 아닌 가맹점 형태로 운영하는 '신종 SSM'이 출현해 동네 슈퍼와 재래시장 등과 갈등의 요소를 더욱 키우고 있다(서울신문, 2010. 8. 26).

35) 서울 길음동의 경우, 2006년 시장에서 1.5~2km 안팎의 거리에 현대백화점과 롯데백화점이 개관했고, 2008년 백화점 인근에 이마트가 문을 열었다. 뉴타운 입주가 마무리되던 지난해 9월께는 SSM 3곳이 아파트 단지 곳곳에 문을 열었다. 현재 길음시장 반경 1km 안에는 5개의 SSM이 영업을 하고 있다. 유통산업발전법에서 규정하는 전통시장은 지난해 12월 기준으로 서울시에 등록시장 142곳과 인정시장 54곳 등 총 196곳이 있다. 주요 SSM(GS수퍼마켓·롯데슈퍼·이마트 에브리데이·홈플러스 익스프레스)은 지난해 12월 기준 191곳이었고, 서울시청이 추산하는 서울의 SSM은 220여 곳이다. SSM이 인구가 밀집한 아파트 주변 등 유리한 위치에 입점해 있다는 점도 알 수 있었다. 2009년 기준으로, SSM 반경 500m~1km 안의 평균 가구 수가 같은 거리의 전통시장 주변 가구 수보다 두 배 가까운 수치를 보였다. 전통시장 주변 500m 이내 평균 아파트 가구 수는 2,939가구인 데 견줘, SSM의 평균 가구 수는 4,200~5,300가구였다. 반경 1km의 경우 전통시장은 1만 2,025가구, SSM은 1만 5,000~1만 8,000가구로 나타났다. SSM이 새로 들어서는 아파트 밀집지역에 집중적으로 진출해서, 2006~2009년 4년 동안 SSM의 매출액과 영업이익은 2배 이상 오른 데 반해, 주변 상인들의 매출은 50% 감소한 것으로 나타났다. 서울을 벗어나도 마찬가지다(한겨레신문, 2011. 2. 17).

그림 13-2 서울시 전통시장과 SSM 분포도

전태옥씨가 서울시에 있는 196개 전통시장과 주요 기업형슈퍼마켓(지에스 슈퍼마켓 · 롯데슈퍼 · 이마트 에브리데이 · 홈플러스 익스프레스) 191개의 주소를 하나하나 지리정보시스템(GIS)에 입력해 얻은 위치 정보
자료: GIS 분석 커뮤니티(www.biz-gis.com).

• 전통시장 • 기업형슈퍼
○ 전통시장과 기업형슈퍼마켓의 거리가 500m 이내인 지역을 독자들이 알기 쉽게 표시한 것

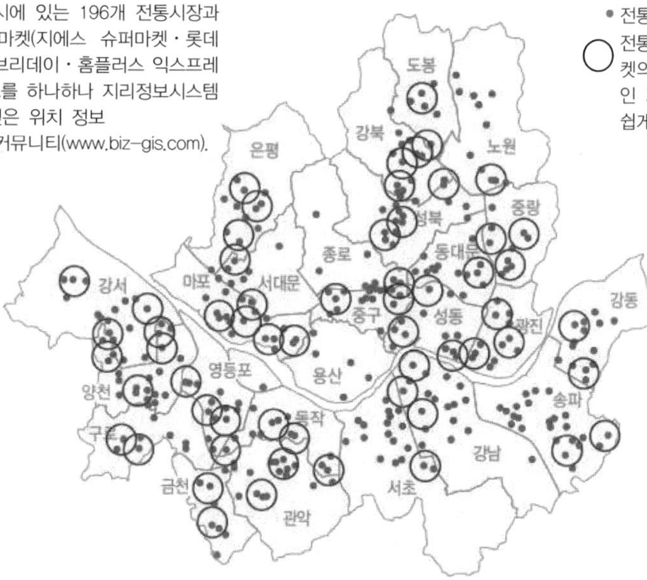

출처: 한겨레신문(2011. 2. 17).

볼 수 없는 중요한 기능을 전통시장이 수행하고 있는데 주류 학문에서 주목하지 아니하고 있다고 지적한다.

3 연구방법

이 글의 연구방법은 선택된 시장 현장에서 녹음하여 그 수록된 녹음자료를 분석하였다. 그중 시장 현장의 특성을 잘 반영한다고 생각되는 대화 부분(또는 어휘)을 골라내어 보임으로써 그 의미를 형성하였다. 수록된 녹음자료는 2009년 5월 중순경 녹음, 녹취, 정리한 것으로 녹음 장소는 의성의 경우는 의성 장날 슈퍼와 농기구 상회이고, 대구의 경우 동아백화점, 상주의 경우는 중앙시장이고, 부산의 한 슈퍼이다. 이들을 대상으로 택한 이유는 제도화와 관계가 있다. 즉, 인간관계가 섞이는 모습을 기준(즉, 자연발생성과 유통구조 지향)으로 살펴보고 <표 13-4>와

같은 틀로 제도화를 분석할 수 있다.

표 13-4 제도화

자연발생성 / 유통구조 지향	그렇다	아니다
아니다	(Ⅰ)	(Ⅱ)
그렇다	(Ⅲ)	(Ⅳ)

<표 13-4>에서 (Ⅰ)에 해당하는 모습을 농촌의 5일장 속에 나타난 가게로, (Ⅱ)를 도시 내 소규모 슈퍼(흔히 구멍가게)로 보고(장흥섭, 2010), (Ⅲ)은 '네이버 중고나라' 같은 카페들이 거기에 적합한 모델로 본다.[36] (Ⅳ)를 제도화된 백화점으로 본다. 이 분류는 앞서 언급한 생산과 교환, 의사소통이 분리되는 폴라니(Polanyi)의 모델, 즉 전통사회, 시장사회로 나누는 방법과 유사하다(이병천, 2004; 홍기빈, 2009). 브로델(Braudel)의 모델도 기저에 있는 것을 의사소통의 장(場)으로 보는 데는 이와 유사하나, 다만 위층을 둘로 유형화하는 점에 차이가 있다.[37] 두 모델 모두 전자 쪽으로 갈수록 의사소통[교환]으로, 후자 쪽으로 갈수록 경제학에서 익히 알려진 대로 가격기능의 창출에 중점을 둔다.[38] 이 (Ⅰ) 농촌의 5일장 속에 나타난 가게, (Ⅱ) 도시 내 소규모 슈퍼, (Ⅳ) 백화점들에서의 대화나 의사소통을 녹음하여 그 자료와 <표 13-1>의 분석 틀을 매칭(matching)하여 살펴보았다.

36) '네이버 중고나라'에 들어가면 일반인들이 옥션이나 지마켓 등 대기업의 포털마켓을 이용하지 않고, 개인들이 카페를 만들어 물품을 사고 파는 사이트이다. 이런 중고나라 같은 카페가 나타나게 된 것은 옥션이나 지마켓 등에 자신의 개인적인 물품을 판매할 경우 등록비 약간과 물품 판매금액의 10%를 대기업에 납부한 뒤, 물품을 판매한 나머지 금액에 대해 자신의 통장으로 입금되는 수수료를 아끼기 위해 자연적으로 생겨난 장터이며, 카페 회원으로 가입하면 누구나 거래할 수 있다. 물품을 등록하고 판매하며 배송하는 방법 또한 전자거래(안전거래)나 개인 통장으로 입금(약간의 위험성) 등으로 믿고 거래할 수 있는 장점이 있다. 이것이 자연발생적이면서도 유통구조 지향적(안전거래, 카페 내 카테고리별 등록 및 판매)에 해당한다고 하겠다.

37) 역사적 관점에서는 "시장에서부터 식민지까지는 한걸음 차이이다. 착취당한 쪽이 속이려 하거나 항의하는 것으로 충분하다. 곧 이것을 핑계로 정복이 이루어진다."(Braudel, 1997: 131)고 한다.

38) 홍기빈(2009)에서 이를 '살림살이 경제'과 '돈벌이의 경제'로 나누어 설명했는데 '살림살이 시장'과 '돈벌이의 시장'으로 바꾸어 설명해도 본문의 분류와 비슷할 것이다.

4 분 석

분석은 열거 및 분류(description & classification),[39] 구조적 조직화(structural organization), 의미중심의 고찰 순서로 분석하는데, 지면상 대표적인 대화만 나열한다. 가운데 부분 빈칸은 대화를 생략한 부분을 의미한다.

표 13-5 농촌의 5일장 가게에 나타난 의사소통

행렬 / 기술	주체(Np)	객체(Np) + 어떤 지향(pre)	어떤 행위(Vp)
열거 및 분류 (description & classification)	콩나물 무침		(맛이) 있어 or 없어.
	양파 ——		싱싱한 거예요?
	주일, 교회	10시에	나가기도 하고
		10시 넘어서	나가기도 하고
	(나는)	오늘 아침도	안 먹고 왔다.
		여기서	먹을라꼬
	전국적으로 성냥은	의성에서	다 나온다니까
		동네	잔치할 때
		꽃 구경	가는가 보네.
		쥐포하고	주세요.
		쥐포가 아니고	오징어포(거든)
			얼만교?
	옛날 생각이		많이 나네요.
		내말을	딱 듣는다.
		니 말을	안 들으면 안된다.
		아저씨한테	이야기해야겠다(웃음).
		아이고 참~ 입에 침이라도	발라놓고 그러제?

39) 실제로는 분류보다 열거 쪽에 중심을 두었다. 슈퍼에서의 의사소통이나 백화점에서의 의사소통도 같다.

		그게 다	말뿐이라니깐(웃음)
	빼빼 마른 사람이		무슨 기운이 있나?
		기운보고	데이트하나?(웃음)
	호미/농기구		요새 별 필요 없어…
		기계로	다 하니까 그렇겠죠?
	그렇지. 오늘은		또 주일이고…
		대충	신으면 돼.
		커피 한잔	드시고 가세요.
		술 쪼매	드시고
	이건	왜 이렇게	'쎄' 하노?
구조적 조직화 (structural organization)	① 식품, 농기구, 성냥 등 생활세계의 용어 ② 감성	① 시간 개념 ② 공동체 ③ 정보의 교환	① 하대/존칭, 친숙한 언어와 사투리, 농담이 섞여 있어 격의없는 관계 ② 비엄격성(대충) ③ 배려

참고: ① 위 표에서 주체가 많이 생략되는 것은 한국어의 특색 때문으로 언어의 특수성에 기초한다.
② 동일한 주제의 대화일 때는 주체가 없으면 칸을 합쳐 놓았다.
③ [객체(Np) + 어떤 지향(pre)]의 칸에는 여기에 정확히 해당하지 않는 부분(부사어 등)도 포함시켰다.

<표 13-5>를 기초로 하여 의미중심의 고찰을 해보자. 우선, 생활에 밀접한 언어를 주로 사용하며, 친밀한 인간관계를 나타낸다. '옛날 생각이 많이 나네요'에서 보듯이 개인 단위로 개별화 현상을 보인다. 여기서 대체로 관계를 맺는 사람들은 이른바 단골, 또는 안면이 있는 관계이므로 개인적 감정의 표시나 배려, 비엄격성 등이 나타날 수도 있다. 인간 대 인간의 관계가 나타난다. 나아가 시간 개념이 엄격하지 않을 수 있는 이유도 여기에 기초한다. 즉, 도시생활이 빠듯이 짜여진 시간에 기초하는 데 비해 정지된 시간 개념을 보이기도 한다. 또 하나의 특징은 부담없는 자기 표현이 나타난다.

이어서 슈퍼 가게에 나타난 의사소통을 살펴보자.

표 13-6 슈퍼 가게에 나타난 의사소통

행렬 / 기술	주체(Np)	객체(Np) + 어떤 지향(pre)	어떤 행위(Vp)
	우리 신랑 밥		있다.

열거 및 분류 (description& classification)

	가서 얼른	먹이고 온나
	오늘 어디	안갔던교?
	소주 한 병	주이소.
	맨날 소주	묵노…
이게		백세주여?
		아니 그거 말고
	거기 안에	백세주 있잖아.
	(웃음소리)아이고 고마	됐다.
장년이	몇 세부터 몇 세	까진데?
45세 미만은		청년부,
그 이상은	장년부로	해야돼…
40이		젊나?
40~45이면		젊지!
내가		환갑이구만,
	(고마)	됐다…
	어떤 거? 대파?	
이거는		청량입니데이.
그거는		매운 거.
파가	(뭐 이렇게)	생겼는데?
이게		맛있는거다.
이거		피워볼랍니까?
에이,	그건 아저씨가*	피워야지.
말보로		있어요?
		있지.
이 사람들은	유럽	갔다왔단다.
	호주 시드니	가면,
	(별로)	볼 거 없다*
	거기 가면*	공원밖에 없다.*
	달성공원	같은 곳.
바다가		볼만하지.
	벌써	오래됐네.
신라면		있어요?
	거기 신라면 한 번	찾아봐라.
	거기	가면

	도로는	기가 막히게*	깔아놨다.
	삼겹살은		사왔어요?
	고기	너무 많이	필요없다.
		집에서는 자꾸	고기타령한다.
	요새는 고기도*		비싸다.
	그래도 이런건		구워 먹으면
			맛있다.
구조적 조직화 (structural organization)	① 친밀성 ② 만남의 터전	① 공간 개념(가깝고 접근성 좋음) ② 공간 개념(시드니와 달성공원)	① 하대와 존칭의 병존 ② 친숙한 언어와 사투리, 농담이 섞여 있어 격의 없는 관계

참고: ① *표는 도치로 인한 강조이거나 지나친 분석이 대화의 자연스런 흐름을 해칠 우려가 있을 때는 엄격히 구분하지 않고 그대로 두었다.
② [객체(Np) + 어떤 지향(pre)]의 칸에는 여기에 정확히 해당하지 않는 부분(부사어 등)도 포함시켰다.

<표 13-6>을 기초로 하여 의미중심의 고찰을 해보자. 우선, 5일장에서의 대화와 큰 차이는 없다. 다만, 여기서 중요한 모습은 상업적인 대화와 친밀한 사적 대화의 이중성이 보인다. 한쪽은 친밀한 사적 그룹이 형성되어 대화하고 있고, 그 사이에 물건 사러 온 사람과의 관계는 상업적인 관계로 나타난다(스스로 찾아보라고 하는 부분: 신라면 있어요?/거기 신라면 한번 찾아봐라).

이어서 백화점에 나타난 의사소통을 살펴보자.

표 13-7 백화점에 나타난 의사소통

행렬 / 기술	주체(Np)	객체(Np) + 어떤 지향(pre)	어떤 행위(Vp)
	소득공제번호는	010-3828-0900.	뽑아주세요.
		카드번호로 해서	포인트 찍어드릴까요?
		포인트 말고	그냥 결재해주세요.
	동아포인트		1% 올라가니까
		그걸로	해드릴게요.
	동아포인트카드		없으신가요?
	마누라가		가지고 있는데…
		본인	명의시구요?
		현대카드	사용하시겠어요?

열거 및 분류 (description & classification)		5%	쓸게요.
		지금 비씨카드	
		포인트카드 있나요?	행사하고 있거든요.
			선착순이니까
		지하 2층에 가면 상품권을	받으실 수 있거든요.
		포인트카드	있나요?
			아니요.
		네,	여기 있습니다.
		빨리	내려 가셔야 될 거예요.
			선착순이거든요.
		어디로	가야 되는데요?
		엘리베이터로	내려가시면 됩니다.
		네, 안녕히	가세요.
	애들 모자 사이즈는	어디서	사야 되요?
	전부 큰 거 밖에		없던데.
	애들 모자는	전문 매장에	가셔야 되요.
		5% 할인에 3개월 할부로	하겠습니다.
		다른 거 구매할 거	있으시면
		여기서 4만 원만	더 보태시면
		상품권	받아가실 수 있습니다.
		여기 서명	부탁드릴게요.
			감사합니다.
			안녕히 가세요.
		포인트 번호	불러주세요.
	네, 고객님		고맙습니다.
구조적 조직화 (structural organization)	① 객관화된 용어(고객님, 본인) ② 친숙하지 아니한 언어의 사용: 소득공제	① 상업성 ② 목적성 ③ 언어보다 숫자	① 존칭이나 형식적 ② 거의 농담이 없는 격의를 느끼는 관계

<표 13-7>을 기초로 하여 의미중심의 고찰을 해보자. 여기서의 대화는 격의를 느끼는 관계로 앞의 두 종류의 시장에서와는 달리 단골이라는 개념이 희박하다.

언급된 용어도 객관화된 용어이거나 친숙하지 아니한 언어를 사용한다 함은 인간 대 인간의 관계라기보다 인간관계의 이익관계로의 전환이 되는 관계이다. 따라서 대화는 오로지 물화(物化)된 대화이다. 따라서 존칭을 쓰지만 진정한 존경의 의미와는 거리가 있다.

이상의 분석을 상호 간에 대조해 보면 <표 13-4>에서 (Ⅰ)과 (Ⅱ)는 상당한 유사성을 보이나 (Ⅳ)는 이들과 차이가 있다. 즉, <표 13-3>을 적용하면 (Ⅰ)과 (Ⅱ)는 생활세계에 가깝고, (Ⅳ)는 조직체제에 가깝다. 백화점에서의 카드나 포인트, 소득공제번호 등은 <표 13-3>에 언급한 글에 의한 의사소통과 유사한 속성을 보인다. 브로델(Braudel)의 시장개념과 구조를 원용하면 (Ⅰ)쪽으로 올수록 기저층에 가깝고, (Ⅳ)쪽으로 갈수록 2층으로, 더 나아가 3층으로 이동한다고 이해된다. 폴라니(Polanyi)의 시장개념에 대입하면 (Ⅰ)과 (Ⅱ)는 전통사회에 가깝고, (Ⅳ)는 시장사회라고 할 수 있다. 따라서 <표 13-3>을 <표 13-8>로 변형시킬 수 있다.

표 13-8 시장 기능의 변화

	특 징	양 태	
생활세계에 가까운 시장	통합	장소적	생활세계와 통합
		기능적	의사소통의 장과 아울러 상품유통의 장으로
조직체제에 가까운 시장	분화	장소적	생활세계로부터의 분리와 외부 의존(Norberg-Hodge, 2006)
		기능적	의사소통의 장에서 상품유통의 장으로

의사소통은 삶에 있어서 일상인 데(정은, 2010), 생활세계에 가까운 시장은 일상적 의사소통의 장으로 통합의 의미가 충만한 곳이고, 백화점으로 대표되는 조직체제에 가까운 시장으로 갈수록 일상적 의사소통의 장에서 멀어지고 분화된다. 그렇다면 행정학적 의미는 무엇인가?

5 행정학적 측면에서의 함의

앞서 설명한 대로 SSM을 경제적 효율성의 기준으로 보지만 이 글에서는 의사소통의 측면에서 5일장과 같은 전통시장(Ⅰ)과 소규모 슈퍼(Ⅱ)가 유용한 모습을 보여주기 때문에 이들을 어떻게 보존하고 발전시킬 것인가를 고민해야 한다는 함의를 보여준다. 즉, 행정에의 함의는 의사소통의 활성화를 위해, 또 생활세계의 정보가 많이 형성되는 게 중요한데, 자료의 분석에서 보듯이 전통시장(Ⅰ)과 소규모 슈퍼(Ⅱ)는 이런 점에서 많은 공헌을 하고 있다. 이를 통해 내적 계기를 발현하는 (각 구성원의 잠재력을 최대한 발휘하도록 도와주는) 행정이 필요하다. 더 나아가 사적 관계의 활성화가 공적 관계의 건전성을 불러 일으킨다는 의미이다.

이 글의 함축은 효율성 중심의 패러다임과는 다른 기준이 있고, 그것은 의사소통의 측면이다. 이 기준에 비추어 보면 생활세계에 가까운 시장으로의 방향이 효율성 패러다임의 정책이 놓치고 있는 현상에 대한 대안이라고 주장한다.

제 4 절 결 론

학문이나 이념에 대해 이상적 태도를 보이더라도 실제적 작업을 위한 구체적 방도가 보이지 않으면 공론이나 공담이 되기 쉽고 사회과학도는 그렇게 되지 않도록 실마리를 찾아야 한다는 괴테(Goethe)의 지적에 따라 방법론(methodology)과 방법(method)의 연결을 꾀한 글이다. 어떤 사조나 흐름은 학문이나 이념에는 좋으나 그 구체적 수단이 결여되어 분리되고 또 대화 자료, 인터뷰나 설문지는 방법은 있으나 방법론이 결여되었다. 이 글은 이러한 문제의식에 따라 시장의 유형을 먼저 나누고 이에 따라 의사소통하는 현장에서 녹음자료를 모아 그 시도가 가능한지, 또 어떻게 하는지를 살펴보려고 하였다.

해석학적인 언어철학의 유형은 언어의 본질을 주체적인 인간과의 관계에서 이해하고 일상적인 언어현상을 삶의 현상의 핵심으로 해석한다. 이를 살펴보기 위해 하버마스 사회학의 체계를 수정하여 생활세계와 조직체계로 나누고 이를 시장 형태에 적용하여 생활세계에 가까운 시장과 조직체제에 가까운 시장으로 나누었다. 해석학을 사회과학에 응용한 단계적 해석은 해석의 단계를 넷으로 하여, 첫째로 Np, Vp와 pp로 나누고, 둘째로 나누어진 형태를 내용에 따라 살펴보고, 셋째로 구조적 조직화를 하고, 넷째로 그 의미 작용을 살펴보는 의미 중심의 고찰을 행하였다. 그 결과, 5일장 속의 가게에서의 의사소통과 소규모 슈퍼에서의 의사소통은 상당한 유사성을 보이나 백화점에서의 의사소통은 이들과 차이가 있다.

이 내용의 행정에의 함의는 의사소통의 활성화를 위해, 또 생활세계의 정보가 많이 형성되는 게 중요한데, 5일장과 같은 전통시장과 소규모 슈퍼는 이런 점에서 많은 공헌을 하고 있다. 따라서 정부 정책인 SSM의 확산을 통해 효율화하려는 정책은 지역 영세상인과 재래시장 등을 살리기 위해 노력과 함께 가야 한다는 함의이다. 아무쪼록 이런 의사소통을 이용한 연구나 해석학, 언어철학적 연구가 많이 나오기를 바란다.

참고문헌

강돈구 외(1990). 『해석학과 사회철학의 제문제』. 서울: 일월서각.

강신택(2005). 『행정학의 논리』. 서울: 박영사.

경북대학교 국어교재편찬위원회(1986). 『한국언어와 문학』. 대구: 경북대 출판부.

김문조(1990). 하버마스의 의사소통행위론. 『사회비평』(4호). 서울: 나남.

김병섭(2010). 한국행정학의 토착화: 제2세대의 역할과 공헌. 한국행정학회 하계 학술대회 발표 논문.

김영진(2005). 『시장자유주의를 넘어서: 칼 폴라니의 사회경제론』. 서울: 한울아카데미.

김응종(2006). 『페르낭 브로델』. 서울: 살림.

김재철(2010). 행정언어 특강 자료.

김종술(1983). 『해석학 강의안』. 미출판 원고.

______(2010). 행정언어연구회 토론회 자료. 2010.8.21－22.

김한식(2008). 말, 뜻, 삶: 폴 리쾨르의 해석학과 언어. 『불어불문학연구』(75집), 145－191.

김형엽(2001). 『인간과 언어: 언어학을 통해 본 서영철학』. 서울: 한울 아카데미.

박동서(2005). 『한국행정론』. 서울: 법문사.

박승윤(1990). 『기능문법론』. 서울: 한신문화사.

박영식 엮음(1995a). 『언어철학 연구: 비트겐슈타인과 언어』. 서울: 현암사.

______(1995b). 『언어철학 연구: 현대언어철학』. 서울: 현암사.
박은숙(2008). 『시장의 역사: 교양으로 읽는 시장과 상인의 변천사』. 서울: 역사비평사.
박이문(2009). 『현상학과 분석철학』. 서울: 지와 사랑.
박종현(2008). 『시장경제를 위한 진실게임』. 서울: 김영사.
박홍립(1993). 『경제학원론』. 서울: 박영사.
송호근(1992). 『시장과 이데올로기』. 서울: 문학과 지성사.
안희남 · 정성범(2009). 시장의 이해: 시장에 관한 경제적 관점과 대안적 접근. 한국정부학회 동계학술대회 발표논문.
엄정식 편역(1983). 『비트겐슈타인과 분석철학』. 서울: 서광사.
이광석(2009). 양적방법론의 기초로서의 언어적 구성에 관한 비판: 언어적 방법론에 관한 연구. 한국거버넌스학회 추계학술대회 발표논문.
______(2011). 사회복지학에서의 가치 굴절에 관한 연구. 한국복지연구원 월례학술대회 발표논문.
이규호(1980). 사회과학을 위한 언어학적 접근. 이규호(편저). 『사회과학의 방법론』. 서울: 현암사.
______(1989). 『말의 힘』. 서울: 제일출판사.
______(2005). 『해석학』. 서울: 연세대 출판부.
______(2005b). 『현대철학』. 서울: 연세대 출판부.
______(2007). 『언어철학』. 서울: 연세대 출판부.
이명현(1994). 언어와 철학. 이정민 외. 『언어과학이란 무엇인가』. 서울: 문학과 지성사.
이병천(2004). 칼 폴라니의 제도경제학과 시장사회 비판. 『사회경제평론』(제23호).
______(2009). 호혜의 경제, 공생의 사회: 칼 폴라니에게 배우는 공동체의 사회경제학. 『행복경제디자인』. 서울: 바로세움.
이정민 · 배영남(1990). 『언어학 사전』. 서울: 박영사.
이준구(2004). 『시장과 정부: 경쟁과 협력의 관계』. 서울: 다산출판사.
장흥섭(2010). 『대구전통시장: 과거, 현재, 미래』. 대구: 경북대 출판부.
정시호(1994). 『어휘장 이론 연구』. 대구: 경북대 출판부.
정은(2010). 장애인 언어복지정책의 과제와 전망. 『새국어생활』. 서울: 국립국어원.
하치근(2010). 언어능력과 인지능력의 상관관계. 한글학회. 『한글』. 서울: 한글학회.
허발(1985). 『낱말밭의 이론』. 서울: 고려대 출판부.
홍기빈(2009). 칼 폴라니와 한국에서의 사회적 경제. 한국사회적 경제연대회의 · 한국사회적경제연구회 10월 월례포럼.

Alston, William P.(1992). *Philosophy of Language*. 곽강제(옮김). 『언어철학』. 서울: 민음사.

Bleicher, Josef(1983). *Contemporary Hermeneutics: Hermeneutics as method, philosophy and critique*. 권순홍(옮김). 『현대해석학』. 서울: 한마당.

Blij, Harm de(2009). *The Power of Place: Geography, Destiny, and Globalization's Rough Landscape*. 황근하(옮김). 『공간의 힘』. 서울: 천지인.

Braudel, Fernand(1996). 『물질문명과 자본주의』. 주경철(옮김). 서울: 까치.

Carr, David(1970). *The Crisis of European Transcendental Phenomenology: an Introduction to Phenomenological Philosophy*. Evanston: Northwestern University Press.

Chomsky, Noam(1990). *Knowledge of Language: Its Nature, Origin, and Use*. 이선우(옮김). 『언어에 대한 지식: 그 본질, 근원 및 사용』. 서울: 민음사.

______(2006). *Language and Mind*. Cambridge: Cambridge University Press.

Cook, V. J.(1992). *Chomsky's Universal Grammar*. 김상기(옮김). 『Chomsky의 보편문법: 입문서』. 서울: 한신문화사.

Eagleton, T.(1990). *Literary Theory: An Introduction*. Oxford: Basil Blackwell. 김명환 외(옮김). 『문학이론 입문』. 서울: 창작과 비평사.

Fann, K. T.(2005). *Wittgenstein's Conception of Philosophy*. Oxford: Basil Blackwell. 황경식・이운형(옮김). 『비트겐슈타인의 철학이란 무엇인가』. 서울: 서광사.

Farmer, D.(1999). *The Language of Public Administration: Bureaucracy, Modernity, Postmodernity*. Tuscaloosa: University of Alabama Press. 강신택(옮김). 『행정학의 언어』. 서울: 박영사.

Fillmore, Charles(1968). The Case for Case in E. Bach & R Harms(eds). Universals in Linguistic Theory. N.Y.: Holt, Rinehart & Winston. 남용우 외(옮김). 격을 알아본다. 『격문법이란 무엇인가: 격문법 이론 연구』. 서울: 을유문화사.

Friedman, M.(1977). *From Galbraith to Economic Freedom*. London: IEA.

Giddens, Anthony(2006). *The Constitution of Society*. 황명주・정희태・권진현(옮김). 『사회구성론』. 서울: 간디서원.

Ham, Y. J.(2010). *Understanding Performance Measurement in the Social Housing Sector: the Case of Housing Associations*. Ph.D. thesis. The University of Birmingham.

Harris, R.(1999). *Language, Saussure and Wittgenstein: How to play games with words*. 고석주(옮김). 『소쉬르와 비트겐슈타인의 언어』. 서울: 보고사.

Heidegger, Martin(2005). *Wegmarken*. 이선일(옮김). 『이정표』 2. 서울: 한길사.

Ineichen, Hans(1998). *Philosophische Hermeneutik*. Munchen: Verlag Karl Alber Gmbh, 문성화(옮김). 『철학적 해석학』. 서울: 문예출판사.

Kim, Hiheon(2008). Peter Winch's Idea on the Nature of Human Understanding. 『철학탐구』(제24집). 중앙대 철학과.

Lee, K. S.(2004). The Development of Korean National Pension Policy: A Paradigmatic Analysis. Ph.D. Thesis. University of Newcastle upon Tyne.

Lindblom, Charles(1977). *Politics and Markets: The World's Political-Economic System*. New York: Basic Books. 주성수(옮김). 『정치와 시장』. 서울: 인간사랑.

______(2001). *The Market System: What it is, How it works, and What to make of it*. London: Yale University Press. 한상석(옮김). 『시장체제』. 서울: 후마니타스.

Littlechild, S.(2000). *Privatisation, Competition and Regulation*. London: IEA.

Loney, M. et al.(eds.)(1991). *The State or the Market*. London: Sage.

Lyons, John(1984). *Language, Meaning and Context*, 현대언어학연구회(옮김). 『언어, 의미와 상황맥락』. 서울: 한신문화사.

______(1999). *Noam Chomsky*. HarperCollins Publisher. 서창렬(옮김). 『촘스키』. 서울: 시공사.

McMillan, John(2002). *Reinventing the Bazzar: a natural history of markets*. 『시장의 탄생』. 이진수(옮김). 서울: 민음사.

Moustakas, Clark(1990). *Heuristic Research: Design, methodology, and applications*. London: SAGE Publications.

Norberg-Hodge, Helena(2006). *Ancient Futures: Learning from Ladakh*. 김종철·김태언(옮김). 『오래된 미래』. 대구: 녹색평론사.

Ogden, Charles K. & I. A. Richards(1990). The Meaning of Meaning. 김봉주(옮김). 『의미의 의미』. 서울: 한신문화사.

Osborne, Grant R.(1991). *The Hermeneutical Spiral: A Comprehensive Introduction to Biblical Interpretation*. Downers Grove: Intervarsity Press.

Palmer, Richard(1988). *Hermeneutics*. 이한우(옮김). 『해석학이란 무엇인가』. 서울: 문예출판사.

Ricoeur, P.(2000). *Le Conflict des Interpretations*. 양명수(옮김). 『해석의 갈등』. 서울: 민음사.

Rodger, John J.(2000). *From a Welfare State to a Welfare Society: The Changing Context of Social Policy in a Postmodern Era*. New York: St. Martin's Press.

Sacks, J.(1999). *Morals and Markets*. London: IEA.

Samuelson, Paul A. & William D. Nordhaus(1989). *Economics*. New York: McGraw-Hill Book Company.

Self, P.(2000). *Rolling Back the Market: Economic Dogma & Political Choice*. New York: St. Martin Press.

Smith, Neil & Deider Wilson(2000). *Modern Linguistics*. 이기동 · 이용재(옮김). 『현대언어학: Chomsky 혁명의 결과』. 서울: 한신문화사.

Song, T. K.(1984). A Study of Peter Winch. 『사회과학논집』(4집). 이화여대 법정대학.

Uchida, Tatsuru(2011). 이경덕(옮김). 『푸코, 바르트, 레비 스트로스, 라캉 쉽게 읽기: 교양인을 위한 구조주의 강의』. 서울: 갈라파고스.

Weisgerber, J. Leo(1993). *Muttersprache und Geistesbildung*. Goettingen: vandenhoeck & Ruprecht. 허발(옮김). 『모국어와 정신형성』. 서울: 문예출판사.

Winch, Peter(1958). *The Idea of Social Science and its Relation to Philosophy*. London: Routledge & Kegan Paul. 권기돈(옮김)(1997). 『사회과학의 이념』. 서울: 현대미학사.

Wittgenstein L.(2006). *Philosophical Investigations*. Oxford: Basil Blackwell. 이영철(옮김). 『철학적 탐구』. 서울: 책세상.

Zifonun, Gisela(2002). *Kommunikative Einheiten in der Grammatik*. 이희자(옮김). 『의사소통단위와 문장』. 서울: 한국문화사.

찾아보기

저자소개

김영필

계명대학교에서 철학박사 학위를 받고, 이전에는 대구교육대학교 연구교수로 재직했다. 전공은 서양철학의 현상학 분야이고, 주요 관심 분야는 한국적 다문화주의의 모형 구축에 있다. 최근 논문으로는 "수행적 다문화교육 모형: 퇴계의 다문화 감수성"(2014) 등이 있고, 최근 저서로는 『조선족 디아스포라의 만주아리랑』(2013), 『한국 다문화 사회와 교육』(2013) 등이 있다. (kyp@dnue.ac.kr)

박범준

한국외국어대학교에서 문화콘텐츠학 박사학위를 받고, 현재 한국외국어대, 한국전통문화대학교에서 외래교수로 재직하고 있다. 주요 관심 분야는 문화콘텐츠학 방법론, 디지털미디어 현상론과 소통학, 전통문화활용론 등이다. 최근 논문으로는 "제머리마빡과 허재비놀이의 현대적 변용 연구"(2014), "소통으로서의 문화콘텐츠학 담론 모색과 '배치'를 통한 콘텐츠 기획 연구"(2012), "인간을 위한 도시재생과 응용인문학의 실천"(2010) 등이 있다. (joonablue@hanmail.net)

안효성

한국외국어대학교에서 "정조 탕평론의 정치철학적 의미"로 철학 박사학위를 받고, 현재 한국외국어대학교 외래교수로 재직하고 있다. 주요 관심 분야는 동양철학과 정치철학, 사회철학이다. 한나 아렌트의 정치철학과 평의회 민주주의 연구로 관심을 확장하고 있다. 최근 논문으로는 "화쟁과 탕평은 어떻게 상대주의를 넘어서는가?"(2015), "원효의 화쟁과 정조의 탕평 비교 연구"(2015), "정조 탕평책의 공공성과 공론정치의 좌표"(2015), "정치의 고유성과 공공성: 정치철학의 근본문제와 경계 설정"(2013) 등이 있고, 역주서『정조의 大學 토론, 故寔 大學편』 등이 근간 예정이다.
(choundo@hanmail.net)

은재호

프랑스 고등사범학교(Ecole Normale Superieure de Cachan)에서 정치학(정책학 전공) 박사학위를 받고, 현재 한국행정연구원에 재직하고 있다. 주요 관심 분야는 갈등관리와 거버넌스, 정책이론, 국제개발협력(ODA) 등이다. 최근 논문으로는 "프랑스 내무행정 시스템의 현황과 전망: 한국 중앙－지방분권의 개혁방향 모색을 위한 탐색적 연구"(2012), "규율과 통치: 조직연구에 있어서 미셸 푸코 권력론의 함의와 기여"(2011), "국방군사시설 입지갈등 원인분석: 담화분석을 통한 원인진단 지표 개발"(2011) 등이 있고, 주요 저서로는 *Sida et action publique*(2009), *Collaborative governance in Korea and US*(공저 2008) 등이 있다. (eun@kipa.re.kr)

이광석

영국 뉴캐슬대학교(University of Newcastle upon Tyne)에서 사회정책학 박사학위를 받고, 현재 경북대 행정학부 부교수로 재직하고 있다. 주요 관심 분야는 복지행정, 행정언어, 다문화행정 등이다. 최근 논문으로는 "행정학의 논리형태와 논증에 관한 연구"(2014), "행정과 생활세계의 충돌과 조화에 관한 연구: 의식의 흐름방법을 적용한 밀양 송전탑 사태의 분석"(2014), "행정학에서의 질적 평가에 관한 연구: 새마을운동에 관한 논쟁을 중심으로"(2015) 등이 있고, 최근 저서로는 『복지모순론』(2015), 『해석 현상학적 분석(*Interpretative Phenomenological Analysis*)』(2015: 번역서), 『복지언어론』(근간) 등이 있다. (lightstone@knu.ac.kr)

이구슬

서울대학교 철학과에서 박사학위를 받고, 현재 경성대학교 초빙외래교수로 재직하고 있다. 주요 관심 분야는 해석학, 미학, 예술철학 등이다. 최근 논문으로는 "현대미술, 재현에서 추상으로"(2014) 등이 있다. (traum20@chol.com)

이기상

가톨릭대학 신학부를 졸업하고 벨기에 루뱅대학교 신학대학원에서 석사과정을 수료했다. 그 뒤 독일 뮌헨 예수회 철학대학에서 철학 석사학위와 박사학위를 받고, 1984년부터 2012년까지 한국외국어대학교 철학과 교수로 재직하였고, 지금은 명예교수이다. <우리말로 학문하기 모임>의 초대회장이었으며, 우리사상연구소 소장이다. 1992년 열암학술상을 수상하였으며, 1994년 한국출판문화상 번역상을 수상하였다. 주요 저서로는 『하이데거의 실존과 언어』, 『하이데거의 존재와 현상』, 『철학노트』, 『하이데거의 존재사건학』, 『쉽게 풀어쓴 하이데거의 생애와 사상, 그리고 그 영향』, 『콘텐츠와 문화철학』, 『지구촌시대와 문화콘텐츠』, 『글로벌 생명학』 외 다수가 있고, 옮긴 책으로는 『존재와 시간』(M. Heidegger), 『형이상학의 근본개념들』(M. Heidegger), 『하이데거의 예술철학』(F. W. von Herrmann) 외 다수가 있다. 전자우편 주소는 saemom@ chol.com이다. 소통을 위한 블로그(blog.naver.com/saiculture)가 열려 있다.

이미향

경북대학교에서 국어학과 한국어교육을 공부하였고, 현재 영남대학교 국제학부에 소속되어 대학원 외국어로서의 한국어교육학과에서 한국어교육 전문가를 양성하고 있다. 주요 관심 분야는 한국어 교재, 한국어 언어문화, 한국어 표현교육 등이다. 최근 논문으로는 "KFL과 KSL의 학습요인별로 본 한국어 교재의 담화 연구-1950~1980년대 중반 교재를 대상으로"(2015), "한국어 언어문화교육에서의 사회적 상호작용 고찰-참여자 인식과 대인관계 형성을 중심으로"(2012), "한국어 교수 설계를 위한 상호작용적 관점에서의 언어문화 고-외국인 저술 초기 한국어 교재를 중심으로"(2011) 등이 있다.
(leemh@ynu.ac.kr)

이병탁

경북대학교 대학원 철학과를 졸업하고 진주교대, 포항공대에서 강의했으며, 현재 경북대학교에 출강하고 있다. 주요 논문으로는 "상호관계의 전제로서 유사성", "동일성 인식의 구성적 불완전성과 예술의 자율성" 등이 있고, 주요 저서로는 『아도르노의 경험의 반란』 등이 있다. (ttiers@daum.net)

이상규

경북대학교 인문대 국어국문학과 교수. 한국정신문화연구원 방원조사연구원, 울산대학교 교수, 동경대학교 연구교수, 중국해양대학교 고문교수 등을 역임하였다. 제7대 국립국어원장, 남북겨례말큰사전 편찬 이사, 동 위원, 교육부 인문학육성위원 등을 역임하였으며, 한국어의 보급 기관인 <세종학당> 설립을 기획·추진하였다. 일석학술장려상(1988), 외솔학술상(2010), 봉운학술상(2011), 대통령표창(2004) 등을 수상하였다. 『한글고문서연구』, 『방언의미학』, 『둥지밖의 언어』 등 논저 다수가 있다.
(sglee@knu.ac.kr)

이상형

독일 프라이부룩대학교(Freiburg Univ.)에서 "도덕성과 인륜성"이라는 제목으로 철학 박사학위를 받고, 현재 경북대 시간강사로 재직하고 있다. 주요 관심 분야는 윤리학, 정치사회철학 등이며, 현재 '나는 그리고 우리는어떻게 살아야 하는가?'에 대한 문제에 고민하며『윤리학 강의』 책을 준비하고 있다. 최근 논문으로는 "가치와 규범, 그 대립과 종합"(2015), "공화주의의 현실성: 법과 삶의 길항"(2015), "욕망의 윤리적 의미"(2014) 등이 있고, 최근 저서로는『철학자의 행복 여행』(2013) 등이 있다.
(ppong70@hanmail.net)

이성우

미국 University of Pennsylvania 대학 Wharton School에서 정책학 전공. 박사학위("Essays on Maximum Demand Charges in Electricity," 1990)를 받고, 현재 한성대학교 사회과학대학 행정학과 교수로 재직하고 있다. 한국 규제학회 회장(2005)과 한국정책분석평가학회 회장(2006)을 역임한 바 있다. 주요 관심 분야는 정책결정론, 정책분석론, 정부규제론 등이다. 주요 논문으로는 "Welfare－optimal Pricing and Capacity Selection Under An Ex Ante Maximum Demand Charge"(1993), "후기 실증주의와 질적 연구방법의 정책연구에의 적용가능성"(2008), "사회정책 평가에서 질적 평가의 의의와 정합성"(2015) 등이 있고, 주요 저서로는 『정책분석론: 이론과 기법』(2013), 『정책평가론』(공저: 2007) 등이 있다. (leese@hansung.ac.kr)

임기대

프랑스 파리 디드로－7대학교(University of Paris Diderot－7대학교)에서 언어학의 역사와 인식론으로 박사학위를 받고, 현재 한국외국어대학교 아프리카연구소 HK(Humanities Kerea) 연구교수로 재직하고 있다. 주요 관심 분야는 국제지역학(지중해, 마그레브어/문화), 테러, 이민자 문제, 문화예술 등이다. 최근 논문으로는 "베르베르어의 언어학적 분석 작업을 위한 일반적인 기초 연구: 카빌리와 카빌어를 중심으로"(2015), "카빌어의 문법적 구조에 나타난 언어사용의 특성에 관한 연구: 명사 개념을 중심으로"(2015), "프랑스어권 마그레브 일대의 테러 집단 분포와 최근 동향에 관한 연구"(2015), "베르베르어 사용 관련 정책 현황과 변화가능성에 대한 소고"(2015) 등이 있다. 최근 저서로는 『대전원도심, 문화 예술의 개성을 찾아 나서다』(2015), 『시대의 지성: 노암 촘스키』(2012) 등이 있다. (dlarleo@hanmail.net)

천민경

한성대학교에서 정책학 박사학위를 받고, 현재 사회복지법인 자광재단 관장으로 재직하고 있다. 주요 관심 분야는 사회복지정책, 사회복지실천, 분배제도 등이다. 최근 논문으로는 "분배정의 선호와 분배제도의 평가에 관한 연구: 불공정성 인식을 매개효과로"(2014) 등이 있다.

소통학: 학문, 문화, 응용

펴낸날 제1판 제1쇄 2016년 7월 20일
지은이 이광석 외
펴낸이 임춘환
펴낸곳 도서출판 대영문화사
주소 서울특별시 용산구 청파로 61길 5(청파동 1가) 제일빌딩 2층
등록 1975년 12월 26일 제3-16호
전화 (02)716-3883, (02)714-3062
팩스 (02)703-3839
홈페이지 http://www.dymbook.co.kr

ISBN 978-89-7644-544-5
값 20,000원